Claire Eliza Bartlett
Like a Good Girl

Claire Eliza Bartlett

Like a Good Girl

Aus dem Englischen
von Mareike Weber

cbt

Bei diesem Buch wurden die durch das verwendete Material und die Produktion entstandenen CO_2-Emissionen ausgeglichen, indem der cbj Verlag ein Projekt zur Aufforstung in Brasilien unterstützt.
Weitere Informationen zu dem Projekt unter:
www.ClimatePartner.com/14044-1912-1001

MIX
Papier aus verantwortungsvollen Quellen
FSC® C014496
FSC
www.fsc.org

Wir produzieren
Klimaneutral
ClimatePartner.com/14044-1912-1001
Druckprodukt

Penguin Random House
Verlagsgruppe FSC® N001967

TRIGGERWARNUNG:
In diesem Buch werden Themen wie sexualisierte Gewalt und Drogenmissbrauch angesprochen.

1. Auflage 2022
Erstmals als cbt Taschenbuch Juni 2022

Die Originalausgabe erschien unter dem Titel
»The Good Girls« bei Glasstown Entertainment, LLC,
an imprint of HarperCollins Publishers, New York
Aus dem Englischen von Mareike Weber
Umschlaggestaltung: Guter Punkt, München, unter Verwendung mehrerer Motive von © iStockphoto (AlbinaTiplyashina, e71lena, YunYulia, DaLiu, monkeybusinessimages, Rawf8)
sh · Herstellung: AW
Satz: Uhl + Massopust, Aalen
Druck: GGP Media GmbH, Pößneck
ISBN 978-3-570-31466-1
Printed in Germany

www.cbj-verlag.de

Für alle Mädchen, die sich nicht Gehör verschaffen konnten; für die Mädchen, die ignoriert und abgewimmelt wurden, dafür bestraft, sie selbst zu sein. Ich werde euch immer glauben.

Prolog

Das tote Mädchen

Das Ende meines Lebens beginnt hier.

Ein regnerischer, nasskalter Herbst hat den Fluss unter mir in ein brüllendes Ungeheuer verwandelt. Felsen ragen aus dem Wasser wie spitze Zähne, tiefschwarz in schäumendem Weiß. Das Blut stockt in meinen Adern, als sich die verwitterten Planken hinter mir senken – jemand ist mir gefolgt, auf die kleine Brücke über Anna's Run.

Auch ich bin gerannt. So lange, dass ich vergessen habe, wie es sich anfühlt, nicht zu rennen. Mein ganzer Körper ist noch auf Flucht ausgerichtet.

Doch dafür ist es jetzt zu spät. Es heißt, Anna's Run fordert jedes Jahr ein Opfer. Der Wind streicht um meinen Hals und legt sich wie eine Fessel um mich.

Die Gestalt am Ende der Brücke kommt näher. Ich versuche, mich umzudrehen, aber die Welt um mich herum beginnt zu rasen. Das Wasser rauscht, mein Blut rauscht. Vor meinen Augen dreht sich alles – so schnell, dass der Rest von mir nicht mehr mitkommt.

Und dann spitzt sich alles auf einen Punkt zu. Ein Bild: die Hand, die auf meinen Oberkörper zukommt. Ein Geräusch: das Getöse des Wassers um einen Körper. Ein Gefühl: Kälte, die alle Gedanken auslöscht, sogar die Erinnerung an deinen eigenen Namen auslöscht. Kälte, die den Atem aus deinen Lungen raubt.

Alles ist mir geraubt worden. Meine Zukunft, mein Leben – und jetzt mein Körper, mit Haut und Haaren verschlungen von Anna's Run und den Albträumen dieses Ortes. Selbst meine Geschichte gehört nicht mehr mir.

So ist das, wenn du tot bist. Du kannst nicht mehr erzählen, was als Nächstes passiert.

Kapitel 1

Die vorlaute Schlampe

MUÑEZ: Wir haben Donnerstag, den 6. Dezember 2018. Es ist sieben Uhr fünfundfünfzig. Kommissarin Muñez verhört Claude Vanderly. Wir danken Ihnen für Ihre Zeit, Miss Vanderly. Sie werden sich wahrscheinlich fragen, warum wir …

CLAUDE: Es geht um das tote Mädchen, nicht wahr? Oh, sorry. Emma, meine ich. Aber deshalb wollen Sie doch mit mir reden, oder? Weil ich die Person bin, die am ehesten was darüber weiß? Weil ich die Person bin, die am ehesten etwas damit zu tun hat?

MUÑEZ: Wir haben lediglich ein paar Fragen.

CLAUDE: Klar. Sie picken sich *zufällig* das Mädchen heraus, das an der Jefferson-Lorne am häufigsten Trouble hat. Aber ich hab nichts damit zu tun, fangen wir mal so an. Ich meine, ich bin Feministin. Ich ziehe nicht durch die Gegend und bringe Mädchen um. Und ich kann Ihnen auch nicht groß bei den Ermittlungen helfen. Ich hab Emma gar nicht richtig gekannt. Sie war eine ziemliche Einzelgängerin, aber mit Avery hat sie manchmal abgehangen. An Ihrer Stelle würde ich Avery Cross fragen, was Emma gestern Abend in der Nähe von Anna's Run zu suchen hatte. Oder was für Feinde sie vielleicht hatte.

MUÑEZ: Miss Vanderly, im Moment sprechen wir mit Ihnen und nicht mit Miss Cross.

CLAUDE: Ich will ja nur nicht Ihre Zeit verschwenden. Aber wie Sie wollen. Dumm nur, dass ich ein wasserdichtes Alibi habe. Kennen Sie Jamie Schill? Direktor Mendoza kennt ihn, nicht wahr, Sir? Jamie geht auf diese Schule. Und wir sind befreundet.

Etwas mehr als befreundet, um ehrlich zu sein. Tja. Sie dürfen raten, was ich gestern Abend gemacht habe.

MUÑEZ: Niemand will Ihnen etwas vorwerfen. Es handelt sich um eine reine Standardprozedur. Wir versuchen nur, einen zeitlichen Ablauf zu rekonstruieren. Und aufgrund der … bisherigen Beweislage wird ein Großteil der Schülerschaft in die Ermittlungen einbezogen. Können Sie uns sagen, wann genau Sie zuerst von Emma erfahren haben?

CLAUDE: Na gut. Okay, das erste Mal habe ich davon gehört … Also, das war heute Morgen. Bei Jamie zu Hause.

Als ich aufwachte, lag Jamie neben mir und drückte seine Nase in meinen Rücken. Ja, seine Nase, ihr Perversen. Er verkriecht sich nachts immer unter der Decke, wenn ihm kalt ist. Das geht dann schon fast in Richtung Kuscheln. Für einen Moment dachte ich, dass ich vor dem Wecker aufgewacht wäre und ein paar wunderbare wohlige Minuten für mich allein hätte. Dann klopfte Jamies Mom an die Tür und er rekelte sich grunzend. Es war 6:45 Uhr. Der Wecker hatte schon vor fünfzehn Minuten geklingelt. Ups.

Mrs Schill wusste nicht, dass ich bei Jamie übernachtet hatte. Sie ist eine von diesen ahnungslosen Müttern, die glauben, dass ihr Sohn Jungfrau bleiben wird, bis er heiratet. Nichts versetzt einen Jungen so sehr in Panik wie der Versuch, seine Sexfreundin vor der Frau geheim zu halten, die ihn aus ihrer Vagina gewürgt hat. Jamies Zustand wechselte ungefähr in einer Zehntelsekunde von komatös zu hellwach und panisch. Ich landete in einem wirren Haufen auf dem Fußboden. »Versteck dich«, zischte er.

»Guten Morgen erst mal«, grummelte ich. Aber eigentlich war das nicht ganz fair. Wir haben nie einen auf feste Beziehung gemacht. Er weiß, dass ich dannausticke, und das ist ein Grund, warum ich überhaupt außerhalb von Schule und Partys Zeit mit ihm verbringe.

»Sei still«, drängte Jamie. Halb stieß er mich, halb rollte er mich in Richtung Kleiderschrank, während er gleichzeitig meine Jeans, mein T-Shirt und mein Handy einsammelte. Mit seinem Hundeblick sah er mich noch einmal flehend an. Das muss ich ihm lassen: Er hat unglaubliche Augen. Sie sind braun, mit einem grünen Ring darin, groß, und umrahmt von diesen irren Wimpern, für die ich so ziemlich alles tun würde. Er starrte mich an, ganz offensichtlich nicht mehr bei der Sache. »Du bist wunderschön«, seufzte er. Das sagt er immer, kurz bevor er mich küsst.

Ich habe nichts gegen Knutschen am frühen Morgen. Ich hielt ihn an seinem T-Shirt fest und beugte mich vor, als es noch einmal klopfte. »Bärchen? Bist du in Ordnung da drinnen?« Jamies Mom hat so eine zuckersüße Stimme, dass mir die Kotze hochkommt.

Wir erstarrten. »Ich bin beim Anziehen.« Diesen Trick wendet Jamie oft an, wenn ich da bin. Normalerweise funktioniert das.

Aber dieser Morgen war alles andere als normal. »Ich muss mit dir reden.«

Jetzt sah Jamie so aus, als würde ihm die Kotze hochkommen. »Sorry«, flüsterte er, löste meine Hand von seinem T-Shirt und knallte die Kleiderschranktür vor meiner Nase zu. Ich saß im Dunkeln, halb schwindelig und halb schlafend. Meine Augen fühlten sich an, als wären sie voller Sand. Ich musste vergessen haben, gestern Abend meine Kontaktlinsen rauszunehmen. Meine Knie drückten gegen die Schranktür. Und dann fiel mir der Geruch auf. Die meisten Jungenzimmer müffeln wie eine kalte Turnhalle. Jamies roch nach seinem Deo, sauber und frisch und irgendwie angenehm.

Da ich mich nicht anziehen konnte, ohne die Tür aufzutreten und Mrs Schill einen wunderschönen guten Morgen zu wünschen, entsperrte ich mein Handy.

In dem Moment begann ich zu begreifen: Das würde ein seltsamer Tag werden.

Es fing damit an, dass ich eine Unmenge von Nachrichten von meiner Mutter bekommen hatte. Mom ist nicht wie die Mrs Schills dieser Welt. Es ist ihr scheißegal, ob ich bei einem Jungen übernachte. Sie textet mir nicht alle paar Minuten, wenn ich später nach Hause komme, als sie gesagt hat. Sie *sagt* mir nicht einmal, wann ich nach Hause kommen soll. Aber jetzt stapelten sich die ungelesenen Nachrichten geradezu, der reinste Sorgen-Berg. Schon bei dem Gedanken, diesen Berg zu erklimmen, hätte ich mich am liebsten wieder hingelegt – aber das hätte auch dazu geführt, dass die Schranktür aufgegangen wäre und ich mich unfreiwillig Jamies Mom in meiner ganzen Glorie präsentiert hätte. Also atmete ich tief durch, machte mich auf das Schlimmste gefasst und klickte auf die erste Nachricht.

Will nur kurz checken, ob du ok bist?
Schreib bitte zurück xxx

Liebes, ich weiß ich mach so was sonst nicht,
aber bitte texte kurz zurück.

Bitte melde dich.

Bei Anna's Run ist was passiert.

»... Anna's Run«, sagte Mrs Schill im selben Moment. Ich tastete nach meinem Handy, das mir aus den Fingern rutschte.

»Davon weiß ich nichts«, sagte Jamie. »Was ist denn los?«

»Ich muss jetzt zur Arbeit. In der Schule werden heute wahrscheinlich viele Gerüchte umgehen. Denk dran: Glaub nicht alles, was du hörst.« Ich presste mein Gesicht an mein Knie und unterdrückte ein Schnauben. Ich wette, Mrs Schill glaubt alles, was sie über *mich* hört. »Und wenn du uns brauchst, ruf uns an. Okay?«

»Okay.« Jamies Stimme klang gedämpft. Bestimmt gab ihm seine Mutter gerade eine dicke Umarmung. Sie sieht aus, als würde ein Windstoß sie zerknicken wie einen dünnen Zweig, aber diese Frau wäre in der Lage, Knochen zu brechen, wenn sie wollte.

Jamie wartete eine Ewigkeit, bevor er beschloss, dass es sicher wäre, mich aus dem Schrank zu lassen. In der Zwischenzeit waren meine Füße aufgewacht *und* wieder eingeschlafen. Ich stützte mich an der Schrankwand ab und richtete mich mühsam auf. »Ich glaube, die Luft ist rein. Mom geht gleich aus dem Haus. Ich muss noch schnell duschen und dann gehen wir.«

»Und was ist mit *meiner* Dusche?«

Er zog einen Mundwinkel hoch. »Du brauchst keine. Du riechst gut.«

»Lügner«, schimpfte ich, aber ich lächelte zurück. Als

Jamie im Badezimmer verschwunden war, schnupperte ich prüfend unter meinem Arm. Gott sei Dank gibt es Deospray.

Wenigstens hatte ich Zeit, meine Mom anzurufen, während Jamie unter der Dusche war. Sie ging gleich nach dem ersten Klingeln ran. »Claude?«

»Nee, Darth Vader.«

»Das ist nicht witzig«, blaffte sie, aber ich konnte ihre Erleichterung spüren. Etwas von der Anspannung schien aus ihrer Stimme zu weichen, als sie fragte: »Bist du okay? Wo bist du?«

Wie ich schon sagte, Mom fragt mich nie solche Dinge. »Ich hab bei Jamie übernachtet. Mir geht es gut, alles ist gut. Was ist denn los?«

Mom holte tief Luft. »Jemand hat angefangen, was rumzuerzählen. Gestern Abend gab es einen Vorfall auf der Brücke bei Anna's Run.«

Ein Vorfall. Klingt bedrohlich. Aber ganz ehrlich, Jefferson-Lorne ist die Art von Kaff, in dem alles Mögliche zu einem Drama aufgebauscht wird, einfach aus Jux und Tollerei. Und Jefferson-Lorne ist eine brodelnde Gerüchteküche. Ich sollte das wissen, denn ich bin Gegenstand so ziemlich aller Gerüchte, die ich höre.

»Keine Panik«, sagte ich zu ihr. »Es war bestimmt nur ein Scherz. Kommt ja oft vor, dass die Leute irgendwelchen blöden Scheiß machen.«

»Kommt auch oft vor, dass jemand bei Anna's Run ums Leben kommt«, sagte Mom.

Anna's Run ist unser One-Stop-Shop für Lokallegenden. Die kleine Flussbiegung wirkt harmlos, sogar idyllisch – doch das sanft dahinfließende Wasser verbirgt eine hinterhältige Strömung, die das tiefe Flussbett ausgehöhlt hat. Wenn du hier ins Wasser gehst, wirst du runtergezogen und mit der Strömung mitgerissen, bevor du überhaupt kapierst, was los ist. Der Sog des Wassers macht es unmöglich, dich zu befreien – so heißt es zumindest in den Legenden. Na ja, da heißt es auch, dass der Fluss aus dem Nirgendwo entsprungen ist, nachdem Annas Hexenzirkel hingerichtet wurde, und dass die Strömung sich anfühlt wie die Finger eines toten Mädchens, die dich in die Tiefe ziehen. Wer nicht aus der Gegend kommt, versteht das nicht. In unserer Stadt ist Anna wie eine Göttin. Eine Naturgöttin, die besänftigt werden muss. Überall sonst in Colorado haben die Leute Angst vor Blizzards und Borkenkäfern und Waldbränden; bei uns ist es der Fluss. Aber manche Leute machen sich einen Scherz daraus. Sie denken, dass sie den Fluss kontrollieren können, oder sich selbst; dass sie sich in der Nähe eines Naturphänomens, das jeden innerhalb von dreißig Sekunden töten kann, sicher fühlen können. Also, ich würde mich nie mit diesem Ort oder seinem Ruf anlegen. Aber es ist eben nicht jeder mit Intelligenz gesegnet. So weit eine kleine Weisheit aus meinem Highschool-Leben.

MUÑEZ: Sie kennen also Anna's Run?

CLAUDE: *Alle* hier kennen Anna's Run. Ich war zehn Jahre alt, als ich anfing, dort abzuhängen. Damals haben meine Freunde und ich uns Mutproben ausgedacht, um den Geist herbeizurufen – Sie wissen schon, Annas Geist. Sie klaut Silber, Gabeln und Löffel und so ein Zeug und hängt sie in die Bäume am Fluss. Wenn die Leute dann auf die Bäume klettern, um die Sachen zurückzuholen, fallen sie ins Wasser und kommen nicht wieder raus. Anna zieht sie in die Tiefe, drückt sie unter die Wasseroberfläche, sodass sie nicht wieder hochkommen können. Ich hab mal eine Flasche Wein mitgenommen und in den Fluss geworfen. Die Flasche ist flussabwärts wieder aufgetaucht, leer. Ich schätze, Anna bekommt nicht alle Tage einen Merlot zu trinken.

MUÑEZ: Laut lokalem Polizeibericht sind Sie schon einmal bei Anna's Run festgenommen worden.

CLAUDE: Ja, vielleicht.

MUÑEZ: Vielleicht?

CLAUDE: Ich meine, ich erinnere mich nicht an eine Begebenheit im Besonderen.

MUÑEZ: Sie erinnern sich nicht daran, wegen verdächtiger Aktivitäten und öffentlicher Ruhestörung verhaftet worden zu sein? So lautete damals die Anklage.

CLAUDE: Hören Sie, Kommissarin, die Polizei hasst mich, und die Polizei hasst meine Mom. Ich habe nie irgendwas gemacht, was die anderen in meinem Alter dort nicht auch gemacht haben. Geht es hier jetzt um meine Polizeiakte oder um mein Alibi?

Während ich mir mit einer Hand meine Klamotten überzog, hörte ich Mom am anderen Ende der Leitung seufzen. Ihre Stimme wurde weicher. »Ich wollte dich nicht anmotzen. Es war eine aufreibende Nacht. Und du hast nicht zurückgetextet …«

»Sorry«, sagte ich, als Jamie in einer Wolke von Bodyspray aus dem Badezimmer kam. »Hab wohl schon geschlafen.«

»Okay.« Sie seufzte wieder. »Ich hab dich lieb, Süße. Einen guten Schultag und mach nichts, was ich nicht auch tun würde.« Das ist ein alter Witz in der Familie Vanderly. Mom war der absolute Schrecken der Highschool. Einige meiner Lehrer sprechen geradezu ehrfürchtig von ihr.

Jamie und ich gingen um ein paar Straßenecken zu meinem Auto. Ich parke immer am Spielplatz, sodass Mrs Schill am Morgen das Auto der satanischen Verführerin nicht auf ihrer Einfahrt stehen sieht. Jamie fläzte sich auf den Beifahrersitz, während ich meinen

Rucksack in den Kofferraum schmiss. »Hast du es nicht allmählich satt, immer Verstecken zu spielen?«

»Nee.« Um das einmal festzuhalten: Es ist nicht so, dass ich mich ständig nachts in fremde Jungenzimmer schleiche. Aber ich mag Jungs. Ist das ein Verbrechen? *Hast du es nicht allmählich satt* – das ist so ein typischer Satzbeginn für einen Jungen, der eine feste Beziehung will. Meiner Erfahrung nach wollen die Jungs nur eine feste Beziehung, wenn ich häufiger Sex habe als sie.

Also ließ ich Janines Motor an – Janine ist mein Sechsgang-Honda, 2014er-Modell, dunkelgrau, falls Sie das notieren wollen – und fragte: »Was hat deine Mom denn nun von Anna's Run erzählt?«

Jamie zuckte die Schultern. »Ach, seltsames Zeug. Blabla.« Er sah mich von der Seite an und zog eine Augenbraue hoch. »Wahrscheinlich hat jemand in der Nacht einen Kojoten gehört und Angst bekommen.«

»Oder jemand ist nach zu viel Gras eingepennt und hatte einen komischen Traum«, stieg ich auf das Spiel ein. Mit Jamie kann man herrlich herumspinnen. Außerdem hielt ihn das davon ab, seinen Wie-wäre-es-mit-einer-festen-Beziehung-Vorschlag herunterzustammeln, den er sich ganz offensichtlich zurechtgelegt hatte.

»Oder ein Sex-Kult wollte seine Geräuschkulisse vertuschen«, sagte er.

Ich prustete los, während ich aus der Parklücke fuhr.

»Oh mein Gott, wer würde denn in diesem Kaff einem Sex-Kult beitreten?«

»Es sind immer die Leute, die man für besonders respektabel hält.« Jamie machte eine geheimnisvolle Handbewegung. »Ich tippe auf Mr Cross.«

»Dieses Ekelpaket.« Mr Cross besitzt die meisten der Baufirmen in der Gegend. Das ist so ein Typ, der auch drinnen Sonnenbrille trägt und mit dem Bürgermeister und dem Gouverneur bekannt ist. Jemand, der schon mal alle Teenager zu einer Poolparty einlädt und eine Jacht vor seinem Haus stehen hat, auch wenn wir in Scheiß-Colorado leben.

»Wo fährst du denn lang?«, fragte Jamie, als ich von der Hauptstraße abbog.

»Wir nehmen die landschaftlich schönere Strecke«, sagte ich.

»Claude«, stöhnte er.

Aber ich wollte Anna's Run sehen.

»Wir werden da überhaupt nichts sehen können. Außerdem haben wir dann keine Zeit mehr für unsere Frühstücksburritos.« Jamies Stimme klang auf einmal etwas misstrauisch. Seitdem er einmal gesehen hat, dass ich mein Mittagessen ausgelassen hab, bildet er sich ein, dass ich magersüchtig sein könnte. »Nimm wenigstens einen Schluck von meinem Shake.« Er reichte mir den Becher mit dem Protein-Trunk, den seine Mom ihm jeden Morgen hinstellt.

»Nein, danke. Da hat Zement ja mehr Geschmack.« Ich hob eine Hand, um seinen Protest abzuwehren. »Jetzt chill mal. Ich hab was zum Mittag dabei – das kann ich auch zum Frühstück essen.«

»Wir könnten trotzdem noch Burritos kaufen«, murmelte er und sackte tiefer in seinen Sitz. Armer Kerl. Er ist es gewohnt, dass alles nach seinem Willen geht.

Dumm für ihn, dass *ich* es auch gewohnt bin, meinen Willen durchzusetzen. Wir fuhren zu Anna's Run.

Normalerweise hätte ich die Fahrt genossen. Die Waldluft dort draußen ist so frisch und sauber. Von der Straße aus sieht man die Berge, blaugraue Gipfel, auf denen fast das ganze Jahr über etwas Schnee liegt. Immer wieder gibt es Abzweigungen, die zu Dutzenden von Wanderwegen führen, sich weiter in die Rockies schlängeln oder hinauf zur Diamondback Ridge (ein cooler Platz für Partys, übrigens). Und natürlich zu Anna's Run.

Das Wasser stand hoch. Das hörte ich schon aus dem Auto, auch wenn ich den Fluss durch die Bäume noch nicht sehen konnte. Ich war oft genug dort draußen, um es mir vorstellen zu können. Knarrende Brücke, Felsen scharf wie Messerklingen.

Jamie hatte recht gehabt: Wir würden nichts sehen können. Die Abzweigung zu Anna's Run wurde von drei Polizeiwagen blockiert. Am Straßenrand, wo der Asphalt auf hohes Gras traf, standen noch mehr Autos.

Ich ließ Janine im Schneckentempo fahren. Durch das Rauschen des Flusses hörte ich die Rufe der Männer, die den Wald durchkämmten.

»Die suchen nach was«, sagte Jamie.

Ich hatte nicht viel Zeit, darüber nachzudenken. Einer der Bullen hatte uns gesehen und kam auf uns zu. Und es war nicht irgendein Bulle. Es war Vize-Polizeipräsident Bryson, mein Erzfeind im Jefferson-Lorne Police Department. Der Mann hat mich auf dem Kieker, und das schon seit er mich beim Schulfest mit seinem Sohn in der Garderobe erwischt hat. Ich unterdrückte den Impuls, das Fenster hochzufahren und davonzubrausen.

Bryson lehnte sich auf den Fensterrahmen. »Kann ich den Herrschaften irgendwie behilflich sein?«, fragte er und musterte mich voller Verachtung.

Jamie versuchte sich als mein weißer Ritter. »Wir sind auf dem Weg zur Schule, Sir.«

Bryson musterte weiter mein Gesicht. »Wohnen Sie nicht am anderen Ende der Stadt, Miss Vanderly?«

»Ich habe meinen werten Freund hier abgeholt.« Ich klimperte mit den Wimpern. »Wir gehen jetzt Burritos frühstücken. Wollen Sie mitkommen?«

Bryson funkelte mich noch einen Moment länger an. Ich war mir sicher, dass er uns auffordern würde, rechts ranzufahren, um das Auto nach Gras abzusuchen – dabei hab ich gar keinen Stoff, das nur am Rande. Doch dann rief jemand nach ihm und er wandte sich ab. »Fahren Sie weiter. Und auf dem Rückweg kommen Sie besser nicht hier lang. Sie haben hier nichts zu suchen, Miss Vanderly.«

Alles in allem nicht die schlimmste Begegnung mit Bryson. Als ich den ersten Gang einlegte, ließ Jamie sich nach vorn fallen und sackte mit dem Kopf gegen das Armaturenbrett. »Warum haben wir das bloß gemacht?«, stöhnte er. »Was, wenn er Mom erzählt, dass du mich zur Schule gefahren hast?«

»Reg dich ab«, sagte ich und tätschelte sein Knie. »Der hat im Moment offensichtlich Wichtigeres im Kopf als dein Privatleben.« Ich warf noch einen Blick in den Rückspiegel und beobachtete die Szene. Noch mehr Autos hielten am Straßenrand und spuckten Erwachsene in Anzügen und Uniformen aus. Es sah ganz so aus, als würde sich ein Suchtrupp auf den Weg machen. Oder eine Verbrecherjagd beginnen. »Ist das etwa das FBI? Oh, ich wette, die suchen nach dem Sex-Kult.«

Doch Jamie war nicht mehr zum Scherzen aufgelegt. »Wir sollten jetzt nicht irgendwelche Mutmaßungen aufstellen. Die Gerüchteküche der Schule anzuheizen, hilft bestimmt nicht weiter.«

Ich lachte nur. »Okay, Mom.«

Jamie beugte sich über sein Handy, während ich weiterfuhr. Sein Groll hing schwer in der Luft. »Was liest du gerade?«, fragte ich, um die Stimmung aufzulockern.

»Wieder was über Lily Fransen. Kann man die Sache nicht mal ruhen lassen?«

»Nein«, sagte ich knapp und handelte mir noch einen verwirrten Blick von Jamie ein. »Seien wir doch mal ehrlich, die einzige Gerechtigkeit, die sie je bekommen wird, besteht darin, dass Senator Huntertons Name so lange wie möglich durch den Dreck gezogen wird. Und das soll nicht aufhören.«

»Und was, wenn er unschuldig ist?«, wandte Jamie ein.

Der Klassiker. Die erste Frage ist immer: *Aber was, wenn er unschuldig ist?* Nie heißt es: *Aber was, wenn er schuldig ist und sie die letzten fünfundzwanzig Jahre mit dem Trauma gelebt hat, als Teenager belästigt worden zu sein, ohne jeden Beistand von der Justiz?*

Ich schätze, dieser Satz eignet sich nicht als Stammtischparole.

»Also, ich hab jetzt keine Lust, dir zu erklären, was für ein Flachwichser du bist, wenn du so was sagst«, blaffte ich. Jamie rutschte im Sitz hinunter und scrollte weiter.

»Verdammte Scheiße«, stieß er plötzlich hervor.

»Was?« Ich sah reflexartig in den Rückspiegel. Keine Bullen, die uns folgten. Kein Wild, das auf die Straße springen wollte.

»Hast du das gesehen?« Er hielt mir sein Handy vor die Nase.

»Jamie, Schatz. Ich fahre.«

Ich dachte, es wäre irgendein Katzenvideo. Oder noch so ein Meme von Lily Fransens verheultem Gesicht bei einem Senator-Hunterton-Verhör.

Mit *dem* Video hatte ich nicht gerechnet.

Als wir auf den Parkplatz der Highschool fuhren, griff ich endlich nach dem Handy. Und in dem Moment kapierte ich das Ausmaß dieser ganzen Scheiße.

Ich konnte nichts darauf erkennen. Das Bild war total pixelig. Der Film war offensichtlich mitten in der Nacht aufgenommen worden, mit einer sauschlechten Kamera. Und hören konnte ich auch nichts. Das Tosen des Flusses übertönte alles. Aber ich konnte die zwei Gestalten ausmachen – eine hell, eine dunkel. Eine klein, eine groß. Und sie standen auf der Brücke über Anna's Run.

Dann bewegte sich die dunkle Gestalt und plötzlich stand nur noch eine Person auf der Brücke. Ein kurzes Aufblitzen von blassem Haar und die helle Gestalt war verschwunden. Das Geländer hing zersplittert über dem Wasser. Das Bild fror ein.

»Ach du Scheiße«, wiederholte ich.

»Genau.«

Ich hätte am liebsten gewendet und wäre sofort wieder vom Schulparkplatz gefahren. Aber Jamie legte eine Hand auf meinen Arm und diese Hand fand irgendwie den Weg zu *meiner* Hand und drückte sie. »Wird schon werden«, sagte er. Wie ich schon sagte, er ist ein unwiderstehlicher Lügner. Und so brachte er mich dazu, aus dem Auto auszusteigen.

Am Bordstein vor den Eingangsstufen parkte ein Polizeiwagen aus Fort Collins. Sie sind wirklich von der schnellen Truppe, das muss man Ihnen lassen. Als mein Blick auf den Streifenwagen fiel, wusste ich sofort, dass das tote Mädchen jemand von unserer Schule sein musste. Und ich wusste, dass *Sie alle* mit mir sprechen wollen würden.

Die vorlaute Schlampe hat immer etwas damit zu tun, nicht wahr?

Kapitel 2

Die Wölfe

Die Korridore sind still, geräuschlos, wie der Stausee vor einem Gewitter. Die Luft ist schwer von Entsetzen und Trauer. Drei Schülerinnen bahnen sich ihren Weg durch diesen Nebel, die Bewegungen langsam, das Klacken der Absätze auf dem Linoleumboden gedämpft.

Trotzdem weiß es jeder. Die Wölfe kommen.

Die Tür zum Sekretariat öffnet sich und Claude Vanderly marschiert heraus. Sie sieht aus, als wollte sie dieses Gewitter lostreten, aus vollem Halse die Stille durchbrechen. Die dünne Schale, in der alle eingekapselt sind, zerschmettern und die Wut rauslassen. Sie fährt mit ihren abgekauten Fingernägeln durch pechschwarzes Haar und wirft sich ihren Rucksack über eine Schulter. Dann dreht sie sich um und stößt mit den drei Mädchen zusammen. Ihre Bücher und Handys fallen auf den Boden. Claude bückt sich und hebt ihre Sachen auf, ohne aufzusehen.

»Sieh mal an, wenn das nicht Vampirella ist.« Eines

der Mädchen grinst. »Treibt sich hier am helllichten Tag herum.«

Die Mädchen sind das genaue Gegenteil von Claude: klein und zierlich, wo Claude groß und schlaksig ist. Ihr Liebreiz täuscht über eine gewisse Scharfkantigkeit hinweg, mit der sie sich zusammen bewegen – synchron, als wäre alles, was sie im Leben tun, Teil eines Cheerleading-Programms.

Die zwei außen sind schwarz gekleidet, aber nicht wie Claude – sie tragen Schwarz als Farbe der Trauer, nicht als Statement. Das Mädchen in der Mitte, ihre Anführerin, trägt ein pinkfarbenes Sweatshirt über ihrem dunklen Rock und schwarzen Leggings.

Das ist Avery Cross. Die Königin der Wölfe – im Schafspelz natürlich. Die blonden Haare hat sie zu ihrem üblichen hohen Pferdeschwanz zusammengebunden.

»Also. Du bist als Nächstes dran.« Claude richtet sich auf und mustert Avery von Kopf bis Fuß.

»Du hast mit ihnen geredet?«, fragt Avery.

Claude zuckt mit einer Schulter. »Geredet, Fragen zu meinem Lebenswandel beantwortet – wie auch immer.«

Die zwei Mädchen zu beiden Seiten von Avery rücken näher an sie heran – bereit, ihresgleichen zu beschützen. Claudes Gesichtsausdruck verwandelt sich für einen Moment in Hohn, als ihr Blick die Mädchen streift.

»Ich finde ... ich finde es nett, dass du bei den Ermittlungen hilfst.«

Claudes Schnauben klingt eher verärgert als amüsiert. »Helfen? Niemand hilft den Bullen, Aves. Zumindest niemand, der Verstand hat.«

Avery reckt das Kinn. »Ich helfe.« Sie wippt auf ihren Fersen.

Claude hebt die Augenbrauen. Sie legt den Kopf schief und grinst. »Wie ich sagte.«

Die Mädchen auf beiden Seiten von Avery funkeln sie an. »Und was wollten sie von dir, Grufti? Gehörst du zu den Hauptverdächtigen?«, fragt ein Mädchen, das genauso einen braunen Pferdeschwanz trägt wie Avery.

»Lyla«, zischt Avery. Sie blickt mit flehenden Augen zu Claude auf. »Was wissen sie? Ich meine, was sagen sie über Emma? Glauben sie, dass sie okay ist?«

»Wer ist schon okay nach Anna's Run? Sie ist tot, und das wissen auch alle.« Claude sieht nicht, wie Avery zusammenzuckt – oder vielleicht doch und deshalb redet sie weiter. »Sie werden nie rausfinden, was mit ihr passiert ist, genau wie bei all den anderen Mädchen, die dort umgekommen sind.«

»Halt die Klappe, Claude«, blafft Lyla. Sie hakt sich bei Avery unter. »Hör nicht auf sie. Es wird alles gut.«

Claude verdreht die Augen. »Na klar. Die Welt ist voller Feen und Regenbögen und Einhornküsse. Und wenn du es dir nur fest genug wünschst, taucht Anna aus dem Wasser auf und gibt uns Emma zurück.« Sie tritt mit einem Doc Marten gegen den anderen. »Schlag einfach weiter deine magischen Schuhe zusammen, Dorothy.«

Averys Wangen färben sich rot. Ihre Füße wippen auf und ab und ihre Hände umklammern die Riemen ihres Rucksacks. Die Härte in ihrer Stimme lässt sogar ihre Freundinnen zurückweichen. »Nur weil ich nicht so verbittert bin wie du, heißt das noch lange nicht, dass ich nicht in der realen Welt lebe.«

Claude beugt sich vor. »Emma ist *tot*. Alle denken das. Und die Polizei wird dasselbe machen, was sie immer gemacht hat – eine Weile im Dunkeln tappen und Emma dann vergessen.«

»Das ist nicht wahr«, fährt Avery sie an. Sie atmet schwer und federt auf ihren Fersen auf und ab, als wollte sie zu einem Sprint ansetzen. Sie holt tief Luft und senkt ihre Stimme. »Sie *werden* herausfinden, was passiert ist. Und ich würde mich nicht wundern, wenn sie nicht nur beweisen, dass du unrecht hast, sondern auch, dass du eine Lügnerin bist.«

Die Tür des Sekretariats öffnet sich noch einmal und zwei Männer kommen heraus. Einer sieht aus wie frisch aus dem Referendariat, blonde Haare und Milchbubi-Gesicht, mit einem allzu eifrigen Lächeln. Mr Pendler, unterrichtet Englisch und Journalistik, Emmas Beratungslehrer. Der andere hat silberne Strähnen in seinem braunen Haar und Bart und trägt eine Trillerpfeife um den Hals. Mr Garson, Vertrauenslehrer, Cheftrainer der Lacrosse-Mannschaft und des Cheerleading-Teams, dreifach ausgezeichnet mit dem Preis für den besten Pädagogen im Landkreis.

»Ihr wisst doch, was die Schulordnung zu Lärm auf den Korridoren sagt, Mädels«, mahnt Mr Garson.

Claudes Dock Martens stoßen noch einmal aneinander. *Klack, klack, klack*.

»Und wir wollen doch nicht gegen die Schulordnung verstoßen, nicht wahr, *Aves*?«

Lyla tritt vor. Ihr Pferdeschwanz schwingt hin und her. »Avery versucht wenigstens, zu helfen. Alle werden sich denken, dass du verhört worden bist, weil du immer bei Anna's Run abhängst und sonst was machst. Du weißt doch bestimmt über alle zwielichtigen Dinge Bescheid, die sich dort abspielen, stimmt's? Wenn du nicht sogar selbst darin verwickelt bist.«

»Meine Damen.« Mr Pendler legt eine Hand auf Lylas Schulter. Sie spannt sich an, aber er lenkt sie zurück. »Dies ist eine furchtbare Zeit für alle. Ich erwarte nicht, dass Sie sich konzentrieren können, aber glauben Sie mir, die Unterrichtsroutine wird Ihnen guttun.«

Mr Garson räuspert sich. Mr Pendler nimmt seine Hand von Lylas Schulter. »Miss Vanderly?«, sagt Garson, »soweit ich weiß, haben Sie jetzt Mathe?«

Claudes höhnisches Lächeln ist preisverdächtig. »Viel

Glück, Dorothy«, murmelt sie und rempelt Lyla mit der Schulter an, als sie vorbeistolziert.

»Hexe«, antwortet Avery kaum hörbar. Ihre Wimpern sind schwer von ungeweinten Tränen.

»Lyla? Natalie? Sollten Sie nicht alle im Unterricht sein?«, fragt Mr Pendler.

Lyla und Natalie bringen es nicht fertig, ihm direkt in die Augen zu sehen. Lyla zieht Avery näher zu sich heran. »Wir sind zur emotionalen Unterstützung hier. Aves braucht uns.«

Averys Blick ist immer noch auf den Boden gerichtet. Pendler schwankt, ist unsicher. Doch Mr Garson schüttelt den Kopf. »Ich weiß, es ist schwer, aber die Polizei wird Sie allein sprechen wollen. Schaffen Sie das?« Avery nickt. »Zurück in den Unterricht, meine Damen. Und Avery« – er fischt ein Tempo aus seiner Tasche – »kommen Sie rein.«

Avery geht auf die offene Tür zu, bleibt aber auf der Schwelle stehen. Der Blick, den sie zurückwirft, gilt nicht Lyla und Natalie, sondern der hochgewachsenen Gestalt, die den Korridor hinuntergeht, bald nur noch ein Schatten im Sonnenlicht, das durch die Fenster fällt. Dann holt sie ihr Handy hervor und beginnt zu tippen.

Kapitel 3

Die Cheerleader-Kapitänin

CLINE: Wir haben Donnerstag, den 6. Dezember 2018. Es ist acht Uhr neunundvierzig. Dies ist Kommissar Cline. Befragt wird Avery Amelia Cross, richtig?

AVERY: Ja.

CLINE: Danke, dass Sie sich bereit erklärt haben, mit uns zu sprechen. Bitte nehmen Sie sich Zeit. Ich kann mir vorstellen, wie schwierig das für Sie sein muss.

AVERY: Es ist … schon okay. Ich meine, natürlich ist es nicht okay. Emma, oh mein Gott. Es ist einfach unvorstellbar, wissen Sie? Seit ich davon weiß, kann ich an nichts anderes mehr denken. Ich muss ständig heulen. Gott, mein Make-up muss total verschmiert sein. Entschuldigen Sie, es ist furchtbar, in so einem Moment über solche Sachen nachzudenken. Meine Mutter sagt auch immer, dass ich so konfus bin. Es ist nur – Emma war doch *gestern* noch da. Wir haben unser Cheer-Programm besprochen. Es war wie an jedem anderen Tag, und jetzt …
Entschuldigung, haben Sie noch ein Taschentuch?

Cline: Können Sie uns erzählen, wie Sie von der Sache mit Emma erfahren haben?

Avery: Es war heute Morgen. Ich weiß, dieses … Video ist schon mitten in der Nacht im Netz verbreitet worden, aber nach neun checke ich Facebook nicht mehr. Gestern hab ich den ganzen Abend an meinem Cheer-Programm gearbeitet, mit meiner besten Freundin Lyla. Sie ist auch im Cheerleading-Team und ich übernachte oft bei ihr, damit wir proben können. Dann hab ich uns heute Morgen zur Schule gefahren.

Ich hab mir schon gedacht, dass etwas nicht stimmt, als ich den Streifenwagen gesehen habe. Es steht ja schließlich nicht jeden Tag ein Polizeiauto vor der Schule. Aber selbst dann dachte ich nur, dass vielleicht jemand mit Gras erwischt worden ist. Claude Vanderly ist so eine, die abgeführt werden könnte, weil sie etwas Besonderes in ihrem Schließfach aufbewahrt hat.

Wir haben auf dem Weg zur ersten Stunde noch Witze darüber gemacht. Normalerweise haben wir noch ein paar Minuten für uns, weil wir früher dran sind als die anderen.

Heute nicht.

Im Klassenzimmer war es schon total voll und laut. Aber das Geplapper hörte auf, als ich reinkam.

Für einen Moment war ich sicher, dass es um mich ging. Ich weiß, dass die anderen über mich reden. Bei Wettkämpfen kommentieren sie jede meiner Bewegungen, beim Mittagessen zählen sie die Kalorien auf meinem Teller. Die Angst kroch mir von meinem Magen die Kehle hoch und für eine Sekunde hatte ich das Gefühl, mich gleich übergeben zu müssen. Sie werden denken, du bist schwanger. Ich schluckte.

Das Cheer-Team hatte sich in einer Ecke versammelt. Und alle weinten. Der Weg zu meinem Platz kam mir vor wie der schrecklichste Laufsteg der Welt. Alle starrten mich an, und nicht auf die gute Weise. Ihr Flüstern ging wie eine Welle durch den Raum. Ich überprüfte meinen Bauch, die Kurven meiner Hüften.

Natalie sprang von ihrem Stuhl auf und umarmte uns beide fest. »Es tut mir so leid, Aves«, sagte sie mit erstickter Stimme. Tränen strömten über ihre Wangen und hinterließen Spuren auf ihrem geschminkten Gesicht. »Wie geht es dir bei all dem?«

»B-bei all was?«, stammelte ich. Noch immer spürte ich jeden Blick, der mich durchbohrte.

Natalie bemerkte unsere verblüfften Gesichter und ihre rot geränderten Augen weiteten sich. »Oh mein Gott. Ihr habt doch das Video gesehen, oder?«

»Was für ein Video?«

»Oh mein Gott. Ohmeingott.« Natalie beugte sich vor. »Shay, gib mal dein Handy.«

»Die Schwarte hat es konfisziert«, sagte Shay und tupfte ihre Augen mit einem Taschentuch ab. »Genau wie deins.«

Ich zog den Reißverschluss meines Rucksacks auf und holte mein Smartphone raus. Normalerweise nehme ich mein Handy im Unterricht nicht raus, aber ich musste wissen, was los war. Was hatte mein Team in Tränen ausbrechen lassen? Was hatte die ganze Klasse dazu gebracht, vor 7:45 Uhr auf ihren Plätzen zu sitzen?

Natalie nahm mir das Telefon aus der Hand. Als sie es mir zurückreichte, hatte sich schon ein ganzer Pulk von Schülern hinter mir versammelt. Sie drängten sich hinter meinem Rücken, berührten meine Schultern. Ich spürte ihren Atem in meinem Nacken und bekam eine Gänsehaut.

»Das ist echt creepy«, sagte Kyle Landry, der Lacrosse-Captain. Er klang richtig *schadenfroh*. Ich wollte ihm sagen, wenn er es so creepy fände, könnte er ja auch aufhören, seine Weichteile an meine Schulter zu drücken und wieder an seinen Platz zurückgehen, aber – na ja, so ein Mädchen bin ich nicht.

Das Video war total pixelig, aber sobald ich ihre schlanke Gestalt sah, das eisblonde Haar, wusste ich Bescheid. Emma. Zu hören war nur das Tosen von Anna's Run.

Und dann – der Stoß.

Ich konnte nicht atmen. Sobald das Video zu Ende

war, schwoll das Flüstern um mich herum wieder an. Maschinengewehrartig wurden Mutmaßungen abgegeben, während das Video automatisch noch einmal abgespielt wurde.

»Es muss jemand Starkes gewesen sein.«

»Definitiv ein Kerl.«

»Und mindestens fünfzehn Zentimeter größer als Emma.«

Ein Schatten fiel auf uns. Die anderen Schüler stoben auseinander wie Herbstblätter in der Strömung. Ich sah zu dem wenig entzückten Gesicht von Mrs Willingham auf.

»Guten Morgen, Miss Cross. Es tut mir leid, ich weiß, das muss ein Schock für Sie sein. Die Handys sind für den Rest des Schultages konfisziert.« Die Schwarte, wie wir Mrs Willingham nennen, streckte die Hand aus und ich reichte ihr widerstandslos das Smartphone. Es war auch nicht so, dass ich dieses Video noch mal sehen wollte. Ich wünschte, ich hätte es mir nie angesehen.

Die Schwarte hob ihre Stimme. »Das gilt für alle. Keine Handys, keine Zweithandys. Eure Eltern können im Sekretariat anrufen, wenn sie euch kontaktieren müssen. Ich muss noch mal für einen Augenblick aus dem Zimmer, und ich erwarte, dass sich alle gesittet verhalten.« Während sie sprach, wanderte ihr Blick zur Tür hinüber, als wüsste sie schon, wer gleich ins Zimmer kommen würde.

Einen Moment später schlurfte Claude Vanderly herein. Sie trug dieselben Klamotten, die sie schon gestern angehabt hatte. Ihr dicker Goth-Eyeliner war verschmiert, als wäre sie gerade mit dem Freund irgendeines Mädchens aus dem Garderobenschrank gekrochen. Wie üblich.

Die Schwarte sprach einen Moment mit ihr. Claude sah angepisst aus. Dann ließ sie ihren Blick durchs Klassenzimmer wandern.

Sie und ich bemerkten es im selben Moment. Es waren nur noch zwei leere Plätze übrig – einer direkt vor Kyle und seinen Kumpeln, und einer neben mir.

Der Platz neben mir hätte Emmas Platz sein sollen. Das hätte sie respektieren sollen. Aber Claude schob ihre schlaksigen Beine unter den Tisch und knallte ihren Rucksack zwischen uns auf den Boden.

Ich war bereit, die Provokation zu ignorieren. Claude muss jeden Tag mindestens einmal im Zentrum eines Dramas stehen, und da gieße ich nicht noch Öl ins Feuer. Aber Lyla, ganz BFF, wollte Claude klarmachen, dass sie sich nicht alles herausnehmen kann. Außerdem hat Lyla Claude nie verziehen, dass sie versucht hat, letztes Jahr auf dem Schulfest meinen Freund zu verführen, um dann das Gerücht zu verbreiten, dass ihr das gelungen wäre. Lyla legte eine Hand auf meinen Arm, als wollte sie sagen, *Überlass das mal mir,* und sagte laut zu Claude: »Ich hab ein Kruzifix in meinem Rucksack, falls du dir das mit dem Exorzismus noch mal überlegt hast.«

Claude drehte langsam den Kopf, als hätte sie uns gerade erst bemerkt. Wie ich schon sagte, sie weiß, wie man ein Drama inszeniert. »Ist doch bestimmt ein prima Accessoire für deinen antifeministischen Preppy-Look.« Sie sah mich an und gähnte. »Guten Morgen, Miss Sonnenschein.«

»Männerfeindliche Barbie«, murmelte ich. Es rutschte mir so raus. Ich versuche eigentlich immer, auf so was nicht einzusteigen, aber ehrlich mal: Wie kann Claude so tun, als ob alles beim Alten ist? Kann nicht mal der Tod eines Mädchens sie überzeugen, dass die Welt sich nicht nur um sie und ihre seltsamen Ansichten dreht?

Trotzdem bereute ich es sofort. Ich war gestern spät ins Bett gekommen – Extra Cheer-Training mit Lyla – und ich war total erschossen. Ich fühlte mich, als wäre ich selbst durch Anna's Run geschwommen. Und nun das… ich habe einfach nicht die Energie, mich mit Claude auseinanderzusetzen. Nicht heute.

CLINE: Gab es in der Vergangenheit Konflikte zwischen Claude und Emma?

AVERY: Ich weiß nicht. Wird Claude denn verdächtigt?

CLINE: Bleiben wir doch bei Emma.

AVERY: Aber… ich meine, wenn Emma bei Anna's Run war, warum sollte Claude *nichts* damit zu tun haben?

Claude ist doch ständig da draußen. Nicht, dass ich sie dort gesehen hätte. Anna's Run ist der unheimlichste Ort in dieser Gegend, deshalb höre ich ungern was darüber und gehe schon gar nicht dorthin. Verstehen Sie? Aber … na ja, Claude wurde dort letztes Jahr wegen Vandalismus verhaftet. Das hat zumindest Emma erzählt, und ihr Dad war der Polizist, der Claude festgenommen hat.

Sie kennen ihn bestimmt. Hauptkommissar Baines, der Polizeichef.

Wie auch immer, Emma hat mir erzählt, dass es gar nicht um Vandalismus ging. Es ging um *Hexerei*. Gruselige Opferriten und so was. Claudes Mom ist Rechtsanwältin und hat dafür gesorgt, dass der Bericht geändert wurde, aber Claude redet von Anna, als wäre sie eine reale Person. Als könnte sie … mit ihr kommunizieren oder so.

CLINE: Was denken *Sie* denn über Anna's Run?

AVERY: Es gibt massenhaft Geistergeschichten über Anna. In der Mittelschule haben wir uns immer solche Storys erzählt, wenn wir beieinander übernachtet haben. Wir behaupteten, dass der Fluss dort mit einem Fluch belegt war. Aber als wir auf die Highschool kamen, begriffen wir: Es ist einfach ein Ort, wo Jugendliche hingehen, wenn sie etwas Verbotenes machen wollen, ohne dass ihre Eltern es mitbekommen. Gras rauchen zum Beispiel oder Alkohol trinken. Oder, Sie wissen schon, andere Dinge miteinander. Dinge, die Claude Vanderly ... ziemlich gut kann.

Aber Emma hing nie dort ab. Emma ist echt total brav. Ganz abgesehen davon, dass ihr Dad *ausgeflippt* wäre, wenn er es rausgefunden hätte. Ich hab keine Ahnung, warum sie gestern Abend bei Anna's Run gewesen sein sollte, aber sie muss einen guten Grund gehabt haben. Vielleicht war sie auf der Flucht vor jemandem, jemandem ...

CLINE: Haben Sie irgendeine Idee, wer Emma etwas Böses gewollt haben könnte?

AVERY: Nein, keine Ahnung.

CLINE: Niemand hier oder in ihrem privaten Umfeld?

AVERY: Emma hatte keine Feinde – na ja, außer Gwen Sayer vielleicht. In gewissem Sinne. Ich meine, sie waren Konkurrentinnen um das Devino-Stipendium. Aber so *richtige* Feinde hatte Emma nicht. Sie war immer am Lernen, aber nett zu allen. Sie hatte keinen Freund und verbrachte so viel Zeit mit AGs und so was, dass sie gar keine Zeit hatte, sich Freunde oder Feinde zu machen. Früher war sie gut mit Lizzy Sayer befreundet ... aber als Lizzy dann starb, sagte Emmas Dad, er wolle nicht, dass sie mit solchen Leuten Umgang hätte. Wenn sie also nicht beim Cheer-Training war, oder bei der Schulzeitung, oder im Debattierklub, war sie zu Hause. Und auch wenn sie

total normal und wirklich wunderbar war, hing ihr nach der Sache mit Lizzy Sayer ein gewisser Ruf an. Lizzy ist in der Nähe von Anna's Run umgekommen. Denken Sie, das ist ein Zufall?
Ich weiß, das ist schon zwei Jahre her, aber Emma war, nun ja, *sehr* interessiert an Lizzys Tod. Es war etwas heikel, zumal Gwen in unserer Stufe ist und nicht darüber reden will. Es war ein Unfall, nicht wahr? Was gibt es dazu noch zu sagen?
Emma war überzeugt, dass es überhaupt kein Unfall war. Je mehr sie sich damit beschäftigte, desto schlimmer wurde es. Sie war ... besessen. Ich benutze das Wort nicht gerne, aber das war sie. Immer wieder fing sie damit an. Sie kam zu spät zum Cheer-Training, übernahm Extra-Schichten bei der Schulzeitung ... Wir machten uns alle Sorgen, aber schließlich konnte sie niemand davon abhalten zu recherchieren, oder? Es war ja nicht verboten oder sonst was.

Doch dann kam es zu diesem Vorfall.

CLINE: Erzählen Sie mir von diesem Vorfall.

AVERY: Es war in diesem Anti-Drogen-Seminar, zu dem wir am Anfang des Schuljahres alle gehen mussten. Ich glaube, Direktor Mendoza und Mr Garson hatten das ins Leben gerufen, damit wir eine Verbindung zueinander aufbauen. Als würden wir dann nicht stockbesoffen in die Schlucht bei Anna's Run stürzen, sondern unsere Probleme mit Kuscheltherapie lösen oder so was. Keine Ahnung. Die Moderatorin war echt nett und hat sich total viel Mühe gegeben. Doch dann meldete sich Emma und stand auf und sagte: »Lizzy Sayer hat sich nicht das Leben genommen. Und sie ist auch nicht an einer versehentlichen Überdosis gestorben.« In einem Tonfall, als würde sie das Lunch-Menü bekannt geben. »Lizzy wurde ermordet.«

Die ganze Schule spielte verrückt. Ein paar Leute buhten – sie glaubten, Emma wollte Ärger heraufbeschwören oder versuchte, Aufmerksamkeit zu bekommen. Ein paar andere riefen Fakten in den Raum, die über den Fall bekannt waren. Dass Lizzy zwei leere Flaschen Jack Daniel's im Kofferraum gehabt hatte, zum Beispiel, und genügend Alkohol im Blut, um sternhagelvoll zu sein. Die arme Seminarleiterin wusste überhaupt nicht, was sie machen sollte. Direktor Mendoza und Vertrauenslehrer Garson führten Emma aus dem Zimmer und das nächste Mal, als ich sie sah, verlor sie kein Wort mehr über die Sache.

Und wer weiß, wie ihr Dad reagiert hat, als er herausfand, was sie gemacht hatte. Meine Eltern würden bestimmt ausflippen, und ihr Dad ist *mega*-streng.

CLINE: Hat diese Strenge vielleicht Emmas Beziehung zu jemandem beeinträchtigt?

AVERY: Das hat all ihre Beziehungen beeinträchtigt. Sie ging nach der Schule oder den AGs immer direkt nach Hause und zu Hause durfte sie nicht ins Internet. Nie. Ihr Dad ist überzeugt, dass jedes Mädchen im Netz Emma zu Tode mobben will und jeder Junge im Netz ihr ein … Sie wissen schon … schicken will. Ein *Dick Pic*. Das hat mich immer geärgert, weil ich unsere Cheerleading-Videos auf YouTube stelle und eigentlich erwarte, dass die Mädels das dann üben. Aber sie tat mir auch immer sehr leid. Ich weiß nicht einmal, was sie zu Hause gemacht hat, wenn ihr Dad Dienst hatte. Aber sie wollte ihn nie wütend machen. Er wusste über alles Bescheid, was sie aß; er wusste, wo alles in ihrem Zimmer war …

CLINE: Könnte Emma gestern Abend heimlich das Haus verlassen haben, um jemanden zu treffen?

AVERY: Sie meinen den Typen, der sie von der Brücke geschubst hat? Schon möglich. Aber ich weiß nicht, wer das sein könnte. Und Emma hätte auch keinen Hinweis darauf hinterlassen, den ihr Dad hätte finden können.

Nein, halt. Sie hatte ein Tagebuch. Ich glaube, sie hat nur darin geschrieben, wenn sie hier war, aber das ganz sicher jeden Tag.

CLINE: Sie haben dieses Tagebuch gesehen? Wissen Sie, wo sie es aufbewahrt hat?

AVERY: Hm, in ihrem Spind vielleicht? Aber jetzt, wo

Sie es sagen – ich habe Emma das Tagebuch nie herausnehmen oder zurücklegen sehen.

CLINE: Das war sehr hilfreich, Miss Cross. Wirklich. Vielen Dank für Ihre Zeit.

AVERY: Keine Ursache. Ich will doch helfen und ich will Gerechtigkeit für Emma. Wirklich, ich mache alles dafür. Sagen Sie einfach Bescheid.

Okay?

Kapitel 4

Die Zurückgelassenen

Über dem Haus der Sayers liegt Stille, wie schon lange. Selbst die Nachbarshunde bellen nicht, wenn sie in die Nähe des Zauns kommen. Die Fensterscheiben sind voller Flecken und vom Dach hängen einige lose Schindeln. Die Rosensträucher sind verwildert und ihre trockenen braunen Zweige überwuchern den handtuchgroßen Vorgarten, verstopfen die Regenrinne und wickeln sich um die Zaunpfosten. Alles ist braun an diesem klirrend kalten Dezembertag.

Ein Zeitungsjunge wirft die Morgenzeitung die Treppenstufen hinauf und radelt schnell weiter. Senator Huntertons Gesicht, voller selbstgefälliger Wut, landet in den welken Blättern vor der Haustür. Die Schlagzeile lautet: HUNTERTON: ICH VERGREIFE MICH NICHT AN KLEINEN MÄDCHEN.

Drinnen im Haus ist die Luft stickig, als wäre seit Lizzy Sayers Tod kein Fenster auch nur einen Spalt weit geöffnet worden. Um den runden Esstisch stehen immer noch vier billige Klappstühle mit Kunstlederpolster. Sie sind vollkommen zerschlissen und aus den Nähten quillt Schaumstoff. Nur auf einem der Stühle sitzt im Moment jemand – Gwen hat einen Kaffee und einen Teller mit einer Scheibe Toast vor sich stehen. Das Essen hat sie ganz vergessen, während ihre Finger über ein zerkratztes iPhone scrollen, das sie in der Schule von Heather Halifax bekommen hat. Sie hebt nicht einmal den Blick, als ihr Vater ins Zimmer kommt, doch als er ihr einen Kuss auf die Stirn drückt, murmelt sie »Morgen« und dreht ihr Display zur Tischplatte.

»Alles in Ordnung? Ich sehe, du hast dich fürs Büro angezogen«, sagt Mrs Sayer. Ihre Stimme hat noch immer den walisischen Singsang, mit dem sie vor einundzwanzig Jahren hierhergezogen ist. Sie steht am Herd ihrer kleinen Fertigküche, deren weißes Laminat durch den Dreck von Jahrzehnten, Brandflecken und Abnutzung vergilbt ist, und gießt etwas dünnflüssigen Teig in eine Pfanne. Sie weiß immer noch nicht, wie man fluffige Pfannkuchen macht. Neben der Pfanne brodelt das Wasser im elektrischen Wasserkocher; zwei Becher mit schon einmal aufgegossenen Teebeuteln stehen bereit.

»Ich dachte mir, ich nehme lieber nur einen halben Tag frei. Ihr wisst ja, wie Mecklin ist.«

Das wissen sie. Mr Mecklin war der Erste, der ihnen jede Hilfe anbot, als Lizzy starb. Der Letzte, der ein Urteil darüber fällte, wie viel Alkohol sie im Blut gehabt hatte und was das für Mr und Mrs Sayer als Eltern bedeutete. Der Einzige, der anbot, die Kosten für eine psychologische Betreuung der Familie zu übernehmen.

Aber es ist einfacher, so zu tun, als hätte Gwens Vater einen harten Hund als Chef, statt der Wahrheit ins Auge zu sehen – dass nämlich Mr Sayer dieses Haus genauso hasst wie sie und davonlaufen will.

»Ich mache gerade Pfannkuchen«, sagt Mrs Sayer leise.

Ihr Mann gibt ihr einen Kuss auf die Wange. »Da bin ich aber wirklich neidisch. Die werden bestimmt köstlich. Gwen, lass es ruhig angehen heute, okay?«

Gwen guckt noch immer gebannt auf ihr Handy. »Warum?« Sie lässt es nie ruhig angehen. Und darauf ist sie auch stolz.

Ihre Eltern zögern. Sie sehen abwechselnd einander und dann ihre Tochter an. In ihren Blicken liegt so vieles, was sie nicht in Worte fassen können. Schließlich füllt Gwens Mutter kochendes Wasser in die Teebecher und gibt in jeden einen Schuss H-Milch. »Wir denken, du solltest heute zu Hause bleiben.«

Das Handy fällt mit einem dumpfen Rums auf den Tisch. »Ganz bestimmt nicht.« Gwens Stimme klingt wie ein harter Donnerschlag.

»Du … bei allem, was im Moment los ist, brauchst du vielleicht etwas … Zeit, um die Dinge zu verarbeiten.«

»Nein.« Gwens Hände ballen sich auf dem Tisch

zu Fäusten. Der Blick ihrer Mutter fällt sofort darauf. Gwen zwingt sich, ihre Finger zu lösen, und legt ihre Hände flach auf die Plastiktischdecke mit dem Rosenmuster. »Ich brauche keine Zeit. Die Entscheidung über das Devino-Stipendium wird heute bekannt gegeben. Da kann ich nicht einfach schwänzen. Was, wenn das meine Chancen zunichtemacht?«

»Bestimmt nicht. Die Entscheidung steht wahrscheinlich schon seit Wochen fest. Wir haben schon in der Schule angerufen und gesagt, dass du heute nicht kommen kannst.«

»Ich kann doch nicht einfach *blaumachen*. Ich halte das nicht aus, den ganzen Tag nicht Bescheid zu wissen.« Gwens wütender Blick geht zwischen den Eltern hin und her. Ihre Hände zittern.

Ihr Vater presst die Lippen aufeinander. »Es gibt nichts mehr zu diskutieren, Gwen. Ich habe heute Morgen mit Direktor Mendoza gesprochen und die Schule ist ein Pulverfass. Die Hälfte der Schüler bleibt zu Hause, niemand lässt seine Kinder mit dem Bus fahren, die AGs nach Einbruch der Dunkelheit fallen aus. Du wirst dich besser konzentrieren können, wenn du zu Hause lernst.«

Gwen schnaubt, als würde sie gleich explodieren. »Das kann doch nicht euer Ernst sein.«

»Wir erteilen dir Hausarrest, wenn es sein muss«, sagt Mrs Sayer.

»Weil ich in die Schule gehen will? Echt jetzt, Mum, ich bin nicht Lizzy.«

Für einen furchtbaren Moment herrscht regungslose Stille im Raum. Aus Mrs Sayers Gesicht weicht das Blut. Ihre Hand umklammert den Pfannenwender. Der Wasserkocher gibt ein lautes Geräusch von sich.

Gwen versucht, die Situation zu retten. »Ich verstecke keinen Alkohol und keine Tabletten unter meinem Bett. Ich will einfach nur zur Schule gehen. Wie an einem normalen Tag.«

Mrs Sayer verschränkt die Arme. »Es ist kein normaler Tag. Du gehst nicht.«

Tagebucheintrag

Emma Baines – Freitag, 16. Juni 2017

Ich hab es kaum abwarten können, nach Hause zu kommen und das hier aufzuschreiben. Die ganze Zeit hat sich dieses mulmige Gefühl in meinem Magen ausgebreitet und mich runtergezogen. Ich konnte nichts zu Mittag essen. Dad hat mich nach Hause gefahren, weil er dachte, ich wäre krank. Und jetzt, wo er zurück im Büro ist, kann ich endlich versuchen, diesem seltsamen mulmigen Gefühl auf den Grund zu gehen, das meine Hände zittern lässt.

Das Sommerpraktikum war bisher ziemlich langweilig. Ich dachte, ich würde zu sehen bekommen, wie die Polizisten mit betrunkenen Pennern kämpfen oder Aussagen von reichen Ski-Tussis zu Protokoll nehmen, wenn irgendein Vandale den Audi des Ehegatten zerkratzt hat. Ich hatte sogar gehofft, dass Dad mich auf Streife mitnehmen würde. Stattdessen hab ich die letzten zwei Wochen im Archiv verbracht und massenhaft Staub eingeatmet. Wahrscheinlich werde ich das einzige Mädchen in Colorado sein, das nach den Sommerferien blasser ist als vorher. Ich habe die Fälle der letzten Zeit nach Nummern neu sortiert. Die Typen vom JLPD haben echt keine Ahnung von ordentlicher Archivierung. Eigentlich soll ich die Akten nicht lesen und normalerweise interessiert es mich auch nicht – wen juckt es, dass Claude Vanderly mal wieder nach Sperrstunde bei Anna's Run erwischt wurde? Wen juckt es, dass Mrs Cross in diesem Jahr sechzehn Beschwerden wegen Lärmbelästigung eingereicht hat?

Doch dann sah ich ihre Akte. Lizzys Akte.
Ich hatte das Gefühl, als hätte mir jemand einen Schlag in den Magen verpasst. Ich setzte mich auf den gammeligen Drehstuhl oder brach vielmehr darauf zusammen. Lizzys Akte lag schwer auf meinem Schoß, vollgestopft mit Aussagen, Fotografien, Gutachten ... ein ganzer Stoß Papier und monatelange Ermittlungen, die alle auf eine simple Schlussfolgerung hinausliefen: Lizzy Sayer hat Selbstmord begangen.
Lizzy war wie eine große Schwester für mich. Und wäre sie tatsächlich meine Schwester gewesen, wäre ich nie so blind gewesen wie Gwen. Ich hätte nie zugelassen, dass sie sich nach dem neunten Schuljahr so verändert. Ich hätte nie zugelassen, dass sie sich das Leben nimmt. Und ich hätte nie, nie aufgehört mich zu fragen ... wie ist das passiert? Wie war aus der superschlauen Lizzy das Mädchen geworden, das um acht Uhr morgens betrunken zur ersten Stunde kam?
Der redigierte Bericht ist in der Schule wie ein versautes Magazin herumgereicht worden. Natürlich hab ich den auch gesehen. Aber heute habe ich die unzensierte Akte in den Händen gehalten.
Nicht öffnen, sagte meine warnende Stimme. Das ist meine Stimme der Vernunft oder zumindest der Sachlichkeit. Diese warnende Stimme ermahnt mich, was Dad tun würde, wenn er mich erwischt, was mir Minuspunkte für das Devino-Stipendium einbringen könnte, womit ich mir Ärger mit Direktor Mendoza einhandeln würde oder wodurch ich zum Gespött des Wolfsrudels werden könnte.

Was, wenn Dad reinkommt, um etwas zu holen? Was, wenn er die Überwachungskameras überprüft? Mein Puls begann zu rasen.

Aber ich habe immer gewusst, dass Lizzys Wahrheit eine andere sein muss als die, die in dem zensierten Bericht dargestellt wird. Ich habe mir immer gewünscht, noch ein letztes Mal mit ihr zu sprechen. Und diese Akte zu lesen kam dem am nächsten. Ich schlug sie auf.

Die meisten Stellen, die der Öffentlichkeit vorenthalten wurden, waren persönliche Daten und Dinge, die in den Augen meines Dads eine »moralische Gefahr« für die Bürger darstellten.

Da war zum Beispiel eine aufgerissene Kondomverpackung auf der Rücksitzbank von Lizzys Auto. Unter UV-Licht waren Körperflüssigkeiten nachgewiesen worden, die man nie weiter untersucht hatte, weil man sie für »zu alt« hielt, um für die Ermittlungen eine Rolle zu spielen.

Und da waren Fußspuren.

In der Nacht, in der Lizzy starb, regnete es, ein kurzer Gewitterschauer, der Anna zum Tosen brachte und alle Windspiele in Lorne klirren und klappern ließ. Das Gewitter war schon vorbei, als Lizzy nach Gwens Angaben das Haus verließ. Deshalb muss die Erde locker und feucht gewesen sein, ungewöhnlich für Colorado. Die Abdrücke sind auf den Fotos deutlich zu sehen, und sie stammen offensichtlich von großen Schuhen. Die Polizei erwähnte sie überhaupt nicht im Bericht. Es kann natürlich sein, dass die Fußspuren schon da waren, bevor Lizzy ihr Auto abstellte und die

Schlucht hinunterstolperte. Immerhin ist es ein viel benutzter Wanderweg.
Oder aber in der Nacht, als sie starb, war jemand bei ihr. Jemand, der nie gefunden wurde.

LORNE EXAMINER ONLINE

6. Dezember 2018, 11 Uhr
Offizieller Ermittlungsbeginn im Fall
der vermissten Emma Baines

Die Polizei hat Emma Baines heute Morgen offiziell als vermisst gemeldet. Die junge Frau, eine engagierte Schülerin der Jefferson-Lorne High School, wurde zuletzt von ihrem Vater, dem Leiter der hiesigen Polizeibehörde, gesehen, bevor er am Montag zu seiner Abendschicht aufbrach. »Sie ist ein gutes Mädchen«, sagte Polizeichef Baines gegenüber dem *Examiner*. »Sie lässt sich nicht auf Drogen oder Alkohol ein. Sie arbeitete auf ein Stipendium für die Universität Boulder hin.« Baines beteuerte des Weiteren, dass Emma ihre meiste Zeit damit verbracht habe, zu Hause zu lernen oder von der Schule unterstützte AGs zu besuchen, was Emmas Mitschüler bestätigten. Sie war eine der Finalistinnen für das Devino-Stipendium, ein volles Bachelor-Stipendium, das an akademisch und moralisch herausragende Schülerinnen und Schüler vergeben wird, die finanzielle Unterstützung gebrauchen können.

Die gesamte Jefferson-Lorne Gemeinde ist an der Suchaktion beteiligt, und Polizeieinheiten aus anderen Ortschaften wie Westminster sind zur Unterstützung herbeibeordert worden. Ein Video, das ein von der Physiognomie her ähnliches Mädchen zeigt, wie es von der Brücke über Anna's Run gestoßen wird, ist heute am frühen Morgen auf Emmas Facebook-Seite gepostet worden und wird einer genauen Untersuchung unterzogen.

Emma Baines ist 1,64 m groß und wird als schlank be-

schrieben, mit blassem Teint und schulterlangen hellblonden Haaren. Sie ist siebzehn Jahre alt.
Die Polizei bittet die Bevölkerung um Mithilfe und fordert dazu auf, sich mit Informationen zu Emma Baines umgehend an die Polizeidienststelle von Jefferson-Lorne zu wenden.

Kapitel 5

Die Streberin

Gwen geht trotzdem zur Schule.

Sie wartet, bis ihre Mutter rausgeht, um die Wäsche auf die Leine hinterm Haus zu hängen, und schlüpft durch die Vordertür. Es sind fünfundvierzig Minuten Fußweg in eisiger Kälte und beißendem Wind. Sie schickt eine kurze SMS.

Diese Seite von Jefferson-Lorne, das ist noch eine Stufe unter dem Mobilheimpark. Die Häuser sind länglich und schmal, aufgebockt auf billigen Betonsteinen. Von den verrottenden Bretterfassaden schält sich die Farbe ab und macht so all die früheren Anstriche sichtbar – aus einer Zeit, als die Leute noch genug Stolz hatten, um sich darum zu kümmern, wie ihre Häuser von außen aussahen. Es ist die Art Wohngegend, in der man ein Brett über zerbrochenes Glas nagelt und es mit Plastikfolie zuklebt, weil man sich kein neues Fenster leisten kann. Es ist die Art Gegend, in der alle Väter nach einem Schneesturm mit Schaufeln durch die Straße laufen, weil die Hälfte der Mütter alleinerziehend und bei der Arbeit ist. Es ist die Gegend, in der die Bergleute lebten, bevor die Yuppies sich Lorne unter den Nagel rissen und Demos veranstalteten, ihre Gewerkschafter beeinflussten und schließlich bewirkten, dass die Bergwerke stillgelegt wurden. Inzwischen sind die Glücklichen unter diesen Männern, Menschen wie Gwens Vater, in das Baugewerbe gegangen, das die kleinen Wohnhäuser abreißt und sie gegen riesige Ski-Unterkünfte austauscht, Winterferienhäuser der wohlhabenden Weißen, zehnmal so groß wie das einzige Zuhause, das Gwen sich je leisten können wird. Wenn sie in Lorne bleibt, wird sie dabei zusehen müssen, wie die Häuser in ihrer Nachbarschaft nach und nach dem Erdboden gleichgemacht und durch gepflegte McMansions ersetzt werden, die für drei Viertel des Jahres leer stehen. Wenn sie Glück hat, wird sie in einem dieser Häuser eine Anstellung als Haushälterin oder Gärtnerin bekommen. Hecken schneiden, während die Averys dieser Welt an ihrem Latte macchiato mit Karamellgeschmack nippen, der so viel kostet wie ein Stundenlohn.

Nein, so wird ihr Leben nicht aussehen. Das ist das Mantra, das sie vor sich hin sagt, während sie läuft. Sie strafft die Schultern und schreitet voran, als würde die Straße ihr gehören, als könnte der schneidende Dezemberwind überhaupt nicht durch ihren zerschlissenen Mantel dringen.

Ihr Gesicht und ihre Hände sind ganz rot, als sie beim Sekretariat der Jefferson-Lorne High School ankommt, und ihre Nase fühlt sich taub an. Gwen reicht der Sekretärin eine gefälschte Entschuldigung für ihr Zuspätkommen. Durch die dünnen Wände sind gedämpfte Stimmen zu hören, die hin und wieder anschwellen. »Ist Direktor Mendoza da?«, fragt sie.

»Er ist in einem Meeting.« Die Sekretärin schenkt ihr ein Lächeln. »Danke, dass du noch gekommen bist, Liebes.« Sie überprüft nicht einmal die Entschuldigung.

Gwen zögert, als sie das Sekretariat verlässt. Auf den Gängen ist es ganz still – es ist mitten in der zweiten Stunde. Vor dem Zimmer des Direktors lehnt sie sich an die Wand und neigt den Kopf in Richtung Tür.

»… Geben Sie uns wenigstens noch ein paar Tage«, sagt Mendoza gerade.

»Die Stiftung benötigt eine Bestätigung, den Namen der Universität und eine Beglaubigung der Zeugnisse. Wir können nicht ewig warten. Es gibt eine Menge Bewerber, die das Stipendium verdient hätten, und wenn es an jemand anderen gehen muss …«

»Sie wird *vermisst*, Herrgott noch mal!«

»Wir sind uns der tragischen Umstände bewusst. Aber Sie müssen auch bedenken, eine Menge anderer Schüler wartet auf eine Benachrichtigung von uns, bevor sie entscheiden, welche Hochschule sie sich werden leisten können. Auf deren Leben müssen wir auch Rücksicht nehmen.«

Stühle schaben über den Boden und ein Poltern deutet darauf hin, dass jemand aufsteht. Gwen zuckt zusammen. Bevor sie es sich anders überlegen kann, klopft sie schnell an die Tür.

Für einen Augenblick ist nichts zu hören. Ein paar Sekunden später wird die Tür aufgestoßen. Ein Mann im Anzug drängt sich an Gwen vorbei und geht den Gang hinunter. Gwen wendet sich an Direktor Mendoza, einen hageren Mann mit hochgekrempelten Hemdsärmeln. Er hat ein Gesicht aufgesetzt, das so manchen Schüler zum Weinen bringen würde. »Was kann ich für Sie tun?«

Gwen weicht nicht zurück. Sie strafft sogar noch den Rücken. Wirft ihren dunklen Pferdeschwanz über die Schulter. »Ich wollte nur kurz fragen. Wegen des Stipendiums. Wird die Bekanntgabe heute stattfinden?« Die Nervosität verleiht ihrer Stimme einen walisischen Singsang, wie den ihrer Mutter.

Für einen langen Moment starrt Mendoza sie an. »Woher …? Egal. Die Bekanntgabe ist bis auf Weiteres verschoben worden.«

Er versucht, die Tür zu schließen, aber sie prallt an Gwens abgewetzten roten Turnschuhen ab. »Bis wann?«, fragt sie.

Mendoza holt tief Luft. »Miss Sayer, es gibt im

Augenblick leider wichtigere Dinge, mit denen wir uns beschäftigen müssen. Und jetzt gehen Sie bitte zum Unterricht.«

Dieses Mal schließt er die Tür mit mehr Kraft, aber Gwen hat schon einen Schritt zurück gemacht. Die Tür fällt laut ins Schloss. Sie wirbelt herum – und stößt geradewegs mit Lyla zusammen.

»Oh«, sagt Lyla. Sie trägt einen schwarzen Rock, schwarze Strumpfhosen und ein Shirt, das eine Schulter freilässt. Ein schwarzer Choker liegt um ihren Hals. Dick aufgetragener Eyeliner und Mascara vervollständigen den Look. Ihre Augen weiten sich, als sie Gwen sieht. »Gwendolyn Sayer, was für eine Überraschung! Kommst du etwa zu spät?«

Gwen tritt von einem Fuß auf den anderen. »Na und?«

Ein boshaftes Lächeln umspielt Lylas Mundwinkel. »Du hast gerade deine perfekte Anwesenheitsstatistik zunichtegemacht. Was hast *du* denn letzte Nacht gemacht?«

Gwen seufzt nur. »Halt die Klappe, Lyla«, sagt sie und macht sich auf den Weg zum Sportunterricht.

»Ganz schön empfindlich!«, ruft Lyla ihr hinterher. »Geschlafen offenbar nicht.«

Gwen antwortet nicht.

NOTRUFZENTRALE: 911, worin besteht Ihr Notfall?

MANN: Da war ein Mädchen. Ein Mädchen im Wasser.

ZENTRALE: Wo war dieses Mädchen?

MANN: Ein Stück flussabwärts von Anna's Run … Sie trieb im Wasser. Nein, sie wurde vom Wasser mitgerissen. Die Strömung ließ sie nicht los.

ZENTRALE: Sir, würden Sie uns bitte Ihren Namen nennen und uns beschreiben, wo Sie sich im Moment befinden?

MANN: Ich war angeln und mein Telefon wurde letzten Monat abgeschaltet, deshalb … also deshalb hatte ich kein Telefon bei mir. Ich bin hierhergekommen, sobald ich sie entdeckt hatte, aber ich glaube nicht, dass Sie sie noch finden …

ZENTRALE: Sir, könnten Sie uns bitte sagen, wo Sie sind?

MANN: Bei der OK-Tankstelle an der 49. In der Nähe von Wallis. Aber von hier zu Anna's Run ist es eine halbe Meile. Sie werden nichts mehr finden. Sie wird längst weg sein. Längst weg.

ZENTRALE: Sir, haben Sie getrunken? Sir. Sir?

Kapitel 6

Die Auseinandersetzung

Schuhe quietschen auf dem Turnhallenboden, das Fitness-Äquivalent zu Fingernägeln auf der Tafel. Ein nicht besonders praller Fußball hüpft lustlos durch die Halle. Die einzigen anderen Geräusche sind die schallenden Schritte und das Schnaufen von zwanzig Schülern in einer Luft, die nach kaltem Schweiß und Desinfektionsmittel riecht. Ihre Sportsachen, grüne Shorts und weiße T-Shirts mit dem Wolf-Maskottchen der Jefferson-Lorne, sind kaum verschwitzt. Die meisten Schüler geben sich nicht einmal Mühe, zu spielen. Avery Cross ist gerade das Kletterseil hinaufgeflitzt, als wäre es das Natürlichste der Welt, und jetzt zieht sie sich in die Ecke zurück, um Bauchmuskelübungen zu machen. Zwei andere Schüler spielen Footbag. Viele stehen einfach nur herum.

Mr Darrow sitzt unten auf der Zuschauertribüne. Hin und wieder ruft er etwas wie »Behalten Sie den Ball im Blick, Mr Fairbanks« oder »Strengt euch an!«. Dann fährt er sich mit der Hand durch sein dichtes Haar, als wollte er es ausreißen.

Doch nur eine Person behält den Ball im Blick. Nur eine Person strengt sich an. Ihr dunkelbrauner Pferdeschwanz hüpft knapp über ihren Schulterblättern, während sie rennt. Sie schlüpft geschmeidig zwischen ihren Mitschülern hindurch, als wären sie Gespenster. Dabei kneift sie angestrengt das Gesicht zusammen, genauso als würde sie sich Notizen machen oder über einem Test sitzen. Gwen Sayer gibt immer 100 Prozent, ob nun bei der Vorbereitung zum SAT-Test oder beim angeordneten Fußballtraining in der Halle. Ein paar Schüler machen einen halbherzigen Versuch, ihr den Ball zu stehlen, aber die Schlaueren unter ihnen weichen ihr aus. Und Gwen rennt einfach weiter, dreht um und versucht, jeden Ball zu ergattern, den der Torwart ins Feld wirft.

Die Turnhallentür geht auf und alle wenden sich sofort vom Spiel ab. Gwen presst die Zähne aufeinander und befördert den Ball mit einem wilden Kick ins Tor. Dann dreht sie sich um und sieht die beiden Kriminalbeamten hereinkommen, ein Mann und eine Frau. Ihre Sohlen hinterlassen schwarze Gummistreifen auf dem Hallenboden. Mr Darrow eilt ihnen entgegen.

Zwanzig Augenpaare richten sich auf die zwei Uniformierten. Der Fußball prallt an einer Ecke ab.

Der männliche Kriminalbeamte deutet auf die Tür. Mr Darrow nickt. Er wendet sich an die schweigenden Schüler und sagt: »Spielen Sie weiter. Und bedenken

Sie, für Ihre Note zählt auch Ihr *Engagement*. Weiter so, Miss Sayer.«

Sobald sich die Tür hinter Mr Darrow und den Kriminalbeamten schließt, macht sich keiner mehr die Mühe, den Schein aufrechtzuerhalten. Die Torhüterin des anderen Teams, ein Mädchen namens Riley, setzt sich auf den Boden. Freunde beginnen sich zusammenzuscharen. Ein Flüstern geht zwischen ihnen hin und her, schwillt an wie der Regen zu Beginn einer Sturzflut. Andere schweigen. Blicke huschen zu Gwen, wenden sich wieder ab. Gwen streicht sich eine feuchte Haarsträhne hinter das Ohr und zieht ihr T-Shirt glatt. Sie ignoriert ihre Mitschüler und läuft los, um sich den Ball zu holen.

Eine der Cheerleaderinnen, Natalie, sitzt unten auf der Metalltribüne. »Ich kann nicht fassen, dass Darrow heute Unterricht machen will. Als wäre es ein ganz normaler Tag.«

»Ich weiß.« Lyla streckt ein langes Bein aus. Sie hat ihre Haare für den Sportunterricht geflochten und sie auf ihrem Kopf zu einem Kranz zusammengebunden. Sie spielt mit dem roségoldenen Anhänger, der an ihrem engen schwarzen Halsband baumelt. »Er hat überhaupt kein Gefühl für die Tragik der Situation.«

Gwen wirft ihr durch die halbe Turnhalle einen Blick zu und verdreht die Augen. »Na klar. Und du bist so untröstlich, dass du heute Morgen unbedingt daran denken musstest, wasserfesten Eyeliner aufzutragen.«

Ihre Worte hallen herüber. Irgendjemand prustet los. Natalie wendet sich ab, doch Lylas Augen blitzen. Sie strafft die Schultern, die Hitze schießt ihr ins Gesicht. »Wie bitte?«

Lyla und Gwen können einander nicht ausstehen, seit Lyla Gwen einmal gefragt hat, ob ihre Familie arm sei, weil ihre Schwester kokainsüchtig ist. Die Tatsache, dass alle Cheerleading-Girls im Konkurrenzkampf um das Stipendium zu Team Emma gehören, macht die Sache nicht gerade leichter.

Gwen verschränkt die Arme. »Spar dir deine gefakte Trauer. Das nimmt dir doch keiner ab. Wenn das alles wirklich so eine Tragödie für dich wäre, würdest du nicht versuchen, davon zu profitieren, indem du dich beschwerst, was für eine Zumutung es ist, in dieser Situation zu arbeiten.«

Lyla reckt das Kinn. »Profitieren? Ich war ihre *Freundin.*«

»Niemand war ihre Freundin«, blafft Gwen zurück. Ihre Worte fallen in einen düsteren Brunnen des Schweigens. Schüler treten unruhig auf der Stelle, versuchen, die Wahrheit zu ignorieren. Zwei rote Flecken breiten sich auf Gwens Wangen aus. Sie reibt sich die eine Gesichtshälfte, als könnte sie die Röte wegrubbeln. »Du hast ihr nicht gerade beigestanden, als sie noch lebte, und jetzt so zu tun, als wäret ihr dickste Freundinnen gewesen, macht dich auch nicht zu einem besseren Menschen. Da kannst du auch gleich ehrlich sein.«

Lyla kommt auf sie zu. Wie eine Katze, die sich anpirscht. »Also, *ehrlich* gesagt, es überrascht mich nicht, dass du keine Träne vergießt. Ist es nicht äußerst praktisch, dass Emma direkt vor der Verkündung des Stipendiums verschwunden ist? Hätte die Entscheidung nicht heute bekannt gegeben werden sollen?« Ihre Worte treffen, voller Verachtung. »Niemand außer Emma hatte eine Chance gegen dich. Jetzt mal ganz *ehrlich*, ihr Verschwinden kommt dir doch sehr zugute.«

»*Ich* werde aber niemandem etwas vormachen, allein schon aus Respekt vor Emma«, gibt Gwen zurück.

»Okay, Leute.« Jamie Schill tritt zwischen sie. Er ist einen Kopf größer als die beiden Mädchen, aber das nervöse Zittern in seiner Stimme verleiht ihm nicht gerade Autorität. »Vielleicht sollten wir einfach mit dem Fußballspiel weitermachen.«

»Wenn hier jemand den anderen etwas vormacht, dann bist doch du das«, kontert Lyla an ihm vorbei. »Warum hörst du nicht auf zu schauspielern und hüpfst fröhlich durch die Schule? Du brauchst dieses Stipendium für die Uni, nicht wahr?« Die Röte in Gwens Gesicht breitet sich aus. »Wie dringend?«

Gwen springt auf sie zu – doch Jamie hält sie zurück. Seine offene Handfläche drückt gegen ihren Bauch und sie verzieht das Gesicht. Jamie legt seine andere Hand auf Lylas Schulter. »Leute«, sagt er. Seine großen Augen sehen sie flehend an.

Gwen und Lyla funkeln einander noch einen Moment wütend an. Dann wendet Gwen sich ab. »Also gut«, sagte sie. »Lasst uns weiterspielen.«

Irgendjemand wirft den Ball ins Feld. Gwen läuft los, um ihn sich zu holen. Doch Lyla kommt dazwischen, fängt den Ball geschickt mit der Schuhspitze ab. Für einen Moment ist alles still. Ein Kipppunkt. Dann stürmt Gwen vor. Lyla weicht aus und nimmt den Ball mit. Sie rennen durch die Halle, holen einander mühelos ein. Gwen ergattert den Ball, läuft zurück zu Rileys Tor – dann stößt Lyla sie mit der Hüfte, lässt sie stolpern und nimmt ihr den Ball wieder ab.

»Foul!«, ruft jemand und ein paar Schüler lachen nervös. Niemand greift ein. Gwen wirbelt herum; hinter ihrem entschlossenen Gesichtsausdruck lodert Wut. Sie sprintet durch die Halle, rempelt Lyla mit der Schulter an. Ihr Pferdeschwanz peitscht Lyla ins Gesicht. Lylas anmutige, arrogante Miene bekommt Risse. Ein Zähnefletschen blitzt auf. Ihre Beine verhaken sich ineinander, ringen um Kontrolle. Ihre Finger krümmen sich wie Krallen.

Gerade als Gwen den Ball übernehmen will, versetzt Lyla ihr einen Stoß mit dem Ellenbogen. Gwen stolpert über den Ball und stürzt mit einem Fluch und einem dumpfen Schlag zu Boden. Sie hält sich die

Schulter, das Gesicht schmerzverzerrt. Lyla beugt sich über sie.

Ihre Blicke treffen sich. »Was auch immer du getan hast, wir finden es heraus«, faucht Lyla.

Die Turnhallentür wird aufgerissen und alle zucken zusammen. Gwen setzt sich auf; ihr ganzes Gesicht glüht. Sie starrt auf den Boden, atmet schwer durch die Nase und ballt ihre Hände zu Fäusten, damit sie nicht zittern.

»Miss Sayer.« Mr Darrow betritt die Halle und deutet mit dem Daumen über seine Schulter. »Die Polizei möchte Sie befragen.« Der leere Raum um Gwen scheint größer zu werden. Sie rappelt sich auf, schiebt ihren Unterkiefer vor, bewegt behutsam ihre Schulter. Mr Darrow runzelt die Stirn. »Was ist mit Ihrer Schulter passiert?«

»Ich bin über den Ball gestolpert«, antwortet sie, den Blick immer noch starr auf den Boden gerichtet. Tränen schwimmen in ihren Augen.

»Am besten gehen Sie zu Mr Garson, wenn Sie fertig sind. Er wird sich das angucken.«

Sie nickt, und als sie den Blick wieder hebt, hat sie sich wieder unter Kontrolle. Sie macht noch ein paar Schritte, dann bleibt sie vor Lyla stehen.

Lyla hebt ihr spitzes Kinn und funkelt sie wütend an. Schweißperlen stehen auf ihrer Stirn. Sie wischt sich über das Gesicht, verschmiert ihren schwarzen Eyeliner.

Gwen verzieht den Mund zu einem bitteren Lächeln. »Sieht so aus, als wäre dein Eyeliner doch nicht wasserfest.«

AVERY: Hey 🖤 Lernabend? Bei mir? Eltern weg bis 11

STUDY BUDDY: Ich kann nicht, meine Eltern schieben Panik wegen der Sache mit Emma

AVERY: Verdammt. Aber ich brauch meinen Hoodie irgendwann zurück.

STUDY BUDDY: ?

AVERY: Hoodie. Du erinnerst dich besser daran, dass du mir den ausgezogen hast!!!

STUDY BUDDY: Oh, das tue ich 😉

STUDY BUDDY: Aber hab ich dir den nicht längst zurückgegeben?

AVERY: Hmmmm, also ich hab ihn aber nicht

STUDY BUDDY: (...)

AVERY: ?????

Kapitel 7

Die Stipendiatin

MUÑEZ: Wir haben Donnerstag, den 6. Dezember 2018. Es ist elf Uhr siebenundzwanzig. Kommissarin Muñez verhört Miss Gwen Sayer. Vielen Dank, dass Sie gekommen sind. Es geht um …

GWEN: Emma?

MUÑEZ: Emma Baines … und Ihre Schwester.

GWEN: … Warum?

MUÑEZ: Aufgrund der Parallelen zwischen den beiden Fällen dachten wir, es wäre vielleicht sinnvoll, einen zweiten Blick darauf zu werfen. Könnten Sie uns ein bisschen von Ihrer Schwester erzählen?

GWEN: Also eigentlich nicht. Ich verstehe ehrlich gesagt nicht, was das hier mit Lizzy zu tun hat. Unsere Familie muss nicht noch mal über all das sprechen. Wir müssen das geheuchelte Mitleid hinter uns lassen und unser Leben wieder in den Griff bekommen.

MUÑEZ: Wir würden Sie nicht fragen, wenn wir es nicht für relevant hielten.

GWEN: Schon gut. Sie könnten ja auch meine Aussage

von damals lesen, aber wozu die Mühe? Ich kann die Story ja inzwischen auswendig.

MUÑEZ: Würden Sie uns von dem Vorfall mit Ihrer Schwester erzählen?

Lizzy – Elizabeth – war drei Jahre älter als ich, und sie arbeitete auch auf das Devino-Stipendium hin. Bis zum letzten Schuljahr. Das letzte Schuljahr war das, in dem alles – na ja, ich weiß nicht, wie ich es sonst sagen soll, also muss ich mich einfach vulgär ausdrücken. Alles zu einer einzigen Scheiße wurde.

Lizzys Schuljahr begann ganz normal. Sie ging zur Ehrenverbindung und zur Zeitungs-AG, gab Nachhilfe und spielte Basketball. Natürlich schnitt sie in allen Fächern glänzend ab. Wir hatten keine Ahnung, wie viel von diesem Programm Fassade war, bis Direktor Mendoza uns kontaktierte, kurz vor Ende des ersten Semesters. Es ist nicht die Schuld meiner Eltern, dass sie es nicht mitbekamen. Lizzy hatte seit Monaten ihre Unterschriften gefälscht, um sich vor der Teilnahme in den AGs zu drücken. Und dann ging sie … irgendwo hin. Machte irgendwelche Sachen. Mum und Dad versuchten, dahinterzusteigen. Mum nahm zusätzliche Jobs an, um eine Therapie bezahlen zu können. Aber da war es schon zu spät. Jedes Mal, wenn ich Lizzy anschaute, sah sie aus, als hätte sie noch weniger geschlafen und noch mehr Sorgen. Sie stank wie eine offene

Bierflasche, sie versteckte Tabletten unter ihrer Unterwäsche im Schrank und Gerüchte hafteten an ihr wie der Gestank. Die Leute behaupteten, sie schlafe mit jedem, der es wolle; sie habe eine Affäre mit einem Lehrer, mit dem Vater von irgendjemandem; sie habe schon ein Loch in der Nase vom vielen Koks-Schnupfen … die Wölfe verbreiten jedes Gerücht, je krasser, desto besser.

In der Nacht, in der sie starb, schlich sie sich aus dem Haus, nachdem Mum und Dad schlafen gegangen waren. Ich saß noch über meinen Matheaufgaben und hatte Musik aufgedreht. Dass ihr Auto weg war, bemerkte ich erst gegen eins, als ich zu Bett gehen wollte und mein Rollo runterzog.

Ich starrte auf den Platz, wo ihr ramponierter alter Hyundai Accent gestanden hatte – sie hatte sechzehn Monate gespart und den Wagen gebraucht gekauft. Aber so spät sollte sie eigentlich nicht durch die Gegend fahren. Schon als ich auf den leeren Parkplatz starrte, konnte ich spüren, wie sich die Angst in meinem Magen ausbreitete. Sie ist bestimmt nur auf einer Party, sagte ich mir. Sie würde sich besaufen und bei irgendjemandem auf der Couch einschlafen, am nächsten Morgen zurückkommen und Hausarrest bekommen. Ich sagte mir, es sei ihr Leben und wenn sie es unbedingt ruinieren wollte, könnte sie das tun.

Da klingelte das Telefon in Mums Zimmer. Mit diesem aufdringlichen Klingelton wie bei einem alten Apparat mit Wählscheibe. Kurz darauf hörte ich Mums Stimme, schlaftrunken, gereizt.

Das ist bestimmt Lizzy, dachte ich. Sie rief an, weil sie betrunken oder high war und abgeholt werden wollte. Doch als Mums Stimme wieder zu hören war, klang sie nicht wütend. »William«, rief sie. Ich stellte mir vor, wie sie meinen Vater an der Schulter rüttelte. »Wach auf. Hol Gwendolyn.«

»Was ist los?«, fragte ich, sobald meine Zimmertür aufging. Dads Gesicht war eingefallen – verstört, aber hellwach.

»Zieh dir eine Jacke an und steig in den Truck. Es geht um deine Schwester.«

»Warum muss ich mitkommen, um sie abzuholen?«, grummelte ich, aber die Angst in meinem Magen breitete sich weiter aus, fraß ein Loch in meinen Bauch, bis ich dachte, mein Herz würde hindurchfallen. Ich zog eine Jeans über meine Boxershorts, stieg in meine Stiefel und schnappte mir meinen Mantel.

Die Straße war rutschig nach dem Regenguss, aber das war Mum egal. Sie gab Gas, stieg aufs Pedal, bis wir die halbe Fahrbahn entlangschlitterten und mein Dad schrie: »*Bronwyn*!«

»Alles in Ordnung«, blaffte sie zurück und da begriff ich, dass so was von *überhaupt nichts* in Ordnung war. Sie umklammerte das Lenkrad, damit ihre Hände nicht so zitterten. Ihre Knöchel waren ganz weiß und es sah aus, als würden ihre Knochen gleich durch die Haut brechen. Als ich ihr einen Blick zuwarf, sah ich eine Träne von ihrem Kinn auf ihren Schoß tropfen.

»Wer war am Telefon?«, fragte ich.

»Niemand«, begann Mum, aber Dad legte eine Hand auf ihren Arm.

Das Mondlicht fiel durch die Windschutzscheibe und ließ sein Gesicht blass und schroff erscheinen wie die Landschaft um uns herum. »Es war die Polizei, Gwen.«

»Warum?« Meine Stimme klang höher als sonst, bebte. Wie mein Herzschlag. »Wohin fahren wir?«

Jefferson-Lorne ist ein Ort, den man in zehn Minuten durchqueren kann, also dauerte es nicht lange, bis ich eine Antwort bekam. Wir fuhren an Anna's Run vorbei und bogen in eine kleine Seitenstraße ab, die in die Berge führt. Mum fuhr weiter, bis wir die blinkenden blauen und roten Lichter sahen. Sie parkte in einer Wanderer-Parkbucht, neben einem kleinen schwarzen Hyundai Accent. Der Hyundai parkte quer über drei Plätze, war anscheinend kaum einen Schritt vom Rand der Schlucht zum Stehen gekommen.

»Du bleibst im Auto«, sagte Mum, während sie ihren Gurt löste.

»Sie hat ein Recht, es zu erfahren …«, argumentierte Dad.

Mum warf ihm einen Blick zu, der einen Grizzly das Fürchten gelehrt hätte. Es war ein Blick, den ich noch nie zuvor bei ihr gesehen habe, und ich hoffe, dass ich ihn auch nie wieder sehen werden. »Gwendolyn«, sagte sie, und ihr walisischer Akzent kam jetzt ganz deutlich durch. »Du. Bleibst. Im. Auto.«

»Okay.« Ich zog meinen Mantel fest um meine Schultern. Dad warf mir einen letzten besorgten Blick zu, bevor er aus dem Auto stieg.

Ich stützte mich auf das Armaturenbrett unseres Trucks. In dem blendenden, flackernden Rot und Blau sah ich die Schatten meiner Eltern zwei andere Schattengestalten treffen, mit Funkgeräten an den Schultern und Pistolen an den Hüften. Einer von ihnen hielt eine leere eckige Flasche hoch. Dann folgten meine Eltern den Polizisten und verschwanden den Wanderpfad hinunter.

Am Ende dieses Weges fanden sie meine Schwester.

Sie erlaubten mir nicht, ihre Leiche zu sehen.

Es war eine Beerdigung mit geschlossenem Sarg. Ich hatte nie die Möglichkeit, mich zu verabschieden. Die letzte Erinnerung, die ich an sie habe, ist der rostige Hyundai, geparkt am Rande der Schlucht. Eine Motorumdrehung vor dem Absturz. Lange Zeit habe ich mich gefragt, warum sie sich überhaupt die Mühe gemacht hat, auszusteigen.

Ich wünschte, ich wüsste mehr. Ich weiß, dass sie mit Whisky und Aufputschmitteln vollgepumpt war, als man sie fand. Ich weiß, dass ihr Bankkonto leer geräumt war, vermutlich um ihren Dealer zu bezahlen.

Und ... ich weiß, dass Emma dachte, sie wüsste mehr über den Fall als jeder Kriminalbeamte aus Fort Collins oder Denver. Lizzy war Emmas Schülermentorin in unserem ersten Jahr auf der Highschool, und Emma vergötterte sie. Ganz offensichtlich konnte sie nicht akzeptieren, dass einige Mädchen abstürzen. Sie konnte nicht akzeptieren, dass Lizzy einfach nicht mehr das Mädchen war, das sie einmal gewesen war. Sie konnte nicht zulassen, dass ... nun ja, dass es zu Ende war.

Scheiß Emma.

MUÑEZ: Sie und Emma haben sich also nicht besonders gut verstanden?

GWEN: Ehrlich gesagt, nein. Es lag nicht nur an der Sache mit Lizzy und dem Devino-Stipendium. Emma war ... Wie soll ich das sagen? Also, sie inszenierte sich gern. Zum Beispiel an dem Tag, als wir dieses Anti-Drogen-Seminar hatten. Sie stand einfach auf, zog ihren kleinen Auftritt ab und rauschte aus dem Zimmer. Ich hätte ihr am liebsten den Hals umgedreht. Meine Familie kann keine fünf Minuten in Ruhe trauern. Alle zerren unsere Trauer ständig in die Öffentlichkeit.

MUÑEZ: Es ist verständlich, dass Sie sich über Emmas Verhalten im Seminar geärgert haben. Hat sie Ihnen je erklärt, warum sie es getan hat? Sind Sie immer noch wütend auf Emma?

Gwen: Nein. Ja. Ich weiß nicht.

Ich wollte sie zur Rede stellen, aber sobald sie das Seminar gestört hatte, beförderten Garson und Mendoza sie aus dem Zimmer. Ich sah nur noch ihr verkniffenes Gesicht, als sie ihnen durch den Gang folgte, und sie sah so verstört aus, dass ich ihr für einen Moment glaubte. Aber wie ich schon sagte: Sie ist gut darin, sich zu inszenieren.

Jedenfalls, den ganzen Tag haben die anderen mich wie eine zerbrochene Puppe behandelt – *arme Gwen.* »Bloß nicht über Lizzy reden. Kein Wort über Lizzy.« Direkt nach Schulschluss hab ich Emma dann endlich abgepasst, als sie die Betontreppe vom Haupteingang zum Parkplatz hinuntereilte. Ich packte sie an der Schulter und drehte sie herum.

Sie hatte geweint. Ihr ganzes Gesicht war rot gefleckt und ihre kurzen blonden Haare hingen schlaff und fettig herunter. Sie sah aus wie eine Maus – zitternd und harmlos und verängstigt. Für eine Sekunde tat sie mir leid. Aber sie hatte vor der ganzen Schule gelogen und mich in meinem Schmerz bloßgestellt. Da war es doch das Mindeste, mir jetzt ins Gesicht zu sehen. »Sag mal, was ist eigentlich mit dir los?«, schnauzte ich sie an.

Emma starrte auf den Boden. »Nichts«, flüsterte sie.

Ich ging noch einen Schritt auf sie zu. »Fängst auf einmal von meiner Schwester an? Widersprichst der Polizei? Stellst mich total bloß? Wenn du schon Geschichten erfindest, könntest du wenigstens etwas Respekt vor den Toten haben.« Beinahe hätte ich sie geschubst, doch dann zwang ich mich, einen Schritt zurück zu machen. Ich wollte nicht nachsitzen müssen. Meine Schulakte ist makellos. »Und wenn du denkst, das wird mich aus der Bahn werfen, dann hast du dich geschnitten«, fügte ich hinzu. Sie saß mir nämlich ständig im Nacken. War viel mehr auf Konkurrenzkampf aus, als die Leute dachten.

Emma wich meinem Blick immer noch aus. »Ich weiß. Es ist nur – ich mochte Lizzy. Sie war auch für mich wie eine große Schwester.«

Meine Hand ballte sich zur Faust, bereit zuzuschlagen. Wie *konnte* sie es wagen? Wie konnte sie es wagen, so zu tun, als wären sie Schwestern, als hätte ihr mehr an Lizzy gelegen als mir? Als könnte sie ein nicht existierendes Rätsel lösen, weil sie Lizzy mehr liebte? Ich stand da, zitterte vor Wut und wusste nicht, ob ich weinen oder schreien oder sie schlagen sollte ... Dann drehte sie sich einfach um und rannte die Stufen hinunter, und ich ging zur Jahrbuch-AG und versuchte, all das übertriebene Mitgefühl zu ignorieren, mit dem die anderen mich behandelten. Und damit war die Sache beendet.

Sie müssen wissen, Emma liebte Geschichten. Sie arbeitete immer an irgendeiner Geschichte. Immer, wenn ich sie sah, hatte sie ihr Notizbuch vor sich und schrieb. Bevor der Unterricht begann. Nachdem sie mit einem Test fertig war. Sogar, wenn der Lehrer redete. Sie schrieb, als könnte sie nie alles zu Papier bringen, was sie im Kopf hatte. Als sie also anfing, die Sache mit meiner Schwester breitzutreten, war das anscheinend nichts anderes als eine weitere Geschichte. Vielleicht spürte sie irgendeinen inneren Zwang, es zu tun, ich weiß auch nicht. Oder vielleicht wollte sie mich davon ablenken, mich auf das Devino-Stipendium zu konzentrieren, und dafür waren ihr auch schmutzige Tricks recht.

Die meisten Schüler halten das Programm nicht durch, das für den Wettkampf um das Stipendium vorgesehen ist. Emma ist im Fortgeschrittenenkurs in Physik, Englisch 2, Vergleichender Regierungslehre und Analysis. Letztes Jahr hatten wir beide Englisch 1, Geschichte der Vereinigten Staaten und Spanisch belegt. Wenn es einen Fortgeschrittenenkurs gibt, ist Emma dabei. Und sie hat nie mit weniger als 93 Prozent abgeschnitten. Im letzten Physiktest lag ich ein paar Prozentpunkte hinter ihr, aber in Regierungslehre hatte ich volle Punktzahl und sie brachte es nur auf 97 Prozent. Dazu kommen noch all die zusätzlichen AGs – letztes Jahr waren Emma und ich beide im Debattierklub, in der Ehrenverbindung, der Schülerzeitungsredaktion und der Jahrbuch-AG. Wir halfen beide im Sekretariat aus. Und sie hatte ihr Cheerleading, während ich bei den Mathe-Athleten war und auf der Entbindungsstation von Lorne Sozialdienst leistete. Dieses Jahr macht sie nur die Schülerzeitung, Cheerleading und die Ehrenverbindung.

MUÑEZ: Sie scheinen ja viel über Emma zu wissen.

GWEN: Na ja, seit unserem zweiten Jahr auf der Highschool war klar, dass wir uns beide für das Devino-Stipendium bewerben würden. In Ihren Augen ist das vielleicht keine große Sache, aber ich will Ihnen sagen, was es für mich bedeutet hat: Eine von uns beiden würde eine kostenlose College-Ausbildung bekommen, und die andere würde überhaupt nicht aufs College gehen. Kapieren Sie das?

Ich werde nicht zulassen, dass irgendwelche Sentimentalitäten mir meine Zukunft verbauen.

MUÑEZ: Glauben Sie, dass Emma und Lizzy beide auf dieselbe Weise gestorben sind, durch einen Unfall?

GWEN: Ich weiß es nicht. Mit mir hat das nichts zu tun. Die Polizei ist es doch, die sagte, dass Lizzy durch einen Unfall ums Leben gekommen ist. Ich hab den Bericht gelesen. Sie etwa nicht?

MUÑEZ: Sie haben den Polizeibericht gelesen?

GWEN: Alle in Lorne haben diesen verdammten Bericht gelesen. Den zensierten natürlich. Die Polizei hat ge-

sagt, das wäre so üblich. Sie hätten die grausigsten Details rausgenommen, um uns zu schonen. Und ganz ehrlich, wenn ich je die Person zu fassen kriege, die den Bericht geleakt hat … na ja, vielleicht sollte ich solche Dinge Ihnen gegenüber nicht sagen. Aber es hat meinen Eltern so wehgetan.
Wie auch immer, sind wir jetzt fertig? Mein Analysis-Kurs hat nämlich vor zehn Minuten begonnen und ich sollte eigentlich ein Referat halten.
Sorry, es ist nur, falls Sie es nicht mitbekommen haben: Ich bin ziemlich beschäftigt. Volles Programm. Es ist nicht einfach, wenn man in allem die Beste sein muss.

Tagebucheintrag

Emma Baines – 9. September 2017

Es war damals, als Lizzy mich auf eine Spritztour mitgenommen hat, um das Ende des Mentorenprogramms zu zelebrieren. Wir saßen auf der Brücke über Anna's Run und sie nahm ein kleines Buch aus ihrem Rucksack. Ihr Tagebuch, sagte sie, als sie es mit aller Kraft ins Wasser schleuderte. Jedes Mal, wenn sie alle Seiten vollgeschrieben hatte und ein neues Notizbuch kaufen musste, kam sie hierher und verpasste dem alten eine Lorne-Bestattung. »Niemand außer Anna verdient es, meine Geheimnisse zu erfahren«, sagte sie.

Ich glaube, ich verdiene es auch nicht, ihre Geheimnisse zu erfahren. Aber die Polizei muss es vielleicht. Unter ihren persönlichen Sachen war kein Tagebuch, aber was, wenn die Polizei nicht wusste, dass sie danach suchen sollte? Wenn es irgendein Leben nach dem Tod gibt, Lizzy, und du kannst mich sehen: Ich hoffe, du bist nicht sauer auf mich.

Vielleicht hätte ich die Sayers schon vorher besuchen sollen. Es kam mir nur so – so abgedroschen vor, nach Lizzys Tod in der Tür zu stehen, mit Blumen und einer nichtssagenden Karte. Und dann wusste ich nicht, was ich stattdessen machen sollte, und dann begann ich darüber nachzugrübeln, was wirklich mit Lizzy passiert war, und all das führte dazu, dass ich auf ihre Haustür starrte, als wäre sie das Tor zur Hölle. Die Tür war halb weiß, halb rostig, wo Wind und Wetter die Farbe abgelöst hatten, und sie hing schief in einem aufgequollenen Holzrahmen.

Ich ging mit knirschenden Schritten durch das trockene Gras und stand direkt vor der Tür. Die Klingel sah aus, als stammte sie aus der Goldrausch-Zeit, also beschloss ich, zu klopfen, bevor ich den Mut verlieren konnte.
Die Tür öffnete sich einen Spalt weit und Mrs Sayers braune Augen tauchten auf. »Emma! Alles in Ordnung? Wie schön, dich zu sehen.« Sie klang, als meinte sie es wirklich so. Ich hörte dieselbe Wärme in ihrer Stimme, mit der sie mich immer begrüßt hatte, wenn ich vorbeikam, um Hausaufgaben zu machen oder mit Lizzy zum Debattierklub zu fahren. Ich wäre beinahe auf der Stelle in Tränen ausgebrochen. Ich hatte gedacht, sie würden mir übel nehmen, dass ich sie gemieden hatte. Immer wieder hatte ich mich gefragt, ob sie mir irgendwie die Schuld gaben, für das, was mit Lizzy passiert war. »Was kann ich für dich tun?«
Ich schluckte den Kloß in meinem Hals hinunter und schaffte es, zu lügen, ohne dass mir die Stimme stockte. »Ich mache eine Gruppenarbeit mit Gwen. Ich wollte nur etwas vorbeibringen.«
Ich hatte keine Sorge, dass sie mich verdächtigen würde. Erwachsene tun das nie. Ich habe so viel Übung darin, Dad anzulügen. Die Rolle des unschuldigen kleinen weißen Mädchens beherrsche ich perfekt.
Mrs Sayer öffnete die Tür und ließ mich herein. »Hast du Durst? Möchtest du eine Cola?«
»Nein, danke.« Ich bin mir nie sicher, ob Dad es nicht irgendwie spitzkriegen könnte, wenn ich Softdrinks trinke. Selbst

das Gatorade, das wir beim Cheer-Training bekommen, ist in seinen Augen schon fast zu viel.

Mrs Sayer schloss die Tür hinter mir, bevor sie in die Küche ging, ein winziger Raum mit einer Spüle, einem Abtropfgestell, einem Schrank und ungefähr zehn Zentimetern Arbeitsfläche. Alles war aus Linoleum und ganz verblichen, aber sauber. »Tasse Tee?«, fragte sie.

Ich hatte einen engen Zeitplan. Dad erwartete mich je nach Verkehr zwischen 16:45 und 16:52 von der Jahrbuch-AG zurück. Trotzdem ... »Ein Tee wäre schön.« Ich hatte genügend Zeit, für fünf Minuten mit Mrs Sayer zusammenzusitzen. Außerdem macht sie immer diesen wohltuenden Tee, mit viel Milch und Zucker.

»Es ist wirklich schön, dich mal wiederzusehen«, sagte Mrs Sayer, während sie den Wasserkocher anschaltete. »Erzähl mal, wie geht es in der Schule?«

Mr und Mrs Sayer sind so herzliche Menschen, dass es mich fast zu Tränen rührt. Sie sind immer so nett, auch wenn ich mit ihrer Tochter um ein Stipendium konkurriere, das ihr Leben verändern könnte. Ich strich mit einem Finger über die mit Isolierband umklebte Lehne des karierten Sofas. »Gut. Alles gut in der Schule. Unser Cheer-Team ist dieses Jahr richtig gut. Ich glaube, wir werden in die Landesmeisterschaft kommen.«

»Ich wünschte, Gwen wäre in diesem Jahr auch einem Team beigetreten. Ich war zu meiner Schulzeit Kapitänin des Fußball-Teams.« Sie gebraucht noch immer das Wort »Football« und nicht »Soccer«, auch wenn sie schon seit Jahren hier lebt. »Aber *sie geht ja lieber joggen. Dieses Mädchen will es unbedingt allein mit der Welt aufnehmen. Ich hoffe, sie ist gut in eurem Gruppenprojekt.« Mrs Sayer schüttelte lächelnd den Kopf. »Sie ist gut in allem.« Ich war stolz, dass ich es schaffte, die Bitterkeit zu unterdrücken, die mir immer wie Galle hochkommt, wenn ich an Gwen denke. Trotzdem, ich war nicht hier, um zu plaudern. »Ich lege nur mal eben meine Notizen auf ihren Schreibtisch.«*

Mrs Sayer nickte und deutete durch die Tür in Richtung Gwens Zimmer.

Als sie die Kühlschranktür öffnete, schlüpfte ich stattdessen in Lizzys Zimmer.

Wie angewurzelt blieb ich in der Tür stehen. Das Zimmer war so ... beklemmend. Ein Mausoleum. Auf Lizzys Bett lag noch immer die Disney-Decke, die ihre Mom aus Flanell genäht hatte und die sie selbst mit Stofffarben bemalt hatte. Sie wollte nach dem College für Disney arbeiten. Auf ihrem Schreibtisch lagen noch immer ihr Psychologie-Buch und eine zerlesene Ausgabe von Macbeth. An einer Seite des Tisches war die Staubschicht durchbrochen, und an der laminierten Spanholzkante lehnte Lizzys Schulfoto aus dem Abschlussjahr. Direkt daneben stand ein Bild, auf dem sie lächelnd mit einem geschmückten Pferdeschädel zu sehen war, der an einem Bettlaken befestigt war – irgend so eine walisische Tradition. Vor dem Foto standen zwei Teelichter und eine kleine Schüssel mit Brotkrumen. Sie sah so glücklich aus auf dem Foto. Was ist nur mit dir passiert, Lizzy?

Ich schluckte die Traurigkeit hinunter und bückte mich, um einen Blick unter ihr Bett zu werfen. Ihre Eltern mussten aufgeräumt haben, aber ob sie wirklich in jeder Ecke herumgeschnüffelt hatten? Scheuten sie sich, ihre Dinge anzurühren, oder waren sie davon besessen, herauszufinden, wie sie ihnen allmählich entglitten war … wohin auch immer? Ich kroch unters Bett, um zwischen Matratze und Bettgestell nachzusehen, ich durchwühlte ihre Schreibtischschubladen und ihre Kommode. Aber ich fand keine falschen Böden oder versteckten Fächer.

Ich versuchte, gleichmäßig zu atmen, aber ich konnte spüren, wie mein Puls immer schneller wurde. Was, wenn Mrs Sayer mich etwas fragen wollte oder wenn Gwen früher nach Hause käme … Ich begann Bücher aus Lizzys Regal zu ziehen, ohne mich darum zu kümmern, dass man die Lücken im Staub sehen würde. Was ich da machte, war wirklich keine gute Idee. Vielleicht hätte ich Gwen eine Nachricht schicken sollen, sie einfach fragen sollen, ob sie Lizzys Tagebuch suchen könnte. Aber dann hätte ich mit Gwen sprechen und ihr die ganze Sache erklären müssen, und das ist bisher nie gut gelaufen.

Dann entdeckte ich die Bibel und wusste es sofort. Oben wölbten sich die Seiten, als steckte etwas Kleines dazwischen. Ich zog die Bibel vom obersten Regal und schlug sie auf. Das winzige schwarze Notizbuch hatte die perfekte Größe. Ich blätterte darin, um sicherzugehen.

»Hab heute meinen Lacrosse-Star gesehen. Er hat mir versprochen, sich später mit mir zu treffen, aber anscheinend

hat er mit »später« irgendwann später in der Woche gemeint.
Es ist so frustrierend, aber es ist ja nur noch eine kurze Zeit.
Ein Jahr. Ich kann mir ein Jahr als einige Monate vorstellen.
Und ein paar Monate sind schließlich nicht lang, oder?«
Ein heimlicher Freund. Konnte er womöglich die Stiefelabdrücke hinterlassen haben?
Ich verstaute das Tagebuch in der Vordertasche meines Rucksacks und stellte die Bibel zurück an ihren Platz.
Anschließend fuhr ich mit der Hand über die Buchrücken und das Regal, um den Rest Staub abzuwischen. Vielleicht wird es ja niemandem auffallen. Dann wartete ich, bis ich Mrs Sayer mit den Töpfen klappern hörte, und schlüpfte aus dem Zimmer.
Ich habe ein schlechtes Gewissen, sie zu hintergehen. Aber ich bin auch fest entschlossen, die Wahrheit herauszufinden. Ich brauche Fakten, bevor ich das alles öffentlich mache. Bevor ich das freundliche Lächeln auf Mrs Sayers Gesicht gefrieren lasse.
Sie hat ihr Kind verloren – das Mindeste, was ich tun kann, ist, ihr einen Grund zu geben, sich noch einmal mit jener Nacht auseinanderzusetzen.

Kapitel 8

Der Sportler

CLINE: Wir haben Donnerstag, den 6. Dezember 2018. Es ist fünf nach zwölf. Befragung von James Schill. Vielen Dank, dass Sie gekommen sind. Wir haben nur ein paar Fragen an Sie. Sie waren gestern Nacht mit Claude Vanderly zusammen, richtig?

JAMIE: Okay. Das klingt jetzt wahrscheinlich – also, das klingt jetzt lächerlich, aber ich muss Sie um einen Gefallen bitten. Erzählen Sie bitte meiner Mom nichts von dieser Sache. Ich meine, Sie können gerne erzählen, dass Sie mich befragt haben, aber nicht, dass es dabei um Claude ging. Diese Gespräche sind doch vertraulich, oder?

CLINE: Absolut.

JAMIE: Cool. Ja, Claude war gestern Abend bei mir. Wir, ähm, lernen zusammen für die Schule und so. Wir hatten verabredet, dass sie vorbeikommen sollte, wenn meine Mom schon im Bett wäre und es nicht mitbekommen würde.

Ich bin eigentlich kein Heimlichtuer. Es ist nur –

wegen Claude. Ihre Mom und meine Mom können sich aus irgendeinem Grund nicht ausstehen, und Mom ist überzeugt, dass Claude mit dem Teufel im Bunde steht. Und Claude, ähm. Die übernachtet gerne bei mir. Was Mom nicht für angemessen hält.

CLINE: Um welche Zeit kam Miss Vanderly gestern vorbei?

JAMIE: Es war ziemlich spät. Sie sollte eigentlich gegen elf kommen, damit wir noch zusammen die Mathe-Hausaufgaben machen konnten. Sagen Sie ihr nicht, dass ich das weiß, aber sie wartet damit jedes Mal, bis ich ihr helfen kann. Deshalb mache ich die Aufgaben immer schon vorher, damit ich es ihr dann gut erklären kann.
Sie tauchte aber ewig nicht auf. Ich war schon halb über meinen Aufgaben eingeschlafen, als sie gegen drei Uhr noch was durchs offene Fenster kletterte. Ich weiß nicht mehr genau, wann es war. Sie sagte, dass irgendetwas sie aufgehalten hätte, aber es sei nichts Wichtiges gewesen.

CLINE: Wirkte sie aufgebracht? Unglücklich? Verhielt sie sich anders als sonst?

JAMIE: Sie schien okay zu sein. Sie wirkte wie Claude. Energiegeladen, voller Leben, zu allem bereit … ähm, könnten Sie das Letzte streichen?

CLINE: Sie hat keine Andeutung darüber gemacht, wo sie gewesen ist?

Jamie: Daran erinnere ich mich nicht. Wir waren ziemlich beschäftigt – beschäftigt mit unseren *Matheaufgaben*. Aber wahrscheinlich war es eine Party. Claude geht ständig auf Partys. Ihre Mom hat nichts dagegen, solange sie nicht betrunken Auto fährt. Wo sie sonst überall noch gewesen sein könnte – nun, das muss ein Missverständnis gewesen sein. Das hoffe ich auf jeden Fall, wissen Sie. Das ist alles ein großes Missverständnis.

Cline: Ein Mädchen in Ihrer Klasse wird vermisst und ist vermutlich tot. Ich wüsste nicht, was es da misszuverstehen gibt, Mr Schill.

Kapitel 9

Das Partygirl

CLINE: Wir haben Donnerstag, den 6. Dezember 2018. Es ist zwölf Uhr fünfzehn. Zweite Befragung von Claude Vanderly. Schön, Sie wiederzusehen. Wir wollen nur noch einmal rekapitulieren, wo Sie gestern Abend waren.

CLAUDE: Im Ernst jetzt? Bei Jamie. Ich kann es auch auf einer anderen Sprache sagen, wenn Sie wollen. Estuve en la casa de Jamie anoche.

CLINE: Es war *nach* drei Uhr nachts, als Sie bei Jamie Schill ankamen. Vielleicht können Sie uns sagen, wo Sie vorher waren.

CLAUDE: Als wenn das eine Rolle spielte. Sie können mich nicht dafür verhaften, dass ich zu einer undefinierten Zeit bei jemandem durchs Fenster geklettert bin. Tja, ich habe da ein gewisses Insiderwissen, wie so was läuft. Zum Beispiel weiß ich, dass Sie nicht genügend Beweise haben, um mich anzuklagen, *nur* weil ich etwas später mit Jamie gevögelt habe, als Sie gedacht haben. Und deshalb sitzen Sie jetzt hier und hoffen, dass ich mich selbst belasten werde. Was nicht funktionieren wird, denn ich habe nichts zu verbergen. Es war nicht einmal meine Idee, meine Besuche bei Jamie geheim zu halten. Das liegt nur an seiner Glucken-Mutter, die ein Aneurysma bekommen würde, wenn sie wüsste, dass ich bei ihrem Sohn übernachte.

Also, ich war auf einer Party, okay? Bis… ich weiß auch nicht. Bis drei.

CLINE: Sie waren um drei also noch nicht bei Jamie?

CLAUDE: Dann eben zwei Uhr fünfundvierzig. Verdammte Scheiße noch mal. Es dauert zehn Minuten, durch Jefferson-Lorne zu fahren.

CLINE: Claude, beruhigen Sie sich bitte.

CLAUDE: Sagen Sie mir nicht, ich soll mich beruhigen.

CLINE: Ich möchte, dass Sie sich beruhigen. Fangen wir noch mal ganz am Anfang des gestrigen Tages an.

(Schweigen)

CLINE: Was haben Sie gestern gemacht? Wie sah Ihr Tagesablauf aus?

CLAUDE: Schon gut, schon gut. Wenn wir das hier kurz und schmerzlos machen, habe ich vielleicht noch was von meiner Mittagspause.

Was ich Ihnen jetzt erzählen werde, wird Sie schocken: An Emmas letztem Tag bin ich morgens *zur Schule gegangen*. Natürlich. Ich bin von zu Hause losgefahren und gegen acht hier angekommen. Ich schlafe einfach gerne und komm morgens nicht so schnell in die Gänge. In diesem Fall können Sie die Schwarte nach meinem Zeitstempel fragen. Dann ging ich wie immer zu meinen Kursen. Mathe, Physik, Literatur-Leistungskurs. Und dann Mittagspause. Die verbringe ich nie in der Schule, denn haben Sie mal das Menü gesehen, das die Cafeteria anbietet?

Meine Mom ist nicht so der Typ, der Pausenbrote schmiert. Manchmal mache ich mir selbst eins, manchmal kaufe ich mir was. Fast immer aber verlasse ich dafür das Schulgelände. Es ist einfach schön, ein bisschen rumzufahren.

Jefferson-Lorne … manchmal wirkt es total abgelegen, vergessen. Die Kurven des Highway 7 schlängeln sich um den Canyon über uns, und jeden Tag rollen Autos auf ihrem Weg nach Kansas oder Wyoming oder zum Rocky Mountain National Park vorbei. Sie sehen uns gar nicht, versteckt unter den Espen- und Kiefernwipfeln. Und wenn ich auf dem Highway rausfahre, kann ich so tun, als würde ich Lorne für immer hinter mir lassen. Ich muss mich nicht mehr mit Leuten abgeben, die mich spitz fragen, ob ich nicht eigentlich in der Schule sein sollte. Niemand sagt mir, meine gefärbten Haare oder mein dicker Eyeliner seien »ein interessanter Look«. Niemand wispert fiese Schimpfworte, wenn sie denken, dass ich außer Hörweite bin. Auf dem Highway bin ich einfach nur ich. Alles, was ich sein will, und nicht das, wofür mich die Gesellschaft hält.

Gestern hatte ich mein Lunchpaket dabei, also wollte ich rausfahren und unterwegs essen. Vielleicht mit Janine bis zu einem kleinen Wanderweg fahren, mich einfach hinsetzen und auf die Berge gucken. Ich machte mich auf den Weg zum Auto und achtete wie immer darauf, dass der Aufseher nicht versuchen würde, mich aufzuhalten. Und … also, da habe ich Emma gesehen.

Sie redete mit jemandem, aber ich kann Ihnen nicht sagen, wer es war. Es sah aus wie ein Mädchen, aber in dem Lacrosse-Hoodie eines Jungen mit hochgezogener Kapuze. Nummer 217. Der 17. Februar ist der Geburtstag meiner Mom, deshalb fiel mir das auf.

Ich hab keine Ahnung, wovon sie redeten, aber Emma sah aufgebracht aus. Vielleicht angepisst. Ich dachte noch, wie seltsam es war, sie da draußen zu sehen. Wenn ich eines über Emma weiß, ist es, dass sie davon besessen ist, Jahrgangsbeste zu werden. Es war ein Kopf-an-Kopf-Rennen mit Gwen Sayer und wir wussten alle: Wer von den beiden Jahrgangsbeste werden würde, hätte auch das Devino-Stipendium in der Tasche.

Sie bemerkten mich gar nicht und ich bin auch nicht hingegangen, um Hi zu sagen. Emmas Leben ging mich nichts an. Genauso wenig wie ihr Tod. Und das war das letzte Mal, dass ich sie gesehen habe.

Ich schwöre es.

Als ich über den Parkplatz zu meinem Auto gehen wollte, kreuzten Heather Halifax und ihre Bratz-Puppen-Freundin Holden auf, die ich von allen Leuten auf der JLH am wenigsten ausstehen kann.

Heathers Stimme ist so schrill, dass sie Säure schmelzen lassen könnte. Der Gebrauch ihrer Stimme ist nach der Genfer Konvention verboten. Ich lästere nicht gerne über die Stimme eines Mädchens, als wollte ich mich an unsere Macho-Gesellschaft anpassen, aber oft genug ist es auch der *Inhalt* dessen, was Heather so von sich gibt, der mich rasend macht. Um vor ihr zu bestehen, müssen Mädchen perfekt und jungfräulich und Mitglied im Kirchenchor sein. Jungs müssen einfach nur hot sein. Außerdem hatten wir letztes Jahr eine kleine Auseinandersetzung, bei der es um Heathers Freund ging. Seitdem denkt Heather, ich soll sie am Arsch lecken und verrecken, und sie hat auch keine Scheu, diese Meinung kundzutun. Also änderte ich meine Pläne, verkroch mich in einer ruhigen Ecke der Schule und drehte meine Kopfhörer auf, bis mein Kurs in Vergleichender Regierungslehre anfing.

Moment mal. Ich schätze, ich hab vorhin Quatsch erzählt, denn ich hab Emma ja noch mal in Regierungslehre gesehen. Emma ist immer so still, und seit ein paar Monaten ist sie sogar noch stiller als sonst. Zieht ihre Schultern hoch, als könnten sie ihr als eine Art Panzer dienen. So … so in etwa ist sie. Es ist nicht schwer, sie zu übersehen. Ich glaube, das ist auch das, was sie will. Wollte.

Wir bekamen einen Übungstest, den wir in Gruppen durchgehen sollten. Für einige Leute, Emma zum Beispiel, bedeutet das: sich über den Test beugen und die Fragen abarbeiten. Heather Halifax nutzte es als eine Gelegenheit, um ihr Wochenende zu planen. »Bei Greg soll ja eine Party steigen, aber ich weiß nicht so recht. Ich meine, er hat einen Whirlpool – aber Leigh sagt, er hat Chlamydien und ich bin mir nicht sicher, ob meine Eltern was dagegen haben, wenn ich mit solchen Leuten zusammen bin.« Sie stieß einen theatralischen Seufzer aus. »Es ist echt nicht leicht, den Überblick zu behalten, wer sauber ist und wer nicht.« Sie schraubte ihre Stimme gleich noch etwas höher, damit ich es auch ja mitbekam. »Ich wette, *Claude* weiß das. Claude, du weißt doch bestimmt, wer alles Chlamydien hat, oder?«

»Sorry, da kann ich dir nicht weiterhelfen«, antwortete ich. »Wobei – ich hab deine Mom neulich in der Apotheke gesehen. Vielleicht gibt es da ja einen Zusammenhang.« Eigentlich hasse ich *Deine-Mom*-Witze. Sie sind so furchtbar unoriginell. Aber wenn es um Heather geht, ist mir jeder Spruch recht, um sie zu schocken. Das ist echt meine größte Schwäche.

In der Reihe vor mir prustete jemand los. Heathers

Stift flog an meinem Kopf vorbei. Ich biss mir auf die Lippen, um mir ein Grinsen zu verkneifen, und beugte mich über mein Arbeitsblatt.

»Verdammt, ich hab mein Etui vergessen«, stöhnte Heather. »Emma. Hey, *Emma.*«

Ich spähte durch meine Haare zu Emma. Ihre Nase berührte fast ihr Arbeitsblatt und sie kniff konzentriert die Augen zusammen. Wenn sie Heather überhaupt gehört hatte, reagierte sie nicht.

»*Em-ma.*« Heather schnipste direkt unter Emmas Ohr mit den Fingern.

Emma schreckte auf. Ihre Hand umklammerte ihren Bleistift so fest, dass er entzweibrach. Ihre Augen weiteten sich und ihre Lippen öffneten sich leicht. Sie sah aus wie eine Maus, die in einer Lebendfalle gefangen worden war. Vollkommen entsetzt.

»Holla«, sagte Heather. »Jetzt gerate mal nicht gleich in Panik. Kann ich mir einen Bleistift von dir leihen?«

Emma zog die Schultern bis zu den Ohren hoch. Sie nahm einen Stift aus ihrem Etui und schleuderte ihn Heather geradezu entgegen. Dann wandte sie sich ohne ein Wort wieder ihrem Papier zu.

Strange, oder?

CLINE: Worin schrieb Emma?
CLAUDE: In ein … Notizbuch?
CLINE: So was wie ein Tagebuch?

Claude: Nullachtfuffzehn-Collegeblock, liniert. Woher zum Teufel soll ich wissen, ob sie Tagebuch schrieb? Sie wäre der Typ dafür. Aber ist ja nun nicht so, dass wir im Unterricht extra Zeit zum Tagebuchschreiben bekommen. Und ich weiß auch gar nicht, worüber sie schreiben würde. *Liebes Tagebuch, Gwennie ist so fies, ich bin so clever.* Emmas Probleme gehen mich nichts an.

Und übrigens: Ich hab sie nicht umgebracht.

Cline: Warum füllen wir nicht mal die Lücke zwischen der Schule und der Ankunft bei Jamie?

Claude: Leichtathletik – fragen Sie Garson. Abendessen – fragen Sie Mom. Wir haben bei Red Runner gegessen. Nach dem Abendessen bin ich losgefahren.

Cline: Zur Party?

Claude: Was? Ja, auf der Party war ich auch 'ne Weile. Aber vor allem bin ich rumgefahren. Ich fahre gerne Auto. Ich hab Janine genommen und bin den Highway 7 hochgefahren. Der ist sicherer als die Straßen in der Stadt, hat die meiste Zeit des Jahres Mobilfunkempfang und wird nie überflutet. Dort draußen riecht es nach Kiefern und Holzfeuer. Da bin ich näher an den Bergen und der Milchstraße. Dem Universum, Gott, wie immer man das nennen will … ihr bin ich da auch näher. Ich brauchte das einfach gestern Abend. Um … mich zu beruhigen.

Klingt etwas dubios, nicht wahr?

Cline: Wir versuchen hier nur, einen zeitlichen Ablauf zu rekonstruieren.

Claude: Gegen ein Uhr morgens hab ich an einer Tankstelle gehalten. Die Bradley-Tanke in der Nähe von Allenstown. Können Sie auch überprüfen. Überprüfen Sie die Aufnahmen der Überwachungskameras, die Zahlungseingänge … im Ernst jetzt.

Cline: Wir werden uns das alles angucken, wenn wir es für relevant halten.

Claude: Ich meine das wirklich ernst. Ich war dort und ich kann das auch beweisen. Ich bin keine Lügnerin und ich ermorde keine Mädchen.

Cline: Claude, ich möchte Sie bitten, sich wieder zu beruhigen …

Claude: Scheiße. *Scheiß* drauf. Ich rege mich so viel auf, wie ich will. Ich habe nichts getan und Sie verschwenden mit diesem lächerlichen Verhör meine und Ihre Zeit. Also, wenn Sie keine Beweise haben, bin ich hier raus.

Das dachte ich mir. War nett, mit Ihnen zu plaudern.

DEIN NEWS-FEED

6. Dezember 2018

Was sagen deine Freunde?

Lyla Ionescu:

Emma, du warst ein strahlendes Licht in dieser Welt, eine tolle Tanzpartnerin, das cleverste Mädchen in der Schule und einfach total nett. Absolut alle auf der JLH werden um dich trauern, da bin ich mir sicher. Nie werde ich die langen Busfahrten zu unseren Wettkämpfen vergessen oder wie wir uns nach einem harten Training im Morning House mit Pommes und Shakes vollgestopft haben, und die Pommes-Schlacht wird immer zu meinen liebsten Erinnerungen gehören.

Von einem Informanten, der einen Einblick in die Ermittlungen hat, habe ich gehört, dass die Polizei überlegt, ob das Video eine Fälschung sein könnte. Wie bitte??? Die arme Emma ist darauf angewiesen, dass sie den Typen finden, der sie geschubst hat, und die gucken sich das gar nicht genau an? Stattdessen verhören sie jeden JLH-Schüler, als könnten wir alle etwas damit zu tun haben? Das ist doch echt ein Witz. Selbst ich wüsste, wo ich anfangen würde. Echt jetzt, Leute, verhaftet einfach jeden hochgewachsenen Penner der Stadt und der Fall ist im Nu gelöst! #SelbstIchKönnteDas #GerechtigkeitFürEmma

Samantha Johnson:
AMEN

Ben Nakayama:
Ruhe in Frieden, Emma :(

Shay Brayden:
ikr

Natalie Powell:
wtf Lyla sie ist doch nie mit zum Morning House gekommen sie war nicht mal dabei bei der Pommes-Schlacht

Shay Brayden:
RIP Emma ich weiß, dass du von da oben auf uns runterguckst, bitte lass die Polizei den Perversen finden, der das getan hat!!! #GerechtigkeitFürEmma

Samantha Johnson:
WO SOLL DAS NOCH ENDEN? Sind uns Mädchen nicht einmal so viel wert, dass wir unsere Ärsche hochkriegen, wenn eines von ihnen UMGEBRACHT und dabei GEFILMT wird?!?!?! Wir müssen endlich anfangen, die Leben unserer Frauen mehr zu würdigen und GLEICHE GERECHTIGKEIT FÜR ALLE zu verlangen #GerechtigkeitFürEmma

James Schill:
Wir werden dich vermissen Emma #RIP
#GerechtigkeitFürEmma

Kyle Landry:
yeah aber die entscheidende ? ist doch: bei wem soll ich jetzt meine Mathe-Aufgaben abschreiben? #DieWahrenFragen

Steven Bulowski:
Gwen?

Kyle Landry:
bestimmt nicht die ist total scary

Ben Nakayama:
#zufrüh

Michael Bryson:
#GerechtigkeitFürEmma kommt schon Kumpel seht zu dass ihr den Arsch hochkriegt

Avery Cross:
Emma, ich werde nicht weinen, weil es vorüber ist, sondern lächeln, weil es gewesen. Aber ich stehe jedem bei, der #GerechtigkeitFürEmma will, und ich bin bereit, zu helfen, wo ich kann.

Michael Bryson:

Es tut mir so leid Baby du bist die Beste

Jefferson-Lorne Inquirer:

Für unsere Meinungsseite prüfen wir gegenwärtig Kommentare zu Emma Baines Fall und der Polizei-Entscheidung, fürs Erste das Facebook-Video zu ignorieren, das sich im Netz verbreitet und Jefferson-Lorne auf Emmas Verschwinden aufmerksam gemacht hat. Bitte nur ernsthafte Beiträge. #GerechtigkeitFürEmma

Lyla Ionescu:

@Gwendolyn Sayer vielleicht gibt es ja Bonuspunkte für einen Kommentar …

Kapitel 10

Hübsche Aasgeier

Eine Gerüchteflut.

Sie überschwemmt die Straßen; wie eine Sturzflut füllt der Redeschwall die Rinnsteine. Ein Raunen und Wispern geht über den Parkplatz vor der Highschool des toten Mädchens – *Hast du gewusst? War sie nicht …?* Der Fluss der Trauer ist breit, aber es ist der Unterstrom der Neugier, der sie alle in die Tiefe reißen wird.

Es ist ein knackig kalter Tag, wie er in einer Stadt in den Bergen oft kommt und geht. Heute liegt Schnee in der Luft und verspricht die Kundschaft solariumgebräunter Geschäftsleute und ihrer frisch gewachsten Skier; morgen wird es wieder sommerlich sein. Die Natur hier ist launisch, tut ganz friedlich und schlägt im nächsten Moment mit einem Sturm zu, einer Dürre oder einem Waldbrand.

Das Cheerleading-Team sitzt neben einer dürren Kiefer, alle in Schwarz zu Ehren ihrer gefallenen Kameradin. Sie sehen zu, wie sich die Wolken zusammenbrauen, und kosten den Rest ihrer Mittagspause aus.

Hinter ihnen ragen die gelben Ziegelsteine der Jefferson-Lorne auf.

Das Geflüster wabert und streicht um diesen Tisch, ohne es zu wagen, in den Kreis einzudringen. Die Cheer-Mädchen quittieren jeden Ansatz von Lästern mit tödlichen Blicken und tränenerstickten Hinweisen auf Respekt. Aber hinter der Fassade ihrer betrübten Mienen schwelt die Neugier, stärker vielleicht als bei allen anderen.

Lyla legt eine Hand auf ihr Herz, als sie erzählt, wie sie in der Sportstunde mit Gwen aneinandergeraten ist. »Ich habe noch nie so viel Respektlosigkeit von einem anderen Menschen erlebt«, schimpft sie. »Wie kaltherzig muss diese Zicke sein, wenn jemand *stirbt* und sie trotzdem nur an sich denkt?«

»Ich wünschte, Mr Darrow wäre nicht aus der Halle gegangen. Er hätte garantiert eingegriffen.« Avery sitzt neben Lyla. Sie hat das pinkfarbene Sweatshirt von heute Morgen gegen einen schwarzen Hoodie getauscht. Jetzt zieht sie die Ärmel bis über ihre Hände runter und stützt die Ellenbogen auf dem Tisch auf. Ihr Freund Michael rückt von der anderen Seite näher an sie heran, bis sich ihre Oberschenkel auf der Bank berühren.

»Ich bin froh, dass er weg war. Ich glaub, Gwen hat sich eine schöne Armverletzung zugezogen.« Lyla schüttelt den Kopf, als wäre Gwens bloße Existenz eine Zumutung.

»Warum ist sie bloß so?«, fragt Natalie, die auf einem Blatt Caesar-Salat kaut. Nur Natalie isst auch im tiefsten Winter Salat. Die anderen wärmen sich mit Kürbissuppe aus der Cafeteria-Mikrowelle.

»Sie ist eine klassische Soziopatin.« Lyla schiebt eine imaginäre Brille ihre Nase hoch, ein sicheres Zeichen dafür, dass sie gleich anfangen wird herumzuprahlen. Ihr Dad ist Kripobeamter mit einem zweijährigen Studienabschluss in Psychologie, was Lyla heraushängen lässt, so oft sie kann. »Wisst ihr nicht noch – Lizzy? Sie haben damals zu Gwen gesagt, sie solle sich so viel Zeit für die Trauer nehmen, wie sie brauche. Und wie viele Tage, glaubt ihr, hat sie genommen? Keinen einzigen. Null. Sie ging zu all ihren AGs. Nicht einmal die *Mathe-Athleten* ließ sie in der Woche sausen.« Lyla lehnt sich zurück und bläst Atemwolken in die kalte Luft. »Außerdem hat sie ein Motiv, eher als alle anderen. Die Rolle der Mörderin passt zu ihr.«

Die anderen am Tisch beugen sich vor und hängen an Lylas Lippen. Avery spielt mit ihrem eigenen Mittagessen herum – einer Dose *Monster Energy*, die Michael für sie in die Schule geschmuggelt hat. »Sie ist keine Soziopatin; sie geht nur anders mit den Dingen um als wir. Vielleicht sollten wir nicht über Leute urteilen, die wir gar nicht richtig kennen.«

»Aves.« Lyla schlingt einen Arm um Averys Taille und ignoriert, dass diese leicht zusammenzuckt. »Du weißt doch, dass ich dich sehr mag, oder? Und besonders mag ich an dir, dass du immer an das Gute in den Menschen glaubst. Das ist so was wie deine Superkraft. *So* gut bist du darin. Aber Gwen ist kein guter Mensch. Sie ist total kaltblütig und ich kann mir zu hundertfünfzig Prozent vorstellen, dass sie Emma umgebracht hat, um sie als Konkurrentin loszuwerden. Das Mädchen hat eine dunkle Seite. Liegt in der Familie, glaube ich.«

Für eine Sekunde ist es ganz still am Tisch. Die Mädchen blinzeln nervös. Ist Lyla zu weit gegangen? Dabei ist sie noch gar nicht fertig. »Wisst ihr noch, in der siebten Klasse? Der Wettstreit im Debattierklub? Gwen und Kyle Landry waren die Finalisten. *Sie* stolzierte mit dem Hundert-Dollar-Gutschein davon; *er* verkroch sich vor Scham auf dem Klo, bis alle nach Hause gegangen waren. Ich hab es damals gesagt und ich sage es noch mal: Abführmittel in seiner Wasserflasche.«

Natalie und Shay erinnern sich und kichern.

»Sie ist skrupellos«, behauptet Lyla. »Genau wie Lizzy. Und wir wissen ja alle, was *sie* gemacht hat.«

»Ganz sicher wissen wir das nicht«, wendet Shay ein.

»Ich weiß es sicher. Brittany Landry hat mir erzählt, dass sie die Hälfte ihres Englisch-LKs bei Mr Pendler verpasst hat. Und trotzdem hat sie bei der Abschlussprüfung im Herbst volle Punktzahl bekommen. Ein Lehrer hätte ihre Zensuren leicht abändern können, kein Problem.«

»Und wer, denkst du, war es?« An Natalies Unterlippe hängt ein Stück Salat.

»Mrs Willingham«, sagt Lyla und beugt sich vor. Irgendjemand am Tisch schnappt erschrocken nach Luft. Avery verzieht das Gesicht, wie vor Schmerz. »Kein Witz jetzt. Die Schwarte ist vor fünf Jahren zu uns gekommen, stimmt's? Ich hab gehört, sie ist bi und an ihrer letzten Schule rausgeflogen, weil sie eine Affäre mit einer Schülerin hatte. Einer Schüler*in* wohlgemerkt.«

»Mrs Willingham ist mit einem Mann verheiratet«, bemerkt Avery.

»Na und? Mein Dad hat meine Mum bestimmt fünf Mal betrogen, bevor sie die Scheidung eingereicht hat«, sagt Natalie.

»Vielleicht denkt ihr auch nur, sie geht mit jedem ins Bett, weil sie bi ist«, murmelt Avery.

Shay beugt sich vor und greift nach Averys Händen. Michael rückt beschützend näher. »Aves, wir wissen, dass du nicht so bist«, beschwichtigt sie.

»Sei nicht so empfindlich, Aves«, sagt Lyla in einem abwehrenden Tonfall.

Und die brave Avery fügt sich stillschweigend, so wie ihre Art Mädchen das eben tut. Und sie weiß, dass ihre Freunde ihr vertrauen – aber was wird dieses Vertrauen wert sein, wenn die Gerüchte in *ihre* Richtung gehen?

»Jedenfalls, es war entweder ein Lehrer oder ein Elternteil. Ich denke, es war ein Lehrer«, sagt Lyla.

»Und ich denke, wir reden hier über ein totes Mädchen.« Averys Gesicht ist blass geworden, ihre Stimme hart, und ihre Füße trampeln unkontrolliert auf dem braunen Gras herum. Sie tritt nach einem Tannenzapfen. »Mit einem Lehrer zusammen zu sein ist doch total illegal. Du klingst ja so wie die Lily-Fransen-Ankläger.«

Lyla schnaubt. »Das mit Lily Fransen war doch ganz was anderes. Lily Fransen wurde gegroomt und vergewaltigt. Aber Lizzy? Die ist einfach ausgetickt. Die Gerüchte waren überall. Und wo Rauch ist, da ist auch Feuer, oder?«

»Gerüchte sind nichts anderes als Gerüchte. Wir haben sie doch alle gar nicht gekannt.« Avery verzieht das Gesicht. »Lizzy und ein Lehrer, Gwen und Emma … Ich würde auch nicht wollen, dass die Leute solche Dinge von *mir* behaupten, ohne Beweise zu haben.«

Michael schmunzelt und legt einen Arm um sie, direkt unter Lylas. Avery ist zwischen den beiden eingekeilt. »Baby, niemand wird dir einen Mord anhängen. Es gehört ganz schön was dazu, so was durchzuziehen, weißt du?«

Avery erstarrt; ihre Augen blicken ausdruckslos.

»Im Ernst jetzt. Das ist was anderes, als ein Cheerleading-Programm zu planen«, fügt Lyla hinzu. Die anderen stimmen ihr zu. Die Wahl des Ortes, des richtigen Zeitpunkts, um das Opfer allein anzutreffen, die Beseitigung von DNA-Beweisen … das sind alles

Dinge, zu denen die süße, brave, wohlmeinende, *einfältige* Avery nicht imstande wäre. Die Röte steigt ihr wie ein Ausschlag ins Gesicht und in ihren Augen sammeln sich Tränen. Sie kann sich nicht rühren, nicht ohne Lyla und Michael von sich zu stoßen, nicht ohne ihren Freunden zu zeigen, wie sehr ihre Worte ihr unter die Haut gehen.

Natalie stößt ein erschrockenes Quieken aus und der ganze Tisch verstummt. Sie heben den Blick und sehen Kommissar Cline auf sie zuschlendern. Seine Lippen verziehen sich zu einem schiefen Lächeln. »Na, genießen Sie die Mittagspause?«

Avery setzt wieder ihr Cheerleader-Lächeln auf, wenn auch noch ein wenig zaghaft. »Wir versuchen, uns an die schönen Zeiten zu erinnern.«

»Sie waren alle mit Emma im Cheer-Team?«, fragt Cline.

Die Mädchen nicken. »Nicht alle«, sagt Michael, was ein paar der Mädchen nervös kichern lässt.

Die Aufmerksamkeit des Kommissars richtet sich auf ihn und plötzlich sieht Michael aus, als bereute er es, überhaupt den Mund aufgemacht zu haben. »Lacrosse, nicht wahr? Ich sehe mir hin und wieder ein Spiel an. War früher auch mal im Team. Welche Rückennummer denn?«

»Äh, zwei siebzehn«, murmelt Michael.

Clines Augen leuchten. »Meine war drei dreißig. Ist

das Ihre Freundin?« Er deutet auf Avery. Michael nickt. »Sie haben doch sicher nichts dagegen, wenn ich sie einen Moment entführe?«

»Nein, natürlich nicht.« Die Erleichterung in seiner Stimme fängt Michael einen wütenden Blick von Lyla ein.

Clines Aufmerksamkeit wechselt vom Lacrosse-Star zur Cheer-Kapitänin. »Wir haben noch ein paar weiterführende Fragen an Sie, Miss Cross«, sagt er.

»Wenn ich irgendetwas tun kann, um zu helfen – natürlich.« Avery befreit sich aus der lockeren Umarmung von Michael und Lyla und klettert über die Bank. Fast unmerklich verändern sich die Gesichtsausdrücke der Cheerleaderinnen und ihrer Freunde.

Die Menschen von Lorne sind so unbeständig wie das Wetter.

»Sehen wir uns später?«, fragt sie.

»Klar.« Michael ringt sich ein Lächeln ab.

Avery zieht an den Schnüren des schwarzen Hoodies und vergräbt die Hände in ihren Taschen.

Als sie davongeht, verändert sich der Fluss. Das Raunen bewegt sich kreisend in Richtung dieser neuen Strömung. Vielleicht wird Avery Cross den Lauf des Flusses verändern – oder vielleicht ist auch sie eines seiner Opfer, das stromabwärts gerissen wird.

Kapitel 11

Die Hilfsbereite

CLINE: Wie lange sind Sie schon mit Michael Bryson zusammen?

AVERY: Ähm … Ich verstehe nicht ganz, warum …? Zwei Jahre.

CLINE: Sie sind vertraut miteinander.

AVERY: Ja.

CLINE: Sie leihen sich auch mal seine Klamotten?

AVERY: Äh. Ich schätze ja? Manchmal?

CLINE: Jemand aus der Schülerschaft hat gestern Nachmittag auf dem Parkplatz ein Mädchen in Mr Brysons Lacrosse-Hoodie gesehen, mit Emma Baines. Waren Sie das?

AVERY: Oh! Oh, das tut mir leid. Das hatte ich vollkommen vergessen. Es ist nur – ich kann einfach nicht klar denken im Moment. Das verstehen Sie doch? Ich bin noch ganz durcheinander wegen dieser ganzen Sache. Und, ich meine, ich bin ja zu Ihnen gekommen. Ich hab nichts zu verbergen.
Ich hab tatsächlich auf dem Parkplatz mit Emma ge-

redet. Es muss so um die Mittagszeit gewesen sein. Ja, es war mittags, denn wir hatten vereinbart, in der Pause an unserem Cheer-Programm zu arbeiten.

Ich rede nicht gerne schlecht von meinen Freunden, von Verstorbenen oder überhaupt von irgendjemandem, aber die Wahrheit ist, dass Emma immer zusätzliche Hilfe beim Einstudieren unseres Programms brauchte. Die simplen Sachen bekam sie hin, aber als Base für eine Hebefigur kam sie nicht infrage und sie hatte ein furchtbar schlechtes Gedächtnis für Choreografie. Ehrlich gesagt, ich glaube, sie hatte zu viel anderes im Kopf. Ich finde immer, ein klarer Kopf ist die beste Voraussetzung für eine perfekte Choreografie.

Aber Emma war auch nicht aus denselben Gründen in unser Team eingetreten wie wir. Nämlich weil wir gerne tanzen. Und um einen positiven Spirit in der Schule zu verbreiten. Emma wollte mitmachen, weil sie wusste, dass es auf ihrem Lebenslauf gut aussehen würde. College war das Wichtigste in Emmas Leben. Aber auch wenn sie uns nicht als eine große Familie ansah – ich tat das. Ich wollte ihr helfen, weil man sich in einer Familie gegenseitig hilft. Weil Gwen ihre Leichtathletik hatte, brauchte Emma auch einen Sport.

Emma hielt uns wirklich zurück in diesem Jahr. Und ja, bevor Sie jetzt irgendetwas Voreingenommenes sagen, Cheerleading ist ein richtiger Sport. Wir haben in ein paar Vorentscheidungen Punkte verloren, weil wir nicht genügend aufeinander abgestimmt waren. Emma hinkt oft einen halben Takt hinter allen anderen her und sie macht sich auch nicht die Mühe, das zu korrigieren. Natalie und Shay haben mich mehr als einmal gedrängt, sie aus dem Team zu schmeißen. Sie finden es nicht richtig, wenn sie nur dabei ist, um die Lorbeeren zu ernten, und sich nicht wirklich ins Zeug legt. Aber ich … wollte Emma unbedingt helfen, eine erfolgreiche Cheerleaderin zu werden. Vielleicht tat sie mir auch ein bisschen leid. Ich fände es furchtbar, so allein zu sein.

Ich hatte irgendwie das Gefühl, dass sie mich brauchte.

Emma kam gefrustet zu unserer Verabredung, aber ich versuchte, nicht auf ihre schlechte Stimmung einzugehen, und konzentrierte mich auf die Musik. Aber Emma zog nicht mit. Ihre Bewegungen waren fahrig, sie verpasste ihren Einsatz in der Choreografie und als ich die Musik stoppte, um alles noch mal langsam durchzugehen, verdrehte sie die Augen. Ein bisschen unverschämt, oder? Nicht, dass ich da so super-streng sein wollte. Alles, was ich sagte, war: »Was ist denn heute mit dir los?«

Ich glaube nicht, dass meine Frage überheblich rüberkam … oder gehässig. Aber sie konnte es nicht ab. Sie stürmte nach draußen, ohne ihren Rucksack oder ihr Zeug. Ich nahm ihren Rucksack und rannte ihr hinterher. Ich sah noch, wie sie den Gang hinuntereilte und auf den Vordereingang zusteuerte.

Ich hatte ihr Zeug und mein Zeug zu tragen, das bremste mich etwas, aber schließlich bin ich Cheer-Captain und sportliche Aktivität ist sozusagen meine Spezialität. Ich holte Emma auf dem Parkplatz ein. »Du hast deinen Rucksack vergessen«, schnaufte ich.

Emma drehte sich zu mir um. Tränen strömten über ihr Gesicht. Ich ließ die Rucksäcke fallen und legte meine Arme um sie. »Was ist denn los?«, fragte ich noch einmal.

»Ich hatte heute ein Treffen mit Mr Garson.« Sie schniefte und ich kramte nach einem Taschentuch. Sie kennen doch Mr Garson, oder? Er ist einfach super. Er ist unser Co-Trainer und der Chefcoach des Lacrosse-Teams. Letztes Jahr hab ich mir das Knie verstaucht und Mom meinte, ich sollte für den Rest des Halbjahres keine Wettkämpfe mehr mitmachen. Aber Mr Garson hat mir geholfen, innerhalb von vier Wochen wieder einsatzfähig zu sein. Er ist auch Vertrauenslehrer. Es ist so easy, mit ihm zu reden; man vergisst fast, dass man mit einem Erwachsenen spricht. Wann immer wir Hilfe brauchen, hilft er uns, und Emma ging seit ihrem, ähm, Gefühlsausbruch zum Thema Lizzy zweimal in der Woche zu ihm. »Er hat gesagt, ich sollte über alternative Möglichkeiten nachdenken, falls ich das Devino-Stipendium nicht bekomme.«

Ich fühlte mit meiner Freundin. »Denkt er denn, dass Gwen einen Vorsprung hat?«

»Ich weiß es nicht. Er sagte, er könne nicht über andere Schüler sprechen und jetzt ginge es um mich und meine Zukunft. Er redet von Alternativen und Abendjobs. Und er hat gefragt, ob ich einen College-Fonds habe.« Wieder verzog sie das Gesicht.

Über Emmas Privatleben weiß kaum jemand was, aber mein Dad ist mit ihrem Dad ganz gut bekannt, daher bekomme ich ein paar Sachen mit. Ich wusste, dass es keinen College-Fonds gab. Ich wusste, dass es keinen Job gab. Emmas Dad hat ihr beides verweigert. Das Devino-Stipendium war im Grunde ihre einzige Chance, zu studieren.

Ich glaube, ihr Dad wollte nicht, dass sie auszog.

Ich suchte nach Worten, um sie aufzumuntern. »Deine Noten sind doch top und der Wettkampf ist schon in ein paar Wochen. Ich helfe dir. Wir bringen das Team in die Landesmeisterschaft. Das kann dir auch zugutekommen.« Noch während ich das sagte, hatte ich ein bisschen ein schlechtes Gewissen. Wenn Emma das Stipendium bekäme, wäre Gwen diejenige, die hier in Lorne versauern würde. Mit Gwen bin ich zwar nicht so befreundet wie mit Emma, aber ich mache nicht gerne Dinge, die anderen Leuten schaden. So ein Typ Mädchen bin ich einfach nicht.

»Was, wenn es nicht reicht? Ich will nicht für den

Rest meines Lebens in diesem blöden Kaff festsitzen. Mir Lacrosse-Spiele angucken, weil es nichts Besseres zu tun gibt. Jeden Frühling darauf warten, dass die Hauptstraße überflutet, sodass wir buchstäblich von der Außenwelt abgeschnitten sind. An Langeweile sterben oder an Alkoholsucht oder ...« Ihre Stimme brach.

Ich nahm sie noch einmal in den Arm und spürte, wie sie zitterte, starr vor Angst. In dem Moment hab ich gedacht, es ginge einzig und allein um das Devino-Stipendium, um die Aussicht, für immer in Lorne festzusitzen. Aber vielleicht war es auch etwas anderes.

Kann sein, dass sie es mir erzählt hätte, wenn nicht Heather Halifax mit ihrer besten Freundin Holden aufgekreuzt wäre. »Was ist denn mit euch beiden los?«, fragte sie neugierig.

»Überhaupt nichts«, sagte ich.

Vielleicht hatte ich einen etwas scharfen Ton angeschlagen, denn Heather hob abwehrend ihre Hände. »Schon gut, geht mich ja nichts an, was ihr hier macht.« Sie lächelte mich an, aber es wirkte nicht echt. Die Leute denken immer, ich schlafe mit dem halben Cheer-Team, nur weil ich bi bin.

»Wir kriegen das schon hin«, sagte ich zu Emma, als Heather und Holden weg waren, und ich meinte es auch so. Vielleicht spürte Emma das. Sie lächelte mich an, und, Sir, ich bin *Expertin* für falsches Lächeln. Dieses war echt.

Da war eine Party gestern Abend, aber ich bin sicher, dass Emma nicht dort war. Ihr Dad erlaubte ihr nie, auf Partys zu gehen, denn da könnte es ja Alkohol geben oder Gras oder Jungs. Selbst wenn wir nach einem Cheer-Wettkampf noch irgendwo hingingen, holte er sie direkt von dort ab und fuhr sie nach Hause. Sie kam nie mit, wenn wir ins Morning House gingen oder einen Kaffee zusammen tranken. Deshalb waren die anderen Mädchen bald eng befreundet, während sie irgendwie außen vor blieb.

Einmal hat sie gesagt, sie würde total gerne nach dem Training mit uns ins Morning House gehen. Ich bot ihr an, sie nach Hause zu fahren, bevor ihr Dad vom Dienst zurück wäre. Sie sagte, er würde es trotzdem mitbekommen. Er hat sogar Kameras im Haus installiert, um sicherzugehen, dass sie sich abends nicht noch mal aus dem Haus schleicht, hat sie mir erzählt.

CLINE: Kameras?

AVERY: Oh. Das hätte ich nicht sagen sollen. Tut mir furchtbar leid. Können wir das aus der Akte streichen oder so was? Er ist der Polizei-Chef, also hatte er bestimmt seine Gründe dafür. Vielleicht gehört das im Haus eines Polizeibeamten zum Standard, was weiß denn ich? Ich will wirklich nicht, dass er deshalb Schwierigkeiten bekommt. Und wie ich schon sagte, mein Dad und Emmas Dad sind quasi alte Kumpel.

Also, wenn es irgendwelche Hinweise gibt, dann in ihrem Tagebuch. Ich habe Ihnen doch von Emmas Tagebuch erzählt, oder? Sie hat ständig darin rumgekritzelt und da es mit der Hand geschrieben war, konnte es auch niemand hacken oder so. Es war der einzige Raum, in dem Emma frei von allem war. Frei von allen Menschen in ihrem Leben, sogar von sich selbst.

Und wenn sie ihrem Tagebuch etwas anvertraut hat, was ihr Dad nicht lesen sollte, hat sie es sicher nicht zu Hause aufbewahrt, sondern hier versteckt. Haben Sie schon in ihrem Schließfach nachgesehen?

CLINE: Wir gehen allen Aspekten dieses Falls nach. Vielen Dank für Ihre Zeit, Miss Cross.

AVERY: Ich weiß, es ist albern. Natürlich haben Sie ihr Schließfach überprüft. Ich bin ja hier nicht die Ermittlerin. Aber Emma hatte nicht nur das eine Schließfach – das wissen Sie, oder? Ich will ja nur alles tun, um zu helfen. Zunächst einmal hatte sie ihren eigenen Spind für Sport. Ach, und einen Schreibtisch im Büro der Schülerzeitung hatte sie auch. Das Tagebuch muss an einem dieser Orte sein.

Tagebucheintrag

Emma Baines – 21. September 2017

Tagebuch, wenn ich morgen nicht zur Schule komme, hoffe ich, dass die Polizei meine Sachen durchsucht und dich findet. Und wenn sie dich finden, werden sie diese Seite aufschlagen. POLIZEI: ES WAR MEIN DAD. ER HAT MICH UMGEBRACHT UND MEINE LEICHE IRGENDWO VERGRABEN, WO IHR SIE NIE FINDEN WERDET.

Ach, wem mache ich da etwas vor. Dad ist ja die Polizei. Dad, wenn du das irgendwann liest:

Äh. Ich weiß nicht einmal, was ich sagen soll.

Das Problem ist, das Cheer-Team rafft es nicht. »Alle Eltern sind Kontrollfreaks, Emma«, sagen sie. Avery erzählt dauernd, wie ihre Mom jeden Tag ihr Gewicht überprüft, und ja, das muss wirklich ätzend sein, aber verdammt noch mal, Avery Cross, ich hab noch ein beschissenes Babyfon mit Monitor in meinem Zimmer. Dad hat gesehen, wie ich um zwei Uhr nachts aufgestanden bin, um an meinem Regierungslehre-Referat zu arbeiten. Und dann hat er mich beim Frühstück deshalb zusammengestaucht.

Und danach hat er die Bombe platzen lassen. »Ich hab mir das mit diesem Devino-Stipendium anders überlegt.«

Ich verschluckte mich fast an meinen Cornflakes. »Was?«

So lange ich denken konnte, waren Mom und Dad praktisch nie einer Meinung gewesen, aber die eine Sache, bei der sie sich einig gewesen waren, war meine Ausbildung. Für meine Ausbildung sollte ich immer alles geben. Sobald Mom mit einem Fernfahrer durchgebrannt war, interessierte sie sich natürlich keinen Scheißdreck mehr für meine Ausbildung. Sie hat in den letzten drei Jahren nicht einmal angerufen. Ich schätze, es war also nur Dad, der sich wirklich dafür interessierte. Na ja, nicht mehr.

»Du musst in Lorne bleiben. Ich verschaffe dir einen Job in der Polizeistation, wenn du mit der Schule fertig bist. Eine Assistentin im Büro oder in der Notrufzentrale können wir immer brauchen und wenn du dich gut machst, können wir dich auf die Akademie in Fort Collins schicken.«

»Nein«, sagte ich, ohne nachzudenken. Ich sage nie Nein zu Dad, nicht so. Ein Nein muss immer in beschwichtigende Worte verpackt werden, zum Beispiel Wie wäre es oder Ich hab überlegt. Mir wurde klar, dass ich einen Fehler gemacht hatte, als sein Gesicht rot anlief. Gleichzeitig begann eine ungewohnte Wut in mir zu brodeln. Es gab einige Dinge, über die er als mein Vater entscheiden konnte. Aber nicht über mein Leben. Nicht über meine Zukunft. »Ich will nicht zur Polizei", stellte ich klar.

»Dann finden wir was anderes für dich. Der Weihnachts-Shop braucht immer Verkäuferinnen und in ein paar Jahren werden wir hier den großen Boom erleben. Lorne wird der nächste Skitouristen-Magnet. Jeder sagt das und Greg Cross baut wie verrückt, als könnte es schon gestern passieren. Die Touristen werden ihren hippen Kaffee in hippen Cafés haben wollen und ihre privaten Sicherheitsdienste. Dann wird es hier viele Möglichkeiten für dich geben.«

Das waren nicht die Möglichkeiten, die ich wollte, aber ich wusste nicht, wie ich das sagen sollte.
Dad sah meinen Gesichtsausdruck. Ich rechnete damit, dass er losbrüllen oder mich anschnauzen würde, aber er legte den Löffel zurück in seine Müslischale und sagte mit sanfterer Stimme: »Ich brauche dich hier, Emma. Ich muss dich in Sicherheit wissen. Du bist doch alles, was ich habe, seit deine Mutter ...« Er brach ab, schluckte und starrte auf sein Frühstück.
Und dann begriff ich, warum er nicht losgebrüllt hatte. Er wollte mir ein schlechtes Gewissen machen. Armer Polizeichef Baines, kümmert sich aufopferungsvoll um seine Tochter, während seine böse Frau ihn verlassen hat. Was, wenn ihm bei der Arbeit etwas passiert? Was passiert, wenn er alt ist? Emma kann ihn doch nicht auch noch verlassen.
Nur, dass Emma nicht darum gebeten hat, von ihrer Mom verlassen zu werden. Emma hat auch nicht darum gebeten, im ganzen Haus von Überwachungskameras gefilmt zu werden. Emma hat nicht einmal darum gebeten, geboren zu werden.
Die Wut kam zurück, mächtiger als zuvor. »Wirklich? Du willst, dass ich in Sicherheit bin? Oder willst du mich einfach hier haben? Unter Kontrolle?«
Dad verzog abfällig den Mund. »Du gehst nicht aufs College. Das ist reine Zeitverschwendung für Leute, die sich für etwas Besseres halten. Und solange du in meinem Haus lebst, hältst du dich an meine Regeln.«
»Wenn ich das Stipendium bekomme, kannst du mich nicht aufhalten.«

»So redest du nicht mit mir«, blaffte Dad.
»Ich bin nicht Mom«, schrie ich. Aus Dads Gesicht wich alle Farbe, als hätte ich ihm einen unerwarteten Schlag verpasst. Scheißescheißescheiße dröhnte es wie in Endlosschleife in meinem Kopf und mein ganzer Körper wollte nur noch davonrennen. Aber ich blieb standhaft. »Ich werde nicht abhauen und nie wiederkommen. Aber darum geht es doch, nicht wahr? Mom, ich, Frauen im Allgemeinen?«
»Hol deine Jacke«, sagte er. »Du kommst noch zu spät zur Schule.«
Das Problem ist, ich werde tatsächlich immer mehr wie Mom. Ich hasse sie, ja, aber trotzdem will ich raus aus diesem Ort und nie wiederkommen. Und wenn Dad mir hätte beweisen wollen, dass er sich wirklich für mich interessierte, für Frauen in Lorne und für unsere Zukunft?
Dann hätte er Lizzys Tod als Mordfall behandelt.

Kapitel 12

Wie die Mutter, so die Tochter

»Hi, Mom.« Claudes Stimme ist leise, ohne den kantigen, rauen Tonfall, den sie gegenüber ihren Mitschülern und Lehrern anschlägt. Sie kauert in der Ecke eines Ganges am Ende einer langen Reihe von Schließfächern, eingezwängt zwischen graubraunem Metall und gelblichem Ziegelstein, ihre Tasche zwischen die Knie geklemmt. Sie fährt mit dem Finger über den Rücken eines Schulbuchs darin.

»Ist was passiert?«, fragt Mom. Claude kann hören, wie im Hintergrund eine erhitzte Diskussion entbrennt.

»Ich kann später noch mal anrufen, wenn du gerade busy …«

»Nein. Kein Problem …« Mom legt den Hörer zur Seite und Claude hört sie deutlich, wenn auch gedämpft sagen: »Könnt ihr Saftsäcke vielleicht mal *leise* sein?« Dann kommt sie zurück ans Telefon und ihre Stimme wird wieder sanfter. »Okay, Liebling. Was brauchst du?«

»Es ist wegen Emma Baines. Die haben mich schon

zweimal verhört und ich weiß, dass sie mir nicht glauben …«

»Claude, beruhige dich.« Moms Stimme klingt entspannt. Claude holt tief Luft. Atmet langsam wieder aus. »Haben sie dich wegen irgendwas angezeigt?«

»Nein, aber sie glauben eindeutig, dass ich was damit zu tun hatte.« Ihre Finger spielen mit dem Reißverschluss ihrer Tasche.

»Wir kriegen das schon hin«, sagt Mom sanft. »Schritt für Schritt. Okay, Claude?«

Claude schnieft. Aber die Tränen fließen noch nicht. »Okay.«

»Jetzt bring erst mal den Schultag rum. Ich weiß, ich rede sonst nicht so, aber versuch dieses Mal nicht, den Status quo anzufechten. Komm gleich nach der Schule nach Hause und wir überlegen uns einen Ausweg aus diesem Kuddelmuddel. Und Claude?«

»Ja?«

»Wenn sie dich nach der Schule festnehmen, *sag nichts*. Du hast ein Recht auf einen Anwalt, bevor sie dich verhören.« Mom holt tief Luft. »Es wird alles gut werden. Sie lassen sich einfach von deinem Ruf beeinflussen. Du hast gestern Abend nichts Falsches getan.«

»Nein, das hab ich nicht.« Sie zuckt zusammen, als es zur nächsten Stunde klingelt. Türen öffnen sich und schaben über den Linoleumboden. »Ich muss jetzt Schluss machen. Hab dich lieb.« Claude wartet lächelnd die Antwort ihrer Mutter ab, bevor sie den Anruf beendet.

In der kleinen Pause füllen sich die Gänge wieder mit Geflüster. Es ist, als hätten die Gerüchte die ganze Zeit unter der Wasseroberfläche gebrodelt und würden jetzt nach oben kommen, um nach Luft zu schnappen. Emma hat Tabletten geschluckt. Emma hat geschummelt. Emma ging gerne auf Risiko. Emma war kurz davor, den Mord an Lizzy Sayer aufzuklären. Keiner kann mehr Wahrheit von Lüge unterscheiden, und keinen stört das. Es gibt nur die eine, allgemeine Wahrheit: Der Tod des Mädchens ist tragisch. Sie ist tragisch. Etwas anderes kann sie gar nicht sein. Ihre Geschichte saugt das Leben aus der Stadt, wie endlose glutheiße Sommertage ohne Regen. Sie türmt sich bedrohlich auf, größer als die Berge, die Lorne umgeben. Und alle in der Schule saugen diese Geschichte auf, um sie dann mit einem neuen Gerücht vermengt wieder auszuspucken.

In der letzten Stunde hat es angefangen zu schneien. Vor den Fenstern am Anfang des Ganges und der großen Glasfront am Ende fallen dicke Flocken. Die Schüler holen ihre Pullis aus den Schließfächern und verfluchen Colorados Wettergötter. Noch eine witzelnde Bemerkung und sie machen sich auf den Weg zur letzten Stunde des Schultages.

Claude streicht vorsichtig mit dem Finger unter ihren Augen entlang, fängt ihre ungeweinten Tränen ab, damit sie nicht ihren Eyeliner ruinieren, den sie nach dem Mittagessen noch einmal nachgezogen hat. Sie fährt mit der Hand durch ihre kurzen schwarzen Haare, und als sie ihre Tasche schultert, hat sie schon wieder komplett ihre übliche *Du kannst mich mal*-Haltung eingenommen – enge Jeans, Doc Martens, abblätternder Nagellack in mehreren Farben, gelangweilter Blick.

Ein paar Leute mustern sie im Vorbeigehen mit lauerndem Blick, vielleicht um zu sehen, ob sie noch genauso gefasst wirkt wie vor ihrem ersten Verhör am Morgen. Claude lehnt an den Schließfächern und starrt hinaus in die graue Welt und auf den Schnee, der an den Fenstern klebt.

Ein Junge sieht sie so lange an, dass sie doch den Kopf dreht. Sie mustert ihn von oben bis unten, betrachtet prüfend sein kantiges Kinn, sein halblanges Haar, seine großen Augen unter einem Bogen auffällig langer Wimpern. Er wird rot und rennt geradewegs in eine Tür, bevor ihm bewusst wird, dass er sie vielleicht erst hätte öffnen sollen.

Es klingelt zum zweiten Mal. Der Gang ist leer.

Claude stößt sich von der Wand ab und pirscht durch den Gang. Das Klackern ihrer Stiefel hallt durch die plötzliche Stille. Sie späht um die Ecke, und da ist Emmas Schließfach.

Im Meer seiner spülwassergrauen Kameraden sticht Emmas Spind farbig hervor. Ein kitschiger Strauß bunter Rosen ist an der Schließfachtür befestigt worden. Drumherum Karten, aus denen Entschuldigungen, Liebe und Reue quellen wie unausgesprochene Gebete. *Bitte nimm es uns nicht übel.*

Die Gemeinschaft, die Anteil nimmt, jetzt da es um das eigene Gewissen geht.

Ein Kripobeamter steht vor Emmas Schließfach und dreht an dem Zahlenschloss. Beim dritten Versuch schwingt die Tür auf – gerade als Direktor Mendoza durch den Gang nach ihm ruft.

Seine Schuhe quietschen wie Mäuse in der Mäusefalle, als er den Gang hinuntergeht, ohne den Spind wieder zu schließen. Die Polizisten von Lorne sind wirklich Trottel. Aber ihre Unfähigkeit ist Claudes Glück. Sie tritt hinter der Ecke hervor. In diesem Moment kommen ihr zwei Mädchen aus der Neunten entgegen. Eine von den beiden murmelt etwas unter einem Vorhang offener blonder Haare. Die andere kichert. Sie tuscheln, als wären sie auf dem Weg zu einem heimlichen Date.

Das Geräusch von Claudes Docs auf dem Boden bemerken sie nicht. »Verpisst euch«, zischt sie ihnen zu. Für einen Moment starren die Mädchen sie mit offenem Mund an. Dann verpissen sie sich tatsächlich. Hinter ihr brechen sie in Gelächter aus, aber Claude interessiert sich schon nicht mehr für sie. Ein langer Finger streicht über einen cremefarbenen Umschlag, auf den jemand mit blauem Stift ganz ordentlich Emmas Namen geschrieben hat. Für einen Moment ist Claude in Versuchung, den Umschlag zu öffnen – dann wendet sie ihre Aufmerksamkeit dem Schließfach selbst zu.

Wie erwartet ist das Innere des Spinds aufgeräumt, abgesehen von den Zetteln, die durch die Ritzen geschoben wurden. Noch mehr *Du warst die Beste*-Beteuerungen von Leuten, die Emma nur als »dieses Mädchen« gekannt haben. Jeder sucht nach der kleinsten Begründung, um zu behaupten, sie gekannt zu haben. An einer Seite des Schließfachs lehnen ein paar Notizbücher.

Claude mustert die Hefte stirnrunzelnd, aber sie sind nicht das, was sie sucht. Sie holt eine Nagelfeile aus ihrer Tasche, schiebt sie in einen Spalt am Boden des Schließfachs und ruckelt sie hin und her. Noch einmal. Der Boden löst sich mit einem leisen Plopp. Claude greift hinein. Ihre Hände umschließen etwas. Sie zieht ein ramponiertes iPhone heraus. Eine Augenbraue schnellt in die Höhe. Sie lässt das Telefon in ihre Tasche fallen und greift noch einmal in das geheime Fach. Ihre Hand sucht den Boden ab, bis sie ein Knistern hört. Auf ihrem Gesicht spiegelt sich Zufriedenheit.

Claude zieht eine Tüte mit winzigen weißen Tabletten heraus. Auch die wandern sofort in ihre Tasche. Dann schiebt Claude den falschen Boden wieder zurück und lässt ihn mit einem *Klick* einrasten.

Ein gemurmeltes »Danke« aus der Unterhaltung um die Ecke lässt sie zurückweichen. Sie dreht sich auf dem Absatz um und geht in lässigem Trott durch den Gang. Als sie außer Sichtweite ist, bleibt sie stehen und streicht ihre Kleidung glatt.

Claude geht nicht zum Unterricht. Sie geht direkt zu ihrem Auto.

Das Haus der Vanderlys ist ein kleiner zweistöckiger Kasten, weit ab vom Schuss auf der »falschen Seite« des Berges, in der Siedlung, die zu Zeiten des Bergbaus entstanden ist. Die Vanderly-Frauen leben schon seit Ewigkeiten dort, weshalb das Haus zweigeteilt ist – halb Grandmas Dachstube, halb hektische Anwältin und alleinerziehende Mom. Neben einer Kuckucksuhr an der Wand hängen Familienfotos, vier Generationen der Vanderly-Familie. Irgendwo dazwischen gezwängt: Miss Vanderlys Jura-Diplom. Auf einem hohen Bord entlang der Wohnzimmerwand steht eine Sammlung von Keramikengeln, als Stützen für die Schallplatten, die Claude und ihre Mom auf Flohmärkten und bei Hausauflösungen gerettet haben.

Claude und Mom sitzen an einem klapprigen Holztisch, auf dem sich Rechnungen, Zeitungsseiten und Werbepost stapeln, und essen einen Imbiss von Red Runner. Moms Augenlider wirken schwer vor Müdigkeit. Ein Stoß Schulhefte – Mathe, Geschichte, Psychologie – liegt vor dem dritten Stuhl, als sollte er den leeren Platz verdecken.

»Die Ermittlungen im Fall Lily Fransen sind eingestellt worden«, sagt Mom.

Claude lässt empört ihren Burger auf den Teller fallen. »So ein *Scheiß*.«

»Die Verjährungsfrist war abgelaufen.«

»Ja, sie war schließlich jünger als ich, als es passierte.« Claude reibt sich die Augen, dann starrt sie auf ihren angebissenen Burger.

Mom legt eine Hand auf ihren Arm. »Ich hab gedacht, dass das Leben für dich einfacher sein würde, als es für mich war. Dass die Welt sich schneller ändern würde. Aber alles, was wir jetzt haben, sind Hetzkampagnen und Verhöre und … tote Mädchen.« Sie hebt eine Augenbraue, aber Claude sieht nicht auf. »Willst du mir erzählen, was passiert ist?«

Claude zuckt die Achseln. »Sie wollten wissen, wo ich letzte Nacht war. Sie haben mich gefragt, ob ich sie kannte und was ich zwischen gestern und heute gemacht habe. Dann haben sie mir nach dem Mittag die selben Fragen noch mal gestellt.«

»Und was hast du ihnen gesagt?«

Claude seufzt. Ihr Burger ist ganz matschig von zu viel Ketchup und als sie ihn wieder in die Hand nimmt, fällt eine Gurkenscheibe heraus. »Ich hab keine Lust, mich jetzt von dir noch mal verhören zu lassen.«

Eine Falte taucht zwischen Moms Augen auf, aber im nächsten Moment ist ihre Stirn wieder ganz glatt und sie sieht Claude mitfühlend an. »Ich will nur nicht, dass du zur Zielscheibe wirst.« Sie wissen beide, wie einfach das wäre. Das Schul-Flittchen konnte sich mit Emma um einen Jungen gestritten haben. Die Schul-Vandalin konnte einen Streich zu weit getrieben haben. Die Schul-Delinquentin konnte die ganze Zeit nur knapp an der Psychose vorbeigeschrammt sein. Und Claude werden zufällig alle drei dieser Rollen zugeschrieben.

Sie nickt widerstrebend und nimmt noch einen Bissen von ihrem Burger, spült ihn mit Orangensaft hinunter. »Ich habe ihnen die Wahrheit gesagt.«

»Die ganze Wahrheit?«

Claude lässt den Burger sinken und sieht ihrer Mutter direkt in die Augen.

Sie warten. Das Schweigen wird jetzt kalt und feindselig.

Die Tür klappert, als jemand von draußen dagegen poltert. Moms Gesicht läuft rot an. Sie wirft einen Blick zu Claude; Claude schüttelt den Kopf. Es ist acht Uhr abends und sie sind es nicht gewohnt, unangekündigten Besuch zu bekommen.

Die Vanderlys verachten jede Art von Waffen, aber als Mom mit leisen Schritten zur Tür geht, greift sie nach dem Baseballschläger, der an der abgewetzten Couch lehnt.

Es poltert noch einmal. »Aufmachen! Polizei!«

Moms Furcht schlägt in kalte Wut um. Sie schließt die Tür auf. »Es gibt keinen Grund, meine Tür einzuschlagen. Womit kann ich Ihnen helfen, meine Herren?«

Der Polizist schlägt ihr die Zeitung fast ins Gesicht, die er wie einen Talisman umherschwenkt. Aber er lässt sie fallen, sobald er Miss Vanderlys scharfkantige Wangen und großen braunen Augen sieht, die Mähne lockiger Haare. Er versucht, nicht auf das dreieckige Stück Haut zu starren, das der aufgeknöpfte Kragen ihres Blusenkleids freilegt. Sein Gesichtsausdruck wird etwas weicher. Männer neigen dazu, in ihrer Gegenwart schmalzig zu werden. »Sorry, Ma'am. Aber wir haben einen Durchsuchungsbefehl.«

»*Was?*« Aber Mom hat keine Wahl. Sie macht einen Schritt zur Seite und lässt zu, dass sich drei Männer an ihr vorbei ins Haus drängen. Der letzte Polizist hat einen Schäferhund an der Leine. »Wie haben sie den bekommen? Sie können doch nicht einfach hier reinmarschieren und versuchen, meiner Tochter was anzuhängen, nur weil Sie keine richtigen Beweise haben …«

Niemand hört ihr zu, am wenigsten Claude. Sobald sie den Schäferhund sieht, springt sie vom Tisch auf und stürzt ins Wohnzimmer, wo ihre Tasche am Sofa lehnt. Der Polizist, der am nächsten steht, hebt die Tasche hoch und streckt eine Hand aus, um Claude abzuwehren. Er dreht die Tasche um und kippt den Inhalt auf den Fußboden.

»Wenn Sie schon in unserem Leben rumwühlen müssen, behandeln Sie das Eigentum meiner Tochter wenigstens mit Re... Respekt.« Moms Stimme wird immer leiser, als der Polizist sich nach unten beugt und aus dem Durcheinander eine kleine Plastiktüte herausfischt. Der Schäferhund bellt.

Die Tabletten sind weiß, klein, rund. Nicht besonders interessant. Der Polizist reicht sie weiter und bückt sich noch einmal, zieht ein Telefon aus dem Sammelsurium aus Zetteln und Stiften und leeren Bonbonpapieren. »Ist das Ihres?«

Er sieht an ihr vorbei auf den Tisch, wo zwei Handys liegen.

Mit behandschuhten Fingern aktiviert er den Lock Screen. Das Bild zeigt ein Mädchen, lächelnd. Ein Mädchen mit eisblonden Haaren, kinnlang geschnitten. Ein Mädchen, das mit dem Strom geschwommen ist.

Die Welt rauscht in Claudes Körper, zieht sie nach unten, nimmt ihr den Atem. Sie hört, wie der Polizist das übliche »Sie haben das Recht zu schweigen ...« murmelt, aber seine Stimme geht in dem Schwall von Lärm unter – das Bellen des Hundes, die Rufe der Polizisten, das Klicken der Handschellen, als sie sich um ihre Handgelenke legen.

Und in der Mitte stehend, schweigend, der Fels, um

den der Lärm brandet – Ms Vanderly, mit schreckstarrem Blick. Ausnahmsweise sprachlos.

Aber nicht lange. Sie schluckt und ihre Stimme kommt zurück, lauter als alle anderen, durchschneidet den Lärm. »Sag kein Wort, Claude. *Absolut nichts*. Wir nehmen uns einen Anwalt. Verstehst du? *Kein Wort.*«

Und dann ist Claudes Mutter auf einmal weg, bleibt zurück, während der Strom flussabwärts rauscht.

LORNE EXAMINER ONLINE

Donnerstag, 6. Dezember 2018, 19 Uhr

Vermisstenfall offiziell als Mordfall eingestuft

Die Polizei hat heute Abend in Verbindung mit dem Tod von Emma Baines eine Verdächtige festgenommen, eine Schülerin aus der Oberstufe der Jefferson-Lorne High School.

Der Fall Emma Baines, bisher als Vermisstenfall eingestuft, wurde zur Mordermittlung erklärt, nachdem ein auf der Facebook-Seite des Mädchens gepostetes Video von der Polizei geprüft und als authentisch eingestuft wurde.

Das Video, das inzwischen entfernt wurde, zeigte ein Mädchen, das Emmas Beschreibung entsprach, wie sie von der Brücke bei Anna's Run ins Wasser gestoßen wurde. Anna's Run ist ein beliebter Treffpunkt für Teenager, aber der Wasserlauf verengt sich hier gefährlich, rauscht stromaufwärts durch die tiefe Schlucht unter der Brücke und erzeugt dabei eine starke Unterströmung. Die Polizei geht davon aus, dass der Stoß beabsichtigt war und von jemandem ausgeführt wurde, der mit den Gefahren der Gegend vertraut ist.

Über mögliche Tatverdächtige sind keine Details bekannt gegeben worden.

Kapitel 13

Study Buddys

Gwen sollte Heather Halifax ermahnen, sich wieder an die Arbeit zu machen. Als Tutorin ist das schließlich ihr Job. Aber es ist zu spät, um sich ordentlich zu konzentrieren. Sie wirft alle paar Sekunden einen Blick auf ihr Handy, während Heather durch den *Lorne Examiner Online* scrollt. »Dann haben sie ihn also laufen lassen«, sagt sie schließlich. »Senator Hunterton«, erklärt sie, als Gwen fragend die Augenbrauen hebt. »Vielleicht kann ich meine Abschlussarbeit in Regierungslehre über Machtmissbrauch und Gender-Ungleichheit schreiben.«

»Dafür würdest du wahrscheinlich ein A bekommen«, meint Gwen. »Aber stell dir mal vor, das Referat vor der Klasse zu halten.«

»Hm, aber war Lily Fransen damals nicht total *hot*?«, parodiert Heather gekonnt mit ihrer typischen Dummer-Junge-Stimme. Sie streicht sich eine kastanienbraune Haarsträhne hinters Ohr. Heather ist eigentlich schlau genug, um ohne Nachhilfe zurechtzukommen;

sie ist einfach nur faul, wie sie selbst sagt. Aber es sind leicht verdiente Bonuspunkte für Gwen, die sich als gemeinschaftsorientierter als Emma präsentieren wollte. Außerdem mag sie Heather. Heather redet wenigstens nicht die ganze Zeit von Lizzy und kommt mit allen außer Claude Vanderly ziemlich gut aus.

In der Bibliothek ist nicht viel los. Fast alle sind inzwischen nach Hause gegangen. Eine Gruppe Mädchen lümmelt auf vier Sitzsäcken. Sie dösen, machen ihre Algebra-Hausaufgaben oder diskutieren leise. In der Ecke tuscheln zwei Leute vertraulich miteinander.

»Seltsame Stimmung heute.« Heather streckt sich. »Am besten wir streichen den Tag und gehen nach Hause.« Dabei sieht sie so aus, als wollte sie später noch ausgehen – ihre Ringellocken sind perfekt frisiert und die erste Hälfte der Nachhilfestunde hat sie damit zugebracht, ihr Make-up zu erneuern, während sie Gwens Testfragen beantwortete. Sie trägt einen flauschigen weinroten Pulli mit tiefem V-Ausschnitt, der ihr Dekolleté zeigt. »Ich kaufe dir noch einen Eiskaffee, damit du deine Schulter kühlen kannst.« Sie verdreht die Augen, als wollte sie noch einmal unterstreichen, wie albern sie Gwens Wettkampf in der Turnhalle fand.

»Nein danke.« Heather ist ja wirklich nett und alles, aber irgendwie fühlt sich Gwen in ihrer Gegenwart immer etwas unbehaglich. Immer bietet Heather ihr an, etwas für sie zu kaufen. Sie hat so viel Geld, dass es ihr egal ist. Statt ihr altes iPhone für ein neues in Zahlung zu geben, hat sie es Gwen geschenkt, weil diese kein Handy hatte. Es hat keine SIM-Karte, aber immerhin Internetanschluss. Heather hat ihr auch schon oft angeboten, sie während der Nachhilfestunde zu Starbucks zu fahren. Gwen weiß, dass Heather ihr jeden Acht-Dollar-Drink und Muffin kaufen würde, den sie wollte. Sie hasst Heather nicht dafür, aber irgendwie nimmt sie ihr diese Art übel. Gwen wäre nie darauf gekommen, jemand anderem ohne jeden Grund acht Kröten hinterherzuwerfen.

Mr Pendler lehnt sich auf den Tisch. »Na Leute, wie steht's?

Heather lächelt ihn an. »Gut.« Sie beugt sich ein Stück vor und sein Blick folgt für einen Moment dem Ausschnitt ihres Pullis, bevor er zurück zu ihrem Gesicht springt.

»Geht es mit dem Lernen voran?«

»Ja prima, danke«, sagt Gwen und blättert geschäftig durch ihre Notizen.

»Wir schließen in fünfzehn Minuten. Zeit, fertig zu werden.« Er richtet scherzhaft zwei Fingerpistolen auf sie, dann steuert er auf die Clique Mädchen zu.

Heather sieht ihm nach. »Ich wünschte, der wäre zehn Jahre jünger«, sagt sie.

»Echt?«, murmelt Gwen.

»Ja. Ich mach mich doch nicht an jemanden ran, der Mitte dreißig ist oder so.«

»Vielleicht sollten wir noch mal auf Regierungslehre zurückkommen, du weißt schon, Machtmissbrauch und so weiter«, sagt Gwen.

Heather macht eine wegwerfende Handbewegung. »Das ist nicht dasselbe. Frauen können durchaus Beziehungen mit älteren Männern haben.« Sie nimmt ihr Smartphone und betrachtet stirnrunzelnd den Bildschirm.

»Das gilt aber nicht für jede Art von Alter und jede Art von Frau«, entgegnet Gwen leise.

Aber Heather hört gar nicht zu. »Oh, *Scheiße*«, sagt sie. »Das gibt's doch nicht. Claude Vanderly ist verhaftet worden. «

Sie sagt es so laut und schadenfroh, dass die ganze Bibliothek es hören kann. Für einen Moment herrscht Stille. Dann werden quietschend Stühle zurückgeschoben, als die anderen Schüler sich um Heathers Smartphone versammeln. Gwen beugt sich vor und versucht, kopfüber den Text zu lesen.

»Ich glaub es nicht«, stößt Heather atemlos aus, während sie scrollt.

»Das ist doch fake«, meint Ben Nakayama.

»Das denk ich auch. Was ist das überhaupt für eine Seite?«, fragt Samantha Johnson. Sie kritzelt etwas in ihr Notizbuch; bestimmt plant sie schon eine Kommentarseite für die Schülerzeitung. »Und wer zum Teufel ist Adams West?« Ihre Frage wird mit allgemeinem Kopfschütteln beantwortet, als alle bestreiten, etwas davon zu wissen oder damit zu tun zu haben.

»Okay, Leute, Schluss jetzt.« Mr Pendler mit seinen Fingerpistolen ist wieder da und scheucht die Schüler von Heathers Smartphone weg. »Hier wird gelernt, nicht getratscht. Miss Halifax, muss ich das konfiszieren?«

»Nein«, sagt Heather, aber er nimmt ihr das Telefon trotzdem aus der Hand. Mr Pendler runzelt die Stirn, als er den Blog überfliegt, und Gwen rutscht das Herz in die Hose.

Der Albtraum hat begonnen und es wird alles nur noch schlimmer werden.

Jetzt ist es offiziell:
Jefferson-Lornes Polizei ist ein Scheißverein

Inzwischen wird sich herumgesprochen haben, dass die Polizei heute Abend im Zusammenhang mit dem Todesfall Emma Baines eine Verdächtige festgenommen hat, eine Oberstufenschülerin der Jefferson-Lorne High School.
Applaus, Applaus.

Nicht nur das, sondern die Festgenommene ist auch noch die erste Person, die sich als Zielscheibe anbietet: Claude Vanderly.
Wenn dieses Mädel das Morden so gut beherrscht wie Sarkasmus und Blowjobs – zumindest, sofern man den Gerüchten Glauben schenken kann –, dann sollten wir jetzt alle ordentlich Schiss haben.
Offensichtlich denkt die Polizei, dass sie ihre Arbeit getan hat, aber ich bin mir da nicht so sicher. Die stadtbekannte Gesetzesbrecherin ist ein perfekter Sündenbock, aber das Jefferson-Lorne Police Department hat *ewig* gebraucht, um das Mädchen in dem Facebook-Video tatsächlich als Emma zu identifizieren. Welche anderen vermissten Blondinen wurden denn bitte schön in den letzten vierundzwanzig Stunden bei Anna's Run gesehen?
Gratulation zu eurer unglaublichen Detektivarbeit, JLPD.
Ich will nicht nur wissen, dass es Vanderly war, die es getan hat (falls sie es getan hat). Ich will wissen, warum. Die Stillen haben immer irgendein Geheimnis. Welches war Emmas? Der wahre Schlüssel zu dieser Geschichte ist: Wen wird dieses Geheimnis zu Fall bringen? Und weiß noch jemand anders davon?
Wenn ja, dann kann ich diesem Jemand nur raten, schleunigst den Wohnort zu wechseln.
Denn ich werde dieses Geheimnis finden. Und ich

werde die Wahrheit aufdecken, die ganze Wahrheit, was auch immer ich dabei entdecken werde.

Mit besten Grüßen

Adams West

Kapitel 14

Die Untreue

Der Schnee fällt und die Welt löst sich in Grau auf. Selbst die hereinbrechende Nacht scheint nicht durch die tief hängenden Wolken dringen zu können, die Lornes Berge verhüllen. Es ist, als würde die Stadt allein im Weltall existieren, losgelöst von der Realität.

Am hinteren Ende des Hauptgebäudes werden die Türen aufgerissen und das Cheerleading-Team kommt aus der Turnhalle. Sie frösteln und kreischen, als sie in die Kälte treten, setzen die Kapuzen ihrer Hoodies auf und ziehen ihre Schultern bis zu den Ohren hoch. Ihre Atemwolken hängen in der Luft wie Rauch.

Sie bewegen sich zögerlich in der Gruppe, begleitet von dem ständigen Bewusstsein, dass ein Mädchen in ihrem Kreis fehlt. Als sie am Rande des Parkplatzes Umarmungen austauschen, wollen sie einander fast nicht loslassen.

Avery legt ihre Arme um Tanya. »Ich weiß, das war ein langes Training heute«, sagt sie. »Aber es gab so viel, was wir durcharbeiten mussten.« Sowohl das Cheerleading-Programm als auch die Sache mit Emma. Sie hatten sich um Lylas Smartphone versammelt und wieder und immer wieder den Blog gelesen. »Wir werden es am Samstag allen zeigen.«

Shay kommt dazu und legt eine Hand auf Tanyas Schulter. »Meine Mom fährt dich nach Hause. Du kannst doch bei diesem Wetter nicht auf den Bus warten.«

»Danke.« Tanya und Shay winken den anderen zu, als Shays Mom auf dem Parkplatz hält.

»Fahr vorsichtig«, sagt Avery, als Natalie ihren neuen VW Käfer aufschließt.

»Natürlich.« Natalie steigt ein und knallt die Fahrertür zu.

Und dann sind nur noch Lyla und Avery übrig, die auf Averys Auto zusteuern. »Starbucks?«, fragt Lyla hoffnungsvoll.

»Dad hat gesagt, ich muss in fünfzehn Minuten zu Hause sein.« Das stimmt sogar, aber es ist auch eine willkommene Entschuldigung dafür, einem Zweitausend-Kalorien-Drink aus dem Weg zu gehen. Avery streicht mit einer Hand über ihren Bauch.

Lyla zuckt die Achseln. »In Ordnung. Bist du zufrieden mit unserem Programm?«

»Das wird ein harter Wettkampf. Aber wir schaffen das schon«, sagt Avery. Das müssen sie einfach.

»Ja. Solange nicht weiter alle paar Minuten jemand zum Verhör geholt wird.« Lyla löst ihre dunklen Haare und massiert sich mit einer Hand die Kopfhaut, während sie mit der anderen die Haarklammern an einer Gürtelschlaufe feststeckt. Sie wirft einen Seitenblick auf Avery, aber Avery konzentriert sich ganz darauf, den Haufen von Schneematsch auszuweichen, um ihre Ballerinas nicht zu ruinieren. »Ich meine, die haben dich schon zweimal befragt.«

Avery reibt sich den Nacken. »Ich hab ja auch angeboten zu helfen.«

»Natürlich.« Doch Lyla klingt erleichtert. »Hast du ihnen denn gute Infos geben können? Infos, die nützlich sind? Infos, die Emma helfen können?«

»Ja.« Avery hebt den Blick, starrt in den schiefergrauen Himmel, in den Schnee, der jetzt in dicken Batzen fällt. Das perfekte Wetter, um über den Rand einer Schlucht zu schlittern oder in eine Bergwand zu krachen. Um von Brücken und in Flüsse zu stürzen. Sie bewegt ihren Fuß, als würde sie auf ein imaginäres Gaspedal treten.

»Fantastisch. Vielleicht kommen sie ja dank dir weiter. Mein Dad hat mir während des Trainings eine SMS geschrieben und berichtet, dass sie inzwischen schon jemanden festgenommen haben.«

Avery dreht ruckartig den Kopf. »Dann stimmt es also? Ist es wirklich …?« Sie sagt nicht *Claude*.

»Das hat er nicht gesagt. Aber wenn man Adams West glauben kann …«

»Ja.« Avery entriegelt die Tür ihres Prius. Gestern existierte Adams West noch gar nicht. Und jetzt verspricht er, die Welt abzufackeln. »Mord ist aber vielleicht doch eine Nummer zu groß. Selbst für sie.«

Lyla zuckt die Achseln. »Ich weiß nicht. Claude steht doch darauf... neue Sachen auszuprobieren.«

»*Lyla.*« Avery schnappt erschrocken nach Luft.

»Krieg dich wieder ein, Aves«, prustet Lyla. Wie sie da so lachend im Schnee steht, sieht sie aus wie eine Märchenfigur, eine Prinzessin unter Bauernvolk. »Selbst West ist skeptisch. Allerdings müsste ich schon bescheuert sein, einem x-beliebigen Blogger jedes Wort zu glauben. Auch wenn er wahrscheinlich auf diese Schule geht.«

»Wie kannst du dir da so sicher sein?«

»Einblick in die Schülerschaft und allgemeine Geringschätzung von Lorne.« Lyla reckt das Kinn in die Luft, um mit ihren Wimpern Schnee zu fangen. »Er ist ein Lorner, durch und durch.«

»Vielleicht ist er aber auch ein Vierzigjähriger in Denver, der aus Storys in den Nachrichten gefakte Blogs macht«, sagt Avery.

»Nein, er ist von hier. Und er ist definitiv in unserem Alter. Ich wette, er ist *hot.*« Lyla kichert und beugt sich über die Kühlerhaube des Autos. »Das merke ich an seiner Art zu schreiben.«

Avery schüttelt den Kopf, während sie in den Prius

einsteigen. »Du bist echt zu besessen von heißen Jungs, Lyla.«

»Klar, dass du das denkst. Du hast schließlich einen heißen Typen und ich warte noch immer auf meinen. Ich kann ja schon von Glück sagen, wenn ich mal für dich dein Alibi spielen darf.« Lyla kaut auf ihrer Unterlippe. »Haben deine Eltern dich eigentlich danach gefragt?«

»Nach Adams West?« Avery ist damit beschäftigt, ihre nassen Schuhe abzustreifen, und sieht Lyla nicht an.

»*Nein*, Aves. Danach, wo du gestern Abend warst.«

»Oh.« Sie schluckt noch einmal und wirft die Ballerinas hinter ihren Sitz. »Ich hab gesagt, dass ich bei dir war. Das ist doch okay, oder?«

»Natürlich. Du weißt doch, dass ich dir den Rücken freihalte. Wir Mädels müssen schließlich zusammenhalten.« Lyla lehnt sich herüber, um Avery mit der Schulter anzustoßen, und lächelt verschwörerisch. »Meine Eltern haben um elf geschlafen. Wenn irgendjemand fragt, dann sag einfach, du bist gegen zwölf vorbeigekommen und heute Morgen früh wieder aufgebrochen, weil du zu Hause was vergessen hattest.«

»Danke, Lyla.« Jetzt endlich lächelt Avery, ein sanftes und echtes Lächeln. »Das bedeutet mir wirklich viel.«

»Ich helfe dir doch gerne. Solange du mir ein paar Details verrätst. Bisher hast du da ja noch nicht viel rausgerückt.«

Avery startet den Prius. »Ich weiß. Es ist nur … ich weiß nicht, wie ich darüber reden soll. Meine Eltern würden mich umbringen, wenn sie wüssten, dass Michael und ich – ähm. Du weißt schon. Dabei mögen sie ihn wirklich gern. Sie sagen, er sei so ein netter Junge.« Der perfekte Junge, mit dem man gleich nach der Highschool vor den Traualtar treten und eine Jefferson-Lorne-Familie gründen konnte.

»Aves, um deine Beziehung zu retten, bin ich gerne bereit, dein geheimes Sexleben zu decken, solange du dafür wenigstens ein *bisschen* was von diesem Geheimnis preisgibst.«

»Um meine Beziehung zu retten?«

»Jetzt tu nicht so unschuldig.« Lyla zieht eine Augenbraue hoch. »Michael war überzeugt, dass du und Emma …« Sie legt den Kopf schief, als sie sich herüberbeugt, um die Autoheizung hochzudrehen. »Er ist mir praktisch in den Arsch gekrochen, damit ich zugeben würde, dass ich dich gedeckt habe.« Sie legt ihre Hand auf Averys Arm. »Du musst kein schlechtes Gewissen haben wegen gestern Abend.«

»Habe ich auch nicht«, sagt Avery, aber ihr Blick ist auf Lylas Hand gerichtet, nicht auf ihr Gesicht.

»Du musstest dir mal Zeit für ihn nehmen. Selbst ich war schon so weit, zu glauben, dass du ihn mit Emma betrogen hast.« Sie drückt Averys Arm. »Ich schmeiß nur noch mein Zeug in den Kofferraum – warte.«

»Nein! Ich meine, ich mach das schon.«

Avery nimmt Lylas Tasche, springt aus dem Auto und tippelt ohne Schuhe zum Kofferraum. Sie öffnet die Klappe und wirft einen schwarzen Hoodie über ein Paar zu große Wanderschuhe, noch nass und dreckverkrustet.

»Hast du den nicht gestern angehabt?«, fragt Lyla, die plötzlich hinter ihr steht.

Avery wirbelt herum, als hätte sie ein Gespenst gesehen.

»Nein.« Die Lüge kommt leicht über die Lippen, forsch, ohne Spielraum für Fehler. »Das ist ein alter Lacrosse-Hoodie. Sorry. Der Kofferraum sieht wirklich saumäßig aus. Ich wollte nicht, dass dein Zeug dreckig wird.«

Lyla starrt für einen Moment auf den unförmigen Haufen, der nur teilweise durch das Sweatshirt verdeckt wird. Die gummierte Fußspitze eines Stiefels guckt heraus. Der Dreck, der daran klebt, ist schwarz und dick wie der Schlamm am Ufer des Flusses. »Pine Nation macht doch gar keine Stiefel in Frauengrößen.«

»Die gehören meinem Dad. Ich hab sie … ähm … mir geliehen.« Avery zieht den dreckigen Hoodie über die Stiefelspitze.

Lyla legt eine Hand auf die Heckklappe und fixiert Avery mit ihrem Blick. »Warum? Was habt ihr denn gestern Abend gemacht, Michael und du?«

Avery schluckt. »Er wollte es … mal woanders machen.«

Lyla schnaubt. »Echt jetzt? Ihr habt es *draußen* getrieben?«

»Pscht«, macht Avery und sieht sich erschrocken auf dem leeren Parkplatz um.

Lyla nimmt ihre Hand von der Heckklappe. »Jetzt rück doch endlich mal ein paar Details raus.«

»Okay, okay, ich erzähl dir alles.« Averys Gesicht ist feuerrot. Sie knallt den Kofferraum zu. »Aber lass uns erst mal wieder einsteigen. Ist doch eiskalt hier draußen.«

Während sie fahren, spinnt sie eine Story. Von Händen und Lippen. Von leisem Kichern und unterdrücktem Stöhnen. Von gestohlener, verbotener Zeit.

Nicht alles davon ist eine Lüge.

Tagebucheintrag

Emma Baines – 4. Oktober 2017

Lizzys Tagebuch ist ziemlich aufschlussreich. Diese Sache mit dem heimlichen Liebhaber? Verdacht bestätigt. Und nicht nur das. Es ist ein älterer Typ. Alt genug, um für Verführung Minderjähriger verknackt zu werden. Deshalb hat sie die Beziehung geheim gehalten.

Das mit dem Liebhaber scheint zur selben Zeit angefangen zu haben wie ... die andere Sache. Die Sache mit dem Alk und den Tabletten. Du magst mich für verrückt halten (alle anderen tun das schließlich auch, und wenn mein Tagebuch mich für verrückt erklärt, bin ich definitiv nicht mehr ganz dicht), aber ich frage mich, ob die zwei Dinge zusammenhängen. Ein älterer Typ, der Lizzy zu einigen schlechten Angewohnheiten anstiftet – dann könnte er nicht nur für seine Beziehung mit einer Minderjährigen ins Gefängnis kommen, sondern auch dafür, dass er ihr Alkohol und Drogen beschafft hat. Was, wenn sie mit ihm Schluss machen wollte? Was, wenn er mit ihr Schluss machen wollte, aber Angst hatte, dass sie aus Rache zur Polizei gehen würde? In den letzten paar Monaten ihres Lebens schien sie nicht gerade einen kühlen Kopf gehabt zu haben. Was, wenn sie ihm gedroht hat und er Panik bekommen hat?

Was, wenn er selbst ein Polizist war und die Beweise vertuschen konnte?

Alles, was ich weiß, ist, dass Lizzys Boyfriend kein Highschool-Schüler war. Und weil der größte Exodus gleich nach der Highschool stattfindet, ist es gut möglich, dass er noch in Lorne ist. Wenn das so ist und er nicht will, dass die Wahrheit über seine Beziehung zu Lizzy ans Licht kommt … ich brauche einen Namen und Beweise, bevor ich zur Polizei gehe. Und ich weiß, wo ich welche finden kann. Lizzy hat seine Identität nie schriftlich festgehalten, aber sie schreibt Folgendes: Heute habe ich DIE FOTOS verschickt. Alle Details finden sich auf Nr. 2. Mir ist immer noch ganz mulmig.

Ich nehme an, Nr. 2 ist ein geheimer Account. Wenn ich den finde, kann ich vielleicht auch ihn finden.

Ich muss behutsam vorgehen, aber ich darf auch nicht lockerlassen. Das ist schließlich das, was Journalisten tun.

Was Freunde tun.

Kapitel 15

Die Mauer

CLINE: Wir haben Donnerstag, den 6. Dezember 2018. Es ist einundzwanzig Uhr dreiunddreißig. Dritte Anhörung von Claude Vanderly. Anwesende Kommissare: Muñez und Cline.
Miss Vanderly?
… Miss Vanderly?

CLAUDE: Ich höre Sie.

CLINE: Wie war Ihr Verhältnis zu Emma Baines?
Miss Vanderly, haben Sie Emma Baines bei Anna's Run in den Fluss gestoßen?

CLAUDE: Nein, das habe ich nicht.

CLINE: Miss Vanderly, hatte Emma etwas gegen Sie in der Hand? Vielleicht einen Beweis, von wem Sie das hier bezogen haben?

CLAUDE: Ich weiß nichts über diese Pillen.

CLINE: Sie wissen nichts von den Pillen, die wir aus ihrem Rucksack gekippt haben?

CLAUDE: Nichts.

CLINE: Sie sind achtzehn. Das bedeutet, dass Sie strafrechtlich als Erwachsene gelten. Sind Sie sich darüber im Klaren, was passieren wird, wenn wir Anklage gegen Sie erheben? Anklage wegen unerlaubten Handels mit verschreibungspflichtigen Medikamenten? Anklage wegen Mordes?

Claude, ich weiß, im Grunde Ihres Herzens sind Sie ein gutes Mädchen.

CLAUDE: Und ich hab schon gedacht, die Sache mit der Mordanklage wäre die größte Lüge, die Sie mir heute Abend auftischen würden.

CLINE: Manchmal verstrickt man sich in etwas und weiß nicht, wie man da wieder rauskommen soll. Vielleicht haben Sie einmal jemandem einen Gefallen getan, und jetzt werden Sie erpresst, weiterzumachen. Haben Sie so angefangen, Tabletten zu verkaufen? So eine Story hören wir oft. Sie müssen sich nicht dafür schämen. Und wenn Sie mit uns zusammenarbeiten, können wir Ihnen vielleicht mildernde Umstände geben.

CLAUDE: Da kann ich Ihnen nicht weiterhelfen.

CLINE: Die Tabletten waren in Ihrem Rucksack. Das Handy, *Emmas* Handy, war in Ihrem Rucksack. Woher haben Sie die Sachen?

Sagen Sie es uns, Claude. Woher kommen die Sachen? Solange wir noch eine Abmachung mit Ihnen treffen können.

CLAUDE: Ich … ich hab sie aus ihrem Schließfach, okay?

Cline: Welches Schließfach?

Claude: Ihr Schließfach in der Schule. Das Haupt-Schließfach. Mit den Blumen und dem ganzen Scheiß. Daher hab ich die Tabletten und das Handy.

Cline: Und warum waren Sie dort? Beim Schließfach? Kommen Sie, Claude. Helfen Sie uns, damit wir Ihnen helfen können. Wenn Sie das nicht tun, werden Sie sich nämlich vor Gericht wiederfinden, und der Richter wird über alles Bescheid wissen. Dass Sie nicht zum ersten Mal Ärger mit der Polizei haben. Dass Sie schon öfter mit dem Gesetz in Konflikt geraten sind. Dass Sie eine problematische Vergangenheit haben.

Wollen Sie das, Claude?

Claude: Nein.

Cline: Erzählen Sie uns, warum Sie das Handy an sich genommen haben.

Claude: Das war nicht geplant! Ich hab nur – ich hab gehört, dass Emma ein paar Dinge in ihrem Schließfach hatte. Nicht wirklich schlimme Dinge. Nur Koffeintabletten und so ein Zeug. Ich, äh, dachte, die könnten nützlich sein. Und als ich dann ihr Handy gesehen hab … ich weiß auch nicht. Ich dachte, ich könnte es vielleicht verkaufen. Ich weiß nicht einmal, was da drauf ist.

Cline: Können Sie es mal für mich entsperren?

Claude: Nein.

Cline: Muss ich Sie noch einmal daran erinnern, wie ernst die Situation ist?

Claude: Wie soll ich es entsperren? Es ist nicht mein Telefon.

Cline: Verzeihung, aber das nehme ich Ihnen jetzt nicht ganz ab.

Claude: Also gut.

Falsches Passwort.

Falsches Passwort.

Falsches Passwort.

Und … jetzt ist es gesperrt.

Sie sind dran. Haben Sie nicht irgend so ein geheimes Polizei-Hacker-Programm, mit dem Sie in jedes Handy reinkommen können? Können Sie sich nicht auf irgendein Sonderermittlungsgesetz berufen, um Emmas Privatsphäre zu verletzen?

Cline: Selbst, wenn wir das Recht hätten, Emmas Telefon zu hacken – wir haben gar nicht die Mittel dazu. Wir können das Handy höchstens auf Werkseinstellung zurücksetzen lassen.

Claude: Sie können es nicht entsperren?

Cline: Das scheint Sie ja ganz schön zu bestürzen. Ist alles in Ordnung?

Claude: Ja. Ja. Alles in Ordnung. Ich bin nur etwas überrascht. Ich dachte, ihr Scheiß-Faschisten könnt alles.

Cline: (seufzt) Erzählen Sie uns von Ihrer letzten Unterhaltung mit Emma.

CLAUDE: Das habe ich schon.

CLINE: Sie haben uns nicht von dem Telefongespräch erzählt. Ihre Handydaten deuten auf ein dreiminütiges Gespräch hin. Von Emmas Telefon zu Ihrem. Erzählen Sie uns davon.

CLAUDE: Hm. Ich saß gerade im Auto. Auf dem Weg zu Steves Party. Sie erinnern sich doch noch – die Party, über die Sie mich heute Morgen ausgefragt haben. Ich war also auf dem Weg dorthin, und da rief Emma an. Ich weiß auch nicht, warum – wir sind nicht gerade eng befreundet. Ich hab ihr zugeredet, auch zu kommen.

CLINE: Und war sie auf der Party?

CLAUDE: Nein.

CLINE: Waren Sie auf der Party?

CLAUDE: Ja.

CLINE: Wussten Sie, dass Emma eine Waffe kaufen wollte?

CLAUDE: … Was?

CLINE: Wovor hatte Emma Angst, Claude? Vor Ihnen?

CLAUDE: Ich weiß nichts über ihr Verschwinden und auch nichts über eine Waffe. Ich hab sie nicht umgebracht.

CLINE: Aber *irgendetwas* wissen Sie doch. Da lief was zwischen Ihnen und Emma und wenn Sie es uns nicht sagen, werden wir raten müssen. Wissen Sie, was ich glaube? Es klingt ganz so, als hätten Sie Emma Tabletten verkauft. Vielleicht brauchen Sie einen geheimen Ort dafür und da entscheiden sie sich für Anna's Run. Der Ort hat einen gewissen Ruf, er ist abgelegen, und wenn jemand dorthin käme, würde das Rauschen des Flusses jedes Gespräch übertönen. Richtig?

CLAUDE: Falsch. Nichts davon ist wahr.

CLINE: Ich glaube, dass Emma Sie gestern Abend angerufen hat. Sie wollte sich mit Ihnen treffen, vielleicht noch mehr Tabletten kaufen. Nur – irgendetwas ist nicht in Ordnung, als Sie zum Treffpunkt kommen. Vielleicht hatte Emma das Geld nicht dabei. Vielleicht hatte sie Schulden bei Ihnen. Vielleicht brauchten Sie Geld für etwas. Das Getriebe Ihres Autos klingt, als wäre es nicht ganz in Ordnung.

CLAUDE: Sie haben Janine aufgebrochen?

CLINE: Vielleicht hat Emma Ihnen gedroht. Immerhin ist ihr Dad der Polizeichef. Sie könnte Ihnen ordentlich Schwierigkeiten machen, ohne ihren eigenen Ruf im Geringsten zu schädigen. Sie würde Lorne den Rücken kehren, während Sie hier festsäßen. Sie würden Tabletten an die nächste Generation verhökern und versuchen, sich vor der nächsten Vorladung oder Haftstrafe zu drücken. Emma hatte Ihr Leben in der Hand, nicht wahr? Emma und das korrupte System, zu dem sie gehört. Das System, das eine Claude Vanderly verstößt, beschimpft und hinter ihrem Rücken schlechtmacht …

CLAUDE: So ist es nicht gewesen.

CLINE: Wie ist es dann gewesen, Claude?

Entschuldigung, aber das hier ist eine private Unterredung.

CHRISTOPHER GRANT: Und ich bin der Anwalt dieser jungen Dame.

CLINE: Verstehe. Dann setzen Sie sich doch bitte.

GRANT: Das wird nicht nötig sein. Sie haben keinen Grund, meine Klientin in Gewahrsam zu halten. Wir gehen.

CLINE: Wir haben Beweise …

GRANT: Das Handy? Die Telefonnummer ist in keiner Weise Emma Baines zuzuordnen. Die Anschuldigungen gegen meine Klientin, sie habe vorgehabt, Miss Baines eine verschreibungspflichtige Substanz zu verkaufen, beruhen also ausschließlich auf Indizien und mehr nicht. Kommen Sie, Claude, wir gehen.

Von: Will Tabor
An: Kommissarin Camilla Muñez
Datum: 6. Dezember, 21:24 Uhr
Betreff: Spurensicherung und vorläufige Untersuchung Smartphone – Vorgangsnummer 27-95-1682

Die forensische Untersuchung konnte fragmentarische Fingerabdrücke zweier Personen nachweisen, eventuell auch Teile eines dritten Fingerabdrucks, der bisher nicht identifiziert werden konnte. Die ersten Fingerabdrücke stammen von Claude Vanderly, die zweiten von Avery Amelia Cross. Die Untersuchung des dritten Fingerabdrucks wird fortgesetzt.

Unserem Technik-Team ist es bisher nicht geglückt, das Smartphone zu entsperren. Wir schicken es morgen früh mit einem Streifenwagen zurück in die Polizeizentrale. Vielleicht kann Avery Cross Ihnen weiterhelfen.

Kapitel 16

Die Schwester

Schnee hüllt die Welt in Stille. Gwen lässt ihre Schulter kreisen, während sie läuft. In den Häusern um sie herum flackern die Lichter wie in einem Spielzeug-Weihnachtsdorf, das ihre wohlhabenden Mitschüler sich zur Dekoration hinstellen. Autos noch immer mit Sommerreifen versinken am Straßenrand. Auf einem brüchigen Plastik-Klettergerüst liegen schon fünf Zentimeter Schnee.

Der Fußweg zum Haus der Sayers ist unter einer dicken weißen Decke verschwunden. Gwens Vater ist noch nicht zu Hause. Das Knacken von Zweigen und Dornen unter ihren Schuhen klingt gedämpft, als Gwen auf die Haustür zugeht und den Schlüssel ins Schloss steckt. Das Klicken ist so laut wie ein Schrei.

Drinnen ist es dunkel, bis auf eine Lampe in ihrem schäbigen Wohnzimmer. Der Linoleumboden unter ihren Füßen wölbt sich an einigen Stellen und knackt, als sie auf eine Luftblase tritt. Gwens Mum sitzt an der weniger geflickten Seite des Sofas, ein Buch neben sich und den Kopf in die Hände gestützt. Auf dem ramponierten Couchtisch steht ein Glas Wein, das sie noch nicht angerührt hat. Früher haben sich Gwens Eltern am Abend oft ein Glas Wein gegönnt. Bevor sich Lizzy ein bisschen zu viel Wein gegönnt hat. In der Küche brennt kein Licht, aber es duftet nach Hühnchen und Kartoffeln und Rosmarin.

Mum sieht auf, als Gwen ihre Stiefel abstreift. »Wo bist du gewesen?«, fragt sie mit erstickter Stimme.

»Schule. Dann Debattierklub. Dann Nachhilfe, deshalb hab ich den Bus verpasst.« Gwen verbirgt ihre zitternden Hände, indem sie ihre Jacke aufhängt.

»Ich hab versucht, dich anzurufen.« Mums Stimme klingt rau, aber zaghaft. Sie weiß nicht mehr, wie man streng ist. Noch etwas, das durch Lizzys Tod zerstört wurde – ihr Selbstvertrauen. Ihre ehemals feste Überzeugung, dass sie eine gute Mutter war. Dass sie gut genug war.

Gwen hasst Lizzy dafür. Und sie hasst sich selbst für diesen Hass.

»Ich weiß. Ich war in der Schule, also bin ich nicht rangegangen.«

»Du hättest mir in der Pause eine Nachricht schicken sollen.«

»Und dann wärst du gekommen und hättest mich abgeholt? Ich hab dir doch gesagt, dass ich zur Schule gehen wollte.« Zitternd geht Gwen in die Küche. »Und das war auch genau das Richtige.«

Früher hätte Mum ihr widersprochen. Sie wäre aufgestanden, hätte die Hände in die Hüften gestemmt und hätte gesagt: »Ach, tatsächlich?«, um Gwen dann darüber zu belehren, wer hier die Mutter war und das Sagen hatte. Jetzt sagt sie gar nichts, steht einfach auf und folgt Gwen in die Küche, verschränkt die Arme und lehnt sich gegen den Kühlschrank.

Mum war einmal eine Respekt einflößende Frau, eine Frau, die ihre Stimme verloren und wiedergefunden hatte. Sie kommt aus einer puritanischen Familie in Bridgend und beschreibt ihre Kindheit, wie andere Leute das Leben in einer Sekte beschreiben würden. Als sie siebzehn Jahre alt war, wohnte für sechs Monate ein charmanter Missionar bei ihrer Familie zur Untermiete. Als er zurück nach Kalifornien zog, nahm er Bronwyn mit und verpasste ihr drei Jahre lang zweimal in der Woche ein blaues Auge. Sie floh den ganzen Weg bis nach Lorne, um sich von ihm zu befreien – oder vielleicht lag es einfach daran, dass sie dort Gwens Dad kennengelernt und erfahren hatte, dass nicht alle Männer Dreckskerle sind. Sie wollte verhindern, dass Ehemann Nummer eins sie ausfindig machen würde, also geht sie putzen und nimmt dafür, was auch immer Lornes Hausfrauen ihr zahlen. Dads Ausbildung endete mit der Highschool und auch wenn Mr Mecklin ein großzügiger Vorgesetzter ist, kann er Dad ohne die richtigen Zertifikationen nicht befördern. Es hat ihnen nie viel ausgemacht; Mum sagte immer, sie wisse aus Erfahrung, dass es Schlimmeres gäbe, als arm zu sein.

Vor der Sache mit Lizzy hat Mum sich nie geschämt, über ihr früheres Leben zu sprechen. Jetzt ist sie still, und sie betet, wenn sie denkt, dass niemand zuhört.

Gwen findet den Gedanken furchtbar, dass sie in den Gebeten ihrer Mutter vorkommen könnte. Dass Mum sich womöglich fragt, ob ihre Kinder eine Strafe von Gott seien, weil sie ihren knebelnden Glauben aufgegeben hat, weil sie sich von einem misshandelnden Dreckskerl getrennt und einen Mann geheiratet hat, der noch nie die Hand gegen sie erhoben hat.

Endlich macht der Wasserkocher Klick und Gwen schenkt sich selbst und Mum einen Becher Tee ein, gibt Milch und Zucker hinzu und geht hinüber zu ihrem Stuhl. Sie hat das Gefühl, eine Enttäuschung zu sein. Sie weiß nicht, was sie sagen soll.

Mum beobachtet jede ihrer Bewegungen. »Gab's im Debattierklub heftige Wortgefechte?«, fragt sie und deutet mit einem Kopfnicken auf Gwens Arm und ihren schmerzverzerrten Gesichtsausdruck, wenn sie ihn hebt. Mum öffnet den Gefrierschrank und holt eine Packung gefrorener Erbsen heraus.

»Ich bin auf dem Glatteis ausgerutscht.« Gwen nimmt ihr Telefon in die Hand, legt es wieder hin. Sie muss etwas tun, um ihre Hände zu beruhigen, ihre Gedanken zu beruhigen.

Mum legt die Packung Erbsen auf Gwens Schulter. »Du hättest mich anrufen sollen. Ich hätte dich doch abholen können.«

»Hat Dad beim Truck schon die Reifen gewechselt?« Fangfrage. Sie können sich gar keine Winterreifen leisten.

Für einen Moment sagt Mum nichts. Dann schüttelt sie den Kopf. »Das kannst du nicht machen, Gwen. Du kannst mich nicht zuerst anlügen und dann einen Grund dafür suchen. Das ist genau das, was …« Sie bricht ab.

Das Schweigen ist zurück, mit voller Härte.

»Ich bin nicht sie«, sagt Gwen. Sie ballt ihre Hände zu Fäusten, damit sie nicht zittern.

Mum starrt auf den Tisch und blinzelt nervös. Dann beugt sie sich rüber und rückt die Tüte Erbsen zurecht, wieder ganz geschäftsmäßig. »Morgen läufst du nicht zur Schule, okay?«, beschließt Mum. Als hätte Gwen überhaupt nichts gesagt.

»Ich nehme den Bus.« Der Sieg fühlt sich schal an.

Mum steht auf und überprüft den Ofen. Gwens Magen fängt an zu knurren, als der Duft von Zitrone, Butter und Hühnchen zu ihr herüberweht. »Hat es sich denn gelohnt, heute zur Schule zu gehen?« Mum stellt sich an die Spüle und beginnt, ein paar Karotten zu schälen.

»Ja«, antwortet Gwen automatisch. Mum dreht sich

um und mustert sie mit hochgezogener Augenbraue. Gwens Starrköpfigkeit ist wieder durchgekommen. »Ich weiß nicht«, gibt sie zu. »Sie haben die Entscheidung über das Stipendium heute noch nicht verkündet.«

»Und was bedeutet das?«, fragt Mum schroff.

»Das bedeutet, dass Emma gewonnen hat.« Sie versucht, einen neutralen Tonfall beizubehalten, aber ihre Stimme klingt bitter.

»Du musst Geduld haben. Diese Stadt ... macht da gerade etwas durch.« Mum verstummt. Sie denken beide an Anna's Run. An die Mädchen, die gingen, um Anna zu sehen, und nie zurückkamen. Mums Finger berühren die Kette um ihren Hals, das goldene Kreuz, das sie wieder trägt, seit Lizzy zum ersten Mal betrunken nach Hause kam. Dann schüttelt sie ihren Kopf. »Aber was hast du heute noch gemacht? Hast du mit Mr Pendler über dein Gedicht gesprochen?« Gwen hat vor zwei Wochen ein Gedicht im *Lorne Examiner* veröffentlicht. Mum denkt, dass Mr Pendler ihr dafür Extrapunkte geben wird, auch wenn sie in seinem Kurs schon bei 103 Prozent steht.

»Ich will nicht mit Mr Pendler sprechen«, murmelt Gwen und starrt wütend auf den Tisch. Ihr Handy vibriert. Sie guckt stirnrunzelnd aufs Display und tippt schnell etwas. Als sie wieder aufschaut, hört sie Mum nur noch sagen: »Und wie war Regierungslehre?«

»Schule war einfach Schule, okay?« Wie so viel anderes in ihrem Leben hat sie ihre Stimme nicht so recht unter Kontrolle. Mum zieht die Schultern hoch und beugt sich über die Spüle. Die Mum von früher hätte Gwen klargemacht, wie sie mit ihrer Mutter zu reden habe. Die Mum von heute sagt nichts. Also ist es an Gwen, das Gespräch fortzusetzen. »Tut mir leid. Ich... ich will einfach nicht darüber reden. Du hattest recht. Alle in der Schule waren seltsam drauf, die Polizei durchforstet Emmas Sachen... aber es war trotzdem richtig, hinzugehen.« Sie schiebt die Tüte mit den Erbsen auf ihrer Schulter ein Stück höher, damit sie nicht herunterrutscht, wenn sie ihr Handy benutzt. »Wie auch immer. Schmücken wir dieses Jahr für Weihnachten?«

Bei den Sayers wird Weihnachten immer ganz groß gefeiert. Grandma und Onkel Louis und Tante Selma leben alle in Lorne und sind sich einig, dass die Sayers die beste Küche haben. Onkel Monty und seine Kinder und seine Frau, Sisi, und *ihre* Kinder reisen dann extra aus South Dakota an. Die entferntere Verwandtschaft kommt gerne nach Lorne. Sie finden die Stadt in den Bergen furchtbar romantisch. Sie lieben es, die großen Blockhäuser zu begaffen, die Topmanager sich kaufen, um sich hin und wieder wie Bergbewohner zu fühlen. Onkel Monty bringt immer einen Baum mit, den er selbst gefällt und auf das Dach seines Land Rovers geschnürt hat.

»Das machen wir doch immer«, sagt Mum, doch ihr Blick geht zu Lizzys Tür.

Früher fingen sie traditionell an Thanksgiving an, das Haus zu schmücken. Lizzy hasste diesen Feiertag – der personifizierte amerikanische Imperialismus, sagte sie. Aber Mum und Dad bestanden darauf, dass Thanksgiving ein Familienfest war und in ihrem Haus gefeiert werden würde. Also fing Lizzy dann schon an, alles weihnachtlich zu schmücken, damit sie noch etwas anderes zu feiern hätten.

In diesem Jahr war Thanksgiving richtig scheiße.

Mum reicht Gwen eine Karotte. »Wo ist Dad?«, fragt Gwen.

Mum ist jetzt dabei, eine Dose Mais zu öffnen. »Er kommt zurück, wenn er zurückkommt. Wir können ja heute schon mal ohne ihn essen.«

»Macht er Überstunden oder was?« Das klingt wie eine weitere Fangfrage. Mr Mecklin würde nie verlangen, dass Dad länger als bis sechs im Büro bleibt.

»Hm«, erwidert Mum. Als wäre das eine Antwort.

Und von einem Moment auf den anderen ist das Schweigen zurück.

»Ich sollte meine Hausaufgaben machen«, sagt Gwen, aber sie weiß, dass sie das nicht tun wird. Sie kann sich nicht konzentrieren. Sie kann nicht einmal an Hausaufgaben denken oder an Schlaf, selbst an die Schule nicht, wo das Getuschel ihr durch die Gänge folgt und

Emmas Name wie eine Schlinge ist, die immer näher kommt, sich um Gwens Hals legt und ihr die Luft abschnürt.

Also geht sie nicht in ihr eigenes Zimmer, sondern in Lizzys, zum ersten Mal seit dem Tod ihrer Schwester.

Mum hat absolut nichts verändert. Von der selbst bemalten Disney-Bettdecke zu den Büchern auf ihrem Schreibtisch und dem verblassten Foto der Mari Lwyd, dem walisischen Pferdeschädel. Das Armband mit den Anhängern, das Lizzy im Kunstunterricht gemacht hat, um sich über all die reichen Mädchen mit ihren teuren Pandora-Charms lustig zu machen. Die halb gelesenen Bücher auf ihrer Kommode. Einmal hat sie Gwen einen wütenden Vortrag darüber gehalten, wie bescheuert *Macbeth* sei, weil Lady Macbeth für alles verantwortlich gemacht und damit nur das Klischee des »verrückten Weibes« verstärkt wurde. Manchmal fragt sich Gwen, ob ihre Schwester damals betrunken war.

Als Lizzy auf die Highschool kam, fing sie an, Gwen Shakespeare vorzulesen. Damit hätte sie den anderen etwas voraus, meinte Lizzy. Und sie meinte, man müsse Shakespeare aufführen, um wirklich Gefallen daran zu finden. So setzten sie witzige Stimmen auf, bis ihre improvisierten Schauspielsitzungen zu Lachanfällen wurden. Dann kämmte Lizzy Gwens Haare, flocht Zöpfe und löste sie wieder oder verzierte ihre Haare mit künstlichen Blumen, die sie von Theater-Aufführungen mitgebracht hatte.

»Mir tut Olivia leid«, sagte Gwen eines Abends, als Lizzy ihre Haare kämmte. Sie hatten gerade *Was ihr wollt* zu Ende gelesen. Auch Lizzy trug ihre Haare an diesem Abend lang, dank billiger Extensions. Sie hätte es nie zugelassen, dass Gwen ihre eigenen Haare abschnitt. »Olivia will eine Person heiraten, die sich plötzlich als eine andere entpuppt.«

»Viola hat auch die ganze Zeit gelogen.« In ihrem Nacken begannen Lizzys Finger einen Zopf zu flechten. »Sie hat sogar vorgegeben, ein anderes Geschlecht zu haben.«

»Tja, ein Mädchen muss wissen, wie es sich einen Vorteil verschafft«, sagte Gwen. »Aber Olivia hat sie echt geliebt.«

»Und du meinst nicht, Olivia wäre besorgt gewesen herauszufinden, dass sie ein Mädchen geheiratet hätte?«

Gwen zuckte die Achseln.

Die Hände in ihrem Nacken hörten auf zu flechten. »Du hättest nichts dagegen, ein Mädchen zu heiraten«, sagte Lizzy. Ihr Tonfall war so bedächtig, so neutral.

Gwens Stimme stockte. »Hm … ich weiß nicht.«

Ihr war nach Weinen zumute, als wäre es etwas Schreckliches. Etwas, das sie noch nie in Worte gefasst hatte. Als wäre sie enttäuscht von sich selbst.

»Es ist okay.« Lizzys Arme zogen sie in eine Umarmung. »Es ist okay.«

Und dann weinte sie tatsächlich, denn sie *wusste*, dass es okay war, *natürlich* war es okay, lesbisch zu sein. Aber zu akzeptieren, dass jemand anders lesbisch sein könnte, oder zu akzeptieren, dass sie es selbst sein könnte, war ein großer Unterschied.

Gwen hatte sich nie etwas aus Jungs gemacht. Sie hatte immer gedacht, dass sie einfach zu sehr mit der Schule beschäftigt war, um dafür Zeit zu haben, aber dann war Samantha Johnson im Debattierklub wegen irgendeines Witzes in Gelächter ausgebrochen und Gwens Herz hatte einen Schlag ausgesetzt. Und sie hatte es verdrängt und sich vorgenommen, darüber nachzudenken, wenn sie nicht gerade um ein Stipendium kämpfte oder um den Spitzenplatz als Schulbeste oder eine Trophäe ihrer vielen AGs – und irgendwie hatte sie gehofft, dass sie spätestens im Studium feststellen würde, doch etwas für Jungs übrig zu haben.

»Wir müssen nicht darüber reden«, sagte Lizzy. Sie löste Gwens Zopf, strich ihre Haare glatt und bürstete sie noch einmal. Gwen wischte sich die Augen trocken. Sie kam sich albern vor, geweint zu haben. Es war mehr der Schock gewesen als irgendetwas anderes. »Aber du bist meine kleine Schwester. Du kannst mir alles sagen, okay? Und wenn du so weit bist, mit Mum und Dad darüber zu sprechen, bin ich an deiner Seite.«

Das ist ein Versprechen, das Lizzy nicht halten kann.

Zusammen wollten sie die Welt im Sturm erobern. Sie wollten Stipendien ergattern, ordentlich Kohle machen und Mum und Dad ein Haus mit einem richtigen Fundament kaufen. Sie wollten selbst Stipendien ins Leben rufen, um mehr Mädchen aus der Armut zu befreien. All das wollten sie *zusammen* machen.

So hätte es nie enden sollen: Eine ist tot, einer steht das Wasser bis zum Hals.

Gwen lässt *Macbeth* liegen. Ihre Hände finden die obere Schublade, ihre Finger schließen sich um den Knauf, zögern. Das letzte Mal, dass sie diese Schublade geöffnet hat – das letzte Mal, dass sie dieses Zimmer betreten hat –, ist am Tag von Lizzys Beerdigung gewesen. Damals hat sie den Zettel in diese Schublade gestopft, unfähig, noch einen Blick darauf zu werfen. Sie dachte, irgendwann würde sie dafür bereit sein.

Sie hat sich getäuscht.

Die Nachricht ist in krakeligen Buchstaben geschrieben, ganz anders als Lizzys übliche saubere Handschrift. An einer Ecke sind die Buchstaben verschmiert, als wäre eine Träne aufs Papier getropft und Lizzy hätte versucht, sie wegzuwischen. *Ich hab dich lieb, Pilipala*. Ihr Spitzname für Gwen, »Schmetterling« auf Walisisch. *Bitte sei nicht sauer. Ich konnte heute nicht zu Hause bleiben, aber ich verspreche, morgen bin ich da. Ich werde immer an deiner Seite sein.*

Als Gwen den Zettel an jenem Abend auf ihrem Schreibtisch fand, schob sie ihn zur Seite, um arbeiten zu können. Lizzys Versprechen waren damals hohl gewesen, genau wie sie selbst. Und Gwen *war* sauer gewesen. Saufen und Partys und Jungs waren Lizzy wichtiger als ihre eigene Schwester. Also beschloss Gwen, dass ihre Schwester weniger wichtig war als Geschichtsaufsätze, Französischübungen und Algebra. Und deshalb ignorierte sie die Textnachrichten wie hiiiii und hi G und hi Pillepalle, was wohl *Pilipala* heißen sollte, aber Lizzy war offensichtlich zu betrunken gewesen, um die Autokorrektur zu sehen. Und sie hatte den Anruf ignoriert, weil sie dachte, dass ihre große Schwester ruhig Ärger mit Mum bekommen könnte, wenn sie etwas wollte.

Und jetzt wird Gwen nie erfahren, warum Lizzy damals angerufen hat.

Sie kann nicht atmen. Gwen schließt das Schreibtischfach. Das schnappende Geräusch der Schublade ist wie ein Luftschnappen kurz vor dem Ertrinken. Sie bewegt sich schon auf einem messerschmalen Grat und die Gedanken an Lizzy vernebeln ihr Hirn. Sie wendet sich vom Schreibtisch ab, dem Bett und dem Bücherregal – und dann fällt ihr Blick auf etwas anderes. Diese dämlichen Plastik-Extensions. Ein bunter Farbreigen, drapiert über Lizzys Stuhl.

Da wird Gwen klar: Sie muss sich heute noch ein zweites Mal aus dem Haus stehlen.

Als sie Anna's Run erreicht hat, ist sie schon ein paar Mal ausgerutscht. Schlamm klebt an ihren Stiefeln und Knien. Ihre Jeans ist bis zu den Waden durchnässt. Der Boden vor ihr ist ein Patchwork aus Schwarz und Weiß. Um sie herum scheinen Espen und Nadelbäume immer näher zu rücken. Aber sie kann Anna hören, gierig wie immer. Der Geruch des Waldes hängt schwer in der Luft – Kiefernharz und frischer Neuschnee.

Und obwohl sie weiß, dass das Rauschen des Flusses die Schritte übertönen würde, falls ihr jemand folgt, schaltet sie die Lampe ihres Telefons an und beginnt zu suchen. Sie geht auf die kleine Brücke zu.

Sie hätte das alles besser durchdenken sollen. Da würde sie nun Schulbeste sein und konnte nicht einmal simple Logistik bewältigen? Wenn sie wenigstens heute Morgen daran gedacht hätte, bevor es anfing zu schneien …

Der Schnee. Sie bleibt stehen. Auf dem verschneiten Weg sind Fußabdrücke zu sehen, hin und zurück. Das FBI ist seit Stunden nicht hier gewesen und die Abdrücke im Schnee haben alle dasselbe Muster und dieselbe Größe. Gwen holt tief Luft und versucht, sich zu beruhigen. Doch zusätzlich zu Kiefernharz und Wacholder steigt ihr jetzt ein leichter Geruch von Holzfeuer in die Nase.

Feuer. Fußabdrücke. Was, wenn das …

Das Wasser tost. Hinter ihr knackt ein nasser Zweig.

Und auch wenn Gwen sich immer für das Mädchen gehalten hat, das nie die Kontrolle verliert – den Schrei, der ihr jetzt entfährt, kann sie nicht kontrollieren.

Tagebucheintrag
Emma Baines – 29. Oktober 2017

Dinge, die ich aus Lizzys Tagebuch nicht erfahren habe:
Wer ihr heimlicher Liebhaber war oder vor wem sie Angst gehabt haben könnte.

Dinge, die ich herausgefunden habe:
Dass sie in den Pandabären Po, den Jack Black in der Kung-Fu-Panda-Serie synchronisiert, verknallt ist. Wtf???
Dass sie den Hühnerbraten ihrer Mum zu trocken findet, ihr das aber nie sagen würde.
Dass sie dieses seltsame Haareflechten-Ritual mit Gwen hat. Wahrscheinlich ist das etwas, was Schwestern so tun. Während sie einander all die Dinge erzählen, über die sie sich ärgern.
Dass Gwen in ihrer Advanced-Track-Prüfung am Anfang der Highschool geschummelt hat.
Und: Gwen ist lesbisch und ich sollte das eigentlich nicht wissen.

Wtf soll ich mit diesen Informationen machen?? Gwen ist nur in der Auswahl fürs Stipendium, weil sie die Advanced-Track-Prüfung bestanden und die Erlaubnis bekommen hat, ohne Vorbedingungen Leistungskurse zu belegen. Wenn ich Direktor Mendoza erzählen würde, dass sie geschummelt hat, müsste sie zurück in die normalen Kurse oder Schlimmeres.
Dann würde ich gewinnen. Ich würde aus Lorne rauskommen, weg von Dad.

Aber es fühlt sich falsch an. Wenn ich sie bloßstelle, muss ich Direktor Mendoza erklären, wie ich das herausgefunden hab. Nicht nur stehe ich dann als Psychopathin da, die sich in das Haus einer trauernden Familie geschlichen hat, um das Tagebuch eines toten Mädchens zu stehlen – nicht nur macht es Lizzys heimlichen Liebhaber auf die Existenz dieses Tagebuchs aufmerksam – es würde auch Gwen vor der ganzen Welt outen. Lizzy schreibt darüber, wie gestresst Gwen war. Wie viel Angst sie hatte, die Prüfung nicht zu bestehen, nicht gut genug zu sein. Ihre College-Ausbildung zu vergeigen, bevor sie überhaupt die Chance hatte, sich darum zu bewerben. Ihre ganze Zukunft hing von einem Test ab. Ich weiß, dass es falsch ist, zu schummeln, und ich komme mir auch ein winziges bisschen überlegen vor, weil ich die Prüfung ohne zu schummeln bestanden habe. Aber. Vielleicht verstehe ich, warum Gwen es gemacht hat. Wir verdienen alle eine Chance, uns zu beweisen, oder? Und wenn sie wirklich so ungeeignet für den Fast Track gewesen wäre, würden wir dann jetzt wirklich Kopf an Kopf um das Stipendium konkurrieren?

Lizzy schreibt auch von den Eltern. Gwen dachte, sie würden ausflippen, wenn sie herausfänden, dass sie lesbisch ist. Lizzy sorgte sich um Gwens psychische Gesundheit, ihr Glück, den enormen Stress durch das ständige Bemühen, die Beste zu sein und gleichzeitig ihre Homosexualität zu verheimlichen. Eigentlich sind ihre Eltern nett, aber man weiß nie, wie Leute auf ein Coming-out reagieren und ihre Mum ist eine ehemalige Fundamentalistin.

Kann ich Gwen wirklich outen, um zu gewinnen? Ich meine, Betrug ist total unmoralisch und wenn sie das Stipendium gewinnen würde, wäre das echt unfair. Aber das hier kommt mir auch hinterhältig vor.

Kapitel 17

Die Gesetzesbrecherin

Die Schneeflocken wirbeln umher, aufgebracht, als hätten sie plötzlich bemerkt, dass sie in Lorne fallen und es kein Entkommen mehr gibt. Die kleine Polizeistation hat sich nicht die Mühe gemacht, ihren Parkplatz freizuräumen, und vor dem Gebäude stehen nur drei Autos. Drinnen ist es nicht wärmer als draußen und Miss Vanderly trägt noch immer ihren Mantel, feine schwarze Wolle, die neben dem billigen Plastik und Spanholz ganz fehl am Platze wirkt. Ihre behandschuhten Finger trommeln auf dem Tisch des bedauernswerten Beamten im Eingangszimmer.

Sie springt auf, als Claude und Mr Grant aus den Tiefen der Polizeistation auftauchen. Mr Grant beugt sich über den Tisch, um ihr die Hand zu schütteln. Dann schließt sie Claude in eine Umarmung, die jedoch von dieser nicht erwidert wird. Claudes Gesicht ist bleich, ihr Make-up verblasst. Sie hat nicht mehr ihre *Fuck-you*-Miene aufgesetzt. Aber sie hat auch noch nicht geweint.

»Bist du in Ordnung?« Claudes Mom streicht ihr über die Wange.

»Mir geht's gut.« Sie sagt es ohne das Selbstbewusstsein oder die Großspurigkeit, die man sonst von ihr gewohnt ist, und ihre Worte klingen hohl.

Mom wendet sich an den Beamten, der Claude und Mr Grant herausbegleitet hat. »Ich erwarte eine Entschuldigung. Schriftlich. In voller Länge.«

Der Beamte verschränkt die Arme. »Wir machen nur unseren Job, Ma'am.«

»Ihr Job ist es, die Wahrheit herauszufinden, nicht, Kinder zu terrorisieren.«

Der Polizist lässt sich von ihrem gerechten Zorn nicht beeindrucken. Er reicht ihr ein Papier. »Ich hole Ihre Sachen aus dem Asservatenschrank. Das Auto können Sie dann in ein paar Tagen abholen.«

»Ich verlange es jetzt«, sagt Mom.

»Es wird noch untersucht.«

Mom wirft einen Blick zu Mr Grant. Er räuspert sich und sagt: »Wenn meine Mandantin nicht länger tatverdächtig ist, dann ist die Beschlagnahmung ihres Eigentums illegal. Wir verlangen das Auto sofort zurück.«

Der Polizist verzieht den Mund, aber er hat keine Wahl. Er sieht Claude noch einmal spöttisch an. Dann geht er, um die Schlüssel zu holen.

Claude reißt sich zusammen, bis sie draußen im Schnee sind. Dann lässt sie die Luft ihr glühendes Gesicht streicheln, lässt die Tränen heiß über ihre Wangen laufen. Sie hört kaum, wie Mom sich von Mr Grant verabschiedet. Sie kann nichts anderes hören als das Klirren ihrer Handschellen. Sie kann nichts anderes sehen als die kalte Tischplatte. Bis heute hat sie sich nie vor der Polizei gefürchtet. Doch fünfzehn Minuten in einem kalten Raum und sie hätte fast ein Geständnis abgelegt.

Mom schlingt noch einmal die Arme um sie. »Es wird alles gut«, sagt sie. Claude nickt, als würde sie ihr glauben.

Es ist schon lange nicht mehr alles gut. Und es war ein furchtbarer Tag – warum sich noch etwas vormachen?

Sie spürt, wie ihre Mom zurückweicht. Zwingt sich, die Augen zu öffnen. Mom hält ihr ein Taschentuch hin. Claude putzt sich die Nase.

»Claude …« Mom holt tief Luft.

Doch Claudes Blick fällt auf die Gestalt hinter ihr, die langsam von einem Fuß auf den anderen tritt. »Jamie?«

Mom dreht sich um. Jamie Schill räuspert sich. In seiner Daunenjacke sieht er aus wie ein Marshmallow. Seine Wangen sind rot vor Kälte, aber seine braunen Augen lassen sie für einen Moment vergessen, dass sie auf einem Polizeiparkplatz steht, in einem einzigen großen Schlamassel. »Was machst du denn hier?«, fragt Claude. Ihr dämliches Herz zieht sich schmerzhaft zusammen. Wahrscheinlich der Stress. »Wie hast du …?«

Jamie hält sein Handy hoch. »Du bist in einem Blog«, beginnt er.

»Was? Gib her.« Mom reißt ihm das Telefon aus der Hand. Sie liest den Post einmal, zweimal. »Na ja, wenigstens ist dieser West-Typ auf deiner Seite. Vielleicht.« Sie reicht das Handy zurück. »Aber das ändert die Dinge.« Sie geht in Richtung Auto.

Als Claude ihr folgen will, räuspert sich Jamie noch einmal. »Ähm, kann ich kurz mit dir sprechen?« Ihr Herz zieht sich noch einmal zusammen.

Mom bleibt am Auto stehen. »Ich warte. Claude, du hast eine Minute. Wir müssen auch reden.«

Während Jamie versucht, die Röte aus seinem Gesicht zu rubbeln, denkt Claude nach. Einen Satz wie *Wir müssen reden* hat ihre Mutter noch nie von sich gegeben.

Das verheißt nichts Gutes.

»Erzähl«, sagt sie und schluckt, bis ihre Stimme nicht mehr so rau klingt. »Wie bist du aus dem Haus gekommen? Hast du in deinem Zimmer eine Entführung durch Außerirdische inszeniert?« Unter der Woche muss Jamie um neun zu Hause sein. Keine Ausnahmen. Und doch hat er es sogar geschafft, den Van seiner Mom zu beschlagnahmen.

Jamie verzieht den Mund zur Andeutung eines Lächelns. »Vielleicht hab ich ja vorgegeben, im Auftrag der CIA unterwegs zu sein.«

»Vielleicht hast du einen Klon in deinem Bett schlafen lassen.«

Sein Gesichtsausdruck wird blitzartig wieder ernst. »Um ehrlich zu sein, hab ich gesagt, es gäbe einen Notfall mit Michael. Ich hab versprochen, vor zwanzig Minuten zu Hause zu sein.« Jamie fährt sich durch die Haare. Mit seinen roten Wangen und braunen Augen sieht er total unschuldig aus. Entwaffnend. Auf das Ziehen in ihrer Brust folgt ein Stich. Scheiße.

Er zögert, dann presst er alles schnell heraus, als würde es ihn so weniger Anstrengung kosten. »Hör zu, ich weiß, dass du nicht … du weißt schon. Schließlich weiß ich, wo du letzte Nacht warst.«

Dabei weiß er das gar nicht. Wirklich nicht.

»Ich weiß, dass du auf Steves Party warst, weil Steve mir erzählt hat, dass du mit Kyle Landry auf dem Minikühlschrank in der Garage rumgemacht hast.«

»Igitt«, entfährt es ihr, bevor sie sich zurückhalten kann.

»Du hast nicht mit ihm rumgemacht?«

Sie kann förmlich hören, wie er krampfhaft versucht, sich keine falschen Hoffnungen zu machen. »Ich weiß nicht, was ich dir erzählen soll, Jamie.« Sie weiß es wirklich nicht. Sie will Steve in die Eier treten, bis er schreit, aber seine Lüge kommt ihr gelegen. Wenn alle an der JLH dieses Gerücht verbreiten, wird die Polizei nicht noch mal nachhaken, ob sie tatsächlich dort war.

»Ist schon in Ordnung. Wirklich.« Er schluckt und sie kann sehen, dass er denkt: *Es ist in Ordnung. Ich muss das so sehen*, und das macht alles nur noch schlimmer. Weil es nur in Ordnung ist, wenn er das wirklich so sieht. »Ich respektiere dich und du musst auch nicht fest mit mir zusammen sein, wenn du nicht möchtest. Aber … sei ehrlich zu mir. Bitte.«

Sie kann nicht ehrlich sein. Sie kann nicht sagen, dass sie noch nie in einer Nacht mit zwei Jungs rumgemacht hat. In diesem Moment kann sie das nicht sagen. Sie will nichts anderes tun, als auf dem Sofa liegen und herumspinnen, welcher Lehrer welcher Superheld sein könnte, mit dem Kopf auf Jamies Schoß einschlafen und *keinen* Sex haben. Sie kann nicht sagen, dass sie es tatsächlich süß findet, wenn er nach einer gemeinsamen Nacht aufwacht und seine Nase in ihrem Rücken vergräbt. Wenn er versucht sie zu überreden, seinen Proteindrink zu trinken. Sie kann nicht sagen, wie gerne sie mit ihm Hausaufgaben macht, weil er sich so viel Mühe gibt, dass sogar langweilige Fächer richtig interessant werden.

Sie mag seinen ehrlichen, ernsthaften Gesichtsausdruck. Sie mag seine langen Wimpern und den winzigen grünen Ring in seinen braunen Augen. Sie mag seine Daunenjacke. Er sieht so weich aus, dass man ihn einfach knuddeln möchte.

Sie kann es sich nicht leisten, so zu denken.

Claude kontrolliert ihre Miene. Wenn man die Wahrheit auslassen will, ist es am Wichtigsten, nicht so auszusehen, als würde man die Worte vorsichtig wählen, um etwas zu verbergen. »Ich will wirklich nicht mit dir spielen.« Zumindest nicht so, wie er meint. »Ich kann einfach keine Beziehung haben, Jamie.«

»Kannst du oder willst du nicht?«, fragt er, und in seinen Augen blitzt wieder diese verdammte Hoffnung auf.

Sie *will* keinen Freund. Wirklich nicht. Und Jamie – er *darf* jetzt nicht ihr Freund sein. Von jetzt an wird alles nur noch schlimmer werden und wenn die Kacke am Dampfen ist, sollte Jamie nicht in der Gefahrenzone sein. Das wenigstens ist sie ihm schuldig. Also legt sie ihre Hand auf seinen Arm, drückt ihn leicht und sagt: »Wo ist da der Unterschied?«

Sie steigt in den Volvo und hört auf, gegen die Tränen anzukämpfen. Die plötzliche Wärme lässt ihre Haut kribbeln, und sie hält ihre bloßen Finger vor die Lüftungsdüsen, aus denen heiße Luft strömt.

»Alles in Ordnung?« Mom sieht zu, wie Jamie sich langsam umdreht und zurück zu seinem Van geht.

»Alles gut. Er will nur mein edler Ritter in der Not sein.«

Mom stößt ein leises Lachen aus. »Keine Vanderly hat das je gebraucht.«

Die Reifen des Vans knirschen im Schnee, als er vom

Parkplatz fährt. Die flackernden Neonschilder auf der anderen Straßenseite werben für Lornes einziges Fitnessstudio, den einzigen Spirituosenladen, den einzigen Immobilienmakler und den hundertsten Ski-Shop. Der weiße Zauber, der mit dem Schnee nach Lorne kommt, überzieht den gröbsten Dreck mit einer frischen Farbschicht. Für eine lange Minute sagen die Vanderly-Frauen nichts. Aber Schweigen war noch nie ihre Stärke. »Claude, wie bist du an dieses Handy gekommen?«, fragt Mom.

»Ich hab es gefunden«, flüstert Claude.

»Claude, du weißt, was für eine Art Antwort das ist.« Eine beschissene Antwort. Trotzdem kann Claude sich nicht überwinden, zu ihrer Mutter aufzusehen. Sie pult an ihrem Nagellack herum.

Mom seufzt. »Was ist mit den Tabletten. Sind das deine?«

»Ja.«

»Was soll der *Scheiß*, Claude?« Der Blick ihrer Mutter ist wütend und scharf. Das kann Claude spüren, auch wenn sie immer noch nicht den Mut hat, aufzublicken. »Haben sie einen Drogentest gemacht?«

»Ja.«

Mom holt tief Luft. »Den musst du wohl bestanden haben, sonst hätten sie dich nicht gehen lassen. Aber echt jetzt – Tabletten? Was machst du mit denen? Wo hast du die her?«

»Sie sind nicht für mich. Sie sind für ein anderes Mädchen in der Schule, Avery Cross. Sie – sie hat sie in Emmas Schließfach gelassen und ich hab gesagt, ich hole sie ihr. Das Handy lag daneben.«

Mom kneift argwöhnisch die Augen zusammen. »Avery Cross, die Anführerin der Cheerleader? Mit der bist du doch nicht einmal befreundet. Warum riskierst du für die eine Gefängnisstrafe?«

Claude kann nicht antworten. Ihr fällt keine Lüge ein, die überzeugend genug wäre.

»Meinst du, sie wollte dir etwas anhängen?«

»Das glaub ich nicht«, sagt Claude mit belegter Stimme. Sie hat heute verdammt noch mal genug geheult, aber einen Menschen gibt es auf dieser Erde, dessen Meinung ihr nicht scheißegal ist. Und dieser Mensch hat gerade das Vertrauen in sie verloren.

»Claude, du hättest die Finger von diesem Schließfach lassen sollen. Das macht alles komplizierter.«

»Ich weiß«, murmelt Claude.

»Du bleibst jetzt erst mal zu Hause«, bestimmt Mom. »Kein Jamie, keine Partys. Du musst untertauchen, bis ich dich aus diesem Schlamassel rausgeholt hab. Und jetzt, wo dein Name in diesem Blog aufgetaucht ist, werden die Leute uns auf die Pelle rücken, um Fotos zu machen. Sie werden dich interviewen wollen. Sie werden dir die Worte im Mund umdrehen und dich beschimpfen. Da darfst du nicht noch Öl ins Feuer gießen.«

»Das heißt, ich hab Hausarrest«, sagt Claude tonlos.

»Wenn du es so ausdrücken willst.« Moms kalte Finger umschließen Claudes Hand. »Claude, funk mir jetzt nicht dazwischen. Es ist mein Job, mich um solche Sachen zu kümmern.«

»Ich weiß«, sagt Claude und steigt aus dem Auto. Dann springt sie in ihren eigenen Wagen und wirft Janines Motor an. Es gibt noch etwas, das sie weiß.

Diese Sache wird größer als alles, was Lorne in den letzten fünfzig Jahren gesehen hat. Wie sollte ihre Mom darauf vorbereitet sein?

Sie fahren langsam, durch Straßen, die Lornes Schneepflug noch nicht erreicht hat. Die Welt draußen ist ganz still und Claude lässt das Radio aus. In ihrer Magengrube breitet sich ein dumpfes Gefühl aus. Nach drei Verhören und einer Verhaftung müsste sie eigentlich vollkommen erschöpft sein. Stattdessen spitzt sie bei jedem Geräusch die Ohren und zuckt zusammen, als der Scheibenwischer quietscht. Sie fahren an Häusern mit flackernder Weihnachtsbeleuchtung vorbei und sie hält den Kopf gerade, blickt starr nach vorn. Sie wird niemandem, der vielleicht aus dem Fenster sieht, die Genugtuung geben, Claude Vanderly beschämt am Steuer sitzen zu sehen. Andererseits, ist es nicht eigentlich egal? *Sie wissen doch schon Bescheid. Sie wissen schon alles über dich, was sie wissen müssen*. Und bald wird die Polizei wieder auf den Plan treten und es wird keine

Rolle mehr spielen, welche Beziehungen Mom hat, weil sie genau wissen werden, was Claude getan hat.

Zu Hause räumt Mom den Esstisch ab, den sie im Chaos hinterlassen haben. Als Claude ihr helfen will, legt Mom eine Hand auf ihre Schulter. »Versuch jetzt, ein bisschen zur Ruhe zu kommen, okay, Süße? Du musst morgen schließlich zur Schule.«

»Im Ernst?« Nach dem Tag, den sie heute hinter sich hat, braucht sie eigentlich erst mal eine Woche frei.

»Im Ernst. Glaub mir, es wird nur noch mehr Gerüchte geben, wenn du nicht hingehst. Ich will dir doch nur helfen.«

»Danke«, sagt sie und lehnt sich an ihre Mutter, die sie noch einmal umarmt. Dann geht sie in ihr Zimmer.

Hier gibt es nichts, was sie von ihrem törichten, trommelnden Herz ablenkt oder sie davon abhält, Jamies Gesicht vor sich zu sehen, sobald sie die Augen schließt. Sie hasst es, dass sie sich wünscht, er wäre hier. Sie hasst es, dass sie ihn vermisst. Sie hasst es, dass sie Angst hat. Trotzdem späht sie aus dem Fenster über ihrem Bett. Keine lauernden Schatten, keine Fußspuren, die sich mit Schnee füllen und verraten würden, wenn sie jemand beobachtete. Dennoch kann sie das Gefühl nicht abschütteln. Sie lehnt sich an ihr Bettende. Ihre Finger wischen über das Display ihres Handys und sie ist schon halb dabei, Jamie anzurufen, als sie noch einmal darüber nachdenkt.

Wenn sie ihn anriefe, würde er rangehen.

Wenn sie anriefe, würde er sich neue Hoffnungen machen.

Sie wählt stattdessen eine andere Nummer. Niemand geht ran. Sie wartet, trommelt mit dem Zeigefinger auf dem Display, bevor sie weniger als zwei Minuten später noch einmal wählt. Noch einmal und noch einmal. Es geht noch immer niemand ran. »Echt jetzt?«, murmelt sie. Schließlich wagt sie es, eine SMS zu schicken.

Wir haben ein Problem mit dem Handy. Ihre Finger beginnen zu zittern. Ich glaub, ich stecke tief in der Scheiße. Ruf mich an.

Sie legt ihr Telefon zur Seite und wirft noch einen prüfenden Blick aus dem Fenster. Immer noch niemand. Immer noch nichts. Nur Schneeflocken, die im Licht der Straßenlaterne tanzen, und die dunklen Umrisse der Bäume und Häuser dahinter. Die Berge werden vom Schneesturm verdeckt, aber Claude weiß, dass sie da sind. Und sie sind wie ein Käfig, mehr als je zuvor.

LORNE EXAMINER ONLINE

6. Dezember 2018, 23 Uhr

Polizei entlässt einzige Verdächtige im Fall des verschwundenen Teenagers

Die Polizei hat bestätigt, dass die Hauptverdächtige im Fall der verschwundenen und möglicherweise ermordeten Emma Baines aus der Untersuchungshaft entlassen wurde. Fälschlicherweise war angenommen worden, dass die Verdächtige im Besitz von Beweismaterial wäre, das dem Opfer gehörte. Sie ist der Polizei bereits mehrfach aufgefallen und verwarnt worden.

»Wir arbeiten sehr gründlich«, erklärte der stellvertretende Polizeichef Bryson. »Es ist immer bedauerlich, wenn einem ein Fehler unterläuft, aber wir wollen sichergehen, dass wir jedem Hinweis nachgehen. Dieser Fall ist dem Jefferson-Lorne Police Department besonders nah.«

Das vermisste Mädchen, Emma Baines, ist die Tochter des Polizeichefs Mason Baines.

»Wir können uns entschuldigen, nachdem wir den Schuldigen oder die Schuldige gefunden haben«, bekräftigt Vize-Polizeichef Bryson. »Bis dahin, meiden Sie den Wald und behindern Sie nicht die Polizeiarbeit.«

Die Polizei durchkämmt den Wald auch auf der Suche nach Wanderern. An mehreren Stellen wurde Rauch gesichtet. Der Jefferson Nationalpark ist ein beliebtes Campingziel und die Polizei vermutet, dass Wanderer oder Vagabunden im Wald Zeugen des Vorfalls gewesen sein könnten. Des Weiteren wird vermutet, dass der Blogger Adams West, dessen Posts die Jefferson-Lorne High School und die

Polizei von Lorne ins Visier genommen haben, vom Wald oder einem Ort in der Nähe aus operiert.

»Er hat für unsere Ermittlungen keine Priorität«, sagte Vize-Polizeichef Bryson. »Er ist wahrscheinlich irgendein Highschool-Schüler, der das Ganze als einen Scherz ansieht. Also, hören Sie mir gut zu, junger Mann: Das hier ist nicht lustig. Wenn Sie denken, dass Sie etwas wissen, dann posten Sie es nicht im Netz. Kommen Sie zur Polizeistation und reden Sie mit uns. Es könnte buchstäblich um Leben und Tod gehen.« Bryson rief die gesamte Schülerschaft der Highschool zur Mithilfe auf: »Wenn jemand die Identität von Adams West kennt, melden Sie sich bitte. Sie können anonym anrufen oder zur Polizeistation kommen. Wenn Adams West wirklich so viel über diesen Fall weiß, wie er behauptet, könnte er uns Informationen von unermesslichem Wert liefern. Diese Information zurückzuhalten ist unmoralisch und kriminell, insbesondere wenn es uns helfen könnte, Emma lebend zu finden.«

Emma Baines wurde heute am frühen Morgen vermisst gemeldet. Polizeieinheiten aus dem gesamten Bundesstaat sind mobilisiert worden, um bei der Suche nach der Vermissten zu helfen.

AVERY: Ich hasse das. Ich hab das Gefühl er sitzt mir direkt im Nacken.

AVERY: Ich wünschte du wärst hier

AVERY: Oder ich wär bei dir

AVERY: Oder ich könnte dich in der Schule treffen

AVERY: Ich fühl mich einfach nicht sicher allein

STUDY BUDDY: Dann ist es ja gut dass du einen Freund hast

AVERY: Hör auf. Du wolltest es doch auch geheim halten

STUDY BUDDY: Es ist auch nicht das Geheimhalten was mich stört

STUDY BUDDY: Warum hast du noch nicht Schluss gemacht

AVERY: Du weißt doch warum

AVERY: Ich kümmre mich schon noch drum

AVERY: Kann ich dich anrufen?

Kapitel 18

Die Lügnerin

Die Badezimmer im Haus der Familie Cross sind makellos und weiß, von den Kacheln über die Marmoroberflächen bis zu den monogrammierten Handtüchern, die neben dem Waschbecken hängen. Averys Arme und Bauchmuskeln schmerzen nach ihrem Morgen-Workout. Mrs Cross steht neben ihr und holt die Waage unter dem Waschtisch hervor.

Nur ein kleiner Check. Das hat Mommy immer gesagt, bevor sie die Waage benutzt hat. Um dann zischend die Anzeige zu kommentieren. *Wir müssen auf unsere Gesundheit achten, Süße.*

…fast drei Kilo über dem Limit. Das ist normal, Schatz, du bist schließlich groß… du eignest dich super als Base in einer Pyramide. Mrs Halifax vor zwei Jahren, als sie noch als Betreuerin im Cheer-Team mithalf.

Komm schon, Aves. Vernaschst du jetzt noch diese Banane oder müssen wir Jungs unsere schmutzige Fantasie spielen lassen? Kyle Landry, der dafür sorgte, dass sie nie wieder in der Öffentlichkeit essen wollte.

Und die heuchlerischste Stimme von allen, bei der Avery sich nur noch in die Dusche einsperren will, um ihre Haut zu schrubben, bis sie sich ablöst. Diese Stimme hat sie immer wieder im Ohr, wenn sie auf einer Waage steht.

Du bist perfekt. Schau dich an. Hände kriechen über ihren Rücken bis zu ihren Hüftknochen, legen sich um ihre Taille. *Niemand versteht dich. Außer mir. Sieh mich an. Ich verstehe dich.*

Ihre Finger vergraben sich in ihren Handflächen. Sie versucht, sich auf den Schmerz zu konzentrieren, als ihre Nägel sich ins Fleisch bohren.

Sie wird diese Stimme nie aus dem Kopf bekommen.

»Sch…Scheibenkleister«, sagt Mrs Cross, der mitten im Fluchen einfällt, dass Avery neben ihr steht. Sie hat noch nie in Gegenwart ihrer Tochter geflucht. »Ich war anderthalb Kilo leichter, als ich das Cocktailkleid gekauft hab.« Das Kleid, das sie an diesem Wochenende zur Party der Halifaxes anziehen will. »Du bist dran.«

Avery steigt auf die Waage und beobachtet unbeteiligt, wie die Zahlen nach oben klettern. Mrs Cross sieht ihr über die Schulter. »Hm«, sagt sie.

Die Zahlen sind okay. Aber sie hat auch noch kein Frühstück gegessen.

»Cornflakes«, entscheidet Mrs Cross für sie. »Und ich packe dir was zum Mittag ein – keine Energydrinks.«

Sie drückt Averys Schulter und gibt ihr einen Kuss auf die Wange.

Mutter-Tochter-Bindung ist nicht ihre Stärke, denkt Avery. Das weiße Badezimmer führt in einen weißen Flur, eine Treppe mit weißem Teppich hinunter in eine Küche, in der alles in Weiß, Ahorn und Edelstahl gehalten ist. Mrs Cross geht zur Anrichte und schenkt sich ihre dritte Tasse Kaffee ein. Im Ofen werden Pfannkuchen warm gehalten, obwohl nicht klar ist, für wen. Avery holt sich die Cornflakes aus dem Küchenschrank.

Mr Cross sitzt an dem Ahornholztisch und bereitet sich auf sein Geschäftstreffen mit einem Millionär aus Boulder vor. Sie stehen kurz vor der Fertigstellung eines Gebäudekomplexes mit Eigentumswohnungen auf der anderen Seite des Berges – nah genug an Lorne dran, um schnell einkaufen zu gehen, wenn die Milch alle ist; weit genug von Lorne weg, um die Stadt nicht sehen zu müssen. »Kein Abstecher zum Waffle House nach dem Training heute«, sagt er, während er sich seine Armbanduhr übers Handgelenk streift und mit einem Auge weiter die Zeitung studiert.

Vor einem Wettkampf gehen sie immer zusammen ins Waffle House. »Mrs Halifax und Mr Pendler werden auch da sein«, wendet Avery ein.

»Das ändert nichts an meiner Meinung«, sagt Mr Cross. Es hat keinen Zweck, mit ihm zu diskutieren. Mr und Mrs Cross sind treu sorgende Eltern, die ihr kleines Mädchen inmitten dieser Mordgeschichten nicht allein da draußen wissen wollen. Und sie werden dafür sorgen, dass die ganze Stadt das mitbekommt.

»Deine Mom hat Pfannkuchen gemacht«, sagt Mr Cross, als Avery ihre Cornflakes in eine Schüssel füllt.

»Mrs Halifax hat gesagt: Kein Zucker vor dem Wettkampf«, lügt Avery. Mr Cross verdreht die Augen. Aber er mischt sich nie in die rätselhaften Essgewohnheiten der Frauen ein.

»Und was ist mit dir, Liebling?«, fragt er Mrs Cross.

Mrs Cross zieht die Mundwinkel nach unten. »Ich nehme mir später einen Protein-Shake. Im Moment hab ich keinen Hunger.« Avery bezweifelt, dass sie Schwierigkeiten haben wird, morgen in ihr Kleid zu passen. Aber das wird sie nicht davon abhalten, jedes Fettpölsterchen zu hassen und zu überlegen, wie sie sich ins perfekte Licht setzen kann, um auf der Party bei Familie Halifax die Herren der neureichen Lorner Gesellschaft um den Finger zu wickeln. Sie müssen hingehen, damit Mr Cross sich bei Manuel Mendoza einschleimen und Firmenverträge an Land ziehen kann. Avery fand es schon immer seltsam, dass ihr Direktor in abgewetzten Lederschuhen und verschlissenen Anzügen zur Schule kommt, während sein Bruder praktisch in Geld schwimmt.

Der Schnee hat irgendwann in der Nacht aufgehört, aber der Himmel vor dem Küchenfenster ist immer noch trüb und grau. Der Schneepflug ist heute Morgen um fünf durch die Straße gekommen, um sicherzustellen, dass die Crosses und ihre Champagner schlürfenden Nachbarn alle Bequemlichkeit haben, die sie brauchen. Manchmal hat Avery ein schlechtes Gewissen, wenn sie mit ihrem kleinen Prius auf einer geräumten Straße fährt, während Natalie und Shay zu spät zur Schule kommen, weil der Schneepflug ihr Viertel vergessen hat oder keine Zeit hatte.

Averys Dad strafft die Schultern. »Du siehst toll aus, Schatz«, sagt er zu Mrs Cross und meint es auch so. Ihre Aufrichtigkeit hat Avery von ihm. Genauso wie ihre blonden Haare, ihr kantiges Kinn und ihre Freude an Bewegung. Mr Cross war einmal Ersatzmann in der Skimannschaft für Olympia. Jetzt verbringt er seine freie Zeit im Solarium oder im Fitnessstudio, wo er Übungen macht, die sein schlimmes Knie schonen.

Mrs Cross streicht ein unsichtbares Fältchen an ihrem linken Auge glatt. »Gut. Aves, hast du deine Schulsachen gepackt? Hat Mr Garson noch irgendwas von diesem Scout erzählt, der bald vorbeikommen könnte?«

Averys Magen zieht sich zusammen. »Noch nicht.« Mr G hatte sie alle angehalten, mehr zu trainieren, und gab ihnen extra Physiotherapie-Einheiten und Ratschläge für den Besuch der Talentscouts. Mr und Mrs Cross sind überzeugt, dass Avery es als Cheerleaderin nach Harvard schaffen wird. Von ihren Mitschülern glaubt niemand, dass sie überhaupt an die Uni gehen wird. Kyle Landry hat einmal gesagt, sie hätte ein Spatzenhirn und sollte sich lieber auf die Fortpflanzung konzentrieren.

Manche Leute haben gar kein Hirn, hatte sie gedacht. Aber ausgesprochen hat sie es nicht.

Mr Cross wirft die Zeitung zur Seite. »Diese Lily-Fransen-Geschichte ist schlecht fürs Geschäft«, sagt er. Ihr verzerrtes weinendes Gesicht nimmt fast die ganze Titelseite ein.

»Greg«, sagt Mrs Cross tadelnd.

»Ist doch wahr. Ich bemühe mich die ganze Zeit, möglichst viele von Colorados Senatoren hierher zu locken. Das sind diejenigen, die aus Lorne das nächste Aspen oder Telluride machen werden – aber wenn sie ständig Geld für Anwälte ausgeben müssen, um Skandale abzuwenden, werden sie kaum mit Frau und Kindern in die Skiferien fahren.« Er schüttelt den Kopf. »Sie tut mir fast leid. Sie ruiniert ihren Ruf und wofür das Ganze? Es ist doch offensichtlich, dass er es nicht getan hat.«

»Wieso denkst du das?«

Averys Eltern drehen sich um. Avery schlägt sich fast die Hand vor den Mund. Die Frage ist ihr rausgerutscht.

Mr Cross zieht die Stirn kraus. »Sie hat sechzehn Jahre gewartet, um darüber zu sprechen. Ihr halbes

Leben. Und ausgerechnet, als der Senator gewählt wurde, ist sie zur Presse gegangen. Aves, wenn dir mal eine Freundin erzählt, dass sie vergewaltigt wurde, frag sie, wann. Wenn die Antwort nicht ›gestern‹ ist, kannst du davon ausgehen, dass es nicht passiert ist.« Er legt eine Hand auf ihre Schulter. »Ich weiß, du hältst gern zu deinen Freundinnen, aber lass dich nicht von Lügnerinnen ausnutzen. Ich glaube, viele gutwillige Frauen haben sich von Fransen anstacheln lassen und kommen sich jetzt wahrscheinlich ziemlich dumm vor, nachdem der Fall abgeschmettert wurde.«

Avery schluckt. »Darf ich bitte aufstehen?«, sagt sie. Ihre Stimme ist kaum mehr als ein Flüstern.

Es klopft an der Tür. Mr und Mrs Cross sehen einander stirnrunzelnd an. »Holt Michael dich heute ab?«, fragt Mr Cross.

»Nein.« Wahrscheinlich sind es die Zeugen Jehovas oder eine Nachbarin, die sich ein Ei ausleihen will. Avery steht auf, um ihre Schüssel wegzustellen, während Mr Cross durch den glänzenden marmorgefliesten Flur mit den Konsolentischen aus Ahornholz schreitet. Vor der Tür stehen eine uniformierte Polizistin und ihr Kollege.

»Mr Cross?«, fragt die Polizistin. Es ist Kommissarin Muñez aus der Schule. »Können wir hereinkommen?«

Mr Cross stellt sich so hin, dass er den Weg in den Flur versperrt. »Womit kann ich Ihnen helfen?«

»Wir würden gerne mit Ihrer Tochter sprechen.« Ihre Stimme klingt gleichmäßig und bestimmt.

Die Stimme von Mr Cross auch. Nur jemand, der ihn gut kennt, würde die aufschäumende Wut heraushören, die er mit dem ersten Wort unterdrückt. »Avery macht sich gerade für die Schule fertig. Das passt jetzt nicht besonders gut.«

»Wir haben nur ein paar Fragen«, sagt sie.

»Dann können Sie mich fragen.« Sein Tonfall wird härter. »Oder wenn Avery aus der Schule zurückkommt.«

Kommissar Cline räuspert sich. »Es sind nur ein paar Fragen, Sir. Nichts Außergewöhnliches. Sie müssen nicht einmal aus dem Zimmer gehen.« Er macht einen Schritt nach vorn und Mr Cross weicht zurück. Muñez folgt ihm mit geschürzten Lippen.

Mrs Cross schenkt ihnen ein falsches Lächeln. »Kann ich Ihnen einen Kaffee anbieten? Wir waren wirklich entsetzt, von der Sache mit Emma zu hören. Würden Sie das ihrem Vater sagen, bitte?«

Avery spürt eine Enge in ihrer Brust. Ihr Magen dreht sich um und ihr wird eiskalt. Sie schließt für einen Moment die Augen und zählt bis zehn, als würden sie gleich ein Cheerleading-Programm beginnen. In Gedanken geht sie die erste Hälfte von »Thriller« durch. Das hatten sie für Halloween einstudiert und alle außer Emma waren über sich hinausgewachsen. Die ganze Schule war begeistert.

»Aves, wo ist dein Rucksack? Ich packe schnell dein Lunchpaket ein, während du dem netten Herrn hier ein paar Fragen beantwortest.« Mrs Cross stellt ihre Kaffeetasse ab und kommt zu Avery rüber, um ihr einen aufmunternden Kuss auf den Kopf zu geben.

Avery faltet die Hände und versucht, ihr Bein davon abzuhalten zu zittern. »Hi.« Ihre Stimme ist schüchtern und ängstlich, wo sie furchtlos klingen sollte.

»Hi, Avery. Sie erinnern sich an uns?« Avery nickt. »Wir müssen über ein paar Dinge mit Ihnen reden, okay?«

Schlaue Leute rufen in so einer Situation ihren Anwalt an, oder? Avery wirft einen Blick zu Mr Cross. Er nickt, als wäre alles kein Problem. Schließlich ist Avery so ein gutes Mädchen, sie hat nichts zu verbergen, und ihre Eltern stehen immer hinter ihr.

»Okay.«

»Tut uns leid wegen Emma.« Muñez sieht wirklich aus, als ob es ihr leidtut. »Wir tun alles, um herauszufinden, was passiert ist.«

»Und was wollen Sie dann hier?« Mr Cross verschränkt die Arme, Retter in der Not für seine Prinzessin-Tochter.

»Greg«, raunt Mrs Cross ihm von der Küchenanrichte aus zu.

»Wir haben für diesen Fall schon mit einigen Leuten gesprochen«, erklärt Kommissarin Muñez.

»Claude Vanderly«, rutscht es Avery heraus. Cline und Muñez tauschen einen Blick. »Es stand in diesem Blog«, erklärt sie und versucht, die Hitze zu bändigen, die ihr ins Gesicht schießt.

»Wissen Sie etwas über den Adams-West-Blog?«, fragt Cline.

»Nur, dass er auf einmal im Netz aufgetaucht ist. Ohne jede Vorwarnung oder so. Niemand weiß, wer dieser Typ ist, und jetzt behauptet er, Sie hätten Claude festgenommen – und so ein Zeug.« Sie muss Wests Meinung zu dieser Festnahme nicht noch einmal wiedergeben.

»Miss Vanderly wurde als Informantin befragt«, sagt Muñez. Hinter ihr schlürft Mrs Cross ihren Kaffee und wirft Mr Cross einen ungläubigen Blick zu. »Man hat bei ihr Arzneimittel gefunden.« Mr Cross schnaubt verächtlich. »Sie hat gesagt, Emma hat sie verkauft. Sie hat gesagt, die Tabletten seien für Sie gewesen, Miss Cross.«

Die Küche ist auf einmal riesig und Avery ist so klein. Sie sollte es gewohnt sein, dass alle Augen auf sie gerichtet sind, aber bei einer Cheerleading-Aufführung im Mittelpunkt zu stehen ist nun mal nicht dasselbe wie sich im Zentrum einer polizeilichen Ermittlung wiederzufinden. »Ich …« beginnt sie.

»Das ist doch lächerlich.« Mr Cross streicht sich die Haare zurück und kommt zu Avery. Er legt eine Hand auf ihre Schulter, als wollte er sie beschützen. Sie sitzt wie angewurzelt auf ihrem Stuhl. Ihr Puls galoppiert. Ihr Knie stößt gegen den Tisch. »Avery hat keinen Umgang mit solchen Leuten.«

Kommissar Cline beugt sich vor. »*Sind* Sie und Claude befreundet?« Sein Tonfall ist eigentlich ganz freundlich, aber Averys Blick bleibt an seinen breiten Schultern hängen, seinen kurz geschorenen blonden Haaren, der Narbe an seiner Hand. Der Pistole an seiner Hüfte.

»Nein«, flüstert sie.

Muñez kommt schneller auf den Punkt. »Wären Sie bereit, einen Drogentest zu machen?«

»Nein.« Mrs Cross' Stimme ist scharf und, auch wenn die Polizisten das nicht mitbekommen, voller Angst. Sie setzt ihr wütendes Gesicht auf und kommt um den Tisch, sodass sie mit ihrem Mann hinter Averys Stuhl steht. Für Avery fühlt sich das an wie ein Gefängnis. »Sie sagten doch, Sie hätten nur ein paar Routinefragen. Wie können Sie es wagen, meine Tochter zu beschuldigen? Sie hat nun wirklich vollste Kooperationsbereitschaft gezeigt.«

»Miss Cross, wären Sie bereit, einen Drogentest zu machen?« Diesmal stellt Cline die Frage.

»Ich glaube, Sie sollten jetzt gehen.« Mr Cross drückt Averys Schulter. Sie kann nicht atmen. Ein kalter Schauer durchfährt sie, als wäre sie gerade in den Fluss getaucht. »Sich die Lügen einer jugendlichen

Straftäterin anzuhören und die Fakten zu ignorieren, das ist nicht die Art der Polizei hier in Lorne. Vielleicht machen Sie das in der Großstadt anders, aber hier …«

»Wir sind nicht gekommen, um *Sie* zu befragen«, blafft Muñez. Dann wendet sie sich wieder an Avery. Ihre Gesichtszüge werden weicher, aber ihre Finger umklammern den billigen Plastikkuli, den sie in der Hand hält. »Miss Cross?«

»Ich kann nicht«, bringt Avery hervor. Sie kann ihre Stimme selbst kaum hören.

»Genau«, bekräftigt ihr Dad.

Doch Muñez wirft Cline einen Blick zu. »Sie können nicht? Oder wollen nicht?«

»Das ist doch nicht nötig«, sagt Mrs Cross, aber sie klingt zum ersten Mal verunsichert. »Sie haben Ihre Antwort bekommen, und jetzt können Sie gehen.«

Sie bekommt keine Luft mehr. Sie kann nicht mehr atmen. »Ich kann nicht.«

»Warum nicht?«, fragt Kommissar Cline.

»Wir hoffen, Sie finden Emmas Mörder, aber da können Sie woanders suchen.« Mr Cross entfernt sich endlich von Averys Stuhl, um die Polizisten zur Haustür zu bugsieren.

»Wir kommen mit einem Durchsuchungsbefehl zurück, wenn wir es für nötig halten.« Cline steht auf und strafft die Schultern. Erinnert Mr Cross daran, dass er so groß nun auch wieder nicht ist. »Und das sieht dann längst nicht so gut aus, als wenn Ihre Tochter freiwillig kooperieren würde.«

»Ich würde durchfallen«, platzt Avery heraus.

Es wird vollkommen still in der Küche. Avery zieht scharf die Luft ein, als die Finger ihrer Mutter sich in ihre Schulter graben.

Kommissarin Muñez räuspert sich und schlägt ihr schwarzes Notizbuch auf. »Auf was würden Sie denn positiv getestet werden?«

»Valium.«

Cline und Muñez wechseln noch einen Blick. Das ist es, was sie im Schließfach gefunden haben.

Mrs Cross' Griff lockert sich. »Das ist alles?«, lacht sie so überzeugend, dass die Polizisten es ihr abnehmen. »Liebling, warum hast du mir das denn nicht gesagt? Ich hätte dir einen Termin bei meinem Therapeuten gemacht. Ich habe ein Rezept«, erklärt sie und macht einen Schritt vom Tisch zurück.

Muñez und Cline mustern Avery. »Ich hab die Tabletten aus dem Badezimmer meiner Mutter genommen«, piepst sie, leise wie eine Maus. Leise wie eine brave kleine Cheerleaderin, die sich in Grund und Boden schämt.

Muñez und Cline sehen zu Mrs Cross. »Soll ich Ihnen die Flasche mit meinen Pillen zeigen?«, fragt Mrs Cross.

»Ja, bitte«, sagt Cline, und Mrs Cross geht durch den Marmorflur zur Treppe.

Cline wartet unten auf sie. Muñez steht auf und steckt das Notizbuch zurück in ihren Gürtel. »Wir glauben Ihnen«, sagt sie. *Zumindest im Moment* will sie offenkundig hinzufügen, aber tut es nicht. »Es geht uns hier nicht um die Tabletten Ihrer Mutter, aber Selbstmedikation ist keine gute Idee, okay? Sie denken vielleicht, es schadet Ihnen nicht, aber das tut es.«

»Ja, Ma'am«, flüstert Avery.

Mrs Cross kommt die Treppe hinunter und reicht Cline die Flasche. »Wir besorgen Aves ein Rezept dafür«, sagt sie. »Wir hatten keine Ahnung, dass sie so gestresst war.«

Cline entgegnet etwas in gedämpftem Ton. Dann tritt Muñez zu ihm und Mr Cross öffnet die Tür für die beiden.

Auf der Türschwelle bleibt Cline noch einmal stehen und dreht sich um. Im Licht, das durch die Tür fällt, kann Avery nur seine Silhouette sehen. Aber sie weiß, dass er sie ansieht. »Wenn Sie etwas brauchen oder Ihnen noch etwas einfällt, melden Sie sich, ja?«

»*Wir* melden uns«, antwortet Mr Cross für seine Tochter und scheucht die Besucher nach draußen.

Sobald die Tür hinter ihnen ins Schloss fällt, kommt Mrs Cross wieder ins Zimmer. Ihr Gesicht ist blass, ihre Hände zittern – und Avery glaubt nicht, dass das an zu viel Kaffee liegt. Sie öffnet die Flasche und schüttet die Pillen auf den Tisch. »Valium?«, sagt sie, so leise, dass

Avery nicht einmal ihren Atem hören kann. Schnell zählt sie die Tabletten paarweise durch. »Avery, ich dachte, das wäre dir klar. Keine Drogen, kein Alkohol. Kein Ärger mit der Polizei.«

Tränen stehen in ihren Augen. »Ich ...« Aber sie weiß nicht, was sie sagen soll. Es *ist* genau das, was ihre Eltern ihr eingeschärft haben. Keine Drogen, kein Alkohol, kein Bi-Sein, keine verbotene Limonade, keine ungebilligten Kalorien, kein Fett, keine Snacks, kein Übernachten bei irgendjemandem außer Lyla, die so offensiv heterosexuell ist, dass sie eine Medaille verdient hätte. Keine Zunahme von mehr als anderthalb Kilo über ihrem Sollgewicht. Sie weiß, dass all die »Neins« zu ihrem Besten sind. Aber sie schnüren ihr trotzdem die Luft ab.

»Hast du gelogen? Oder ist es wirklich Valium?«, fragt Mr Cross. Seine Stimme klingt wie ein Donnerschlag.

Avery nickt nur. Der Kloß in ihrem Hals hindert sie daran, zu sprechen.

Ihre Mum ist schon dabei, durchzudrehen. Sie tupft sich mit einem Kleenex die Wangen ab, selbst jetzt noch darauf bedacht, ihr Make-up nicht zu verschmieren. »Warum?«, fragt sie mit erstickter Stimme. »Wir kümmern uns um dich. Wir lieben dich. Wir haben dich immer beschützt, und dann tust du *so etwas*? Und wir erfahren durch die Polizei davon?«

»Es tut mir leid.« Avery weiß, wie dämlich das klingt. Ihr Gesicht brennt und wird ganz fleckig, während sie versucht, sich unter Kontrolle zu behalten. »Ich war … gestresst …«

»Gestresst weshalb?«, keift Mrs Cross. »Was macht dein Leben denn so schwer?«

Avery weiß, dass die Frage ernst gemeint ist. Ihre Eltern wollen *wirklich* wissen, warum.

Sie weiß auch, dass sie es ihnen nicht erzählen kann.

Mr Cross nimmt sie am Arm und führt sie zurück zu ihrem Stuhl. Avery lässt es geschehen. Die Welt scheint von einem leisen Summen begleitet zu werden, als hörte sie alles durch die Lautsprecher eines alten Radios. Mrs Cross nimmt ein neues Taschentuch und tupft sich noch einmal das Gesicht. »Wir dürfen außerhalb des Hauses nicht über diese Sache reden. Hast du verstanden?«

Denn falls etwas durchsickert und Heather Halifax mitbekommt, dass Avery Cross heimlich Valium nimmt, wird sie es vielleicht Mommy und Daddy erzählen, und Mommy Halifax wird Aves aus dem Cheer-Team werfen, und Daddy Halifax wird ihre Eltern auf seiner Party nicht mit den richtigen Leuten bekannt machen. Die Cheer-Mannschaft in Harvard wird Nein sagen – jede Uni wird Nein sagen. Avery nickt.

»Wir haben hart dafür gearbeitet, dieses Leben für dich aufzubauen, Aves. Andere Leute würden alles dafür geben, um dort zu sein, wo du jetzt bist. Wirf das nicht weg.« Mr Cross rückt seine Krawatte zurecht. »Ich darf nicht zu spät zu meinem Meeting kommen.«

Mrs Cross nickt, eine abrupte, schroffe Bewegung. Avery starrt auf den Tisch und sieht nicht auf. Sie *weiß*, dass sie in ihrem Leben noch keine großen Entbehrungen ertragen musste. Nicht wie Emma oder Natalie oder Shay oder Gwen. Sie kann sich nicht gegen die Panik wehren, genauso wenig wie sie die Übelkeit verhindern kann, wann immer sie einen Schluck von Lylas Milchshake nimmt.

Für eine Weile herrscht Schweigen. Die Tränen kommen, auch wenn Avery sie zu unterdrücken versucht. Nach ein paar Minuten spürt sie eine kalte Hand, die ihr ein Taschentuch aufs Gesicht presst. »Komm schon«, sagt ihre Mum sanft und tupft vorsichtig Averys Augen ab. »Kopf hoch.« Denn große Mädchen weinen nicht, und die fröhliche Avery kann nichts verletzen. Ihre Blicke begegnen sich kurz. »Gibt es noch etwas, das du mir erzählen willst?«

Avery schüttelt den Kopf. »Nichts.«

Noch ein Moment Schweigen. Sie denkt schon fast, dass ihre Mom nicht weiterbohren wird. Dann atmet Mrs Cross stoßartig durch die Nase aus. »Avery.«

Avery rechnet damit, dass sie noch etwas sagen wird, aber stattdessen steht sie auf und geht in den Flur. Sie hebt Averys Rucksack auf, der auf dem Treppenabsatz steht. Dann kommt sie zurück und kippt den Rucksack über dem Tisch aus.

»Was machst du da?« Die Angst schlägt in Wut um. »Ich hab doch gesagt, da ist nichts mehr.«

»Was bedeutet, dass du mich schon wieder angelogen hast.« Mrs Cross durchwühlt Taschentücher, Notizbücher, Hausaufgaben, Tampons. »Wo gehst du hin, wenn du dich abends rausschleichst?«

Davon wissen sie?

»Gehst du zu Michael?«

Sie sollte einfach Ja sagen. Alles, was es bräuchte, wäre ein Nicken.

Mrs Cross starrt auf den Tisch, auf dem Averys Habseligkeiten verstreut liegen. Sie untersucht alle Gegenstände mit geradezu klinischer Genauigkeit, als gehörten sie einem Fremden und sie müsste ein ganzes Leben rekonstruieren. »Ich sehe keine Kondome. Benutzt ihr die?«

»*Mom*!«

»Das ist keine Antwort auf meine Frage.« In Moms Augen tritt ein stählerner Glanz. Der Schock darüber, dass ihr kleines Mädchen Tabletten schluckt, ist funkelndem Zorn gewichen. »Ich muss es wissen.«

Avery antwortet nicht. Sie weiß nicht, wie. Wenn sie vorgibt, heimlich zu Michael gegangen zu sein, würde ihre Mom Michaels Mom anrufen und dann würde Michael sagen, dass er sie schon seit Wochen nicht mehr nach Einbruch der Dunkelheit gesehen habe, und dann gäbe es ein endloses *Wer* und *Warum*, was alles ruinieren würde.

»Pack deine Sachen wieder ein«, sagt Mrs Cross. »Ich guck noch deine Sporttasche durch und dann fahre ich dich zur Schule. Dein Zimmer wird gründlich sauber gemacht, während du weg bist, und ich hole dich unmittelbar nach dem Cheer-Training wieder ab. Wenn du zurück bist, reden wir weiter.« Sie holt tief Luft. »Und du hast Hausarrest. Das ist ja wohl klar.«

»Hier, das brauchst du.« Natalie reicht Avery in der Mittagspause ihr Make-up-Set.

»Danke. Muss wohl im Sport zu viel geschwitzt haben«, sagt Avery. *Auf gar keinen Fall hab ich auf der Toilette geheult.* Die Cafeteria ist überfüllt und der Lärm prallt von den Ziegelwänden ab. Das Wolfsrudel hat sich in eine Ecke zurückgezogen, lehnt an den Schließfächern und der Tür zu einer Abstellkammer. Der Himmel draußen ist schiefergrau, die Wolken hängen tief und es ist zu kalt, um rauszugehen, sodass die Welt auf diesen winzigen Raum zusammengeschrumpft ist, in dem sich alle Schüler der Jefferson-Lorne High drängen.

»Du kommst doch heute Abend zur Party, oder?«, ruft Shay durch den Lärm.

»Na klar.« Lyla nimmt einen Schluck von ihrem

Gatorade. »Jason kommt schließlich auch und ich muss ihn mir schnappen, bevor eine von euch anderen Weibern das tut.« Shay und Natalie kichern.

»Kein Alk auf der Party.« Avery hat keine Lust, heute die Mom der Gruppe zu spielen, aber sie muss es. Sie rutscht mit ihrem Tennisschuh auf dem Linoleumboden hin und her und zieht immer wieder ihren Rock runter. »Denkt an den Wettkampf morgen. Und am Montag müsst ihr frisch sein, damit wir für das Auswärtsspiel nächste Woche voll durchstarten können.«

»Aves.« Lyla legt eine Hand auf ihr Knie. »Entspann dich. Wir machen das schon. Wir können auch mal einen Abend Pause machen. Du kommst doch auch, oder?«

»Ich kann nicht«, sagt Avery, genau in dem Moment, als Michael für sie antwortet: »Natürlich.«

Michael sieht sie mit seinen braunen Augen vorwurfsvoll an. Von der anderen Seite des Saales sind ein paar Ausrufe zu hören, als das Tanzkomitee der Neuntklässler eine glitzernde Schneeflocke von einem Meter Durchmesser fallen lässt, statt sie an der Decke zu befestigen. »*Glitzerbombe*!«, kreischt jemand.

»Du hast doch gesagt, dass wir zusammen hingehen, Baby.«

»Nein, das habe ich nicht.« Averys abwehrender Tonfall wird lauter.

»Doch, hast du«, bestätigt Lyla. »Letzte Woche.

Weißt du nicht mehr? Ich hab gesagt, bei Kyle gibt es bestimmt Bier und vielleicht auch Gras, und Claude wird da sein, und daraufhin hast du gesagt, dass du Michael da nicht allein hingehen lassen könntest …«

Die anderen Wölfinnen beobachten sie aufmerksam. Das hartnäckige Gerücht, dass Claude Michael einmal in eine Besenkammer gelockt hat, kommt ungefähr einmal im Semester wieder an die Oberfläche wie ein Monster aus der Tiefsee. Avery schluckt Zorn und Hunger hinunter und schiebt ihre volle Suppenschüssel zur Seite. »Egal, ich kann nicht.« Sie hat ihnen nicht erzählt, dass sie Hausarrest hat.

»Du wirst was verpassen«, sagt Lyla.

»Ja, wir mixen unseren berühmten Cocktail«, sagt Shay. Ihr berühmter Cocktail, das ist rosa Gatorade mit Wodka. »Komm schon, Aves, den magst du doch so gern.« Avery mag ihn nicht, aber alle anderen mögen ihn, deshalb macht sie mit.

»Du kannst dir mal einen freien Abend gönnen, Aves.« Michael versucht, einen Arm um sie zu legen. »Du musst nicht jede freie Minute trainieren.« Sie stößt seinen Arm nicht weg, auch wenn sie das eigentlich möchte. Aber sie erwidert seine Umarmung auch nicht. »Ich komme nicht mit. Und fertig.«

Ihre Stimme ist lauter als sonst, um den Lärm um sie herum zu übertönen. Und du meine Güte, diesen bestimmenden Tonfall hat sie von Michael schon dutzendmal gehört. Aber das Rudel starrt sie an, als hätte sie ihre Krallen geschärft und versucht, Lyla das Herz aus der Brust zu reißen.

»Oh...kay.« Lyla spricht mit ihr wie mit einem wilden Bären. Doch ihre Miene sagt: *Bist du jetzt total durchgeknallt?* »Jetzt chill mal, Aves. Du musst ja nicht mitkommen, wenn du nicht willst.« Als hätte sie nicht gerade eine Konfrontation heraufbeschworen. »Worüber regst du dich denn so auf?«

Über alles. Ihre Eltern und Drogentests. Anna's Run. Emma. Den Jubel in der Cafeteria, als die Neuntklässler erfolgreich ihre Monster-Schneeflocke aufhängen. Die Party, die Kyle nicht abgesagt hat, obwohl ein Mädchen tot ist. Über Michael und darüber, mit Michael zusammen zu sein, und mit jemand anders zusammen zu sein und zu wissen, wie falsch das ist. »Ich darf im Moment nicht abends weggehen. Wegen Emma.« Sie hasst sich ein wenig dafür, zu lügen, aber sie weiß, dass ihre Mom das gutheißen würde. Mr und Mrs Cross möchten ungern als die Art Eltern dastehen, die ihrer Tochter Hausarrest geben müssen. »Meine Mum denkt, auf jeder Party, zu der ich gehen will, könnte die Polizei auftauchen und Adams West festnehmen.«

»Oh my God, meine auch.« Shay schlägt sich die Hände vors Gesicht. »Ich werde mich heute Abend aus dem Haus schleichen müssen. Mom denkt, ich werde entführt und in den Fluss gestoßen.«

»Meine Mom glaubt, dass West es war. Der Mord, meine ich. Und sie denkt, dass er in Mathe neben mir sitzt. Und in Geschichte. Und in Regierungslehre. Und überhaupt. Sie ist schlimmer als die Bullen.« Natalie lässt sich von Avery das Mascara-Set zurückgeben und schmeißt es wieder in ihren Rucksack. »Sie glaubt, er hat es auf jede einzelne Cheerleaderin abgesehen.«

Lyla hebt ein paar Mal die Augenbrauen. »Vielleicht stimmt das ja auch.«

»Oh neiiiiin.« Natalie rückt näher an Shay heran, die wieder zu kichern beginnt.

»Er pirscht durch die Gänge.« Lyla beugt sich vor. Senkt die Stimme. »Deckt alle peinlichen Geheimnisse der JLH auf, eines nach dem anderen. Dürstet nach jungem, unschuldigem Blut.« Ihr Blick richtet sich kurz auf Avery. »Also ist Aves draußen.«

Die Cheerleaderinnen reagieren mit einem *Ooooh.* »Das ist nicht witzig«, sagt Avery schnippisch. Sie zieht ihre Knie vor ihr Gesicht wie einen Schild. Die Luft scheint dicker zu werden und die halb schockierten Ausrufe werden weniger. Lyla verzieht den Mund. »War doch nur ein Witz, Aves.« Avery lächelt nicht oder nimmt etwas zurück oder entschuldigt sich. »Herrgott.« Lyla nimmt ihren Becher Suppe und schlürft aus der Packung.

Avery weiß nicht, was sie antworten soll. Sie versteht nicht, wie die Ermittlungen der Polizei schon zu etwas werden konnten, über das man Witze macht. Unter den Armen bricht ihr kalter Schweiß aus. Der Raum beginnt sich zu drehen und sie hat das Gefühl, sich übergeben zu müssen.

Michael legt eine Hand auf ihr Knie und presst seine Nase an ihre Wange. Früher fand sie das liebenswert. Jetzt versucht sie krampfhaft, ihn nicht anzuschreien, dass er aufhören soll.

Sie dreht den Kopf und er küsst ihren Mundwinkel. »Ich muss nach der Schule mit dir reden«, sagt sie.

Der arme Michael zuckt die Achseln. Er hat keine Ahnung, was auf ihn zukommt. »Okay.«

Lyla redet weiter. »Wie auch immer, ich glaube tatsächlich, dass West hier an der JLH ist. Wer sonst könnte solche Informationen haben. Ich wette, er hat an jenem Abend mit Claude gebumst und deshalb weiß er, dass sie unschuldig ist.« Lyla zieht scharf die Luft ein. »Oh my God, glaubt ihr, es ist Kyle?«

Michael lacht. »Kyle ist dümmer als ein Sack Stroh. Da ist es ja noch wahrscheinlicher, dass es Aves ist.«

Jetzt muss sie sich *bestimmt* übergeben. Avery beugt sich zu Lyla. »Hast du mal einen Tampon für mich?«

Lyla kramt in ihrem Rucksack. »Ach, *deshalb* verhältst du dich so komisch.«

Avery schnappt sich den Tampon und springt von ihrem Stuhl auf.

Sie sagt nicht einmal Danke.

Sie geht nicht zur nächstgelegenen Toilette, wo es von Mädchen wimmeln wird, die nichts zu Mittag essen wollen und über Mordfälle und Blogger und andere Dinge spekulieren, die Avery lieber verdrängen will. Sie steuert die ruhige Toilette am Ende des Gangs an. Dort ist nur ein Mädchen in einer der Kabinen. Avery legt den eingepackten Tampon hinter das Waschbecken – kein Grund, ihn zu verschwenden – und dreht den Wasserhahn auf. Sie befeuchtet ihre Wangen und drückt sich ein nasses Papiertuch auf die Stirn.

Sie muss wieder nach draußen. Sie muss die perfekte Avery Cross sein. Nicht das Valium schluckende, lügende kleine Mädchen, das von der Polizei verhört wird. Aber in diesem Moment schafft sie es nicht. Sie kann dem Wolfsrudel jetzt nicht gegenübertreten.

Die Klospülung rauscht. Bevor Avery fliehen kann, geht die Kabine auf. Heraus stürmt Gwen Sayer, voller Wut und Entschlossenheit. Sie hält ihre Hände unter den Wasserhahn, dann sieht sie auf. Ihre Blicke treffen sich im Spiegel – Gwen, düster und ernst und wütend, Avery mit verschmiertem Make-up und Flecken im Gesicht, das triefende Papiertuch auf der Stirn. *Oh, Scheiße.*

»Noch mal«, befiehlt Avery und stemmt die Hände in die Hüften. Das Wolfsrudel stöhnt, aber nicht auf bösartige Weise. »Kurze Gatorade-Pause, dann geht es weiter. Zwei Minuten.«

Sofort stürzen sich alle auf das zuckerfreie Kirsch-Gatorade, das Mr G kistenweise kauft. Offiziell sind die Getränke für das Lacrosse-Team, aber er hat nichts dagegen, dass sie sich auch davon nehmen, vor allem wenn sie in der Turnhalle bleiben müssen, weil es draußen zu nass ist, um Flickflacks zu üben. Es ist unmöglich, bei dem Gebrüll der Spieler und dem Krachen der Lacrosseschläger ihre Musik zu hören, und Avery steht kurz davor, einen unsagbaren Brummschädel zu entwickeln. Aber sie kann jetzt nicht einfach aufhören. Es ist nur noch eine halbe Stunde. Sie geht hinüber zu Mr Pendler und Mr G. Mr Pendler ist heute für Mrs Halifax eingesprungen, die »bedauerlicherweise verhindert« war und es nicht zum Training schaffen konnte. Avery zieht den Rock ihrer Uniform hinunter, bevor sie näher kommt.

»Das Team ist erschöpft«, sagt Mr G. »Da passieren Fehler. Passt auf.«

»Wir werden trainieren, bis alles perfekt sitzt«, sagt Avery mit dem strahlenden Lächeln, das alle von ihr gewohnt sind.

»Weißt du, Aves, im Theater sagt man, wenn die Generalprobe misslingt, wird die Premiere umso besser«, redet Mr Pendler ihr zu. »Vielleicht musstet ihr einfach alle Fehler heute abhaken.«

»Außerdem werdet ihr morgen mit Adrenalin vollgepumpt sein«, fügt Mr G hinzu. »Ich bin sicher, ihr werdet super abschneiden.«

Averys Lächeln strahlt noch etwas heller. »Danke.«

»Passt auf bei den Sprüngen. Die können gefährlich sein, wenn ihr so abgekämpft seid«, warnt Mr G.

Avery nickt. Natürlich wird sie den Mädchen nicht sagen, dass sie die Sprünge vermeiden sollen. Sie geht zurück zu den Cheerleaderinnen, die im Kreis zusammenstehen, und nimmt sich selbst ein Gatorade.

»Was ist mit Mark?« Lyla spekuliert immer noch über die Identität von Adams West.

Shay rümpft die Nase. »Der ist viel zu nett. Er würde nie einen öffentlichen Blog starten, um Mutmaßungen in die Welt zu setzen.« Sie tippt mit einem langen Fingernagel gegen die Gatorade-Flasche.

»Da hast du recht.« Lyla seufzt. Ihr Blick fällt auf den Rand der Tribüne und sie runzelt die Stirn. »Was macht *die* denn hier?«

Avery wirft einen Blick über ihre Schulter. Gwen bahnt sich von den oberen Sitzreihen einen Weg nach unten. Der ramponierte und dreifach mit *JLH-Inquirer*-Aufklebern versehene Fotoapparat baumelt um ihren Hals.

»Wahrscheinlich schreibt sie einen Artikel über die Lacrosse-Mannschaft«, sagt Avery schulterzuckend.

»Unglaublich.« Lyla schüttelt den Kopf. »Emma ist

noch nicht einmal für *tot* erklärt worden und diese Bitch hat nur ihre AGs im Kopf.«

»Echt kaltherzig«, stimmt Shay ihr zu.

Gwen schaut zu ihnen hinunter. Sie entdeckt das Cheer-Team, das geschlossen zu ihr hochstarrt. Avery dreht sich ruckartig um, aber sie kann spüren, wie ihr die Hitze ins Gesicht steigt. »Weiter geht's.« Ihre Stimme ist scharf wie eine Messerklinge. »Alle auf ihre Positionen!«

»Warte, ich will sehen, wo sie hingeht.« Lyla versucht, einen Blick hinter Averys Rücken zu werfen, um besser sehen zu können.

»*Sofort.*« Avery ist selbst überrascht von ihrem scharfen Tonfall.

»Holla. Ist ja schon gut.« Lyla verdreht die Augen und wendet sich ab. Der Rest der Mädchen beeilt sich, auf ihre Plätze zu kommen. Lyla murmelt etwas, das die Neuntklässlerin neben ihr kichern lässt.

Von Anfang an sind sie nicht im richtigen Rhythmus. Eine gute Anführerin würde jetzt stoppen und alle noch mal von vorne anfangen lassen. Aber Avery ist keine gute Anführerin. Sie ist egoistisch. Eine halbe Sekunde, bevor Natalie sie sicher stützen kann, springt sie zu einer Hebefigur hoch und spürt, wie ihr Schuh aus Natalies Fingern rutscht. Sie kommt mit dem Knöchel zuerst auf, fällt und schlägt mit dem Kopf auf den Turnhallenboden. Schmerz durchfährt ihren Kiefer und explodiert in ihrem Hinterkopf. Als Averys Augenlider sich flatternd öffnen, drängen sich die Wölfinnen um sie, blockieren mit ihren Silhouetten das Licht.

Eine größere Gestalt löst sich aus der Dunkelheit. »Avery?«, fragt Mr G. »Kannst du mich hören?« Die Mädchen weichen zurück. »Wie viele Finger hebe ich?«

»Mein Knöchel«, stöhnt sie. Sie erwägt, ihre Hand vor die Stirn zu schlagen, aber das kommt ihr dann doch zu theatralisch vor.

Er legt ihr einen Arm um die Taille, um ihr aufzuhelfen. »Komm rüber zur Tribüne und setz dich hin. Ich muss erst mal das Lacrosse-Team aus der Halle scheuchen. Könnt ihr Mädels alleine aufräumen? Super Training heute – ihr werdet morgen echt groß rauskommen.«

»Es tut mir so leid, Aves«, quiekt Natalie und presst die Finger vor den Mund. »Bist du in Ordnung?«

»Jaja. War meine Schuld.« Sie humpelt in Richtung Tribüne, eine Hand an ihrer Schläfe. »Ich muss es bestimmt nur etwas kühlen.«

Lyla eilt herbei und schlingt ihre Arme um Averys Schultern. »Aves, wie furchtbar«, sagt sie und klingt etwas zerknirscht. Vielleicht denkt sie, sie könnte Avery mit ihren Kommentaren aus dem Konzept gebracht haben. »Was machst du denn jetzt wegen morgen? Mit einem verstauchten Knöchel kannst du doch nicht tanzen.«

»Tja, wie gut, dass du mein Ersatz bist, nicht wahr?«, sagt Avery mit einem matten Lächeln.

Lylas Arm verkrampft sich. »Avery Cross, wage es nicht, mich zu diesem Sprung zu zwingen. Erhol dich gefälligst schnell.«

»Mach ich.« Bis morgen wird sie eine wundersame Heilung erfahren und mit ihrem Knöchel laufen, als wäre alles in Ordnung. Was es ja auch ist.

»Wir brauchen jetzt den Platz, Mädels.« Mr G wedelt mit den Händen, als wollte er eine Herde Kühe von der Weide treiben. »Avery wird es morgen besser gehen. Keine Sorge.«

Die Mädchen reden aufgeregt, während sie ihre Sachen zusammenpacken. Ein paar von ihnen werfen besorgte Blicke in Averys Richtung, aber sie sprechen sie nicht noch einmal an und beeilen sich, von der Bildfläche zu verschwinden.

Das Zuschlagen der Hallentür bringt endlich Stille, durchbrochen nur durch das Quietschen von Mr Gs Turnschuhen auf dem Linoleum, als er in der Gerätekammer herumkramt und schließlich zurück zur Tribüne trottet.

»Jetzt lass mal sehen.« Er rollt ihre Socke runter; seine Finger streifen ihre Haut. Sie zuckt zusammen und zieht unwillkürlich die Luft ein. »Tut das weh?«, fragt er.

»Ja.« Eigentlich hasst sie sich für das Zittern in ihrer

Stimme, aber wenigstens *versucht* sie ihr Bestes, jämmerlich zu klingen.

Seine Hand ruht knapp über ihrem Knöchel auf ihrem Unterschenkel. »Ich hab dich ja gewarnt, dass es gefährlich ist, weiterzumachen, wenn alle so müde sind.« Sein Griff wird eine Spur fester.

Avery nickt. Ihr Mund ist ganz trocken.

»Du weißt ja, dass ich immer auf dich achtgebe.« Die Hand wandert ihren Unterschenkel hinauf, weiter zu ihrem Knie. Sie jault leise auf. »Tut das weh?«, fragt Mr G noch einmal.

»Es geht«, flüstert sie.

»Leg deinen Knöchel hoch. Ich würde sagen, nimm ein Schmerzmittel, aber ich schätze, da musst du mit deiner Mom drüber reden.«

Denn natürlich hat Mrs Cross Mr G angerufen. Sie vertraut ihm. Alle vertrauen ihm.

Mr G legt seine andere Hand auf ihre Schulter. »Ich bin nicht hier, um über dich zu urteilen. Ich will dir nur helfen. Ich weiß, dass dich die Neuigkeiten sehr mitgenommen haben, und die Zusammenarbeit mit der Polizei ist ein zusätzlicher Stress.« Seine Hand drückt ihre Schulter. »Du weißt, dass du immer mit mir reden kannst, nicht wahr?«

Und auch wenn ihr immer noch speiübel ist, lächelt Avery ihn an. »Ich weiß, Mr G. Deshalb sind Sie ja auch mein Lieblingslehrer.«

Die Tür zur Turnhalle wird aufgerissen. Avery springt auf und zuckt noch einmal zusammen, als ihr Fuß von der Tribünenlehne rutscht. Mr G tätschelt ihr Bein.

Michael kommt in die Halle. Sein Blick geht zwischen Avery und Mr G hin und her. Er runzelt die Stirn. »Ich hab dir einen Monster-Drink mitgebracht. Ist alles in Ordnung?«

»Wie schön, einen so fürsorglichen Freund zu haben, nicht wahr?« Mr G steht auf. »Ich hole dir einen Verband. Versuch, das Bein nicht zu belasten.«

»Warten Sie …«, stammelt Avery, als er auf die Hallentür zugeht. »Ich muss mit Ihnen reden!«

»Ich dachte, du wolltest mit mir reden«, stellt Michael fest.

Sie starrt ihn eine Weile mit offenem Mund an. »Ich kann nicht«, sagt sie schließlich, zu forsch und zu kühl.

Sie sieht den Schmerz in seinen Augen, bevor er ihn hinunterschluckt. »In Ordnung. Ich meine, du warst es ja, die reden wollte. Vielleicht kann ich dir zu deinem Auto helfen?«

»Meine Mom holt mich ab«, sagt sie zerknirscht. »Aber, ähm, vielleicht können wir ja zusammen warten?«

»Klar.« Er reicht ihr die Dose Monster. »Dann können wir reden, während wir warten.«

Das Letzte, was sie jetzt gebrauchen kann, ist, vor den Augen ihrer Mom mit ihrem Freund Schluss zu machen. Also öffnet sie die Dose. Wenn sie jetzt ein paar kleine Schlucke nimmt, kann sie Michael vielleicht gnädig stimmen und dazu bringen, später die Dose zu halten, wenn Mrs Cross aufkreuzt. Sie steht auf und stützt sich auf seinen Arm. »Wie war Lacrosse?«

JL Police Department interessiert sich mehr für irgendeinen Blogger als für Emma Baines

Riecht ihr das in der Luft? Den Geruch von Schnee und Flusswasser? Übertönen eure Weihnachtslieder Annas Rauschen? Helfen euch die funkelnden, fröhlichen Lichter, die dunklen Wälder am Rand von Lorne zu vergessen? Na, dann frohes Fest, ihr Idioten.

Wisst ihr, wem ich bestimmt keine schönen Feiertage wünsche? Dem JLPD. Sie werden an diesem Wochenende Überstunden machen müssen, um im Baines-Fall weiterzukommen, und wessen Schuld ist das? Ich hab euch doch gesagt, dass Claude Vanderly eine Sackgasse ist. Ich hab euch gesagt, das ist sinnlos. Vielleicht hättet ihr auf mich hören sollen, statt krampfhaft zu versuchen, meine Identität herauszufinden.

Da werdet ihr nie hinterkommen, also hört auf, danach zu suchen.

Im Übrigen vermutet das JLPD, der Schuldige an Emmas Tod könnte jemand von der JL High School sein. Ach, wirklich? Sind das die detektivischen Fähigkeiten, für die wir unsere hart verdienten Steuergelder zahlen? Überlegen wir doch mal. Wer gehört damit nach neuestem Ermittlungsstand zum Kreis der Verdächtigen?

Ach ja. Jeder.

Ich weiß, was ihr alle denkt. *Was ist mit dir, West? Woher weißt du so viel? Was hast du selbst mit all dem zu tun?* Normalerweise würde ich mich geschmeichelt fühlen, dass ihr euch alle so brennend für mich interessiert. Aber wir haben größere Probleme. Ihr seid so mit der Frage beschäftigt, wer ich bin, dass ihr vergessen habt, dass es euch noch nicht mal interessiert hat, wer Emma war. Scheiß drauf. Ihr *wisst* überhaupt nicht, wer Emma war. Ihr seid vernarrt in ein fiktives totes Mädchen. Und wenn ihr doch die wahre Emma kennenlernen wollt?
Darum hättet ihr euch bemühen sollen, bevor sie starb. Jeder versteckt sich hinter einer falschen Fassade. Jetzt wird ihr wahres Gesicht für immer im Verborgenen bleiben. Zu dumm nur, dass niemand weiß, wo ihr Tagebuch ist. *Das* könnte uns vielleicht Interessantes erzählen.

Mit besten Grüßen
Adams West

Tagebucheintrag

Emma Baines – 1. Februar 2018

Ich kann immer noch nicht glauben, dass ich mich aus dem Haus geschlichen hab. So verdammt verkorkst ist das alles geworden. Ich stehle mich heimlich aus dem Haus, riskiere, dass mir Dad den Kopf abreißt, aber ich muss wissen, was passiert ist. Lizzy, das hier ist für dich. Das hier ist für uns.

Die Stiefelabdrücke gehörten zu einem relativ kleinen Fuß, aber nach meinem heutigen Ausflug bin ich ziemlich sicher, dass es ein Männerstiefel war. Laut Reddit gehört der Abdruck zu einem Pine-Nation-Wanderschuh mit einer Gummisohle, wahrscheinlich Modell Goretex Deluxe in Größe 39. Wenn irgendjemand sie verkaufen würde, wäre es Lorne's Hunting & Sport.

Problem: Das Camping-Geschäft ist nur von 9 bis 17 Uhr geöffnet. Wenn Dad herausfindet, dass ich mich davongestohlen hab, verscharrt er meine Leiche im Garten, das schwöre ich bei Gott.

Ich hab überlegt, zu warten und das Cheer-Training sausen zu lassen. Ich hab überlegt, im Geschäft anzurufen, statt persönlich hinzugehen. Aber wenn Lizzy wirklich umgebracht wurde, muss ich doch mehr als einen halbherzigen Versuch unternehmen, den Mörder zu finden.

Mein Glück, dass Dad seinen Kopf zur Tür reinsteckte, als ich über meinen Mathe-Aufgaben saß. »Ich bin eine Weile in der Garage«, kündigte er an. »Was gibt's zum Abendessen?«

»Chili«, sagte ich spontan, denn ich wusste, dafür würde ich

Zwiebeln schneiden müssen, und Dad hasst den Geruch von rohen Zwiebeln. Glücklicherweise bin ich eine gute Lügnerin und lasse mir so schnell nichts anmerken. Am liebsten hätte ich voll Siegesbewusstsein die Faust in die Luft gereckt. Dad baut schon länger an einer neuen Schiebetür für einen Schrank mit einem aus gebeiztem Holz geschnitzten Relief in Form der Rockies. Er braucht eine Ewigkeit dafür und diese Ewigkeit kommt mir gerade recht.

Als ich zum Campingladen kam, hatte ich weniger Glück. Als Erstes stieß ich mit Direktor Mendoza zusammen – und zwar wortwörtlich. Wenn er Dad je davon erzählt, bin ich geliefert.

»Hallo, Emma«, sagte er und fasste mich an den Schultern, damit ich nicht das Gleichgewicht verlor. »Wie läuft das Cheer-Training?«

»Gut.«

»Euer Spring-Fling-Tanz wird zauberhaft.« Er wedelte mit den Fingern. »Sagt mir Bescheid, wenn ihr Hilfe beim Schminken braucht. Ich hab mal die Theater-AG geleitet.«

»Klar.« Geht total an mir vorbei, was du sagst, Mendoza.

Mein zweiter Patzer war, dass ich vergessen hatte, wer das Campinggeschäft führt. Art Miller, ein alter Kumpel von Dad. Die beiden waren manchmal zusammen angeln gegangen, bevor Dad heiratete. Ich weiß auch nicht, warum Dad das nicht wieder aufgegriffen hat, nachdem Mom ihn verlassen hatte – ich meine, natürlich weiß ich es, er hätte mich nicht mitnehmen wollen und er hätte mich nicht allein zu Hause lassen wollen –, aber manchmal quatschen die beiden noch miteinander.

Art fand mich in der Schuhabteilung, wo ich nach der Marke Pine Nation suchte. »Kann ich Ihnen weiterhelfen?«

Ich sah auf. Und bemerkte meinen Fehler. Arts Augen weiteten sich, als er mich wiedererkannte, und die Lügen sprudelten aus mir heraus. »Bestimmt können Sie das«, antwortete ich in meiner lebhaftesten, fröhlichsten Stimme. Manchmal tue ich so, als wäre ich Avery. Das hilft echt, wenn es darum geht, Leute zu manipulieren. »Ich möchte ein Überraschungsgeschenk für meinen Dad kaufen. Mir ist nämlich aufgefallen, dass seine alten Stiefel etwas abgewetzt aussehen« – ich zückte mein Handy mit dem Stiefelabdruck-Foto – »und ich weiß, dass ein neues Paar außerhalb des Polizei-Budgets liegt.« Art lächelte. Was für ein süßes Mädchen, kümmert sich so lieb um ihren Dad. Ich hatte ihn an der Angel. »Und da hat man mir Pine Nations empfohlen.«

Art runzelte die Stirn, als er in Gedanken sein Lager durchging. »Die führen wir nicht. Aber wir können sie bestellen, wenn du möchtest. Welche Schuhgröße hat er denn?«

»Ähm, ich weiß nicht.« Ich versuchte, die Röte in meinem Gesicht als Verlegenheit auszugeben. »Aber ich hatte gehofft, herauszufinden, ob jemand anderes diese Schuhe gekauft hat. Sie wissen schon, damit ich mich erkundigen kann, wie sie passen. Schuhe kaufen kann ja wirklich knifflig sein.«

Ich lächelte noch strahlender und hoffte, er würde jetzt denken, Mädchen reden einfach gerne über Schuhe, statt anderen Gedanken nachzuhängen, die ihm womöglich durch den Kopf gingen.

»Die sind gut«, sagte eine Stimme von der anderen Seite des Ladens. Art und ich sahen uns um. Direktor Mendoza stand an der Kasse und wartete darauf, zu bezahlen. Er sah meinen verständnislosen Blick und fügte hinzu: »Pine Nations. Das sind gute Wanderschuhe. Das ganze Kollegium hat auf Greg Cross' Weihnachtsfeier welche bekommen.«

Gott. Verdammt. Das ganze Kollegium hat sie. Alle Lehrer?! Das war schlimmer, als hätte Art gesagt, dass noch nie jemand diese Schuhe bestellt hätte.

Art bekam gar nicht mit, was das für ein Dilemma für mich war. Er quasselte einfach weiter, schwafelte von immer selteneren Angelausflügen mit Dad, fragte nach dem Devino-Stipendium, erzählte von seinen Studienzeiten, als er noch Wildwasserraften und Felsklettern ging. Komm schon, Art, dachte ich, einer von uns wird mit dem Leben dafür bezahlen, wenn Dad spitzbekommt, dass niemand zu Hause ist. Schließlich räusperte ich mich und sagte: »Ich glaube, Direktor Mendoza möchte bezahlen.«

»Ganz recht, ganz recht.« Art schlenderte zum vorderen Teil des Ladens, wo Direktor Mendoza seit Ewigkeiten wartete. Er machte eine Handbewegung, um mich vorzulassen. »Schon okay«, sagte ich.

»Die Pine Nations sind klasse«, sagte er. »Ich trage sie immer zum Wandern. Ideal auf matschigen Wegen.«

Woher wollen Sie das denn wissen, Direktor M?

Mendoza ahnte nichts von meinem Verdacht und redete weiter. »Sie sind doch mit Avery Cross befreundet, oder? Ihr Dad war derjenige, der die Schuhe gekauft hat. Ich nehme an, er schwört auf die Marke. Kauft sich jedes Jahr ein neues Paar.«

Jedes Jahr. Das ist ein bequemer Grund, einen Mordbeweis aus dem Weg zu schaffen. Mr Cross hat viel zu verlieren, wenn herauskommt, dass er eine Affäre mit einer Schülerin hatte.

Dann bezahlte Mendoza endlich und ging. »Soll ich eine Bestellung für diese Stiefel aufgeben?«

»Wie viel kosten Ihre Waffen?«, platzte ich heraus.

Eine Waffe, Em? Im Ernst jetzt? Aber ich kann nicht gegen das Gefühl an, dass ich eine brauchen werde. Wenn ein Mann in der Lage ist, einen Mord zu begehen, um sein Geheimnis zu bewahren, warum sollte er nicht ein zweites Mal töten?

Die Waffen lagen auf einem Regal hinter Art, frisch poliert. Langläufige Rugers und Marlins, von unten angestrahlt.

Der Blick, den Art mir jetzt zuwarf, war nicht mehr der Blick, mit dem man ein süßes Mädchen mustert. »Kommt drauf an, wonach du suchst. Ein gutes Gewehr gibt es ab $800, eine Pistole für Neun-Millimeter-Patronen ungefähr zum halben Preis. Aber wenn du nicht auf dem Weg zu einer Waffenschau oder unter der Aufsicht deines Vaters bist, bekommst du von mir keine Waffe, bis du einundzwanzig bist, junge Dame.«

»Ich meine doch für Dad«, sagte ich noch mal.

»Überraschungsgeschenk, schon vergessen? Ich bin jetzt alt genug, mit ihm jagen zu gehen, aber alles, was er hat, ist seine Dienstwaffe.«

»Ich glaube, Wanderstiefel entsprechen mehr deinem Budget.«

»Ich werde darüber nachdenken. Ich komme nächste Woche

wieder. Und nicht vergessen, Überraschungsgeschenk. Bitte verraten Sie Dad nichts davon, okay?« Ich setzte mein gewinnendes Cheer-Lächeln auf.

Art lächelte nicht zurück.

Ich riskiere nicht nur, Dads Wut heraufzubeschwören. Je mehr Leute mich in der Stadt herumschnüffeln sehen, desto wahrscheinlicher ist es, dass der Mörder es mitbekommt. Und dann werde ich nicht einmal eine Waffe kaufen können, um mich zu schützen.

LYLA: Hey hast du kurz Zeit?

MICHAEL: Klar. Brauchst du die Matheaufgaben?

LYLA: Eigentlich geht es um Aves

MICHAEL: Aha? Okay. Was ist mit Aves?

LYLA: Sie verhält sich total seltsam seit ihr … whatever.

MICHAEL: Wie bitte???

LYLA: Komm schon, sie hat mir von eurem unsittlichen Abenteuer am Mittwochabend erzählt

MICHAEL: Wtf wir waren seit einer Woche nicht zusammen

MICHAEL: Du meinst die Nacht in der Emma starb???

MICHAEL: Sie hat mir erzählt, da war sie bei dir

Kapitel 19

Die Schnüfflerin

Schnee sammelt sich auf den Fenstern oben in den gelblichen Ziegelwänden. Die Korridore sind still und kalt; die Geräusche draußen werden vom Sturm gedämpft. Die Autos sind alle weg; die Vögel schlafen. Der letzte Bus ist vor einer halben Stunde abgefahren und ungefähr jetzt wird Mum bemerken, dass Gwen nicht mitgefahren ist. Schon wieder.

Gwen wagt fast nicht zu atmen. Sie blickt in beide Richtungen des Korridors und vergewissert sich, dass sie niemand beobachtet. Dann nimmt sie den Schlüsselbund, den sie aus Mr Gs Jackentasche geklaut hat, und probiert mit zitternden Fingern die Schlüssel durch, bis sie einen findet, der in seine Bürotür passt. Sie holt tief Luft, sieht sich noch einmal um und schlüpft dann hinein.

In Mr Gs Büro steht eine durchgesessene braune Kunstledercouch, die aussieht, als hätte er sie vor hundert Jahren bei eBay gekauft. Der Couchtisch hat braune, sich überlappende Kaffeeringe am Rand der

Tischplatte und der graue Teppich darunter ist gesprenkelt mit Flecken. Im Bücherregal an der Wand stehen Bücher über Sport, Psychologie und Physiologie neben Ordnern mit Schülerakten. Gwen juckt es in den Fingern, den *S*-Ordner zu berühren. Aber das ist nicht der Grund, warum sie hier ist. *Konzentrier dich.* Sie hat einen metallischen Geschmack im Mund und merkt, dass sie sich in die Wange gebissen hat. Sie lässt die Ordner stehen und geht zu Mr Gs Schreibtisch auf der anderen Seite des Zimmers. Dort werden auf seinem Computer unter anderem die Notizen von seinen Beratungsstunden gespeichert sein.

Sie gibt ihren Sekretariatszugangscode ein. Ein paar Klicks führen sie zu den Ordnern seiner Patienten.

Emma und Lizzy sind beide da. Ihre Hand verharrt auf der Maus, der Cursor schwebt über Emmas Ordner. Wenn Emma irgendjemandem von den Prüfungsergebnissen erzählt hat …

Vielleicht sollte sie die Sache einfach ruhen lassen. Vielleicht riskiert sie zu viel. Wenn sie jetzt den Kopf einzieht und sich darauf konzentriert, weiter gute Noten zu bekommen …

Auf dem Korridor sind Schritte zu hören, viel zu nah. Gwen springt von Mr Gs Schreibtisch auf, genau im selben Moment, als dieser zur Tür hereinkommt.

»Gwendolyn?« Er runzelt die Stirn.

Hitze steigt Gwen ins Gesicht. »Entschuldigung.

Ihre Tür war offen und ich wollte mit Ihnen sprechen.«

Mr G tastet seine Jackettasche ab. Sein Blick fällt auf seinen Schlüsselbund, der einen Tick zu nah an Gwens Hand auf dem Schreibtisch liegt. Sie fängt wieder an zu reden, schneller. »Die Polizei hat doch gesagt, wir sollen alles Verdächtige melden, oder? Ich hab … jemanden auf dem Parkplatz gesehen. Einen seltsamen Mann.«

»Setz dich«, sagt Mr G und deutet auf seine Couch.

Gwen setzt sich. Die Couch riecht nach altem Schweiß und Desinfektionsmittel. Mr G geht zu seinem Schreibtisch – *Scheiße Scheiße Scheiße* –, aber statt auf seinen Computer zu gucken, öffnet er die untere Schublade und holt eine Verbandsrolle hervor. Dann kommt er wieder zurück und setzt sich gegenüber von Gwen auf einen ramponierten Bürostuhl. »Erzähl mir von diesem Mann, den du gesehen hast. Könnte es jemand gewesen sein, der an der Schule arbeitet?«

Sie redet, ohne nachzudenken. »Er sah nicht aus wie ein Lehrer oder ein Elternteil. Um ehrlich zu sein, er sah irgendwie … ungepflegt aus. Er hatte eine große schwarze Jacke an und Springerstiefel und eine Mütze. So eine Strickmütze. Und er sah aus, als hätte er sich seit drei Tagen oder so nicht rasiert.«

Die Furche zwischen seinen Augenbrauen wird immer tiefer. »Kannst du mir mehr über diesen Mann erzählen? Was ist mit seinem Körperbau und seiner ethnischen Zugehörigkeit?«

»Er war weiß«, sagt Gwen schnell. »Und, ja, groß. Größer als Sie vielleicht?« Mr G ist eins achtundsiebzig. »Und er war ziemlich dünn, glaube ich. Das war schwer zu erkennen, weil er die Jacke anhatte. Es war eine von diesen wulstigen Daunenjacken. Er sah ein bisschen so aus, als wäre er betrunken. Sie wissen schon, rote Nase und Augen und so. Und er hatte eine Narbe, direkt über seiner Lippe.« Sie beschreibt mit dem Finger eine Linie zwischen ihrer Nase und ihrem Mund. »Glauben Sie, es könnte West gewesen sein?«

Mr G dreht die Verbandsrolle in seiner Hand. »Ich will keine vorschnellen Schlüsse ziehen. Aber ich bin froh, dass du uns Bescheid gesagt hast. Ich werde Direktor Mendoza darauf ansprechen und mich vergewissern, dass unser Sicherheitsdienst jeden überprüft, der das Schulgelände betritt.« Er sieht blass aus unter seinem grau melierten Ziegenbart. »Aber jetzt muss ich erst mal zurück in die Turnhalle.« Seine Finger schließen sich fester um die Verbandsrolle. »Brauchst du eine Mitfahrgelegenheit nach Hause? Wenn ich in der Turnhalle fertig bin, kann ich dich fahren.«

»Nein, danke.« Sie geht mit Mr G aus dem Zimmer und versucht, nicht daran zu denken, was sie eigentlich in seinem Büro erreichen wollte.

Ihr Handy vibriert, als sie das Schulgebäude verlässt.

Schneeflocken tanzen im gelben Licht einer Straßenlaterne und sie streift hektisch ihre Handschuhe ab, um den Anruf entgegenzunehmen. »Mum?«

Mum klingt stocksauer. »Gwendolyn, sag mir *sofort*, wo du bist.«

»Ich komm gerade aus der Schule. Ich hab den Bus verpasst.«

»Gwen, du hast versprochen, direkt nach dem Unterricht nach Hause zu kommen. Du hast gesagt, du hilfst mir, den Weihnachtsschmuck aufzuhängen.«

»Ich hatte noch Jahrbuch-AG.« Wie jeden verdammten Freitag in diesem Schuljahr.

»Du bewegst dich auf dünnem Eis. Du hast gesagt, du bist vorsichtig, und du hast gesagt, du nimmst den Bus. Wenn du keinen Hausarrest haben willst, musst du dich an unsere Regeln halten. Ich muss wissen, wo du bist.«

»Mein Gott, Mum. Machst du dir etwa Sorgen, wo Dad ist? Von mir weißt du wenigstens, was ich mache.« Das Gleiche, was sie jede Woche macht.

Für einen furchtbaren Moment schweigt Mum. Dann sagt sie: »So redest du nicht über deinen Vater.«

Jetzt sollte Gwen einlenken. Stattdessen sagt sie: »Und deshalb kann er wohl machen, was er will? Wenn du ihn auch nur halb so viel kontrollieren würdest wie mich, wüsstest du vielleicht, wo er jeden Tag nach der Arbeit hingeht.«

Wieder Schweigen. Dann wird der Anruf beendet.

Es ist eine Weile her, dass Gwen ihre Mutter so zur Weißglut gebracht hat.

Früher hatte sie einen Grundsatz: In der Schule konnte sie ein Arschloch sein, aber nie zu Hause. Nie zu ihren Eltern, die so hart dafür arbeiteten, dass sie weiterkam, dass sie eine Chance auf das Stipendium hatte. Nie zu ihrer Schwester, die sich trotz der Arbeit für die Schule immer Zeit nahm, um sich Gwens Probleme anzuhören. Als Lizzy starb, hat Gwen ihren Grundsatz vergessen. Wie viel hat Mum durchmachen müssen? Wie viel von ihrer Traurigkeit hat sie verdrängt, damit Gwens Leben nicht auseinanderfällt? Damit Gwen hier rauskommt? Gwens Daumen schwebt über Mums Namen. Sie sollte zurückrufen und sich entschuldigen. Sie sollte versprechen, so schnell wie möglich nach Hause zu kommen.

Sie spürt einen Blick in ihrem Rücken. Langsam dreht sie sich um. Der Parkplatz ist leer, abgesehen von Mrs Cross' Van vor dem Eingang. Schnee bedeckt den Asphalt. Gwen kann nichts hören, nicht einmal den Wind. Die Welt ist so still, so stumm, dass sie sogar Angst hat, zu atmen. Es *kann* doch niemand in der Nähe sein.

Ein Schatten löst sich von der Wand.

Sie kann das Gesicht nicht erkennen, aber sie weiß Bescheid. Sie *weiß*, dass die Augen auf sie gerichtet sind.

Der Schatten tritt vor und Gwen dreht sich um. Sie ist nicht die Schnellste in Leichtathletik, aber das macht nichts. Sie muss nur schneller sein als derjenige, der ihr folgt.

Sie rennt.

Tagebucheintrag

Emma Baines – 25. August 2018

Jemand will mich zum Schweigen bringen. Bisher war es nur ein Gefühl, aber jetzt weiß ich es.

Gestern war ein Desaster. Ich hab beschlossen, vor versammelter Klasse Lizzys Mord zu verkünden, und zwar aus zwei Gründen: Erstens, weil das Seminar Bullshit war und Lizzy nicht an einer Überdosis gestorben ist. Und zweitens – der Fall ist einfach eine Nummer zu groß. Ich kann das nicht allein bewältigen. Ich dachte, es offen auszusprechen, würde vielleicht die Polizei auf den Plan rufen. Ich hätte mir ja denken können, dass das nichts wird.

Gestern hat man mich in die Beratungssprechstunde geschickt um »mein Verhalten zu überdenken« und mir klarzumachen, dass niemand meinen »kleinen Gefühlsausbruch« gutgeheißen hat.

Aber heute, also … Jetzt wird alles nur noch schlimmer werden. Und in der Zwischenzeit habe ich jeden Tag Extra-Sitzungen mit Mr G. Die erste war gestern und schon fange ich an zu zweifeln. Habe ich mir das wirklich alles nur eingebildet? Sind meine Theorien nichts als Hirngespinste, um einen Sinn in dieser sinnlosen Welt zu finden?

Ich habe recht. Ich habe recht mit Lizzy. Jedes Mal, wenn ich mir noch mal die Fakten durch den Kopf gehen lasse, bin ich wieder überzeugt. Sie wurde umgebracht.

Ich habe gerade alles offengelegt, was ich weiß, aber niemand glaubt mir, verdammt noch mal. Ich hab es so was von satt, dass mir niemand glaubt. Ich hab es satt, dass man mich auf die Psychocouch verfrachtet, wo ich doch keine Therapie brauche, sondern Schutz. Und jetzt ...

Mein Dad wollte nicht, dass ich für die Therapiestunden meinen Unterricht verpasse, also muss ich Mr G jetzt nach der Schule treffen. Was sich genau mit meiner Zeit beim Jefferson-Lorne Inquirer überschneidet, aber für unabhängigen Journalismus interessiert sich anscheinend eh niemand mehr. Heute hatte ich nach der Therapiesitzung noch fünfundvierzig Minuten Zeit, also hetzte ich zu der kleinen Kammer, die das Büro der Schülerzeitung darstellen soll. Auch wenn um diese Zeit kaum noch jemand auf den Korridoren war, lief ich geduckt und heftete den Blick auf meine Sneakers. Ich wollte mich einfach ... nicht den Blicken aussetzen. Manche mitleidig (Arme Emma, jetzt hat sie den Verstand verloren), manche wütend (Kann sie die Sache nicht in Ruhe lassen?), manche sensationslüstern (Die Verrückte kommt. Schnell, guckt sie euch an!). Wenn ich sie nicht sehe, kann ich so tun, als wenn es diese Blicke nicht gibt.

Aber da waren zwei Leute, mit denen ich mich auseinandersetzen musste. Samantha Johnson, unsere Chefredakteurin, würde mich nie eine Deadline verpassen lassen. Und Mr Pendler war unser Berater aus der Lehrerschaft.

»Du bist spät dran«, begrüßte mich Samantha, als ich hereinkam. Sie gehört zu diesen Leuten, die denken, dass es uns irgendwie inspiriert, wenn man uns zusammenscheißt.

Ich machte mir nicht die Mühe, zu antworten. Sie wusste, wo ich

gewesen war. Alle wussten das. Stattdessen ging ich einfach zu meinem Platz am Schreibtisch.
Der alte Dell-Computer war schon an. Und meine Notizen – die waren nicht mehr dort, wo ich sie gestern zurückgelassen hatte.
Die Alarmglocken in meinem Kopf begannen, leise zu läuten.
Ich ignorierte sie. Ich konnte es mir nicht leisten, in Panik zu geraten. »Hast du an meinem Artikel gearbeitet?«, fragte ich.
Das macht Samantha manchmal – übernimmt die Regie, wenn sie denkt, dass jemand mit einem Artikel zu spät dran ist.
Es ist fies, aber so ist sie eben. Und das habe ich auch gewusst, als ich mich in diesem Schuljahr für die Zeitung meldete.
»Nein.« Samantha sah mich an, als hätte ich sie gefragt, ob sie mein Hundebaby getreten hätte.
Ich atmete tief ein, versuchte, meine Stimme zu beruhigen. Jetzt nur nicht durchdrehen, Emma, dachte ich. Dann würden nur alle denken, dass ich wieder austicke. »Hast du was an meinem Platz gesucht?«
»Ob du es glaubst oder nicht, ich wühle nicht in anderer Leute Sachen rum. Ein Journalisten-Schreibtisch ist heilig.«
Mr Pendler schaltete sich ein. »Niemand war auch nur in der Nähe deines Schreibtisches, Emma.« Er fixierte mich mit einem strengen Blick.
Die Alarmglocken schrillten lauter. Tiiiief durchatmen. Ich öffnete die obere Schublade.
Meine Liste mit den Leuten, die ich befragen wollte, war weg.
Auf dieser Liste hatte ich Lizzys Freundinnen, Ex-Freunde, Familienmitglieder, Verdächtige aufgeschrieben. Wer würde die

stehlen? Und mein Lizzy-Sayer-Notizbuch, das daruntergelegen hatte? Auch weg. Jedes Fitzelchen Information, das ich über den Fall in Erfahrung gebracht hatte, jede beiläufige Bemerkung, die darauf hindeutete, dass jemand mehr wissen könnte. Die Quittung, die beweist, dass sie eine halbe Stunde vorher an einer Tankstelle war, und zwar nüchtern – und der Zettel mit der Nachricht. Dieser Zettel hätte dafür gesorgt, dass ihr Fall wieder aufgerollt wird. Alles weg.

Bebend stand ich vor dem Computer. Sam und Mr Pendler beäugten mich misstrauisch. Sie hatten die Lizzy-Nachforschungen von vornherein nicht gutgeheißen – Sam hatte gesagt, sie würde das nie veröffentlichen, zum Wohle der Schülerschaft. Schon bevor ich mich einloggte, wusste ich, dass meine Dateien über Lizzys Fall verschwunden sein würden.

Jeder mit einem Admin-Log-in konnte die Dateien gelöscht haben. Eine Menge Leute haben einen Schlüssel zu Mr Pendlers Zimmer. So ziemlich jeder könnte für den Mord und dessen Vertuschung verantwortlich sein. Und ich habe gerade vor der gesamten Schule verkündet, dass ich Bescheid weiß.

Jetzt kann ich nirgends mehr alleine hingehen. Ich bin sicher, sie beobachten mich, und ich hab einfach total Schiss, und niemand glaubt mir.

Niemand.

Kapitel 20

CLAAAAAAUDE

Wird spät heute. Take-away-Menü hängt am Kühlschrank – such dir was aus, aber NUR LIEFERSERVICE!! Du hast noch Hausarrest. HDL

Claude kann sich nicht erinnern, wann sie zuletzt an einem Freitagabend zu Hause gehockt hat. Sie lässt sich auf die Couch fallen. Die letzten vier Stunden hat sie damit zugebracht, sich bescheuerte Weihnachtsschnulzen auf Netflix anzugucken. Eigentlich sollte sie an ihrem Essay für Regierungslehre arbeiten, aber das hat sie sausen lassen. Und Jamie hat ihr eine SMS geschrieben: alles ok?

Nein, hat sie zurückgeschrieben, während sie mitten in *Das Wunder von Manhattan* steckte.

Willst du reden?

Darauf hat sie nicht reagiert. Wenn sie antwortet, wird er so was machen wie eine Liste mit den Büchern zu den *Star-Wars*-Filmen erstellen, vom besten bis zum schlechtesten. Oder er wird ihr Namen schicken und sie raten lassen, ob sie zu Nagellackfarben gehören oder zu Teen-Popsongs. Er würde sogar den Essay für Regierungslehre mit ihr durchgehen, wenn sie ihn fragen würde. Alles, nur um *das* Gespräch zu vermeiden, das er eigentlich führen will. Aber zwischen den Zeilen würde sie doch lauern, die Frage *Ist das nun das, was man in einer Beziehung macht?* Und ganz ehrlich – Claude hat keine Ahnung. Verdammt, sie hat schließlich noch nie einen Freund gehabt und sie wollte auch noch nie einen. Ein Freund macht dir tolle Versprechungen und schwängert dich, um dir dann zu sagen, dass du nicht abtreiben darfst, und drei Jahre später lässt er dich mit deiner Tochter sitzen. Das ist zumindest das, was sie in diesem Haus gehört hat. Sex macht Spaß und ist unkompliziert. Na ja, zumindest *war* das bisher so.

Sie sollte einfach nicht mehr mit Jamie reden. Das wäre auf lange Sicht besser für alle. Er wird traurig sein, aber dann wird er sich eine richtige Freundin suchen und er wird aufhören, mit Claude zu reden, und plötzlich wird ihr bester Freund aus ihrem Leben verschwunden sein.

Aber sie will nicht aufhören, mit ihm zu reden. Sein *Star-Wars*-Ranking ist äußerst überzeugend.

Das Handy vibriert wieder. Claude verdreht die Augen und rückt das karierte Kissen hinter ihrem Kopf zurecht, bevor sie einen Blick auf das Display wirft. Aber es ist nicht Jamie. Es ist Margot.

Kommst du heute Abend zur Party? XO

Claude hat Margot auf einer Demo gegen eine mögliche Wiedereröffnung der Kohlebergwerke in der Gegend von Lorne kennengelernt. Margot hatte die Demo ins Leben gerufen; Claude war die einzige Teilnehmerin. Margot ist nett, eine Ex-Studentin aus Greeley. Sie arbeitet in Lornes Cannabis-Verkaufsstelle, die bald nach den ersten McMansions aus dem Boden schoss und in erster Linie dafür bekannt ist, dass minderjährige Highschool-Schüler dort verknackt werden, wenn sie versuchen, Gras zu kaufen.

Margot klaut auch den Rezeptblock ihres Dads und macht nebenbei gutes Geld mit dem Verkauf von verschreibungspflichtigen Pillen.

Claude liest noch einmal die letzte SMS von ihrer Mom. Was genau heißt »*wird spät*«?

Was für ne Party meinst du?

Ich hab gehört, Kyle Landry hat nen echt coolen Whirlpool.

Das kann Claude bestätigen, auch wenn sie nicht mehr bei Kyle zu Hause war, seit der ihrer Freundin Monica den Laufpass gegeben hat. Claude hält es immer mit dem Grundsatz, dass Freundschaften wichtiger sind als Bettgeschichten – aber Monica hat letztes Jahr ihren Abschluss gemacht und ist aus Lorne weggezogen. Damit ist Kyles Haus also nicht mehr tabu.

Sie hat noch immer Hausarrest. Aber wenn Mum Überstunden macht …

Sie schickt ihr eine kurze Nachricht.

Mir ist langweilig. Was denkst du, wann du zu Hause sein wirst?

Es wird spät, Liebes, antwortet Mom. Tut mir leid, aber wir sitzen hier echt in der Scheiße.

Und dann, schließlich ist Claudes Mom nicht dumm, schickt sie noch eine Nachricht hinterher: Vergiss nicht, du hast HAUSARREST!!!

Vanderly-Töchter. Kennen einfach keinen Respekt und Gehorsam. Sie klickt zurück zu ihrem Chat mit Margot. Schon auf dem Weg.

In fünfzig Jahren wird Kyle Landrys Haus aussehen wie ein heruntergekommenes Verbrechernest. Heute jedoch ist der Schotterweg zu seinem Palast mit blinkenden weißen Lichterketten geschmückt, und ein Tor aus verschnörkeltem schwarzen Eisen und roten Ziegelsteinen trennt das Haus von der Einfahrt. Kyles Haus ist drei Stockwerke hoch und ragt weit nach hinten bis an den Berghang. Auch um die pseudo-griechischen Säulen, die Dachgeländer und den Kiefernholzzaun, der den Innenhof begrenzt, sind Lichterketten drapiert. Makellos beschnittene Zypressenbäume umringen das Gebäude wie Soldaten und vor dem Haus steht eine Weihnachtskrippe. Irgendjemand hat einen roten Plastikbecher auf Marias Kopf gesetzt. Aus einem tragbaren Lautsprecher tönt Ariana Grande, Hintergrundrhythmus für das Gelächter und Geplapper der Party und das gelegentliche »*Yeah!*«. Claude checkt ihr Handy, bevor sie aus dem Auto steigt. Sie hat vielleicht eine Stunde. Während der Fahrt hat das schlechte Gewissen an ihr genagt. Sie will einfach abschalten, aber sie will auch nicht, dass Mom sie hasst.

Die Haustür ist nicht verschlossen. Im Flur sitzt Ben Nakayama, reichlich beschwipst. »Claaaaaude«, ruft er, als wäre sie das, worauf er sein Leben lang gewartet hat. Das ist Claudes Partyname. *Claaaaaaaude*. »Wie war's im Knast?«

Claude ignoriert ihn.

Kyles Haus ist wie ein Schaukasten eines anderen Lebens. Die Fußböden sind mit dunklen Steinplatten gefliest, die Wände blendend weiß gestrichen. In der Eingangshalle hängt ein düsteres modernes Gemälde; auf dem Wandbord darunter steht eine Vase mit Weidenzweigen. Auf dem Fußboden türmen sich in einem unordentlichen Haufen die Schuhe der Gäste. Durch eine Tür auf der rechten Seite kann Claude weiße Brokatsessel und Sofas erkennen und die Ecke eines dunklen Holztisches. Mindestens eine große Gruppe ist drinnen. Zu ihrer Linken steht die Tür zu einem Zimmer mit Büchern und Brettspielen offen. Ein verunsichertes Mädchen aus der Neunten drückt sich in der Ecke herum und guckt auf ihr Handy. Ein Stück weiter den Flur entlang drängen sich ein paar Leute im Fernsehraum und spielen *Mario Kart*. Sie haben Gläser in der Hand, mit Cola und Bier und irgendeinem Punsch, der wahrscheinlich eine Mischung aus Orangensaft und allem Möglichen aus der Hausbar der Landrys ist.

Claude erkennt ein paar Leute in der Küche. Sie lehnen lässig an Marmorarbeitsflächen, die vermutlich mehr gekostet haben als das gesamte Haus der Vanderlys. Auf der Kücheninsel in der Mitte steht ein Fass. Shay füllt ihren Becher mit einem scheußlichen pinkfarbenen Cocktail aus einer Schüssel, während Natalie hinter ihr die braunen Haare zu einem Pferdeschwanz zusammenrafft.

»Hey, Claude«, sagt Shay, als sie aufblickt. Sie ist die Einzige aus dem Wolfsrudel, die Claude nicht für die Inkarnation des Bösen hält. »Bier?«

»Claaaaaaude«, ruft der Rest der Küche im Chor. Ein paar Leute aus dem Fernsehraum verrenken sich die Hälse, um zu sehen, was los ist.

Verdammt, sie hat Lust auf ein Bier. Aber dann denkt sie an Lizzy Sayers Hyundai, der oben bei Anna's Run quer am Straßenrand stand. »Ich bin mit dem Auto da.«

Sie wartet darauf, dass sie ihr alle Fragen stellen. *Wie war es? Musstest du deine Fingerabdrücke abgeben? Musstest du dich ausziehen, um dich absuchen zu lassen haha? Haben sie die Mordwaffe gefunden? Warst du es?*

»Hat deine Mom dich echt auf eine Party gehen lassen?«, fragt Shay stattdessen. »Du musst ja wirklich die coolste Mutter aller Zeiten haben.«

»Na ja, wisst ihr, ich lasse mich nicht gerne einsperren.« Claude versucht, lässig zu klingen. Vielleicht kann sie so den immer stärker werdenden Impuls, sich zu übergeben, vergessen.

»Die unbezähmbare Claude«, kommentiert Sam Galley aus der Ecke.

»Claudini«, flötet Violet Pendler, die sich in seinen Arm schmiegt.

»Claude, die Unaufhaltbare!«, ruft Jason Lennox. Seine Wangen sind erhitzt, seine Augen glasig. Die Hand, die seinen Becher hebt, ist etwas zu ungestüm, und das Bier schwappt über den Rand. »Claaaaaaaude!«, grölt er.

»Claaaaaaaude!«, antworten alle.

Claude schauspielert immer ein wenig, aber die Rolle, in die sie auf Partys schlüpft, passt ihr wie ein oft getragener Mantel. Hier streunt sie nicht durch die Gänge wie eine trotzige Outsiderin. Hier ist sie eine Königin. Auf Partys ist ihr Sarkasmus scharfzüngig und witzig, nicht störend. Ihre schwarze Kurzhaarfrisur ist trendig. Ihr weit ausgeschnittenes Top und ihre kurzen Shorts sind sexy. Claude ist immer noch Claude, mehr oder weniger – aber statt einem den Mittelfinger zu zeigen, legt sie einem die Hand auf den Arm. Sie lacht über einen Witz, auch wenn er ein winziges bisschen sexistisch ist. Sie muss nicht die erste und letzte Bastion des Feminismus sein.

Sie öffnet eine Coladose und stimmt in das Gejohle der anderen ein. Dann lehnt sie sich zurück und breitet die Arme weit aus. »Was gibt's Neues in der Welt?«

»Ich kann nicht fassen, dass Mrs Willingham im Unterricht geheult hat«, sagt Jason spöttisch.

Shay und Natalie werfen ihm beide einen vernichtenden Blick zu. »Sie war dabei, uns unsere Essays zurückzugeben, und Emmas war ganz unten im Stapel«, erklärt Shay halblaut.

»Ich hab gar nicht gewusst, dass die Schwarte Emma so mochte«, sagt Claude und versucht, einen neutralen Gesichtsausdruck zu bewahren.

»Alle mochten Emma«, entgegnet Natalie. Sie wirkt reizbar, als könnte sich ihre beherrschte Miene jeden Moment in eine ungezähmte Fratze verwandeln, wenn Claude ihr auch nur den geringsten Anlass dazu gäbe. Ach ja. Die Cheerleaderinnen, die sich so eifrig darum reißen, diejenigen zu sein, die Emma am liebsten mochten.

Also tut Claude das Einzige, was sie tun kann. Sie hebt ihre Coladose und ruft: »Auf Emma!«

»Emmmmmaaaaaaaa!«, antworten alle in der Küche.

Shay lässt ihr Glas sinken und wischt sich eine echt wirkende Träne aus dem Augenwinkel. Natalies Blick ruht weiterhin auf Claude. Sie traut ihr nicht über den Weg, seit Claude auf dem Homecoming-Fest mit Michael Bryson rumgemacht hat.

»Leute, ich hab eine lange To-do-Liste für diese Party. Also, man sieht sich.« Hier in der Küche wird es ihr ohnehin zu eintönig. Als sie durch die gläserne Schiebetür in den Garten tritt, kann sie die anderen schon der Nächsten zuprosten hören: *Shaaaaaaaaaaaay!* Ein paar Leute sehen ihr nach, aber Claude hat keine Lust, auch nur eine weitere wertvolle Minute an sie zu verschwenden.

Die Lichter des Hauses treffen auf die dunklen Wolken und tauchen die Welt in eine seltsame grau-grelle Atmosphäre. Die kalte Luft lässt eine Gänsehaut über Claudes Nacken und Schultern laufen. Sie sollte eine Jacke anziehen. Kyle Landrys berüchtigter Whirlpool ist zu überfüllt mit empfindsamen Bikini-Schönheiten, also steuert Claude auf die erste andere Gruppe zu, die sie sieht.

»Claude!« Eine Hand landet auf ihrem Arm und Margot drückt sie kurz an sich. Margot gehört zu der Sorte Mädchen, deren Schließfach noch nie durchsucht wurde. Sie ist eine ehemalige Cheerleaderin mit einem runden freundlichen Gesicht und blonden Haaren, die sie immer noch zu einem hohen Pferdeschwanz zusammenbindet. Sie ist der einzige Mensch, den Claude kennt, der die Chance hatte, Lorne für immer zu verlassen, und sie nicht ergriffen hat. Sie duftet nach Lavendelrauch und darunter ein bisschen nach Gras.

»Hi, was geht? Ich hab Nachschub im Auto – brauchst du was?« Sie hebt die Augenbrauen. Nachschub, das bedeutet mehr verschreibungspflichtige Tabletten.

Claude fragt sich, ob Margot weiß, wo sie gestern Abend war. Moms wütende, verzweifelte Stimme hallt wie ein Echo durch ihren Kopf. *Was soll der Scheiß, Claude?* »Geht nicht. Ich muss 'ne Weile auf Tauchstation gehen.« Vielleicht für immer. Vielleicht kann sie irgendeine andere Möglichkeit finden, in dieser gottverlassenen Stadt Geld zu machen.

Diesmal schießen Margots Augenbrauen wirklich vor Erstaunen nach oben. »Ich dachte immer, du machst zu viel Kohle damit, um aufzuhören.« Claude zuckt mit einer Schulter. »Na gut. Aber wenn ich in der Zwischenzeit einen anderen Dealer für die JLH finde, kann ich den Job nicht für dich freihalten.«

»Das ist okay. Hey.« Ein anderer Gedanke schießt Claude durch den Kopf. »Hast du 'ne Ahnung, wie man ein Smartphone hackt?«

Margot nimmt einen Schluck Bier. »Kommt drauf an, was du brauchst.« Kosten wird es natürlich auch.

»Nehmen wir mal an«, sagt Claude betont beiläufig, »jemand hat ein gesperrtes Telefon, auf dem *vielleicht* belastende Informationen drauf sind. Gibt es eine Möglichkeit, da ohne das Passwort ranzukommen?«

»Hmmm.« Margot schluckt. »Willst du die Daten löschen oder einfach reinkommen?«

»Einfach reinkommen.«

Margot schüttelt den Kopf. »Damit riskierst du, dass das Handy auf Werkseinstellungen zurückgesetzt und alles gelöscht wird. Vielleicht kannst du das Passwort für die Cloud deines Erpressers herausfinden?«

Claude hat zwar nichts von Erpressung gesagt, aber sie wird Margot nicht die Wahrheit sagen.

»Ich hoffe, du kriegst das hin«, sagt Margot mitfühlend. »Sag mir Bescheid, wenn du wieder dealen willst.« Sie tätschelt die Tasche ihres Oberteils. Es knistert.

Jemand reicht Claude einen Becher Bier, den sie in der Hand behält, während sie die Runde macht. Die Leute grölen, wenn sie Claude sehen. Sie bekommt Umarmungen, sie bekommt Beifall, sie bekommt Häppchen von den Tellern der anderen. In der klaren, kühlen Bergluft, im Wechselspiel von Schatten und dem goldenen Licht des Hauses, scheint sich Claudes Gestalt auszudehnen und eine neue Form anzunehmen.

»Claaaaaaude«, ruft ein Junge, den sie nicht kennt. »Wie war's im Knast?« Sein Freund verpasst ihm eine Ohrfeige, aber er ist so betrunken, dass er gar nicht darauf reagiert. Die Leute um sie herum rücken näher, um etwas von ihren kriminellen Machenschaften zu erfahren.

Claude fährt sich mit der freien Hand durchs Haar.

Alle Blicke folgen der Bewegung ihres schlanken Arms. »Es war beschissen«, sagt sie. Ihr Lächeln ist scharfkantig und gefährlich wie Felsen im Wasser. »Keine Folter, keine brutale Polizeigewalt – sie haben mir kaum Fragen gestellt.« Sie schnappt sich noch eine Brezel von einem Teller neben ihr. »Sieben von zehn Punkten. Die letzte Verhaftung war besser.«

Die anderen um sie herum johlen. Ihre Verehrung lässt Claude weiter wachsen.

»Hast *du* das Lagerfeuer im Wald gemacht?«, fragt eine Neuntklässlerin erwartungsvoll.

Ein seltsamer Ausdruck huscht über Claudes Gesicht. Einen Moment später hat sie wieder die gelassene Miene der Partygängerin aufgesetzt. »Natürlich nicht.«

Draußen auf dem Rasen ändert sich die Musik. Die wenigen Tänzer bleiben stehen, verwirrt. Doch Claude lacht nur. *»Meat Loaf?«* Sie stellt ihr Bier ins Gras und macht eine auffordernde Handbewegung. »Kommt schon. Zeigen wir diesen Idioten doch mal, wie man tanzt.« Sie marschiert auf das flache Rasenstück zu, das hier als Tanzfläche dient.

Claude ist kein Mitglied in einer Tanzgruppe oder einem Cheer-Team. Sie ist nicht einmal besonders anmutig. Doch niemand lacht über ihren fehlenden Tanzstil. Die Art, wie sie ihre Arme in die Luft stößt, bringt das Blut in Wallungen. Weitere Gestalten folgen ihr und bald ist der Rasen voller Leute, die seltsam herumhampeln und alles um sich herum vergessen, während die Musik ihnen unter die Haut geht.

Als Meat Loaf von einer anderen Powerballade abgelöst wird, verlangsamt Claude ihre Bewegungen, um sich der neuen Musik anzupassen. Eine Hand streicht über ihre Hüfte. Sie dreht sich um. »Mann der Stunde«, sagt sie.

»Ach ja?« Kyle nimmt das als Einladung, legt seine andere Hand unten auf ihren Rücken. Seine blassbraunen Haare sind durch das Tanzen ganz zerzaust und er riecht nach einer Mischung aus Bodyspray und Bier. Seine Augen sind haselnussbraun und seine Arme haben eine attraktive muskuläre Wölbung. Claude beginnt, sich zu entspannen. Sie hat dreißig Minuten, bevor sie wegen Mom in Panik geraten muss. »Also, ich weiß nicht«, sagt Kyle. »Du bist die, über die alle reden. Und du kriegst alle zum Tanzen, selbst wenn so was läuft …« Er zieht die Nase kraus. »Was auch immer das ist. Mark hat echt einen ätzenden Musikgeschmack.«

Claude lacht. »Meat Loaf ist der Lieblingssänger meiner Mom.« *Jetzt hör auf, an Mom zu denken.* Um ihre eigenen Schuldgefühle zu beruhigen, presst sie ihren Körper an Kyles. Sie ist gespannt, wie er reagiert. Ob er zurückspringt wie die unschuldigen *Ich werde dich vor dir selbst beschützen*-Jungs oder ob er die Gelegenheit ergreift, sich beim Tanzen an ihr zu reiben.

Er lässt seine Hand weiter herunterrutschen, bis sie

knapp über dem Bund ihrer Shorts liegen bleibt. Das Gefühl in ihrem Bauch ist weniger Übelkeit, mehr Hunger.

»Lächerlich«, meint Kyle. »Für mich gibt's nur die Top 40 und sonst nix.«

»Du verpasst was«, entgegnet Claude.

Sein Lächeln wird breiter; seine blitzenden Sonnyboy-Zähne strahlen im Dunkeln. »Im Moment nicht.«

Kyle Landry ist nicht der cleverste oder der netteste oder der taktvollste Junge der JLH. Aber seine ganze Aufmerksamkeit ist auf sie gerichtet, und das mag Claude. Seine Finger beschreiben kleine Muster auf ihrem Rücken und ihrem Arm und lösen eine Gänsehaut aus.

»Dir ist doch nicht kalt, oder?«, fragt er nach ein paar Minuten.

»Ich hätte nichts dagegen, irgendwo hinzugehen, wo es wärmer ist.« *Irgendwo, wo nicht so viele Leute sind.*

Er hebt eine Augenbraue. »Wohin denn zum Beispiel?«

Sie reibt ihren Oberschenkel an seinem und wird damit belohnt, dass seine Hand sie fester umfasst. »Keine Ahnung. Wie wäre es mit dem geheimen Bunker deiner Eltern?«, scherzt sie.

»Hä?« Kyle sieht sie perplex an.

Jamie wäre darauf eingestiegen. Hätte eine Mondstation vorgeschlagen oder eine Räuberhütte aus den

Goldrauschzeiten. Hätte einen Witz über Holzfäller gemacht.

Kyle ist nicht Jamie. Das ist der Punkt. »Egal«, sagt Claude. »Lass uns gehen.«

Sein Lächeln wird zu einem selbstgefälligen Grinsen. Er löst sich von ihr und nimmt ihre Hand, bahnt sich mit ihr einen Weg zurück ins Haus. Köpfe drehen sich zu ihnen um, als sie näher kommen, und ein ungutes Gefühl lässt Claudes Rücken prickeln. Kyle stolziert wichtigtuerisch weiter. Ein Typ begrüßt ihn im Vorbeigehen mit Faustcheck.

Eigentlich ist es Claude egal, wenn die anderen wissen, was sie macht. Andererseits geht es niemanden was an. Sie muss es sich ja nicht gleich auf die Stirn schreiben.

Kyle führt sie durchs Haus – sie ignoriert den Chor von *Ohlala*-Rufen aus der Küche – und die Treppe hinauf. Sie gehen an einem Pärchen vorbei, das im Flur herumknutscht, und steuern auf die Tür am Ende zu. Kyle öffnet das Zimmer mit einem ausladenden Doppelbett mitsamt königsblauer Bettwäsche, einem blütenweißen Teppich und Erkerfenstern zum Garten. In einem ordentlichen Bücherregal stehen Wälzer wie *Gray's-Anatomie*-Lehrbuch und *Die Psychologie der Liebe*.
»Das … ist wohl kaum dein Zimmer«, bemerkt Claude.

»Natürlich nicht.« Kyle schließt die Tür ab. »Es ist das Zimmer meiner Eltern.«

»Echt jetzt?« Kyle will im Ehebett seiner Eltern Sex haben? »Ich glaube, wir sollten das woanders machen.« Selbst auf einem Minikühlschrank wäre besser als in diesem Zimmer.

»Ach was, ist doch gut hier.« Ohne jedes Vorspiel packt er ihre Handgelenke und stößt sie rückwärts in Richtung Bett. Als sie leise nach Luft schnappt, beugt er sich vor.

Der Kuss ist nicht sanft, wie bei den meisten Typen am Anfang. Kyle presst seinen Mund auf ihren, sodass ihre Lippen gegen ihre Zähne gedrückt werden. Seine Zunge fährt über ihre fest zusammengepressten Lippen und verschmiert ihr halbes Kinn mit seinem Speichel. Sie zuckt zurück. Jamie zieht nie so eine Scheiße ab. Er ist immer sanft, wartet darauf, dass sie Ja sagt oder den ersten Schritt macht. Sein erster Gedanke ist immer, was sie glücklich macht. Er versucht nicht, ihr seine Zunge in den Rachen zu stoßen, ohne auch nur vorher zu fragen.

Und er sagt ihr immer, wie schön sie ist, kurz bevor er sie küsst. Als wäre das in seinen Augen so wichtig, dass er sie daran erinnern muss.

Kyle sagt ihr nicht, dass sie schön ist. Er sagt überhaupt nichts. Er versucht forsch, ihre Lippen zu öffnen, als wäre sie eine Walnuss. Andere Erinnerungen regen sich in ihrem Hinterkopf, Erinnerungen aus einer Zeit, die sie fest verschlossen zu halten versucht. Von einer

Hand unter ihrem T-Shirt, von Drohungen in samtweicher Stimme. Von den Schreien in ihrem eigenen Kopf: *Nein, nein, NEIN*...

Sie befreit ihre Hände aus Kyles Griff, aber es ist zu spät. Ihre Knie stoßen an die Bettkante und Kyle schubst sie weiter, bis sie sitzt. Er nestelt an seinem Gürtel. Er keucht schon fast.

Er hat sie nicht einmal angesehen, seit sie gesagt hat *Lass uns gehen*. Sein Blick ist auf ihre Brust geheftet, ihre Beine, ihren Hintern. Er will nicht sie, er will einen Sack Fleisch, der hin und wieder leise stöhnt.

Er will seine eigene Befriedigung, und was sie darüber denkt, ist ihm egal.

»Moment mal, Kumpel«, versucht sie es. Ihre Stimme zittert. Sie muss ihre Stimme wieder unter Kontrolle bringen.

Kyle bekommt davon nichts mit. »Warum?« Seine Jeans rutscht herunter. Sie kann sehen, dass sich seine Boxershorts spannen wie ein Zelt. »Ich bin bereit.«

»Ich aber nicht«, sagt sie.

Noch einmal blitzt sein Sonnyboy-Grinsen auf, und er hebt den Blick, um ihr in die Augen zu sehen. »Da kann ich Abhilfe schaffen.«

Sie atmet tief durch. Das hier ist nicht dieselbe Situation. Er zwingt sie zu nichts. Sie ist in Sicherheit, auch wenn die Tür abgeschlossen ist und ihr niemand helfen könnte, wenn sie schreien würde. Es ist nur Kyle.

Er beugt sich herunter und reißt ihre Shorts auf.

Ihre Knie schnellen blitzartig hoch und treffen ihn an der Schläfe. Kyle taumelt zurück. »Was zum Teufel soll das?«

»Das wollte ich dich auch grad fragen«, knurrt Claude. Sie rollt sich zur Seite und steht auf. Sie kann nicht wie festgenagelt auf dem Bett liegen bleiben. »Ich hab gesagt, ich bin nicht bereit.«

»Ach, komm schon, du bist doch immer bereit dafür.« Er grinst, aber seine Mundwinkel zucken, als wüsste er, dass er vielleicht etwas Falsches gesagt hat. *Vielleicht.* »Ich meine, sag mir einfach, was du willst.« Und er zuckt die Achseln, als wäre ihre Lust nichts als ein lästiges Hindernis, das aus dem Weg geräumt werden muss, damit sie sich wieder dem einzig wichtigen Anliegen widmen können, nämlich *ihn* zu seinem Höhepunkt zu bringen.

»Also, ich glaube, ich gehe jetzt besser. Meine Mom rastet aus, wenn sie spitzkriegt, dass ich abgehauen bin. Nächstes Mal, Landry.« Sie geht auf die Tür zu.

»Halt, warte.« Kyle stellt sich ihr in den Weg. Das Lächeln ist verschwunden. »Bitte. Bitte, bitte, bitte. Ich mache auch, was immer du willst, okay?«

Ihr Magen ist wieder dabei, sich umzudrehen. »Du klingst, als würde ich damit drohen, dich umzubringen.« Ihre verflixte Stimme hört nicht auf zu zittern. Sie ballt die Fäuste, bis sie sich wieder unter Kontrolle hat.

»Es ist nur – ich hab keine Lust mehr. Nächstes Mal.« *Und nächstes Mal bedeutet absolut nie.*

»Das hier *war* das nächste Mal. Bei Steves Party hab ich die ganze Nacht auf dich gewartet und du bist nie aufgekreuzt. Und außerdem …« – sein Lächeln ist jetzt ein bisschen verlegener – »denkt sowieso jeder, dass wir es schon längst getrieben haben. Warum es dann nicht endlich tun?«

Claude denkt an Jamie in seiner Daunenjacke, unbeirrt ernsthaft. »Warum denken überhaupt alle, dass wir es schon getrieben haben, Kyle?« Ihre Stimme ist leise und bestimmt. Drohend.

Er macht einen Schritt zurück, als spürte er ihre Wut, und kratzt sich am Kopf. »Ich meine, wir hätten es doch gemacht, wenn du zu Steves Party gekommen wärst.« Als hätte sie gar keine Wahl gehabt. Als hätte sie ihm nicht widerstehen können.

»Wer genau hat eigentlich behauptet, dass wir Sex auf einem Kühlschrank hatten?«

»Ähm …«

»Kyle, hast *du* das Gerücht in die Welt gesetzt?« Inzwischen ist sie über die zitternde Stimme hinaus. Ihr Tonfall ist so gelassen wie noch nie.

Er lehnt sich gegen die Tür, sein nervöser Blick weicht ihr aus. Die Luft zwischen ihnen ist erhitzt, das Schweigen eiskalt. Er räuspert sich. »Das ist nicht das schlimmste Gerücht, das je über dich verbreitet wurde.«

Claude muss sich zwingen, zu antworten. »Sorry, Kyle«, presst sie zwischen zusammengebissenen Zähnen hervor. »Notgeil und eklig – das ist nicht gerade das, was mich anmacht. Wir sehen uns am Montag.«

Sie greift an ihm vorbei und schließt die Tür auf. »Ach, komm schon«, winselt er und dreht das Schloss wieder zurück. »Mit Jamie Schill hast du ja auch Erbarmen und steigst ständig mit ihm ins Bett. Und der ist mindestens so notgeil wie ich.«

Sie lässt ihr Knie hochschnellen und trifft seine Erektion mit so viel Kraft, wie sie kann. Sein Unterkiefer klappt runter und er stößt ein leises Keuchen aus. Sie hofft, dass sie ihn hart genug erwischt hat, damit er noch hier liegt, wenn seine Eltern nach Hause kommen. »Fick dich selbst, Kyle Landry.« Sie schließt die Tür auf und stürmt auf den Flur hinaus. »Jemand anders wird sich nicht finden!«, ruft sie noch.

Während sie die Treppe hinunterprescht, schließt sie die Knöpfe ihrer Shorts. Sie ist schon an der Haustür, als ihr die Schlüssel einfallen. Ihr Schlüsselbund ist in ihrer Jacke, und ihre Jacke ist im Wohnzimmer. Als Claude ins Zimmer stürmt, blicken zwei Mädchen von der Couch auf, wenden sich aber gleich wieder ab, als sie feststellen, dass es niemand Interessantes ist.

»Meine Mom erlaubt mir nicht, dort abzuhängen«, sagt die Brünette gerade. »Sie hat schon mitgekriegt, dass dort alle hingehen, um Gras zu rauchen.«

»Hm. Und was ist mit dem Wald?«, fragt die Blonde.

Die Brünette lacht. »Jetzt im Moment? Seit die Polizei gesagt hat, dass sich dort vielleicht jemand versteckt, liegen bei ihr die Nerven blank. Sie checkt alle größeren Tageszeitungen und den Adams-West-Blog, bevor sie mich morgens zur Schule fährt. Wenn sie mich im Wald erwischen würde, wäre das für sie *noch* schlimmer, als mich beim Rauchen zu erwischen. Und das hieße *noch* länger Hausarrest.« Sie zuckt die Achseln. »Der beste Ort, um abzuhängen, ist hier, ehrlich gesagt.«

»Damit Kyle Landry danach das Chaos beseitigen kann?« Das blasse Mädchen hebt die Augenbrauen.

»Verdient hätte er es«, murmelt Claude und hebt endlich ihre Jacke auf.

Sie geht zügig die Hauseinfahrt hinunter, aber jetzt, da ihr Kopf sich allmählich aufklart, begreift sie: Es gibt noch eine Sache, die sie tun muss, bevor sie nach Hause fährt. Sie hat immer noch zwanzig Minuten, bevor sie in die Gefahrenzone kommt, und das dürfte gerade Zeit genug sein. Sie springt ins Auto und fährt mit kreischenden Reifen von der Einfahrt, laut genug hoffentlich, um die Nachbarn zu wecken.

Der Breakfast Club befindet sich ganz in der Nähe der Hauptstraße, direkt neben dem ganzjährig geöffneten Weihnachtsgeschäft, dessen beweglicher Santa Claus im Schaufenster seit 1965 nicht aufgehört hat zu winken. Claude zeigt dem Weihnachtsmann im Vorbeigehen den Stinkefinger. Santa winkt unbeeindruckt weiter. Dann betritt sie das Restaurant.

Im Breakfast Club sitzen die üblichen nächtlichen Gäste: ein paar Obdachlose mit einem Becher Kaffee; Lornes Taxifahrer, der auf seinen nächsten Anruf wartet; ein paar Schüler zwischen zwei Partys. Einer von ihnen ruft: »*Claaaaaaude*!«

Sie ignoriert ihn. Sie ist jetzt nicht in Partylaune.

Die ganze Ausstattung des Restaurants ist aus billigem Plastik, von dem Linoleumboden bis zu den Hockern an der Bar, in denen erstaunlicherweise immer noch Füllmaterial ist, das aus dem Polster quellen kann. Jedes Jahr gibt es Gerüchte, dass der Breakfast Club schließen wird, ersetzt durch den Ableger einer Imbisskette oder ein schickes Café, aber Claude bezweifelt, dass irgendjemand diese Bruchbude umbauen wird. Die Wände sind vergilbt von Zigarettenqualm, als man noch drinnen rauchen durfte, die Bilder in den rissigen grauen Holzrahmen befleckt mit alten Ketchup-Spritzern. Die Pseudo-Fliesen auf dem Boden sind so verblichen, dass niemand mehr weiß, welche Farbe sie einmal hatten. Mittlerweile gibt es nur noch grau oder dunkelgrau.

Trotzdem, wenn man in Lorne spätabends etwas essen will, geht nichts über den Breakfast Club.

Claude steuert auf die Bar zu, setzt sich auf einen

der Hocker und kratzt ungeduldig an einem getrockneten Senffleck auf dem Tresen. Die unbeeindruckte Kellnerin lässt sich Zeit, einem Typen Kaffee nachzuschenken, bevor sie herüberkommt. »Zwei Frühstücksburritos bitte«, sagt Claude. »Zum Mitnehmen.«

Die Kellnerin geht zur Kasse. »Sonst noch was?«

»Willst du keinen extra Avocado-Dip zu deinem Burrito?«

Claude dreht sich um. Echt jetzt? Warum muss Jamie ausgerechnet jetzt hier sein? Warum muss ihr plötzlich wieder auffallen, dass er auf beiden Seiten seines Mundes ein Grübchen hat, wenn er lächelt? Warum muss er überhaupt lächeln, und das nicht auf eine urteilende oder fiese oder anzügliche Weise?

Dummer Junge. Sieht so glücklich aus, sie zu treffen.

Die Kellnerin klappert gelangweilt mit ihren langen Fingernägeln auf der Kasse. »Zweimal extra Avocado-Dip, bitte«, sagt Claude.

Jamie setzt sich auf den Hocker neben ihr. Sie erwartet eine subtile Bemerkung über *zwei* Burritos und überlegt sich schon eine schlagfertige Antwort. Stattdessen sagt er einfach: »Denkst du, Mr Yamotov wird dich den Mathetest nachholen lassen?«

Der Test heute. Sie hat die Mathestunde geschwänzt, aber nicht an den Test gedacht. »Wahrscheinlich. Er sagt ja immer so gern, dass jeder Mathe kann, also wird er bestimmt ganz wild darauf sein, das zu beweisen.«

»Ich weiß nicht, ob dir jemand davon erzählt hat, aber am Montag sollen wir einen Essay in Regierungslehre abgeben.«

Claude versucht, nicht zu schmunzeln. »Du hast es mir erzählt, Jamie.«

»Hab ich das?« Er reißt seine Augen etwas zu weit auf. »Die Aliens haben schon wieder mein Gedächtnis ausgelöscht! Siehst du, genau deshalb sollten Kopfbedeckungen aus Alufolie Teil unseres Highschool-Dresscodes sein.«

Claude gibt auf und grinst. Für einen Moment sagen sie nichts. Dann meint Claude: »Ich wette, wenn es Außerirdische gäbe, wäre die Hälfte der Lehrer an der JLH welche.«

»Wer denn zum Beispiel?«

Claude schmunzelt. »Mrs Willingham. Deshalb konfisziert sie auch jeden Morgen unsere Smartphones. Sie kann schließlich nicht zulassen, dass ein Telefonsignal ihre menschliche Tarnung stört.«

»Ja. Ja. Und Mr Pendler. Der sagt doch immer ›Okay, Menschen!‹, als ob er gehört hat, dass geschlechtsneutrale Sprache die Zukunft ist, aber keine Ahnung hat, wie das funktioniert.«

»Genau. Und Direktor Mendoza, denn jeder Direx ist ein Alien.« Das ist ein Naturgesetz.

»Und Mr Darrow. Kein irdisches Wesen kann morgens so putzmunter sein.« Jamie grinst. Zwischen seinen Zähnen hängt ein Stück Koriander. Er hat Grübchen und ein sorgloses Lächeln, kein Feixen, keine Voreingenommenheit, kein Betteln …

Sie will ihn küssen. Und dann ihren Kopf an seine Schulter lehnen und ihm beim Quatschen zuhören, statt an Gefängnis und ihre Mom und die Party und den bescheuerten Kyle Landry zu denken, der sie vergewaltigt hätte, wenn sie ihn nicht getreten hätte. Sie will Jamie mit einer Decke aufs Sofa setzen und ihn dazu bringen, mit ihr *Das Wunder von Manhattan* zu gucken. Sie will aufhören, nachts durch sein Fenster zu klettern und wie ein normaler Mensch zu seiner Haustür hereinkommen.

Sie kann es nicht. Sie hat ihr Leben kolossal verkackt und sie kann Jamie nicht fragen, ob er ein Teil davon sein will, auch wenn er Ja sagen würde.

Vielleicht. Sie hat allerdings schon Nein zu ihm gesagt und er hat das Thema nicht noch mal angeschnitten. *Und ist es nicht toll, wenn jemand deine Grenzen akzeptiert?*, flüstert die Stimme in ihrem Hinterkopf.

Die Kellnerin knallt zwei in Alufolie verpackte Burritos auf den Tresen. Claude springt auf und kramt nach ihrer Geldtasche. Sie ist nicht im Breakfast Club, um mit Jamie zu flirten. Sie ist nicht einmal für sich selbst gekommen.

»Bis Montag«, sagt sie, ohne aufzusehen.

»Großartig«, antwortet Jamie und klingt, als ob er

das wirklich so meint. Dann wendet er sich an die Kellnerin: »Könnte ich ein paar Pommes haben, bitte?«

Ein beunruhigendes Gefühl regt sich in ihrer Brust. Etwas wie Bedauern.

Keine Polizeiautos bei Anna's Run, auch wenn das Gebiet immer noch mit Flatterband abgesperrt ist. Claude zieht Plastiktüten über ihre Doc Martens und schlüpft unter der Absperrung hindurch.

Im Wald ist es stockfinster. Bäume und Schatten sind nicht voneinander zu unterscheiden und Claude muss die Taschenlampe an ihrem Handy anschalten, um nicht ständig ins Gebüsch zu laufen und über Wurzeln zu stolpern. Das Rauschen des Flusses übertönt alle anderen Geräusche – den Lärm vorbeifahrender Autos, das Zwitschern der Nachtvögel. Claude schießen Geschichten von Wanderern durch den Kopf, die von Berglöwen verfolgt wurden. Mehr als einmal wirbelt sie herum, aber es scheint, dass Berglöwen im Hinblick auf Anna's Run vernünftiger sind als Menschen.

Sie atmet tief ein, nimmt den Geruch von Wacholder und kaltem Wasser und Holzfeuer wahr. Sie muss den richtigen Weg eingeschlagen haben. Claude geht immer tiefer in den Wald, bis es zwischen den Bäumen so dunkel wird, dass ihr leuchtendes Smartphone nur noch ein kümmerlicher Schimmer in der Nacht ist. Sie kommt an den demolierten Tatort auf der Brücke.

Wasser sprüht ihr in kalten Tropfen entgegen. Der Winter kann Anna's Run nicht gefrieren und zähmen. Claude betritt die knarzenden Holzplanken, hält Abstand von dem zerbrochenen Geländer zu ihrer Linken. Sie kann nicht richtig durchatmen, bis sie wieder sicheren Boden unter den Füßen hat. Der Fluss tost – zustimmend? Wutentbrannt? Lechzend nach einem weiteren Opfer?

Sie schlüpft durch die Polizeiabsperrung auf der anderen Seite und geht weiter.

Der Geruch von Holzfeuer wird stärker. Die Luft scheint etwas rauchiger, der Wald um sie herum etwas heller. Und dann sieht sie die ersten Zacken von Rot und Orange, Reflexionen eines Lagerfeuers.

Das Feuer lodert. Daneben ist ein Zelt aufgebaut, groß genug für zwei. Claude tritt in den Lichtkreis. Sie sollte das hier wirklich nicht tun.

»Hallo?«, ruft sie.

Ein Schatten fällt auf ihren Weg. Sie hält erschrocken die Luft an und wirbelt herum, den Burrito wie eine Waffe in der Hand.

Doch als sie sieht, wer es ist, seufzt sie und lacht fast vor Erleichterung. »Gott sei Dank, du bist das.« Sie streckt die Hand mit dem Burrito aus. »Hunger?«

OFFIZIELLES POLIZEIFUNK-TRANSKRIPT
AUFTRAGSNUMMER 31225
JLPD STREIFEN IM DIENST 1, 3

Zentrale: Streife Oscar Golf 311, sind Sie auf Empfang?

OG311: Streife Oscar Golf 311. Wir können Sie gut hören.

Zentrale: Wir haben eine Rechnungsadresse für das Telefon.

OG311: Schießen Sie los.

Zentrale: Wenby Court, Nummer 133. Als Hauseigentümer sind William und Bronwyn Sayer gemeldet.

OG311: Das gibt's doch nicht. Wir fahren gleich hin. Haben Sie schon das Telefon entsperrt?

Zentrale: Bisher kein Erfolg. Wir halten Sie auf dem Laufenden.

OG311: Roger, Zentrale. Wir sind jetzt auf dem Weg.

Absender: g.mendoza@fcpsjlh.com
Empfänger: gwen.sayer@gmail.com
Datum: 7. Dezember 2018, 21:31 Uhr
Betreff: Devino-Stipendium

Liebe Miss Gwendolyn Sayer,

es ist mir ein Vergnügen, Ihnen mitzuteilen, dass Sie ausgewählt worden sind, um das renommierte Devino-Stipendium zu erhalten. Die Entscheidung gründet sich auf Ihre akademischen Leistungen, Ihre Sprachgewandtheit in Wort und Schrift, Ihre moralische Integrität und Ihr Engagement für außerschulische Aktivitäten, mit denen Sie die Gemeinschaft um Sie herum bereichert haben.

Die Träger des Devino-Fonds werden sich kurz nach Beginn des neuen Jahres mit Ihnen in Verbindung setzen, um Ihren Finanzstatus zu bestätigen. Sollten Sie sich aus irgendeinem Grund entschließen, das Stipendium abzulehnen, bitte ich Sie, mich vor den Weihnachtsferien zu informieren, damit das Stipendium an einen anderen verdienstvollen Kandidaten vergeben werden kann. Das Stipendium kann nicht verschoben werden – wenn Sie sich entscheiden, zum Herbstsemester 2019 kein Studium zu beginnen, verlieren Sie das Stipendium.

Ich bin sehr stolz, dass wir an der Jefferson-Lorne High School nicht nur eine, sondern sogar zwei begabte Bewerberinnen für dieses renommierte Stipendium hatten, und dass Sie trotz unglaublich schwieriger persönlicher Umstände bewiesen haben, was in Ihnen steckt, und Ihren Traum verfolgt haben. Mir ist bewusst, dass dies eine Errungenschaft ist, die Sie sicherlich aller Welt stolz mitteilen möchten. Dennoch haben das Schulamt und ich beschlossen, dass es zu diesem Zeitpunkt das Beste wäre, die formelle Bekanntgabe zu verschieben, aus Respekt für Emma Baines und die laufenden Ermittlungen.

Ich wünsche Ihnen ein schönes Wochenende.

Mit freundlichen Grüßen
Gabriel Mendoza
Direktor, Jefferson-Lorne High School

Kapitel 21

Die Verzweifelte

Die Sayers kommen zu spät zu ihrer Einladung und Mum mustert Gwen die ganze Fahrt über verstohlen durch den Rückspiegel. Gwen verschränkt die Arme vor dem Körper und sagt keinen Ton. Sie wollte sich eigentlich sofort entschuldigen, als sie zur Tür reinkam, aber bevor sie den Mund aufmachen konnte, hatte Mum sie auch schon wieder in die Kälte hinausgestoßen, dicht gefolgt von Dad. »Adelaide wartet auf uns und ich hab versprochen, dass ich mit dem Baby helfe.«

Das Abendessen mit Dads Nichte Adelaide hatte Gwen ganz vergessen.

Die Familie Sayer kommt aus Lorne, aber Adelaide ist nach ihrer Hochzeit in den Wohncontainer ihres Mannes gezogen und lebt nun ganze zwanzig Minuten außerhalb der Stadtgrenzen. Die Sayers biegen um kurz nach sieben in den Juniper Park und halten vor Cousine Addys Mobilheim. Auf dem Dach des Wohncontainers ist eine Mini-Lichterkette befestigt, aber sie ist nicht angeschaltet.

Mums finstere Miene verfliegt, als Addy die Tür öffnet. »Alles okay, Adelaide? Schön, dich zu sehen.«

»Danke, Bronwyn.« Cousine Addy und Mum umarmen sich. Der Geruch von Hühnchen und Zwiebeln und Knoblauch strömt aus dem Wohncontainer. Ihre Schürze ist voller Spritzer von Babybrei und Abendessen. Sie umarmt Gwens Dad, dann Gwen. »Hi Gwen, wie geht's?«

»Prima«, lügt Gwen. »Wo ist denn Eric?«

»Eric hat einen neuen Job.« Addys mattes Lächeln leuchtet auf. »Nachtwächter bei der First Bank in Fort Collins.«

Sowohl Addy als auch Eric sind auf der JLH zur Schule gegangen, genau wie Gwen. Aber anders als Gwen hat keiner von den beiden ein Stipendium erhalten, um aus der Stadt rauszukommen. Eric besuchte Abendkurse, während Addy zwei Jobs gleichzeitig annahm und drei Kinder bekam. Addy und Eric bemühen sich nach Kräften, ihr Mobilheim adrett zu halten, aber in den Ecken der Zimmer löst sich der Linoleum-Boden und die orangefarbene Tapete mit dem Fleur-de-Lis-Muster, die ein Vormieter angebracht hat, dürfen sie nicht übermalen. Deshalb haben sie ein großes Nordlicht-Poster darübergehängt. Es beißt sich furchtbar.

Auf der Couch liegt ein Haufen Wäsche. Addys Schwägerin, Catarina, sitzt daneben und faltet die Wäsche. Sie verwendet ihren schwangeren Bauch als Ablage und winkt den Sayers zu, als sie hereinkommen. Sie machen die Runde, umarmen sich, verteilen Küsschen und kommentieren Catarinas geschwollene Füße. »Das wird ein Junge«, behauptet Mum.

»Da bin ich mir nicht sicher«, entgegnet Catarina. Ihre braune Haut sieht vor Erschöpfung ganz fahl aus. »Ich trinke Wasser, als wäre ich in der Wüste. Man sagt doch, dann wird es ein Mädchen.«

»Es ist die Form deines Bauches. Du bekommst einen Jungen.« Mum lächelt.

Als Nächstes beugen sich alle vernarrt über Baby Toby, der in seinem Hochstuhl sitzt und vor Freude kräht. Gwen mag den Jungen, aber um Himmels willen, von dem Geschrei bekommt sie Kopfschmerzen. Addy und Eric haben gleich nach der Highschool mit dem Kinderkriegen angefangen.

Aber das ist typisch für Lorne. Es gibt hier nichts zu tun, außer zu arbeiten und Sex zu haben. Und der lausige Job, den du findest, reicht vielleicht nicht einmal, um die Hälfte deiner Miete im Mobilheimpark zu bezahlen.

Mum geht in die Küche, um beim Kochen zu helfen. Gwen hockt sich neben Toby und Dad geht nach draußen, wo die anderen beiden Kinder, Margaret und Lionel, gerade eine Armee von winzigen Schneemännern bauen.

»Hast du schon Nachricht von der Uni in New York, Gwen?«, fragt Catarina von der Couch aus.

Gwen ist gerade dabei, Toby mit einem Stück gekochtem Grünkohl zu füttern. »Äh, nein«, sagt sie. »Wenn ich in einer Woche noch nichts gehört habe, fange ich an, mir Sorgen zu machen.« Sie hat sich frühzeitig beworben und im Nachhinein Zweifel bekommen. Jetzt, wo Dad angefangen hat, aus ihrem Leben zu verschwinden, und Emma *vollkommen* verschwunden ist, und alles auf einmal auf sie einzustürzen scheint.

Aber sie wird das durchstehen. Bestimmt. Und sie wird ihr Stipendium bekommen und ihren Eltern ein großes Haus kaufen und vielleicht wird sie auch Addy ein Cottage mit Fundament kaufen, eines, das bei der nächsten Sturzflut nicht einfach davongespült wird.

»Und wie ist das mit dem Stipendium? Ich bin ja so stolz auf dich«, sagt Addy.

»Es ist noch nicht offiziell«, wendet Gwen ein.

Addy winkt ab. »Alle wissen, dass du es verdient hast.«

Gwen bringt kaum ein richtiges Lächeln zustande. »Danke.«

Sie setzen sich gedrängt um den Klapptisch, um zu essen. Margaret und Lionel kommen lärmend aus dem Schnee herein. Margaret stürzt sich auf Gwen.

»Du bist ja eiskalt!«, kreischt Gwen, als Margarets Hände unter ihr T-Shirt fahren und ihren Rücken umklammern.

»Ich und Li haben eine Schneeball-Armee gebaut«, sagt Margaret und streckt ihre Zunge raus.

»Was ist denn eine Schneeball-Armee?«, fragt Gwen.

»Ein Haufen Schneemänner, die sich schnell in Schnee*bälle* verwandeln«, erklärt Dad. Er strahlt, als müsste er sich heute Abend über nichts Gedanken machen. Irgendwie hasst Gwen diese Sorglosigkeit. Davon könnte er zu Hause auch mal etwas an den Tag legen, wenn er überhaupt noch zu Hause wäre.

Sie zwängen die Kinder in ihre Hochsitze. Addy serviert eine warme Suppe. Als sie sich hinsetzt, kann Gwen sehen, wie ihr Körper erschlafft. Graue Haarsträhnen fallen über ihre Schläfen. Sie schimpft mit Margaret, als sie spritzend ihren Löffel in die Suppe fallen lässt, und ermahnt Li, nicht zu schmatzen.

Wenn Gwen in Lorne bleibt, wird sie mit fünfundzwanzig genauso leben. Das kann sie nicht. Sie hat Lizzy versprochen, einen renommierten Beruf zu ergreifen und ihren Eltern den Umzug in ein Haus zu ermöglichen, in dem die Wasserrohre niemals einfrieren und sie es sich leisten können, den Sicherungskasten auszutauschen. Sie mag Addy, aber sie will ihr Leben nicht damit verbringen, Kaffee für Heather Halifax oder Claude Vanderly oder irgendwelche anderen zukünftigen Absolventen der JLH zu servieren – Kaffee, den sie sich selbst nicht leisten kann. Sie will nicht zwei oder drei Jobs annehmen müssen, nur damit sie allein leben kann. Sie will nicht heiraten, und schon gar keinen *Jungen*, und sie will sich in einem Ort wie Lorne nicht outen.

Teilnahmslos hilft sie beim Abwasch. Sie hat das Stipendium in der Tasche. Jetzt muss sie es nur noch bis zum Abschluss schaffen. Während sie die Plastikteller ordentlich übereinanderstapelt, betet sie stumm – zu Gott, der vielleicht existiert und vielleicht auch nicht, zu Mari Lwyd, die vielleicht eine Version von Maria ist oder vielleicht auch nur ein harmloser Spaß, wie Mum immer sagt. Noch sechs Monate. Sechs Monate Frieden.

Gwen hat es nicht so mit Göttern, also wundert sie sich nicht, dass ihr Gebet sie kaum eine halbe Stunde lang beschützt. Sie hat gerade angefangen, Margaret und Li ein Märchen vorzulesen, als draußen das Heulen von Sirenen zu hören ist. Mum runzelt die Stirn.

»Keine Sorge«, sagt Addy, die dabei ist, Toby zu stillen. »Die kommen jeden Abend zweimal vorbei. Da sind so ein paar Meth-Junkies, die mitten im Wohnpark ihre Drogen zusammenmischen.«

Die Sirenen kommen näher. Etwas in Gwens Brust zieht sich zusammen. Das Polizeiauto hält vor Addys Wohncontainer und die Sirenen verstummen.

Catarina und Addy wechseln einen Blick. Niemand sagt etwas.

Das Klopfen klingt hart und unerbittlich, und alle zucken zusammen.

»Es ist alles okay«, sagt Mum, auch wenn sie blasser ist als sonst. Addy öffnet die Tür.

Gwen erkennt die Polizistin – Muñez aus der Schule. Ach du Scheiße.

»Miss Gwen Sayer?« Muñez sieht sie direkt an. »Dürfen wir Sie bitten, mit uns zu kommen?«

»Warum?«

»Wir haben ein paar weiterführende Fragen im Fall Emma Baines«, sagt Kommissar Cline.

Gwen steht auf. Catarina beugt sich vor und hält sie am Handgelenk fest. »Du kannst einen Anwalt verlangen, bevor du etwas sagst, Gwen. Du musst nicht mitgehen, wenn sie keinen Haftbefehl haben.« Sie wirft Muñez einen wütenden Blick zu.

Gwen lächelt matt und schüttelt ihre Hand ab. Catarina hätte Komikerin werden sollen. Als wenn sie Geld für einen Anwalt hätten. »Ich bin gerne bereit, zu helfen«, sagt sie tonlos.

»Ich komme mit«, sagt Mum und steht ebenfalls auf. »Wagen Sie es nicht, ihr Handschellen anzulegen.«

»Wir haben unsere Vorschriften, Ma'am.« Muñez legt ihre Hand auf Gwens Schulter und dreht sie zur Tür. »Wenn Sie zur Polizeistation kommen wollen, müssen Sie selbst fahren.«

»Mach das nicht«, murmelt Gwen. Das ist es nicht wert. Ihr Truck hat keine Winterreifen.

Es ist das Letzte, was sie sagt, bevor sie aus dem Zimmer geführt wird, vorbei an den Weihnachtslichtern, ihrer Familie und den Nachbarn, die aus den Fenstern gaffen. Sie weiß, was sie denken. Diese Gwen Sayer macht wohl genauso viel Probleme wie ihre Schwester.

Kapitel 22

Die Betrügerin

CLINE: Wir haben den 7. Dezember 2018. Es ist zwanzig Uhr siebenundvierzig. Befragung von Gwendolyn Sayer. Anwesend sind Kommissar Cline, Kommissarin Muñez und Miss Sayer.
Miss Sayer, geht es Ihnen gut? Brauchen Sie irgendetwas?

GWEN: Warum bin ich hier?

CLINE: Wir wollen nur noch mal ein paar Dinge aufgreifen. Es gab einige Entwicklungen im Fall Baines. Kommt Ihnen zum Beispiel das hier bekannt vor?

GWEN: Ein Handy?

CLINE: Ihr Handy?

GWEN: Nein.

MUÑEZ: Es ist unter Ihrer Adresse gemeldet.

GWEN: Mein Handy ist in meinem Rucksack. Und es hat keine SIM-Karte, da Mum und Dad pro Minute zahlen und sich nur eine Nummer leisten können. Lizzy haben sie damals ein Handy gekauft, aber dann haben sie gesehen, was sie damit …

Moment mal. Das ist doch ihr Telefon.

Warum haben Sie das? Ich dachte, Sie hätten uns ihre persönlichen Dinge zurückgegeben.

MUÑEZ: Haben Sie irgendeine Ahnung, warum Claude Vanderly in den Besitz dieses Telefons gekommen sein könnte?

GWEN: Nein. Kann ich es zurückhaben?

MUÑEZ: Tut uns leid, aber wir müssen es vorerst behalten.

CLINE: Miss Sayer, können Sie uns außerdem sagen, was Sie gestern Abend beim Haus der Familie Cross gemacht haben?

GWEN: Ich, äh, weiß gar nicht, wie sie darauf kommen.

CLINE: Nachbarn haben beobachtet, wie ein Mädchen, dessen Beschreibung auf Sie zutrifft, an der Haustür der Familie Cross geklopft hat. Sie haben ein paar Minuten mit Avery Cross gesprochen, und dann sind sie wieder gegangen. Weniger als eine halbe Stunde später verließ Avery Cross ebenfalls das Haus.

GWEN: Ich weiß nicht, warum Avery aus dem Haus gegangen ist. Ich bin doch nicht für sie verantwortlich. Nicht ihr Aufpasser, wie meine Mum sagen würde.

MUÑEZ: Aber könnten Sie uns sagen, warum *Sie* dort waren, Gwen?

GWEN: Ich ... ich wollte ihr mein Beileid aussprechen. Wegen Emma.

CLINE: In unseren früheren Gesprächen haben Sie behauptet, Sie hätten kein besonders enges Verhältnis zu Emma gehabt.

GWEN: Das hatte ich auch nicht. Aber ich weiß, dass Avery eng mit ihr befreundet war. Und ich wollte mich bei Avery revanchieren. Für etwas, das Avery vor drei Jahren getan hat.

Der Geruch des Todes ist der Duft von Blumen. Blumen sind teuer, wenn man sie nicht gerade vom Straßenrand pflückt, also hatten wir selten welche im Haus. Aber in den Tagen nach Lizzys Beerdigung waren überall Blumen. Vasen mit weißen Rosen und Lilien und Schleierkraut standen auf jeder freien Fläche und überlagerten die tröstenden Gerüche nach Essen und Zuhause mit einem Duft, der mir den Atem nahm. Ich konnte nicht aus dem Haus, also hielt ich die Luft an und verkroch mich, so oft ich konnte, in meinem Zimmer und ließ das Fenster offen. Wo keine Blumen waren, standen Karten. Immer wieder die gleichen Zeilen: *Es tut uns so leid* und *Herzliches Beileid*. Das meiste davon war allgemeines Blabla von Leuten, die Lizzy überhaupt nicht kannten. Auf vielen Karten waren Schmetterlinge, was es noch schwerer machte. *Pilipala* war unsere Sache.

Ich versuchte gerade, ein paar der Blumen loszuwerden, als es an der Tür klingelte. Dad war bei der Arbeit; Mum war an dem Tag noch gar nicht aus ihrem Zimmer gekommen. Also öffnete ich die Tür. Ich dachte, es wäre unsere Nachbarin, Mrs Flores. Sie hat uns nach Lizzys Tod wochenlang mit Suppe und Lasagne versorgt. Ich starrte verständnislos auf den rosa Rock, die langen blassen Beine, den goldblonden Pferdeschwanz, der hinter einem weiteren Blumenstrauß hervorguckte.

»Äh, hi«, sagte Avery Cross.

Ich war total benommen. Ich brachte nicht einmal eine höfliche Antwort zustande. »Was machst du denn hier?«

»Ich habe dir, ich meine, deiner Familie …« Sie hielt mir den Blumenstrauß hin. »Es tut mir echt leid wegen Lizzy.«

Ich hätte Danke sagen sollen. Aber mal ehrlich, Avery hat Lizzy überhaupt nicht gekannt. Zum Teufel, sie kannte ja nicht einmal mich. Wir gingen in der Schule aneinander vorbei und hatten zusammen Sport. »Warum?«, fragte ich.

Avery klappte der Unterkiefer runter. Dann schluckte sie. »Ich schätze … ich denke, sie hatte es nicht verdient zu sterben. Es tut mir leid, dass ihr das durchmachen müsst.« Sie kaute auf ihrer blasspinken Unterlippe herum. »Kann ich die schnell ins Wasser stellen?«

»Komm rein.« Als ich mich umdrehte und in die Küche ging, rechnete ich damit, dass sie mir folgen würde. Ich nahm ein paar welke Callas, kippte sie in die Spüle und füllte die Vase mit frischem Wasser. Als ich mich wieder umdrehte, stand Avery noch auf der

Türschwelle und machte große Augen. Ich versuchte, unser Haus mit ihren Augen zu sehen: befleckte Wände, denen der Alltag zugesetzt hat, Papierdekorationen, die wir überall aufgehängt haben, weil wir uns keine extravaganten Kunstwerke leisten können. Auf der Kommode ein Bild von Mumbles, Mums Lieblingsort in Wales, mit einem Plastikteelicht zu beiden Seiten. Die durchgesessene karierte Couch, mehr Klebeband als Stoff.

»Nicht der Buckingham Palace, den du gewöhnt bist«, sagte ich. Es war mir egal, ob ich verbittert oder wütend oder einfach resigniert klang. »Wahrscheinlich nicht einmal die Garage, die du gewöhnt bist.«

»Mir gefällt es«, widersprach Avery.

Ich verdrehte die Augen.

»Es ist gemütlich. In meinem Haus haben wir Sofas, die mich meine Mum nicht einmal anfassen lässt, weil sie perfekt aussehen müssen.«

Ich stakste auf sie zu und nahm ihr die Blumen aus der Hand. »Armes reiches Mädchen, muss mit mehr als einer Couch leben«, spottete ich.

Avery wurde rot und sah zu Boden. Ein bisschen tat sie mir leid. Während ich die Blumen in die Vase steckte, fragte ich: »Möchtest du irgendwas essen? Wir haben ungefähr tausend Lasagne-Portionen.«

»Nein danke«, sagte Avery.

Richtig. Cheerleaderinnen essen ja nicht. Sie wurde wieder rot, als hätte sie meine Gedanken gelesen.

»Ich hab schon gegessen.«

Ich füllte ein Glas mit Leitungswasser und reichte es ihr. Ein Teil von mir sah das auch als einen Test. Würde die kleine Prinzessin es über sich bringen, das Wasser der Armen zu trinken?

Sie nahm das Glas, ohne etwas zu sagen, und trank es ganz aus. Dann stellte sie mir ein paar Small-Talk-Fragen. Ich antwortete. Ich fühlte mich nicht danach, zu plaudern, und sie schien das zu verstehen.

Ein paar Tage später schrieb ich ihr eine SMS, um mich zu bedanken. Das machten wir bei allen so. Sie schrieb zurück, das wäre doch nicht der Rede wert gewesen, aber mir bedeutete es etwas. Niemand sonst aus der Schule war vorbeigekommen. Nicht Lizzys alte Freunde; nicht die Jungs, mit denen sie auf Partys rumgemacht hatte; nicht die Arschlöcher, die ihr als Minderjährige all die alkoholischen Getränke besorgt hatten. Averys Anteilnahme war echt. Sie war jemand, die *Es tut mir leid* sagte, weil sie es wirklich so meinte.

Danach sagten wir manchmal Hallo zueinander, wenn wir uns auf dem Gang trafen. Ein paar Mal schickte ich ihr die Hausaufgaben, wenn sie nicht in der Schule gewesen war. Und gestern … Ich hatte das Gefühl, es war eine Schuld, die ich begleichen konnte.

CLINE: Und deshalb sind Sie zum Haus der Familie Cross gegangen, um Avery Ihr Beileid auszusprechen.

GWEN: Sie werden es nicht glauben: Ich bin tatsächlich zu Empathie fähig.

CLINE: Haben Sie Avery Cross erzählt, dass Sie das Devino-Stipendium bekommen haben?

GWEN: Natürlich nicht. Ich wusste ja noch nicht einmal … Warum wissen *Sie* denn davon?

CLINE: Herzlichen Glückwunsch.

GWEN: Ich dachte … Sie hätten noch ein paar Fragen wegen Emma.

CLINE: Sie müssen überglücklich sein. Sie haben gerade eine Freikarte fürs College bekommen. Das ist doch wundervoll. Selbst ich bin stolz auf Sie. Vier Jahre lang haben Sie auf diesen Moment hingearbeitet.

GWEN: Länger.

CLINE: Natürlich, natürlich. Aber Sie waren nicht die Einzige, die hart gearbeitet hat. Emma tat das auch. Härter sogar. Sie war noch besser. Sie lag vorn. Sie war auf dem besten Wege, zu gewinnen, bis sie verschwand. Wissen Sie, warum Emma besser war, Gwen?

GWEN: Sie war nicht besser.

CLINE: Sie wissen, warum Emma besser war.

GWEN: Ich weiß überhaupt nichts, *okay*?

MUÑEZ: Für jemanden, der nichts weiß, fühlen Sie sich sehr schnell angegriffen, Gwen.

CLINE: Emma kannte Ihr Geheimnis, nicht wahr? Sie wusste davon, genau wie wir es wissen. Wollten Sie Emma unbedingt davon abhalten zu reden?

GWEN: Ich …

MUÑEZ: Es hätte Ihre gesamte Zukunft gefährden können.

GWEN: Natürlich wollte ich nicht, dass jemand davon erfährt!

Es tut mir leid. Ich hasse mich selbst dafür, geschummelt zu haben. Ich hätte das nie tun sollen, aber ich habe niemanden dafür umgebracht! Das ist dreieinhalb Jahre her und seitdem habe ich mir *jeden Tag* den Arsch aufgerissen, um es wiedergutzumachen. Um zu beweisen, dass ich es draufhabe. Bitte … Ich *muss* hier raus. Ich muss raus aus Lorne, weg von den ewigen beschissenen Teilzeitjobs und dem Kinderkriegen mit achtzehn und dem Wissen, dass ich nie etwas aus mir machen werde. Bitte glauben Sie mir.

CLINE: Ich, ähm …

MUÑEZ: Das war nicht das Geheimnis, von dem wir geredet haben.

GWEN: Scheiße … Also, ich hab keine Ahnung, wovon Sie dann geredet haben.

MUÑEZ: Das ist jetzt nicht der Zeitpunkt, um verschämt zu tun. Aber vielen Dank, dass Sie wenigstens im Hinblick auf den Test ehrlich mit uns waren. Wir sind nicht hier, um darüber zu richten, ob Sie das Stipendium verdient haben oder nicht. Wir sind wegen Emma hier.

Cline: Und … in dieser Sache können wir vielleicht einen kleinen Deal mit Ihnen aushandeln.

Muñez: Wir brauchen Hilfe bei diesem Fall. Wir brauchen jemand Vertrauenswürdiges, um unsere Augen und Ohren zu sein.

Gwen: Im Ernst? Was ist das hier, *CSI Kleinstadt*?

Muñez: Sind Sie wirklich in der Position, Witze zu machen, junge Dame?
Vielen Dank. Wie bereits gesagt, wir brauchen Ihre Hilfe. Und wenn Sie uns helfen, sind wir bereit, das zu übersehen, was Sie gerade gesagt haben.

Cline: Wir interessieren uns nicht für einen einzelnen kleinen Test. Sie haben eine glänzende Zukunft vor sich und Sie haben es verdient, diese Chance zu ergreifen. Kooperieren Sie mit uns und Sie bekommen, was Sie wollen.

Gwen: Kann ich einen Moment darüber nachdenken?
Nein. Egal. Ich mache es.

Muñez: Wir rüsten Sie im Frontoffice aus. Tragen Sie das Mikrofon die ganze Zeit. Und verlassen Sie die Stadt nicht.

Tagebucheintrag

Emma Baines – 27. August 2018

DURCHBRUCH.

Ich wünschte, ich könnte mich freuen. Aber im Moment ist mir einfach nur schlecht. Ich weiß jetzt, wer meinen Schreibtisch beim Inquirer durchstöbert hat.

Es muss Gwen gewesen sein.

Sie hat zwei Gründe, das zu tun. Also, eigentlich sogar drei. Aber ganz ehrlich – nur einer zählt.

1. *Gwen ist sauer auf mich wegen des Lizzy Shitstorms (Gwens Worte, nicht meine.) Und sie will mich im Wettlauf um das Devino-Stipendium überholen.*
2. *Gwen weiß, dass ich weiß, dass sie geschummelt hat, und sie will mich im Wettlauf um das Devino-Stipendium überholen.*
3. *Gwen weiß, dass ich weiß, dass sie lesbisch ist, und sie will mich im Wettlauf um das Devino-Stipendium überholen.*

Nur zu, Sayer. Ich kann noch viel fieser sein als du. Wie wäre es mit akademischer Bewährungszeit? Was hältst du davon, für das Stipendium disqualifiziert zu werden? Ich kann dich vollkommen bloßstellen, du kleine Lügnerin.

Mach keinen Scheiß. Funk mir nicht dazwischen. Das hier ist so viel wichtiger als du.

Für sie erledige ich dich, wenn es sein muss.

ZENTRALE: 911, worin besteht Ihr Notfall?

MANN: Ich habe – Scheiße. Ich habe jemanden gefunden. Eine, äh, Leiche.

ZENTRALE: Sir, wo befinden Sie sich gerade?

MANN: In der Nähe von Highway 143, Maleta Drive. Ich bin unten am Wasser, wo der Fluss langsamer wird und ostwärts fließt.

ZENTRALE: Bitte bleiben Sie dran. Wir schicken Ihnen einen Streifenwagen. Können Sie Erste Hilfe?

MANN: Äh, nein. Das bringt nix mehr. Der ist hin.

ZENTRALE: Okay, bitte bleiben Sie dran. Erzählen Sie mir, wie Sie auf die Leiche gestoßen sind.

MANN: Ich war auf einer Wanderung, aber musste einen Umweg machen, Sie wissen schon, weil der Wanderweg durch die Polizeiabsperrung geht. Ich bin an den Fluss runter, damit mein Hund im flachen Wasser planschen kann und da – also, ich hab gedacht, der schläft, bis ich näher kam.

ZENTRALE: Würden Sie ihn bitte für mich beschreiben? Die Polizei ist schon auf dem Weg.

MANN: Ja, hm. Er hat eine dieser wulstigen schwarzen Jacken an. Vielleicht ist er ziemlich groß? Und nicht besonders dick. Wahrscheinlich ist er weiß. Er hat einen Bart und ein Fuß steckt noch in einem Springerstiefel. Und er, äh, stinkt ganz schön.

ZENTRALE: Bitte bleiben Sie dran. Der Streifenwagen ist gleich da.

Kapitel 23

Die Herzensbrecherin

Als es um neun Uhr abends an der Tür klopft, weiß Avery sofort, dass es die Polizei ist. Sie glauben ihr nicht, dass sie Valium nimmt. Sie haben ihr Lügengespinst entwirrt. Sie kommen, um sie festzunehmen. Und sie ist müde genug, um widerstandslos mitzugehen.

Ihre schwarze Adidas-Sporttasche liegt auf ihrem rosa bezogenen Bett, halb entleert und frisch durchwühlt – dank des Drogenchecks von Mrs Cross. Es ist ein krasser Kontrast zum Prinzessinnen-Dekor ihres Zimmers, dem Schreibtisch voller Glitzerstifte, Pandora-Schmuck und pinkfarbenem liniertem Notizbuch. Als sie klein war, liebte sie es so sehr, Prinzessin zu sein. Sie weiß nicht, ob das noch immer so ist. Sie weiß nur, dass es von ihr erwartet wird. Und Erwartungen wie diese versauern alles.

Sie legt den Extra-Rock aufs Bett, den sie für das Spiel am Wochenende zusammengefaltet hat, verlässt ihr Zimmer und macht einen großen Schritt über die knarrende Holzdiele zwischen ihrer Tür und dem makellosen weißen Flur. Ihre Eltern werden wollen, dass sie sich ruhig verhält, wie brave Mädchen das tun, wenn sie nichts zu befürchten haben. Außerdem können sie den Nachbarn erzählen, dass sie nur bei den Ermittlungen hilft.

Avery ist übel. Aber das ist gut so, denkt sie ermattet, als sie die Treppe hinuntergeht. Wenn ihr übel ist, hat sie wenigstens keinen Hunger. Sowohl sie als auch ihre Mutter haben den größten Teil ihres Abendessens nur auf dem Teller umhergeschoben.

Mrs Cross öffnet die Haustür. »Danke, dass du gekommen bist«, sagt sie und begrüßt Michael mit einer Umarmung.

Avery bleibt auf halber Höhe der Treppe stehen. Es schneit schon wieder.

Michael tritt herein, klopft sich den Schnee von der Jacke und zieht seine Stiefel aus, während Mrs Cross um ihn herumscharwenzelt. Avery räuspert sich und als sie beide aufsehen, huscht das schlechte Gewissen über ihre Gesichter wie ein Schneetreiben.

»Ich hab gedacht, es wäre doch nett, wenn Michael zum Nachtisch kommt, Liebling. Ich brauche ein Versuchskaninchen für meine Lebkuchen.« Mrs Cross backt jedes Jahr Lebkuchen für den Weihnachtsbasar, aber sie hat noch nie den ersten Preis dafür bekommen. *In diesem Jahr klappt es*, sagt sie nun schon seit sechs Monaten.

Avery weiß nicht, warum Mrs Cross Michael *wirk-*

lich darum gebeten hat, vorbeizukommen. Vielleicht denkt sie, er wird Avery dazu bringen, alles zu gestehen. Vielleicht denkt sie, er wird Averys Tabletten-Problem lösen. Sie muss wohl glauben, dass sie doch nicht miteinander schlafen. Aber das ist das Schwierige – Mr und Mrs Cross sind so besessen davon, den äußeren Schein zu wahren, dass nicht einmal Avery weiß, was sie wirklich wollen.

»Ich lasse euch beide mal im Wohnzimmer allein. Keine geschlossenen Türen, kein Herumlümmeln auf dem Sofa. Halbe Stunde.« Sie drückt Avery an sich, bis sie fast keine Luft mehr bekommt. Dann wirft sie ihr einen *Benimm-dich*-Blick zu, den Michael nicht sehen kann, und verschwindet schnellen Schrittes durch den Flur.

»Wie geht es deinem Knöchel?«, fragt Michael. Richtig, Avery hat sich ja »den Knöchel verstaucht«.

Sie lässt sich von ihm ins Wohnzimmer helfen, einem kargen Raum mit weißem Teppich, dicken weißen Polstermöbeln, weißen Vasen auf weißen Bücherregalen, in denen kaum Bücher stehen. Michael bettet sie auf eine Weiß-auf-Weiß bestickte Couch und legt ihren Knöchel hoch. »Ich hol dir was zum Kühlen.«

Süßer, süßer Michael. Avery hat nie das Gefühl, dass er mit ihr zusammen ist, um sich selbst zu profilieren. Er kümmert sich immer um ihr Wohl. Er geht in die Küche und sie hört seine Stimme wie ein fernes Donnergrollen. Avery zupft an den Ärmeln ihres Flanell-Pyjamas. Sie ist auf das hier nicht vorbereitet. Sie kann jetzt nicht mit ihm zusammen sein.

Doch viel zu schnell ist er zurück. Er setzt sich hin, zieht ihr Bein auf seinen Schoß und schiebt ihre Pyjamahose hoch. Sie rümpft die Nase, als der Eisbeutel ihre Haut berührt, aber sie lächelt – auch wenn es eher eine Grimasse ist.

»Was wird nun aus dem Wettkampf morgen?«, fragt er und streicht über ihren Knöchel.

»Mr G sagt, es dürfte kein Problem sein. Ich muss mich nur heute Abend ausruhen.«

»Es sieht nicht geschwollen aus.« Er tastet den Knöchel ab und Avery zieht scharf die Luft ein. »Sorry!«

»Schon okay.« Sie kaut auf ihrer Unterlippe. Die Lüge fühlt sich furchtbar an und in ihrem Magen rumort es wie in einem tosenden Fluss nach der Schneeschmelze. »Ich wette, du bist nicht extra hierhergekommen, um mein Bein zu kühlen.« Klingt das zu sehr nach Flirt? Sie schluckt.

»Nein, und auch nicht, um Kekse zu essen. Deine Mom hat mich gebeten zu kommen. Sie hat gesagt, du … machst gerade einiges durch. Ängste und so.«

»Das ist nichts Neues«, lacht Avery.

Michael runzelt die Stirn. Er glaubt ihr nicht. Warum sollte er auch? Nach außen hin hält Avery immer eine fröhliche Fassade aufrecht.

Und vielleicht ist Michael ja auch ein Grund für ihre Ängste.

Seine Fingerspitze beschreibt ein Muster auf ihrer Wade. »Sie hat gesagt, du brauchst vielleicht einen Freund.«

»Ich hab Valium genommen«, sagt Avery.

»Warum?« Die Furche auf Michaels Stirn wird tiefer. Seine Augen verdunkeln sich. *Wer ist diese neue Avery?*, denkt er. »Was stresst dich denn so?«

Seine Worte klingen wie ein Echo ihrer Eltern, und das trifft sie. »Der Wettkampf morgen. Collegebewerbungen. Zensuren. Emma.« Oh, Emma. Sie stresst Avery schon länger, als irgendjemand ahnt.

»Es ist ja nur ein Wettkampf. Das wird schon werden.« Michael zuckt die Achseln. Avery ballt ihre Hände zu Fäusten. Es ist ja nur Cheerleading. Es ist nicht so was Großes und Wichtiges wie die Lacrossespiele oder die Basketballspiele oder die Fußballspiele. Alle wollen die hübschen Mädchen tanzen sehen. Alle sind sich einig, dass dieser Sport weniger wert ist.

»Und ich wusste gar nicht, dass du dir so viele Gedanken ums Studium machst«, fährt Michael unbedarft fort.

»Natürlich mache ich mir Gedanken ums Studium.« Sie ist selbst überrascht von der Bitterkeit in ihrer Stimme. Sie will wirklich studieren. Nicht an einer Elite-Uni, wie ihre Eltern das erwarten, sondern einfach irgendwo, wo sie Spaß haben und Lorne hinter sich lassen kann. Vielleicht eine technische Hochschule. Sie will wegziehen, und zwar nicht nur als ein Anhängsel ihres Freundes.

»Und Aves … es tut mir leid.« Er heftet seinen Blick auf ihre Knie, als traute er sich nicht, sie anzusehen. »Ich muss dich was fragen.«

Davon wird das mulmige Gefühl in ihrem Magen nicht gerade besser. »Ja?«

»Aves, kann ich mich darauf verlassen, dass du ehrlich zu mir bist?«

Nein. »Klar«, sagt Avery.

Michael holt tief Luft. »Wo warst du in der Nacht?«

»In welcher Nacht?«, fragt sie, obwohl sie die Antwort kennt.

»In *der* Nacht. Mittwoch.« Er lacht leise auf. »War es wirklich erst Mittwoch?« Dann verblasst sein Lächeln. »Ich hab mit Lyla gechattet.«

Das Flattern in ihrem Magen wird zu einer eisernen Kugel. »Warum?« Ihre Stimme klingt frostiger, als es unter den Umständen angemessen wäre. Sie ist eine solche Heuchlerin.

»Weil wir uns Sorgen um dich machen, Aves.« Er schüttelt den Kopf, als wollte er sich auf keinen Fall ablenken lassen. »Sie hat gefragt, was wir am Mittwoch gemacht haben. Du hast *ihr* erzählt, dass du bei *mir* warst, und du hast *mir* erzählt, dass du bei *ihr* warst und jetzt …«

Und jetzt ist ein Mädchen tot.

Avery ist gleichzeitig heiß und kalt. Sie will ihre Finger mit Michaels verschränken, ihn zu einem Kuss herunterziehen. Damit er die Frage vergisst. Sie wünscht sich mehr als alles andere, sie könnte die Hitze seines Mundes auf dieselbe Weise spüren wie früher: als verbrennte sie sich an seinen Lippen und könnte doch nie genug davon bekommen, als füllte das Gefühl eine Lücke in ihrem Puzzle aus, die ihr nicht einmal bewusst gewesen war.

Andererseits will sie es auch nicht. Weil sie es schon hat. Nur nicht mit ihm.

»Es …« Ihr Mund ist ganz trocken. Wie schaffen die Leute es nur, vollständige Sätze zu formulieren? »Es tut mir leid.«

Sie kommt sich feige vor, aber bevor sie noch etwas sagen kann, ist ihr Hals wie zugeschnürt. In ihren Augenwinkeln sammeln sich Tränen.

Michael holt tief Luft. Seine Hände umklammern ihren Knöchel. Dann lässt er los, denn er war immer darauf bedacht, ihr nicht wehzutun.

»Ich war mit jemand anderem zusammen«, bringt sie hervor.

Michael erstarrt. Als hätten ihre Worte ihn in Eis verwandelt und das Nächste, was sie sagt, könnte ihn zerschmettern. »Ich wollte nicht – ich wollte nicht, dass es so läuft.« *Hör auf zu reden. Du machst alles nur noch schlimmer.*

»Und warum ist es dann so gelaufen?«, murmelt er.

»Es ging einfach so schnell.« Die Tränen quellen unter ihren Augenlidern hervor. »Ich hab vorher nicht überlegt.«

»Das ist doch Bullshit«, sagt Michael mit belegter Stimme. Er presst eine Handfläche auf sein Auge und Avery spürt einen schmerzhaften Stich in ihrer Brust. Sie ist so egoistisch, wie soll sie das alles erklären? Sie hatte gedacht, es wäre ein einmaliger Fehltritt gewesen, wie Michaels Flirt mit Claude. Dann wurde es zu einer Affäre und plötzlich war es ein Geheimnis. Und sie hatte nie einen Grund, mit Michael Schluss zu machen, dem besten Freund der Welt.

»Jemanden zu betrügen, ist immer auch eine bewusste Entscheidung. Wenn du mich nicht mehr wolltest, hättest du mir den Laufpass geben sollen.«

Avery ballt die Fäuste. »Ich will dich nicht verletzen …«

»Dafür ist es jetzt zu spät, verdammt!« Er lehnt sich an die Couch, schiebt aber nicht ihr Bein von seinem Schoß. Selbst jetzt noch denkt er an ihr Wohl. Aber sie hat das Gefühl, dass ihre Beine anfangen zu kribbeln, und zieht ihre Knie bis an die Brust. Sie schlingt ihre Arme um ihre Beine, als könnte sie sich einigeln und vor der Welt verstecken.

»Sag mir wenigstens, mit wem du am Montag Hand in Hand durch die Schule gehen wirst. Lass es mich nicht auf die harte Tour herausfinden.«

»Ich …« Sie drückt ihr Gesicht gegen ihre Knie und lässt die Tränen ihren Pyjama durchweichen.

»Das bist du mir wenigstens schuldig.« Michaels Stimme zittert, klingt flehend.

»Ich hab es versprochen«, flüstert sie.

»Versprochen, mich zu hintergehen?«

»Ich hab versprochen, es nicht zu sagen.«

Michael steht auf und fährt mit den Fingern beider Hände durch seine Haare, bis sie sich in seinem Nacken treffen. »Mein Gott, Aves. Darüber sind wir doch hinaus. Ich bin jetzt offiziell abserviert, okay? Alles, was ich will, sind zwei Tage, um mich darauf einzustellen, wer auch immer dein neuer Freund ist.«

»Ich hab der Person versprochen, es nicht zu erzählen«, sagt sie noch einmal, die Lippen an die Knie gepresst.

Es entsteht eine bedrohliche Pause. Avery wagt es, aufzusehen. Michaels Gesicht ist verzerrt und sie weiß, er grübelt über ihren Satz nach und versucht, zu einem anderen Schluss zu kommen. Aber Avery Cross weiß, wie sie ihre Worte wählen und wann sie die richtigen betonen muss.

»*Der Person*«, sagt er schließlich.

»Bitte.« Ihre Worte winden sich schmerzhaft in ihrem Inneren und drängen nach draußen. Sie weiß nicht, ob sie ihn anfleht, sie zu verstehen, oder ihr zuzuhören oder sogar, es nicht weiterzuerzählen.

»Wie auch immer. Wir sehen uns am Montag.« Er dreht sich um und eilt mit gesenktem Kopf aus dem Wohnzimmer.

Sie geht ihm nicht hinterher. Sie sitzt auf dem Sofa und presst die Stirn an ihre Knie, bis sie die Haustür ins Schloss fallen hört. Dann wirft sie den Eisbeutel auf den Boden und rennt nach oben, bevor Mrs Cross hereinkommen kann und wissen will, was vorgefallen ist, oder noch ein einziges Wort über ihre blöden Lebkuchen verlieren kann.

Avery lässt sich aufs Bett fallen. Tränen laufen auf die Decke. Es ist ein seltsames Gefühl, dieser Schmerz. Es tut weh, aber nicht wie Sehnsucht oder Frust oder Wut. Es ist vor allem die Scham, die in ihr brennt. Sie hätte schon vor langer Zeit mit Michael Schluss machen sollen.

Doch dann kamen das Emma-Problem und die Beziehung, die unbedingt geheim bleiben musste, und Michaels vollkommene Unfähigkeit, sich wie ein Vollidiot zu verhalten, der es wert wäre, abserviert zu werden …

Sie wischt sich die Augen trocken. Muss mit dir reden, tippt sie und trommelt unruhig mit den Fingern auf ihrem Smartphone, während sie auf eine Antwort wartet.

Durch ihr Fenster sieht sie Michaels Scheinwerfer aufflackern. Ein wütendes Lachen entfährt ihr: Sie kann nicht einmal warten, bis er weg ist. Der Schnee knirscht unter den Reifen, als er langsam von der Einfahrt fährt. Sein metallic-blaues Auto verschwindet in der Dunkelheit.

Egal. Ich komme vorbei. Sie schlüpft aus ihrem Pyjama und zieht eine warme elastische Leggings an. Als sie ihren Sport-BH zuknöpft, hört sie schon die Schritte ihrer Mutter auf der Treppe.

Die Tür öffnet sich. Ein Streifen gelbliches Licht fällt herein, blockiert durch einen Schatten. »Aves? Alles in Ordnung?«, fragt Mrs Cross zaghaft, denn eigentlich kennt sie die Antwort schon.

»Michael hat mit mir Schluss gemacht.« Averys Stimme zittert. Sie schnappt sich ein T-Shirt. »Ich gehe joggen.«

Mrs Cross zögert, als müsste sie erst all die Dinge sortieren, die sie erwidern will. Schließlich entscheidet sie sich für: »Du hast immer noch Hausarrest, Süße.« Sie klingt, als täte es ihr leid, aber sie sagt es nicht. Vielleicht hat sie schon damit gerechnet, dass Michael ihr sofort den Rücken kehren würde, sobald er von der Sache mit dem Valium erführe. Vielleicht denkt sie, dass Avery es nicht anders verdient hat. »Außerdem solltest du im Moment nicht um diese Zeit draußen rumlaufen.« Was sollen denn die Leute von ihnen denken – lassen ihre Tochter draußen durch die Gegend rennen, während ein Mörder auf freiem Fuß ist.

»So bin ich morgen nicht in der Stimmung für den Wettkampf«, versucht sie es mit einem einschmeichelnden Tonfall in der Stimme. Sie weiß, ihre Eltern wollen nicht, dass jemand fragt: *Was ist denn mit Avery los? Warum hat sie nicht ihr Bestes gegeben?* »Das Joggen wird meinen Kopf frei machen. Ich bleib auch auf den hell beleuchteten Straßen. Es wird mir helfen, mich zu fokussieren, und mich davon abhalten, vor Frust zu essen.« Sie legt eine Hand auf ihren Bauch, auch wenn sie Angst hat, sich zu übergeben, sollte sie auch nur einen Löffel Eiscreme gegen Trennungsschmerz essen.

»Und was ist mit deinem Knöchel?«, fragt Mrs Cross.

»Ich bin vorsichtig damit. Mr G hat gesagt, ich könnte ruhig noch Sport machen. Mom, ich brauch das jetzt.«

Mrs Cross mustert Avery misstrauisch. »Wenn du mir versprichst, dass du nur joggen gehst, dann okay. Aber wenn ich herausfinde, dass du irgendwo anders gewesen bist, hast du Hausarrest, bis du heiratest.«

»Ich will wirklich nur joggen.« Avery blinzelt nicht einmal. Wenn es sein muss, kann sie lügen.

Ihre Mom starrt sie für einen langen Moment an. Avery hält ihrem Blick stand. »Du hast zwanzig Minuten«, sagt Mrs Cross schließlich.

»Danke.« Avery umarmt sie fest, dann joggt sie die Treppe hinunter. Sie zieht ihre Laufschuhe an, lässt ihr

Handy in die Tasche ihrer Leggings gleiten und schlüpft durch die Haustür.

Sie atmet einen Schwung eiskalte Luft ein und stößt eine kleine Wolke aus. Sie sollte nicht ohne Pullover oder Schal oder Mütze aus dem Haus gehen, aber das ist ihr egal. Es wird schon gehen. Sie hat ja ihr Handy. Und sie hat ohnehin nicht viel Zeit.

Sie wippt ein paar Mal auf ihren Fußballen auf und ab, dann läuft sie los. Sie schont ihren Knöchel nicht. Zuerst läuft sie langsam, prüft mit ihren Joggingschuhen die Schneedecke und das Eis, doch bald erhöht sie ihre Geschwindigkeit. Sie rennt, als wollte sie eine Freifahrkarte in die Freiheit gewinnen, ohne Rückfahrschein nach Lorne. Sie rennt, als würde sich ihr Leben in Nichts auflösen.

Sie rennt, wie sie vor zwei Nächten im Wald gerannt ist.

Ihr Herzschlag pocht in ihren Ohren. Aus den gedämpften Geräuschen um sie herum werden Schritte, das Knacken von Zweigen, Rufe hinter ihr. Sie dreht sich nicht um. Sie rennt einfach, und betet, und rennt und lauscht auf Annas Grollen, als könnte sie das Tosen des Flusses bis hierher hören.

Sie hastet weiter, vorbei an den glänzenden neuen Festungen des Wohlstands, an deren Bau ihr Vater beteiligt war; vorbei an den fertiggestellten Wohnungen für die Skiurlauber. Während sie weiterläuft, wandeln sich die Gebäude von »brandneu« zu »fast neu« zu »noch ganz ordentlich« zu »heruntergekommen«. Hoch über ihnen stehen die Berge wie schweigende, gleichgültige Wächter.

Das Brummen eines Motors ist zu hören. Zu spät sieht sie die schwarze Frontschürze eines Autos, das in eine Einfahrt zu ihrer Rechten einbiegt. Anstatt anzuhalten, springt sie zur Seite und rutscht auf dem Eis. Das Auto bremst scharf. Die Tür geht auf.

Avery zwingt sich, langsamer zu laufen und zurückzujoggen. Sie weiß, wo sie ist. Sie ist gerade an Emmas Haus vorbeigekommen. Und Polizeichef Baines kommt spät von der Arbeit.

»Avery?«, ruft er. »Bist du das?«

Ihr Puls schnellt in die Höhe. Er ist der letzte – nein, der zweitletzte Mensch, mit dem sie jetzt sprechen will. Aber wenn sie weiterläuft, fragt er sich vielleicht, warum, und folgt ihr, versucht vielleicht sogar, die lange Schnur zu entwirren, die sie hierhergeführt hat.

»Hallo, Mr Baines. Ich weiß, ich bin nach der Sperrstunde draußen, aber …«

Baines winkt ab. Er hat einen stoppeligen Dreitagebart und sein ergrautes Haar schimmert wie Mondlicht. »Was soll's. Komm her.«

Sie geht zu ihm und lässt sich in eine Umarmung ziehen. Seine Polizeijacke ist eiskalt. Schnee und Matsch und Kiefernnadeln kleben an den Ärmeln. Sein Oberkörper und die Motorhaube seines Autos sind schlammbespritzt. In seinen Augen blitzen Triumph und Hass und Tränen, auch wenn der Rest von ihm aussieht, als würde er an Ort und Stelle zusammenbrechen, sobald er sie loslässt. »Du warst immer so gut zu meinem Mädchen.« Er legt Avery eine Hand auf die Schulter. Es fühlt sich an wie eine Fessel.

»Das war doch nicht der Rede wert, Mr Baines.« Sie fragt sich, ob er betrunken ist. Sie fragt sich, ob sie schneller laufen könnte als er.

»Doch, das war es durchaus. Und du verdienst es, als Erstes davon zu erfahren.«

Ihr Herz schlägt immer schneller, drückt gegen ihre Rippen. Es ist schwer, zu atmen.

»Wir haben den Mistkerl gefunden.«

»Ähm, wen?«

»West. Adams West. Wir werden morgen eine Erklärung dazu abgeben, aber ich musste es dir einfach jetzt erzählen. Er wird euch Mädchen nie wieder etwas antun.«

Er grinst benommen und drückt ihre Schulter so fest, als wollte er das Gelenk auskugeln. Und Averys Herz schlägt nicht mehr so schnell. Vielmehr hat sie das Gefühl, als hätte es vollkommen aufgehört zu schlagen.

Sie mustert sein Gesicht und weiß Bescheid.

Er hat West nicht gefunden.

»Das ist ja super«, sagt sie und übertreibt es dabei

vielleicht etwas mit dem gut gelaunten Avery-Ton. »Das ist wirklich toll. Ich halte morgen nach der Zeitungsmeldung Ausschau und erzähle es dem ganzen Team.«

»Ja.« Er nickt. »Ja, mach das.«

»Mr Baines, ich muss jetzt wirklich weiter …« Sie lächelt entschuldigend.

Er holt tief Luft und lässt ihre Schulter los. Sein Gesichtsausdruck changiert immer noch zwischen Kummer und Zorn und der grimmigen Genugtuung des Jägers.

Avery weicht ein paar Schritte zurück und flieht. Sie rennt, bis ihre Beine sich taub anfühlen. Sie rennt, bis die Zäune zu Maschendraht werden, dann zu morschen Pfosten und schließlich zu nichts, bis die zerbrochenen Fenster mit in Plastik eingewickelten Holzbrettern zugenagelt sind. Sie rennt weiter, vorbei an Männern, die spät draußen sind und die Straßen freischippen, weil der Schneepflug hier nicht hinkommt; vorbei an Häusern, deren Regenrinnen herunterhängen wie Augenlider. Sie rennt, bis sie zu einem kleinen, dunklen Haus kommt, in dem nur in der Küche ein einzelnes Licht brennt.

Avery läuft geduckt durch den Teil des Vorgartens, der den Nachbarn gehört. In ein paar Stunden wird der Schnee ihre Fußabdrücke verdeckt haben und sie wird nichts als ein Geist gewesen sein. Das ist es, was sie sein muss: etwas, das niemand sieht und für das sich niemand interessiert.

Sie pocht an das Fenster, um das es ihr geht. Wartet, bis es ein Stück hochgeschoben wird. Die Hitze steigt ihr ins Gesicht. Aber sie darf sich jetzt nicht ablenken lassen. »Wir haben ein Riesenproblem.«

Tagebucheintrag

Emma Baines – 1. September 2018

Ich habe Hinweise. Ich scheiße mir vor Angst in die Hosen, aber ich habe Hinweise.

Der dumme Mr Pendler hat seinen Computer angelassen und sich nicht ausgeloggt, während er und Samantha für ein Gespräch das Schulgelände verlassen haben. Also hab ich herumspioniert und die Namen von allen Gästen gefunden, die auf der Weihnachtsparty waren und ein Paar Wanderstiefel bekommen haben. Eine Liste von Verdächtigen.

Nächster Schritt: Abgleichung mit Alibis. Ein paar Namen auf der Liste stechen hervor. Leute, die Entschuldigungen unterschrieben hätten, um Lizzy vom Unterricht zu befreien. Leute, mit denen sie sich normalerweise getroffen hätte.

Ich schreibe keine Namen auf, bis ich wasserdichte Beweise habe. Aber ich habe noch einiges an Detektivarbeit zu leisten. Denn wenn Lizzy Fotos hatte, ein geheimes E-Mail-Konto, irgendetwas – dann muss ich da eine Verbindung zu jemandem finden. Dann kann ich diesen Fall öffentlich machen.

Und dann wird Lorne in Flammen aufgehen.

Eine gemeinsame Erklärung der Polizeibehörden von Jefferson-Lorne und Fort Collins

Am späten Freitagabend haben Wanderer an der Flussbiegung des Lorne River, eine halbe Meile stromabwärts von Anna's Run, eine Leiche gefunden. Es wird davon ausgegangen, dass der Tod der Person schon am frühen Donnerstagmorgen eingetreten sein muss.

Die Leiche wurde als Randy Silverman identifiziert, ein ehemaliger Strafgefangener, der zweifach wegen vorsätzlicher Tötung verurteilt worden war und der zeitweise zur obdachlosen Bevölkerung der Stadt gehört hatte. Eine Wunde deutet darauf hin, dass Mr Silverman durch einen Kopfschuss tödlich verletzt wurde; die Polizei fahndet nach der Tatwaffe. Silverman könnte für den unter dem Pseudonym »Adams West« verfassten Blog zum Fall der vermissten Emma Baines verantwortlich sein, auch wenn die Polizei betont, dass es sich dabei zum gegenwärtigen Zeitpunkt um »reine Spekulation« handelt.

Soweit bekannt, hat Silverman keine Verwandtschaft in Lorne. Mitbürger:innen, die Informationen zu Randy Silverman haben oder einen eins achtzig großen, etwa 65 Kilo schweren Mann mit schwarzer Daunenjacke, Brille und einer Narbe über der Oberlippe gesehen haben, sollten sich umgehend mit der Polizei in Verbindung setzen.

Kapitel 24

Die Verschlossene

Claude wacht auf und krümmt sich, rollt sich im Bett zusammen und zieht sich die Decke über den Kopf. Sie hat das Gefühl, als könnten Eiskristalle in ihren Wimpern hängen. Die Temperatur muss über Nacht um fünfzehn Grad gefallen sein.

Für einen Moment tut sie, als spielte es keine Rolle, als wäre es ein normaler Samstag. Sie kann noch drei Stunden weiterschlafen und mit Mum auf der Couch herumlümmeln, Donuts essen und darüber streiten, über welche Reality Show sie sich heute zusammen aufregen wollen.

Doch so kalt es hier auch ist, im Wald ist es noch kälter.

Die Zeit läuft ihnen davon.

Mom telefoniert im Wohnzimmer und Claude hört durch die dünnen, pappeartigen Wände ihre Stimme: »Gut. Zehn Uhr ist prima. Wir müssen heute nirgendwo hin. Danke, Steve. Bis nachher.«

Claude zwingt sich, sich aufzusetzen. An den Wänden ihres kleinen Zimmers kleben Poster: *My Little Pony* von Jamie, *Bat out of Hell* von Mom und ein *Slipknot*-Poster von damals, als sie mit Margot bis nach Red Rocks gefahren ist, um die Band zu hören. Auf einem Regal stehen ihre Schulbücher und ein paar Second-Hand-Taschenbücher, die von Liebesromanen bis zu knallharter Science-Fiction reichen. Das hier ist ihr Zuhause. Claude liebt Lorne nun wirklich nicht, aber sie kann sich auch nicht vorstellen, ihre Mom und das Haus und alles, was sie hat, zurückzulassen.

Aber es gibt keine Gefängnisse in Lorne. Wenn sie sich also in ihrem eigenen Netz verstricken sollte, wird sie keine große Wahl haben, wo sie leben will.

Mom hebt die Augenbrauen, als Claude aus ihrem Zimmer kommt. »Ich dachte, du würdest deinen Samstag genießen.«

»Das habe ich auch vor.« Sie lässt sich so schwungvoll aufs Sofa fallen, dass sie fast wieder hochhüpft.

»Pass auf – die Sprungfeder«, sagt Mom. Die Feder ist seit fünf Jahren kaputt.

Claude öffnet den Deckel der Donut-Packung. Nicht weit von Lorne gibt es den besten Donut-Shop auf der Ostseite der Berge. Eines Tages, wenn die Skifahrer anfangen, hier zu überwintern, und die Bauunternehmer richtig Kohle machen, wird Starbucks auf den Plan treten, den Shop aufkaufen und die Donuts mit beschissenem abgepacktem Zuckerzeug ersetzen. Aber bis dahin sind sie das Beste am Samstagmorgen. Mom steht immer früh auf, um den beiden welche zu sichern.

Claude entscheidet sich für einen Donut mit Buttermilchglasur, lehnt sich zurück und schließt die Augen. »Das Einzige, was jetzt noch fehlt, ist ein Kaffee.«

»Du hast doch lange Beine. Hol dir einen.« Mom sitzt neben ihr und guckt stirnrunzelnd auf ihr Handy. »Hast du gehört, dass sie Adams West gefunden haben?«

Claude schnellt wieder hoch. »Das kann nicht sein.«

»Das ist das, was hier steht.« Sie liest den Artikel laut vor und macht ein nachdenkliches Gesicht. »Hm. Ich bezweifle, dass sie diese Waffe je finden werden. Anna's Run hat sie bestimmt verschluckt.«

»Wollen die wirklich davon ausgehen, dass es der erstbeste Landstreicher ist, der tot aufgefunden wird?«, fragt Claude.

Mom hebt eine Schulter. »So gerne ich mich mit dir über die Unfähigkeit der Polizei aufregen würde – um *Emmas* willen hoffe ich, dass sie Beweise haben, die sie in der Pressemitteilung noch nicht preisgegeben haben.«

»Ja.« Claude steht von der Couch auf, schnappt sich einen Becher und füllt ihn mit dampfendem Kaffee. Sie wirft einen Blick zum Sofa, um sich zu vergewissern, dass Mom nicht zu ihr herüberguckt, dann füllt sie noch etwas Kaffee in eine Thermoskanne. Sie schiebt die Kanne in eine Ecke, dreht sich um, lehnt sich an die Küchentheke und führt den Becher an ihre Lippen. »Öhm.«

Ihr unschuldiger Tonfall erweckt sofort Misstrauen. Mom dreht sich um und sieht ihre Tochter mit hochgezogener Augenbraue an.

»Wenn Steve unsere Einfahrt freigeräumt hat, könnte ich dann vielleicht ein bisschen rausgehen?«

»Es ist gerade mal anderthalb Tage her, seit du verhaftet wurdest«, sagt Mom. »Du solltest lieber in Deckung bleiben.«

Claude nimmt einen großen Schluck Kaffee. »Es ist doch Wochenende. Keine Schule, keine Gerüchteküche.«

»Aber alle in der Stadt werden sich fragen, was du treibst, Claude«, seufzt Mom. »Warum jetzt?«

»Ich muss Jamie sehen.«

Sie wollte ihrer Mom eigentlich eine andere Lüge auftischen, aber als die Worte nun zwischen ihnen in der Luft hängen, wird ihr bewusst, dass sie es tatsächlich so meint. Sie spürt einen Stich in ihrem Inneren, wie von einem unsichtbaren Messer. Es gibt Dinge, die Jamie verdient zu wissen. Genauso wie es Dinge gibt, die er nicht wissen *darf*.

Mit Mom ist das im Grunde nicht anders. Nur, dass Claude die Dinge, die ihre Mutter verdient zu wissen, und die Dinge, die sie nicht wissen darf, kaum auseinanderhalten kann.

»Das passt doch gar nicht zu dir, dich von einem Jungen so durcheinanderbringen zu lassen«, sagt Mom.

Zu sagen *Jamie ist aber anders*, würde jetzt abgedroschen klingen, also antwortet Claude nur: »Stimmt.« Sie starrt in ihren Becher und ihre Wangen werden immer heißer, je weiter sich das Schweigen ausbreitet.

Schließlich steht Mom von der Couch auf. Claude ist inzwischen die Größte in der Familie, aber als Mom die Arme um sie schlingt, sackt sie in sich zusammen und presst ihre Stirn an die Schulter ihrer Mutter.

»Claude, du weißt, dass ich immer für dich da bin«, sagt Mom. »Und Jamie ist nett und er wäre ein großartiger Freund. Aber er kann auch noch eine Woche warten.«

»Das ist es ja gar nicht«, wendet Claude ein.

»Was ist es dann?«

Ihre braunen Augen sind ernst, durchdringend. Claude senkt zuerst den Blick. »Ach, nichts«, sagt sie, aber in ihren Worten schwingt Bitterkeit mit.

Moms Hand umfasst Claudes Schulter noch etwas fester und Claude spannt sich an. »Ich weiß, du magst keine Grenzen. Und ich weiß, dass ich dich ermuntert habe, dein eigenes Leben zu leben und deine eigenen Fehler zu machen. Aber vielleicht … war das der falsche Weg.«

»Nein, Mom«, antwortet Claude reflexartig.

»Du bist verhaftet worden«, gibt Mom zu bedenken. »Du hast Tabletten verkauft.«

»Es ist nicht …« Claude fährt sich mit der Hand durch die Haare. An den Ansätzen kommt das Blond wieder durch. »Es ist nicht deine Schuld, Mom.« Ein Hitzeschwall geht durch ihren Körper.

Mom wartet darauf, dass sie noch etwas sagt. Aber Mum darf es nicht erfahren. Noch nicht.

Für einen langen Moment stehen sie da und warten darauf, dass die andere etwas sagt. Claude weicht dem Blick ihrer Mutter aus. Das Schweigen wird erst durch Moms Handy unterbrochen.

Sie geht zum Sofa und nimmt ihr Telefon. »Herrgott noch mal«, murmelt sie, dann geht sie ran. »Im Ernst jetzt? Am Samstag?«

Claude kann das blecherne Gerede am anderen Ende nicht verstehen, aber sie erkennt den dringenden Tonfall. Mom hört zu, dann seufzt sie. »Na gut. Bis um zehn sind wir hier eingeschneit, aber danach … also gut. Aber ich werde für die Überstunden bezahlt, nicht wahr? Ja, gut, gleichfalls.« Sie legt auf und wirft das Handy auf die Couch.

»Ich muss noch mal ins Büro«, sagt sie. »Claude, tut mir leid, aber du bleibst heute zu Hause. Muss ich dir deine Schlüssel abnehmen?«

Claude schluckt. »Nein.«

Mom sieht sie für einen Moment scharf an. Dann nickt sie. »Gut. Komm, iss noch einen Donut mit mir.«

Sobald sie sicher ist, dass Mom weg ist, springt Claude ins Auto und steuert Janine in einem schwindelerregenden Tempo von zwanzig Stundenkilometern aus der Nachbarschaft. Der Schnee ist nur noch dichter geworden, verwandelt die Welt in ein einziges Grau, bis es schwierig ist, zu sehen, wo die Straße ist. Die Scheibenwischer schlagen wie wild hin und her; Claudes Finger trommeln auf dem Lenkrad.

Das Cheer-Team hätte wahrscheinlich zu Hause bleiben sollen, aber nichts macht Eltern fanatischer als Schulsport und Wettkämpfe. Irgendwo dort draußen ist ein schwer beladener Bus unterwegs, schlingert Gebirgsstraßen hinauf, während das Schneetreiben immer heftiger wird und die Grenze zwischen Bergen und Himmel verwischt. Claude stellt sich vor, wie der Bus mit einer Horde kreischender Cheerleaderinnen und Lacrosse-Spielern um die Haarnadelkurven schlittert. Dann holt sie tief Luft, konzentriert sich auf die Straße und versucht, sich nichts weiter vorzustellen.

Sie hält direkt vor Jamies Haus, statt Janine wie sonst beim Park abzustellen. Der Wind pfeift die Berghänge hinunter und fegt über das Auto hinweg, sodass sie Schwierigkeiten hat, auszusteigen. Sie lässt die Autotür los und sie knallt zu. Schnee bleibt an ihrer Jacke kleben, als sie die Einfahrt hinaufsprintet.

Bevor sie kneifen kann, drückt sie schnell den Klingelknopf. Dann hat sie nur ein paar Sekunden Zeit, sich darüber zu sorgen, wer wohl die Tür aufmachen wird, bevor sie sich einen Spalt öffnet.

Er ist es selbst. »Claude?« Jamie verdreht den Hals, um zu sehen, ob seine Mom hinter ihm ist. »Komm rein, aber sei leise«, zischt er.

»Ich kann nicht reinkommen.« In ihrem Auto ist eine Thermoskanne mit heißem Kaffee, auf die im Wald jemand wartet. »Ich wollte nur …« Da steht Claude Vanderly auf der Türschwelle eines Jungen, stammelt wirres Zeug und versucht, ihren Mut zusammenzunehmen. Sie hätte nie gedacht, dass es mal so weit kommen würde.

Sein Haar steht zu Berge, als hätte er es gerade gewaschen. Claude nimmt den entfernten Geruch seines Shampoos wahr, ein betörender Orangenduft, mit dem sie ihn schon oft aufgezogen hat. Jetzt weckt der Geruch Erinnerungen an frühe Morgenstunden in seiner Armbeuge und unterdrücktes Gekicher unter der Dusche, während seine Mutter an die Tür klopft. Das elektrisierende Gefühl, sich nach Mitternacht in sein Haus zu schleichen; der Ausdruck in seinem Gesicht, wenn er überlegt, ob er sie küssen soll.

Jetzt hat er wieder diesen Ausdruck auf dem Gesicht, vermischt mit Verwirrung. Sie sollte es nicht tun, aber sie fühlt sich wie von einem unsichtbaren Band zu ihm hingezogen und presst ihre Lippen auf seine. Jamie schmeckt nach heißem Kakao und Milch. Er schmeckt nach einem gemütlichen Morgen und den letzten Tagen der Schulferien. »Du bist wunderschön«, murmelt sie an ihn geschmiegt.

Er schiebt sie sanft von sich. Dann macht er einen Schritt nach draußen und zieht die Tür hinter sich zu. Sein Blick ist etwas glasig. Er legt die Hand an seinen Mundwinkel und flüstert: »Ist alles in Ordnung?«

Sie muss fast lachen. Aber es ist eine berechtigte Frage. »Nein.« Claude holt tief Luft. »Wenn ich … vielleicht …« Sie lässt die Worte in der Luft hängen, unsicher, wie sie den Satz weiterführen soll.

Jamie denkt nicht an *vielleicht*. Er legt seine Hände auf ihre Arme und reibt sie, als wollte er sie wärmen. »Was stimmt denn nicht?« Sie schüttelt den Kopf. »Du kannst es mir ruhig sagen«, beharrt er.

Ihr Blick wird feurig. »Kann ich *nicht*«, sagt sie und überrascht sie beide mit dem Zorn in ihrer Stimme. Jamie erstarrt. »Es ist nicht …« Warum ist das nur so schwer? Sie schüttelt ihn ab, um sich den Schnee aus den Haaren zu streichen. Jamie zieht seine Arme zurück. Seine haselnussbraunen Augen zeigen offen und ehrlich, wie verletzt er ist. Das war eines der Dinge, die Claude zu ihm hingezogen hatten. Es ist eines der Dinge, die jetzt alles noch schlimmer machen. Und sie weiß, irgendeine Erklärung ist sie ihm schuldig, selbst wenn sie ihm nicht die ganze Wahrheit erzählen kann.

»Wenn sich alles etwas gelegt hat, vielleicht können

wir es dann ja mal probieren.« Jamie sieht sie verständnislos an. »Ich meine, miteinander.« Die haselnussbraunen Augen weiten sich. »Im Moment kann ich es noch nicht, okay? Es ist einfach zu viel …« *Zu viel, was los ist. Auf dem Spiel steht. Aus dem Ruder läuft.* Etwas Heißes landet auf ihrer Wange und rinnt über ihr Kinn.

»Claude, was ist los?« Jamie sieht aus, als glaubte er ihr nicht. »Was soll sich legen? Hat das alles mit Emma zu tun?«

Sie kann es ihm nicht erzählen. Sie hat zu viel Angst, dass er die ganze Wahrheit nicht glauben würde. Sie ist zu freigiebig mit ihrem Körper, nicht wahr? Sie kann schon das Tuscheln auf den Gängen hören. *Sie hat es ja herausgefordert. Hat ja noch nie Nein gesagt. Geschieht ihr recht.*

»Claude.« Er legt eine Hand auf ihre Schulter und sie kann nicht anders, als sich an ihn zu lehnen. »Weißt du etwas? Sollen wir zur Polizei gehen?«

Sie schüttelt noch einmal den Kopf. Tränen tropfen von ihren Wimpern.

»Was … sollen wir dann machen?«

»*Du* tust gar nichts. Darauf kommt es an. Halte dich einfach von mir fern, okay? Und wenn alles vorbei ist, komme ich vielleicht wieder zu dir.«

»Nein.« Seine Hand umschließt ihre Schulter noch fester. »Du hast gesagt, du willst nicht mit mir zusammen sein, und wenn du es nicht willst, will ich es auch nicht. Aber jetzt bist du unglücklich und da muss ich dir doch helfen.« Er schluckt. Claude wagt es, aufzusehen. Zwischen seinen Augenbrauen ist eine Furche und seine Stirn ist feuerrot, so sehr strengt er sich an, seine eigenen Tränen zurückzuhalten. Seine Hand gleitet ihre Schulter hinunter bis zu ihrer Hand, kalt und halb taub vom Wind. Als er ihre Finger drückt, stockt ihr fast der Atem, so warm ist er. »Ich *will* dir helfen, Claude. Sag mir einfach, wie.«

Claude schluckt. Mit ihrer freien Hand wischt sie ihre Tränen weg. »Du kapierst es nicht. Du kannst mir nicht helfen.«

Er presst die Kiefer zusammen. »Nein, *du* kapierst es nicht. Ich werde nicht lockerlassen, bis du mir sagst, was ich tun kann.«

Claude stößt einen Laut aus, halb Schluckauf, halb Schluchzer. Von all den nicht so traumhaften Traumprinzen, die sie flachgelegt hat, ist dies derjenige, der an ihrer Seite geblieben ist. »Okay. Du willst mir helfen?«

Er nickt.

»Vertraust du mir?«

Noch ein Nicken.

Claude holt tief Luft. »Leih mir einen Spaten. Und *folge mir nicht.*«

Bis sie Annas Baum erreicht hat, ist der Schnee durch die Plastiktüten um ihre Doc Martens gedrungen und ihre Füße sind klitschnass. Sie strauchelt am Ufer entlang und murmelt Verwünschungen vor sich hin. Der hungrige Fluss wartet, unmittelbar neben dem schneeglatten Pfad.

Claude schiebt den Schnee mit ihrem Stiefel zur Seite, bis sie auf gefrorene Erde stößt, dann benutzt sie die Spitze des Spatens wie einen Eispickel. *Dumme Idee. Ganz dumme Idee.* Während sie sich auf den Spaten stützt und zu schwitzen beginnt, werden die Worte in ihrem Kopf zu einem Mantra. Der Schnee dämpft alle Geräusche, aber nichts kann Anna wirklich zum Schweigen bringen. Der Wind bläst den Schnee unter ihre Jacke und in ihre Augen, streicht durch die Gabeln und Messer und Schuhe und BHs, alles Opfergaben, die an Annas Baum gebunden wurden. Sie schlagen klappernd aneinander, als würden sie lachen. Claude murmelt ihre Lieblingsschimpfwörter vor sich hin und tritt auf den Spaten. Ein Teil von ihr rechnet jeden Moment mit Rufen und dem Geräusch von Stiefeln im Schnee. Aber anscheinend sind alle anderen schlau genug, zu Hause zu bleiben, und alles, was sie hört, ist die leise Stimme des Windes und das Klirren und Klackern des Plunders in den Zweigen über ihr.

Sie schaufelt die Erde brockenweise zur Seite, bis die Haut an ihren Handflächen ganz wund ist. Sie schaufelt, bis ihr Atem stoßweise geht und sie nicht mehr fluchen kann. Sie hackt, bis sie endlich, endlich das *Klirr* von Metall auf Metall hört. Sie wirft den Spaten zur Seite und kniet sich hin, wühlt mit zitternden Fingern in der Erde, bis sie sich irgendwann um den Lauf einer Waffe schließen.

Tagebucheintrag

Emma Baines – 7. September 2018

Ich wünschte, ich wäre tot.

Ich wünschte, er hätte mich einfach umgebracht. Das wäre besser gewesen. Besser als in diesem Körper weiterzuleben und sich an jede gottverdammte Sekunde davon zu erinnern.

Ich habe dir vertraut. Ich habe euch allen vertraut und was hat mir das gebracht? Dass ich mir inständig wünsche, morgen früh von einem Bus überfahren zu werden. Denn was soll das alles noch, wenn das Leben einem so etwas einbringt. Ich habe versucht, brav zu sein und ehrlich und integer. Und dann das.

Ich wünschte, ich wäre tot.

Ich wünschte, ich wäre tot.

Ich wünschte ich wäre tot Ich wünschte ich wäre tot Ich wünschte ich wäre tot Ich wünschte ich wäre tot Ich wünschte ich wäre tot Ich wünschte ich wäre tot Ich wünschte ich wäre tot Ich wünschte ich wäre tot Ich wünschte ich wäre tot Ich wünschte ich wäre tot Ich wünschte ich wäre tot Ich wünschte ich wäre tot Ich wünschte ich wäre tot Ich wünschte ich wäre tot Ich wünschte ich wäre tot Ich wünschte ich wäre tot Ich wünschte ich wäre tot Ich wünschte ich wäre tot Ich wünschte ich wäre tot

Kapitel 25

Mit dem Rücken zur Wand

Wenn sie zu viel auf ihr Handy guckt, wird ihr schlecht und sie bekommt Kopfschmerzen, aber Avery kann nicht anders. Jedes Mal, wenn ihr Handy pingt, spürt sie ein Kribbeln im Bauch, das nichts mit Reisekrankheit zu tun hat oder mit der Aufregung vor dem Wettkampf. Der Bus schlingert, aber sie guckt noch einmal auf ihre Nachrichten.

Ich hab es satt, mich ständig zu verstellen. Nach diesem Wochenende bin ich bereit. Konsequenzen hin oder her.

Wenn du dir sicher bist, schreibt sie zurück. Meine Eltern werden ausflippen, aber sie werden sich schon wieder einkriegen. Nur dass du Bescheid weißt.

Lyla guckt über ihre Schulter und Avery lässt das Handy umgekehrt auf ihren Schoß fallen. »Was ist denn los?«, fragt Lyla. »Du hast die letzten drei Cheers verpasst.«

»Sorry.« Avery tippt auf ihr Telefon, als es noch einmal pingt. »Ich bin nur … ähm …«

»Beschäftigt?« Lyla beugt sich über den Sitz. »Ist

irgendwas? Irgendwas, womit ich dir helfen kann, du weißt schon, als deine *Freundin*?«

Avery setzt ihr Happy-Avery-Lächeln auf und schüttelt den Kopf. »Alles in Ordnung.«

»Michael sieht nämlich ziemlich sauer aus. Auf dich.«

Avery wagt einen Blick zurück über ihre Sitzlehne. Michael sitzt hinten im Bus, mit der Lacrosse-Mannschaft, die am Sonntag gegen die Greeley Steelers spielt. Er hat die Arme vor dem Körper verschränkt und starrt aus dem Fenster in das weiße Schneetreiben. Als hätte er ihren Blick gespürt, dreht er sich um. Für den Bruchteil einer Sekunde treffen sich ihre Blicke, bis sie zurückzuckt.

Er hätte auch morgen selbst fahren können. Sie weiß nicht, warum er im Bus mitgekommen ist. Außer, dass er das vorher angekündigt hat und sich immer bemüht, den Schein zu wahren. Das ist ihm fast so wichtig wie der Familie Cross.

»Wow, Aves, was geht denn hier ab?«, wundert sich Lyla. Als eine Neuntklässlerin zu ihnen herüberguckt, senkt sie die Stimme. »Was ist passiert?«

Avery schluckt. »Ich erzähl es dir später.« Wenn Lylas wütender Aufschrei nicht den ganzen Bus alarmieren wird. »Wenn wir erst mal da sind, kann ich meine Gedanken besser sortieren. Versprochen.« Sie macht ein Handzeichen, als legte sie einen Eid ab.

Lyla sieht sie an, als wollte sie sagen *Ich weiß, dass das Quatsch ist*, aber sie nickt.

»Lyla, anschnallen.« Mr G beugt sich über sie. Sein scharfer Tonfall passt zu seinem strengen Gesichtsausdruck. Lyla lässt sich auf ihren Sitz zurückfallen und schließt den Gurt. »Avery?« Mr Garson sieht sie fragend an. »Ist alles in Ordnung?«

»Ja.« Sie verzieht den Mund zu einem zittrigen Lächeln. »Mir ist nur etwas schlecht bei dem Gekurve.«

Seine Mundwinkel bewegen sich nach oben. »Soll ich dein Handy konfiszieren? Vielleicht hilft es, wenn du nicht ständig darauf guckst.«

»Nein«, sagt Avery patzig.

Der halbe Bus dreht sich zu ihr um. Avery kann nur mit Mühe den Impuls unterdrücken, sich die Hand vor den Mund zu schlagen. Mr Gs Lächeln verblasst. »Kein Grund für einen solchen Ton. Leg dein Handy weg.« Er dreht sich um und geht durch den Gang nach vorne, während Avery das Gefühl hat, dass sich ihr der Magen umdreht.

»Oha. Da ist wohl jemand heute Morgen mit dem falschen Bein aufgestanden«, raunt Lyla durch den Spalt zwischen den Sitzen.

Avery beobachtet, wie Mr G sich am vorderen Ende des Busses auf den für ihn als Betreuer reservierten Sitz niederlässt und sein eigenes Handy hervorholt, während er mit Mrs Halifax und Mr Pendler redet. Einen

Moment später pingt Averys Handy noch einmal. Sie vergewissert sich, dass niemand zusieht, bevor sie das Display zu sich umdreht.

Das wird eine solche Erleichterung. Mach dir keine Sorgen wegen deinen Eltern. Bald bist du 18 und dann können sie dich nicht mehr herumkommandieren. 😊

Stimmt 😊, schreibt Avery zurück. Sehen wir uns heute Abend?

Sogar in einem ausgewachsenen Schneesturm riecht Greeley nach Kühen. Der Gestank durchdringt alles – den Schnee, den Wind, auch den Bus, je näher sie kommen, und das Stadion Hotel, das während des Wettkampfes als ihre Basis dienen wird.

Shay und Lyla kreischen, als die Bustüren sich öffnen und der erste Schwung kalter Luft hineinströmt. Mr G klatscht in die Hände, damit sie sich beruhigen. »Danke, Mädels, dass ihr mein Trommelfell zum Platzen gebracht habt«, sagt er. Alle kichern. »Nehmt euer Gepäck – wir treffen uns im Foyer.«

Sie steigen nacheinander aus dem Bus. Avery kann es nicht abwarten, nach draußen zu kommen. Sie braucht dringend frische Luft, auch wenn sie nach Jauche riecht. Sie braucht die Kälte. Sie braucht Freiheit. Sie hatte gedacht, aus Lorne rauszukommen wäre genug.

Sie hat sich geirrt.

Der Busfahrer und Heathers Mom packen mit an,

um die Sporttaschen aus dem Bauch des Busses zu hieven. Avery schnappt sich ihre Tasche und macht sich auf den Weg ins Foyer, wobei sie Michael ausweicht und den Blick auf den Boden heftet.

»Hey, können wir …« beginnt er, aber sie sieht nicht auf und bleibt nicht stehen. Sollen die anderen Mädchen doch darüber lästern. Sollen sie sich wundern.

»Dein Knöchel sieht ja wieder gut aus«, ruft er ihr nach.

Ihr Knöchel. Mist. Sie spürt die Blicke von Michael und dem halben Cheer-Team in ihrem Rücken, als sie weitergeht.

»Wir sind spät dran.«

»Beruhige dich«, sagt Lyla, während sie zum dritten Mal versucht, ihre Zimmertür mit der Keycard zu öffnen. »Alles kein Problem. Ich glaube kaum, dass der Wettkampf bei diesem Wetter pünktlich anfängt.« Mit einem lauten Piepton öffnet sich endlich das Schloss und sie betreten das Zimmer.

»Willst du das Bett am Fenster oder an der Tür?«, fragt Lyla. Es sind beides durchgelegene Einzelbetten, die nicht gerade einladend aussehen.

Avery lässt ihre Tasche auf die nächstbeste weiße Bettdecke fallen. »Ist mir egal. Ziehen wir uns lieber schnell um und gehen wieder nach unten.«

»Aves, jetzt chill mal.« Lylas Pferdeschwanz wippt hin

und her, als sie den Kopf schief legt und ihre Freundin misstrauisch ansieht. »Ist doch alles kein Problem.«

Avery zieht ihr T-Shirt aus und schält sich aus ihrer Jeans. »Es ist sehr wohl ein Problem. Ich bin die Kapitänin. Ich muss pünktlich startbereit sein.« Sie schlüpft in ihre Shorts und ihr Top. Dann wirft sie einen Blick zu Lyla, die sich im Spiegel mustert. »Was machst du da?«

»Hab ich einen Pickel am Kinn?«, fragt Lyla und reckt ihr Kinn.

»Für so was haben wir jetzt keine Zeit.« Die Angst lässt Averys Stimme scharf klingen. »Das sieht sowieso niemand, also zieh jetzt einfach dein Outfit an.«

»Dann *habe* ich also einen Pickel.«

»*Lyla*«, explodiert Avery.

Lyla weicht zurück. Avery bemerkt erst jetzt, dass sie schwer atmet und kaum klar sehen kann. »Zum Teufel, was ist denn in dich gefahren?«, fragt Lyla. Ihr Blick springt zu Averys Knöchel.

Avery konzentriert sich auf ihre Lüge und wippt auf den Zehen auf und ab. »Ich hab gesagt, wir müssen fertig werden. Wenn wir nicht auftauchen, verpassen wir unseren Start und werden aus dem Wettkampf ausgeschlossen.«

Das kauft Lyla ihr nicht ab. »Hat das alles was mit Michael zu tun? Du hast doch gesagt, bis wir hier sind, bist du wieder in Bestform. Motz mich nicht an, weil ihr beide Schluss gemacht habt oder so was.«

»Das ist nicht der Grund, warum ich motze«. Avery schreit jetzt fast.

»*Was* denn dann?«, blafft Lyla zurück.

Das Klopfen lässt sie beide zusammenzucken. »Mädels?«, dringt Mr Garsons Stimme durch die Tür. »Ihr seid zu spät.«

Avery wirft Lyla ihren besten *Hab-ich-dir-doch-gesagt*-Blick zu. Lyla verdreht die Augen. In weniger als zwanzig Sekunden ist sie angezogen.

Gerade als Mr G zum zweiten Mal klopfen will, öffnet Avery die Tür. »Alles klar – da sind wir«, sagt sie ein wenig außer Atem. Mr G hebt eine Augenbraue und sieht sie forschend an.

»Komm, wir heizen diesen Arschlöchern jetzt ordentlich ein – äh, sorry, Mr G«, sagt Lyla, als sie die Tür hinter ihnen zuzieht.

»Nach Ihnen, die Damen«, sagt Mr G. »Ich muss noch mal schnell zurück, um was zu holen.«

Erst als sie die Turnhalle erreicht haben, fällt Avery auf, dass sie ihr Handy auf dem Zimmer vergessen hat.

Das erste Team des Wettkampfs betritt die Halle und der Bass aus den Lautsprechern lässt die Schließfächer neben Avery zittern. Ford River High School hat einen frisch lackierten Boden, neue Tribünen, auf denen die Eltern Platz nehmen können, und ein neues, ohrenbetäubendes Soundsystem. Der Geruch nach frischer

Farbe und Schweiß schnürt Avery fast den Atem ab. Sie nimmt einen großen Schluck Gatorade und versammelt das Team dicht um sich. »Wir hatten kein einfaches Halbjahr«, sagt sie. »Und vielleicht kommen wir dieses Jahr nur bis hierhin. Aber heute werden wir alles geben, für Emma. Und weil wir das beste Cheer-Team im nördlichen Colorado sein wollen.«

»Für Emma«, wiederholen die anderen raunend.

Bist du bereit? Lyla bewegt die Lippen, ohne die Frage auszusprechen. Avery nickt. Am liebsten würde sie sich übergeben.

Die Tür zum Umkleideraum öffnet sich und das vorherige Team kommt herein. »Viel Glück«, sagt die Anführerin ohne jede Aufrichtigkeit.

»Und jetzt: das Jefferson-Lorne Wolfsrudel!«, tönt es durch den Lautsprecher, und dann geht es in die Halle. Avery nimmt ihren Platz als Anführerin ein, vorne in der Mitte, fixiert von Mr Pendlers Blick.

Also macht Avery Cross das, was sie am besten kann. Sie reckt ihr Kinn, sieht ihn direkt an und lächelt ihr perfektes Lächeln. Dann treten alle in Aktion.

Ihr Team ist gut. Natalie ist etwas zu zögerlich bei der Hebefigur, aber die kurze Verspätung gleichen sie wieder aus und vollführen den Rebound mit perfekter Synchronisation. Alle haben jetzt ein echtes, vom Adrenalin angefachtes Lächeln im Gesicht. Sogar Avery. Sie bewegen sich in zackigen, präzisen Abläufen. Und die Wahrheit ist, sie sind besser, als sie es je waren, als Emma noch dabei war.

Du hast uns immer nur zurückgehalten, denkt Avery und ihr Lächeln zittert ein bisschen, als sie ihre Abschlussposen einnehmen. Das begeisterte Grölen der Menge klingt wie ein tosender Fluss, hungrig nach mehr. Nach opferbereiten Mädchen, die für sie tanzen, posieren und marschieren.

Sie machen den zweiten Platz. Ihre Technik war nahezu perfekt, aber ihre Choreografie braucht mehr Originalität, sagt eine Schiedsrichterin, die aussieht, als würde sie Trolle zum Frühstück verspeisen. Der Rest des Teams kreischt. Shay springt auf und ab. Natalie weint vielleicht sogar. Mrs Halifax schließt Avery überraschend in die Arme und Mr Pendler und Mr G klopfen ihr beide auf die Schulter. »Gute Arbeit.« Mr G drückt ihr die Hände, als er ihr den Pokal für den zweiten Platz überreicht, und sie posieren alle zusammen.

»Oh my God«, quiekt Shay. »Ich hab noch nie so was *Cooles* gewonnen!« Sie macht einen Flickflack und kickt dabei Mr Pendler fast ins Gesicht.

Und dann ist Michael plötzlich da, steht hinter Avery. Er hat Blumen für sie. Natürlich. »Gratuliere«, sagt er und reicht ihr den Strauß. Avery kann spüren, wie die Luft zwischen ihnen knistert, genauso wie sie die gaffenden Blicke ihres Teams spüren kann. Alles, was ihnen jetzt noch fehlt, ist eine Packung Popcorn, die sie herumreichen können, denkt sie verbittert.

»Danke«, sagt sie und nimmt die Blumen, ohne seine Hand zu berühren.

Er sieht sie einen Moment an, dann nickt er und wendet sich ab.

Mr G klatscht dreimal in die Hände. »Also gut, Leute. Ab in den Bus! Dinner geht aufs Haus!«

Alle außer Avery jubeln.

Schreiend und kreischend joggen sie zum Bus. Avery freut sich über die warme Luft, die ihr beim Einsteigen entgegenströmt. Sie lehnt sich ans Fenster und breitet ihren Hoodie über ihrem Schoß aus.

Der Sitz neben ihr senkt sich, als sich jemand hinsetzt. Avery dreht sich um. »Ich will jetzt wirklich …«

»Hast du ihn betrogen?«, fragt Lyla.

Avery starrt sie mit offenem Mund an.

»Zwischen euch beiden herrscht eine größere Kälte als draußen. Und ich weiß, dass du am Mittwochabend nicht bei ihm warst.«

»Schsch«, fleht Avery. Sie wirft einen Blick zu den Betreuern, die vorne im Bus stehen und auf einem Klemmbrett die Namen abhaken. Mr G nickt dem Fahrer zu und der Bus fährt los. »Können wir nicht später darüber sprechen?«, fragt Avery.

»Wirst du mir dann die Wahrheit sagen?«, gibt Lyla zurück.

Avery presst ihre Stirn gegen das kalte Fensterglas. »Ich hab gar nicht gewusst, dass du so viel von Michael hältst«, sagt sie in einem scharfen Tonfall.

»Jetzt sei nicht so bescheuert«, seufzt Lyla und zieht ihre Knie an. »Ich bin deine beste Freundin und du hast mich angelogen. Ich bin sauer, aber nur, weil ich für dich da sein will.«

Das kannst du nicht. Avery spricht den Satz nicht aus.

»Egal. Party auf unserem Zimmer, oder?« Lyla wartet nicht auf ihre Antwort. »Shay behauptet, sie hat was von ihrem Dad mitgeschmuggelt, du weißt schon, was Hochprozentiges. Aber letztes Mal war das Zeug verdünnt und voll eklig. Ich hab Orangensaft mitgebracht, um den Geschmack runterzuspülen.«

Avery guckt aus dem Fenster. Den ganzen Weg zurück zum Hotel spürt sie seine Blicke auf sich.

Sie versammeln sich wieder im Foyer. Mr G klatscht in die Hände, um sich Gehör zu verschaffen. »Mädels, das habt ihr toll gemacht«, sagt er. »Ich hab gerade Direktor Mendoza angerufen und er ist wirklich stolz auf euch. Viele der anderen Schulen haben mehr finanzielle Mittel und eine größere Schülerschaft zur Auswahl, aber ihr seid fleißiger, talentierter und engagierter als jede dieser Truppen. Gute Arbeit, Avery.« Das Team applaudiert. Shay und Natalie pfeifen durch die Zähne. Lyla umarmt sie flüchtig. »Ihr wart ein tolles Team mit einem tollen Programm – egal, was diese Hexe von

Schiedsrichterin sagt. Ups!« Er schlägt sich mit gespieltem Schuldbewusstsein die Hand vor den Mund, während das Team vor Lachen kreischt. Mrs Halifax funkelt ihn böse an. »Hab vergessen, dass ich solche Sachen nicht sagen sollte. Aber wirklich. Ruht euch zwanzig Minuten aus, um fünf Uhr gibt es Abendessen mit Büffet. Kommt pünktlich, wenn ihr nicht wollt, dass ich den ganzen Kuchen allein esse.«

»Ich nehme schnell eine Dusche«, sagt Lyla, als sie alle auseinandergehen. Dabei wirft sie Avery einen *Komm hoch und lass uns endlich reden*-Blick zu.

Doch als sie zurück ins Zimmer kommen, schnappt Avery sich ihren Badeanzug und sagt stattdessen: »Ich gehe ins Schwimmbad.« Sie durchwühlt ihre Tasche. »Hast du mein Handy gesehen?« In der Tasche ist nichts als ein leeres Maoam-Papier und ein zusammengefalteter Zettel – oh Gott, wahrscheinlich eine Nachricht von Michael.

»Echt jetzt?« Lyla stellt sich vor die Tür. »Aves, rede endlich mit mir.«

Sie kann nicht. Sie muss sich gleich übergeben. Wenn sie Lyla weiter anlügt, wird sie sich selbst dafür hassen. Aber Lyla würde ihr die Wahrheit nicht abkaufen. »Nach dem Abendessen.« Sie drängt sich an Lyla vorbei und flieht den Gang hinunter.

Ihre Haut fühlt sich gespannt an und juckt. Sie will sie am liebsten so lange schrubben, bis sich Avery abschält und jemand anders darunter hervorkommen kann. Eine andere Person – forscher, lauter, wütender. All diese Dinge möchte Avery sein, aber sie fürchtet sich zu sehr. Die Angst drängt sich in ihr Gehirn, nimmt allen Raum ein, bis sie an nichts anderes mehr denken kann. Daran, was sie zu Lyla sagen soll, zu Michael, zu ihrem Team oder der Polizei in Lorne.

In dem winzigen Pool schwimmt schon jemand. Avery geht in die Sauna, wo sie allein sein kann. Die Hitze trifft sie wie ein Schlag und lässt ihre Lunge brennen. Für einen glückseligen Moment vergisst sie alles.

Sie setzt sich auf die Bank aus Eichenholz. Auf der Unterseite wächst etwas Grünes, aber das ist ihr egal. In der Ecke steht ein Kübel Wasser, neben dem Ofen mit glutheißen Steinen. Avery schließt die Augen. Bald. Bald wird alles vorbei sein. Aber was dann? Studium? Sie will studieren, denn dann kann sie mit ihren Freundinnen zusammenwohnen, um vier Uhr morgens Schoko-Cupcakes backen und in großen Bibliotheken mit ledergebundenen Büchern für Klausuren büffeln. Sie weiß nicht, was sie als Hauptfach wählen würde, und für den zweiten Platz in einem regionalen Wettkampf wird sie kein Cheer-Stipendium bekommen. Als sie mal gesagt hat, dass sie gerne Tanzunterricht für Kinder geben würde, antwortete ihr Dad: »Jeder braucht ein Hobby.« Er würde ihr nie eine pädagogische Ausbildung zahlen. Sie soll nach Harvard gehen, als würde man sie dort je nehmen. Vielleicht kann sie ihn dazu bringen, sie nach Massachusetts zu schicken, und dann kommt sie einfach nie zurück.

Denn sobald dies alles tatsächlich vorbei ist, wird sie nie wieder einen Fuß in ihre Heimatstadt setzen wollen. Sie will nicht daran denken. Sie will sich nicht erinnern.

Die Tür öffnet sich und ein Schwall kühler Luft strömt herein. »Lyla«, stöhnt Avery. »Wir reden später drüber.«

Es ist nicht Lyla.

Das Licht geht aus und alles, was Avery erkennen kann, ist eine schemenhafte Gestalt, die nicht für die Sauna angezogen ist, sondern für die Kälte draußen – von seiner Windjacke bis zu seinen Pine-Nation-Wanderschuhen.

Die Tür wird wieder geschlossen. Sein Körper versperrt den Ausgang. »Weißt du, was mich am meisten wundert?«, sagt er mit einer dunklen, tiefen Stimme.

Sie rutscht auf der Bank nach hinten. Wenn sie ihn dazu bringen kann, einen Schritt von der Tür weg zu machen, kann sie sich vielleicht an ihm vorbei nach draußen zwängen. »Ähm«, sagt sie, um ihre Panik zu überspielen. »Sie sollten nicht hier drinnen sein. Mädchen-Sauna.«

Die Wanderschuhe bewegen sich über den Saunaboden. »Was mich am meisten wundert, ist, dass ich so lange gebraucht habe, zu kapieren, dass *du* da mitmischt. Ich hab gedacht, Avery Cross kann kein Wässerchen trüben. Aber du hast mich hinters Licht geführt, Süße.« Seine Stimme nimmt einen harschen Tonfall an, so wie in den Momenten, als Avery in seinem Büro Nein sagte. »Du hast mich glauben lassen, dass da etwas Besonderes zwischen uns war. Aber du wolltest mich nur erpressen, nicht wahr?«

Alle Härchen an ihren Armen richten sich auf. »Nein.« Es klingt wie ein Flehen. Sie hasst das, genauso wie die Erinnerungen, die dabei hochkommen. *Du erzählst das doch nicht deinen Eltern, oder? Kein Grund zur Schulkrankenschwester zu gehen, nicht wahr? Niemand wird dich so verstehen wie ich, oder?* Nein, nein, nein. Immer nein.

»Weißt du, woran ich es gemerkt habe?«, fragt die Gestalt. »Der Knöchel. Gestern bist du herumgehumpelt, als dachtest du, er wäre gebrochen. Heute dann hast du perfekt getanzt. Und ich meine *wirklich* perfekt.« Avery beginnt zu zittern, zieht ihr Handtuch hoch, um ihren Badeanzug zu überdecken. »Da hab ich begonnen mich zu fragen: Warum sollte Avery Cross einen verstauchten Knöchel vortäuschen?«

Jedes Härchen auf ihrem Arm prickelt. »Ich habe nichts vorgetäuscht«, sagt sie. Vielleicht kann sie versuchen, ihn abzulenken und von der Tür wegzulocken. Aber er bewegt sich nicht. Warum bewegt er sich nicht?

»Du wolltest uns alle ablenken. Weil du deiner Freundin die Gelegenheit geben wolltest, herumzuschnüffeln. Wenn du nicht aufgehört hättest, uns etwas vorzuspielen, hätte ich es vielleicht nie mitgekriegt. Pech gehabt, Aves.«

Die Luft flimmert vor ihren Augen. »Warum erzählen Sie mir das?«

»Weil ich wissen will, wer das mit dir ausgeheckt hat. Dein dummer, sentimentaler Freund? Deine zweite Liebschaft?« Er tritt auf der Stelle, seine Kleidung raschelt. Schweiß rinnt über Averys Rücken. »Ist ja eigentlich witzig«, fährt er fort. »Die prüde Avery ist im Rennen um die Rolle der Schulhure.« Seine Stimme klingt jetzt nicht mehr gelassen, sondern drohend. Wütend auf das, was sie ihm nicht bereitwillig gibt, was sie ihn sich nicht nehmen lässt.

Er greift in seine Hosentasche. Avery zuckt zusammen, aber er holt ein Smartphone hervor. Das Display leuchtet auf und Avery begreift, wem das Handy gehört.

»Unvorsichtiges Mädchen. Alles, was ich tun musste, war, meine Befugnisse als Betreuer auszunutzen. Du weißt schon, Cheerleaderinnen und ihre wilden Partys. Ich hab gehört, deine Zimmergenossin wollte unter die Dusche gehen. Vielleicht geselle ich mich zu ihr, wenn ich mit dir hier fertig bin.«

Averys Magen krampft sich zusammen. Sie presst die

Lippen aufeinander. Solange er hier unten ist, kann er wenigstens nicht oben sein. Lyla ist in Sicherheit.

»Wer war in jener Nacht noch bei Anna's Run? Du kannst das nicht allein gemacht haben.« Averys Handy leuchtet auf und der Lichtstrahl fällt auf seine Wange. »War es *Study Buddy*?«

Ein kalter Schauer läuft ihr über den Rücken. Sie springt auf die Füße und fällt fast von der Saunabank. »Lassen Sie sie in Ruhe«, bringt sie hervor. Sie sucht nach der Wut in sich, aber die flackert nur schwach in ihrem Inneren, verunsichert und vermischt mit Angst.

Eine kräftige Hand legt sich auf ihr Brustbein. Ihre Haut kribbelt. Er stößt sie zurück auf die Bank und jeder Muskel spannt sich an. »Ich nehme das mal als ein Ja.«

Für einen Moment verharrt seine Hand auf ihrem Träger, zu nah an der Wölbung ihrer Brust. Sie kann sich nicht rühren, kann nicht einmal irgendetwas anderes denken als *Jetzt ist alles aus*. Dann macht er einen Schritt zurück und dreht mit einem Finger das Thermostat hoch. Die Hitze wallt auf. »Es tut mir wirklich leid. Du warst immer so ein gutes Mädchen und du hast Besseres verdient. Aber ich kann nicht zulassen, dass du mein ganzes Leben kaputt machst.«

Und was ist mit meinem Leben?, denkt Avery. Aber sie bringt immer noch kein Wort heraus und außerdem hat sie noch nie einen Mann getroffen, der sich um ihr Leben schert.

»In meinem Protokoll steht, wie aufgebracht du wegen Emma warst. Du bist im Unterricht in Tränen ausgebrochen, hast die Mittagspause in meinem Büro verbracht und konntest nichts essen. Für das arme Jefferson-Lorne wirst du nur eine weitere Jugendliche sein, die Selbstmord begangen hat.« Er hebt den Eimer mit Wasser und kippt ihn über den Saunasteinen aus. Sie zischen und brodeln. Eine Schwade von dichtem weißen Dampf steigt auf. Avery hustet, ringt nach Luft, hustet wieder. Es ist, als würde sie ertrinken.

Bis sie zur Tür gestolpert ist, hat er sie schon von außen zugezogen.

Das Drehschloss klickt. Ein hinterhältiges Lächeln geht über sein Gesicht, das sie durch die Glastür sehen kann. Mit schnellen Bewegungen tippen seine Finger etwas auf ihrem Handy. Er hält das Telefon an das Glas.

Ich hab Angst.

Komm zum Glenmere Park. In der Nähe vom Stadion.

Bitte beeil dich.

Avery hämmert gegen das Glas. Aber ein Mädchen von ihrer Statur hat keine Chance, es zu zertrümmern. Nicht einmal, wenn sie einen klaren Kopf und viel Kraft hätte und trockene Colorado-Luft atmen würde.

Sie sieht zu, wie er um die Ecke verschwindet. Sie versucht, zu rufen, bringt aber nur ein Wimmern zustande. Ihr Mund ist trocken und ihre Haut brennt, wo sie den Boden, das Glas, sich selbst berührt.

Die anderen versammeln sich gerade zum Abendessen. Niemand weiß, dass sie hier ist.

Und die Temperatur steigt immer weiter.

Tagebucheintrag

Emma Baines – 12. November 2018

Scheiße. Scheiße Scheiße Scheiße. Ich hab Scheiße gebaut, und zwar extreme Scheiße.

Ich weiß es schon eine ganze Weile. Er musste es gewesen sein. Nach allem, was passiert war, nachdem er mich vollkommen fertiggemacht hatte … aber ich hatte noch immer keine Beweise. Nicht, bis ich das Handy fand.

Ich wusste sofort, dass es ihres war, als ich den zersplitterten Bildschirmschutz sah. Ich erkannte den Schmetterling-Sticker auf der Rückseite, und die Polizei hatte das Telefon ja nie gefunden. … Irgendwann nach ihrem Tod, in einem anderen, unschuldigen Leben, fragte ich Dad danach. Er sagte, das Handy sei wahrscheinlich im Fluss gelandet – es hätte keinen Zweck, danach zu suchen. Dabei war es überhaupt nicht im Fluss.

Ich hätte es ihm aushändigen sollen. Oder ich hätte Vize-Polizeichef Bryson einen Hinweis geben sollen, wo man es finden könnte. Jetzt habe ich die Fingerabdrücke durcheinandergebracht und kann das Handy nicht zurücklegen, falls er schon gemerkt hat, dass es weg ist. Ich weiß nicht einmal, warum er es behalten hat. Nur, dass viele Perverse irgendwelche Andenken an ihre Eroberungen aufheben. Vielleicht hätte ich den Pompon auch mitnehmen sollen, das Haarband mit dem silbernen Herzen. Aber ich hab nicht geschaltet.

Er wird wissen, dass ich es bin.

Ich muss schnell handeln, aber wem kann ich mich anvertrauen? Keiner wird mir helfen. Dad wird mir nicht helfen – das tut er schon seit Monaten nicht mehr. Wenn ich etwas sage, werden sie mir jedes Wort im Mund umdrehen, bis meine Wahrheit ganz verzerrt ist, nicht wiederzuerkennen. Warum bist du nicht früher zu uns gekommen? Bist du sicher, dass du die Wahrheit sagst? Du warst immer zu eng mit der armen Lizzy, Em. Ist doch kein Wunder, dass du durcheinander bist.

Ich muss das Handy knacken. Das ist meine letzte Chance. Die Schlinge zieht sich zu.

Kapitel 26

Die Einbrecherin

Janine kriecht langsam die Straße entlang. »Komm schon«, stößt Claude hervor. Ihre Finger trommeln ungeduldig auf dem Lenkrad. Schon wieder pingt ihr Handy. Das hier ist ein einziges Chaos. Pass auf dich auf und bleib DRINNEN. Lieb dich xxx. »Zu spät, Mom.«

Sie fährt in ein Wohngebiet, in dem die Straßen noch nicht geräumt wurden. Kinder in Schneeanzügen verstecken sich hinter Wällen von Schnee und werfen Schneebälle. Janine wird zur Zielscheibe, als sie zwischen ihnen entlangzuckelt. Normalerweise würde Claude vor sich hin fluchen oder ihr Fenster herunterlassen und schimpfen. Jetzt fragt sie sich nur, ob *er* diese Mädchen in ihrer ausgelassenen, johlenden Jugendlichkeit beobachtet. Ob er im Sommer auf seiner Veranda sitzt, wenn sie mit ihren Eistüten in Badeanzügen vorbeikommen.

Dieses Wohngebiet ist einfach so … weiß und bürgerlich. So normal. Als sie das richtige Haus gefunden hat, ist sie fast enttäuscht von dem typischen Lattenzaun um den Vorgarten. Das kleine kastenförmige Backsteinhaus hat saubere Fenster und eine schmucke weiße Haustür, an der ein Kranz hängt. Eine betonierte Veranda führt um die Seite des Hauses. Vollkommen bieder.

Claude überprüft noch einmal die Adresse, dann parkt sie um die Ecke. Für einen Moment sitzt sie da, schließt die Augen und schaltet den Schneesturm aus. Aber der Sturm in ihrem Inneren lässt sich nicht ausschalten.

»Reingehen, ablegen, rausgehen«, murmelt sie. »Reingehen, ablegen, rausgehen.«

Sie öffnet den Kofferraum, zieht ihre Handschuhe an und greift nach der Pistole. Sorgenvoll kaut sie auf ihrer Unterlippe, als sie die Waffe in ihre Manteltasche steckt. Dann nimmt sie die Schaufel aus dem Kofferraum.

Als Erstes geht sie zur Haustür, drückt auf den Klingelknopf und lauscht dem schrillen, blechernen Echo nach. Sie wartet einen Herzschlag lang, dann zwei. Aber es sind keine Schritte zu hören und niemand kommt an die Tür, selbst als sie ein zweites Mal klingelt, um sicherzugehen. Ihre Beine werden ganz weich und ihre Stirn stößt an die Fliegengittertür. Sie atmet tief ein. In ihrem Mund sammelt sich der Speichel. Claude zwingt sich, zu schlucken, dann schleicht sie um die Ecke der Veranda. Das Fenster dort ist klein, aber es ist von der

Straße aus weniger zu sehen und in dem Haus gegenüber sind auf dieser Seite keine Fenster, durch die neugierige Nachbarn sie beobachten könnten.

Sie zerrt an den Schnüren ihres Hoodies und zieht ihren Schal hoch, bis nur noch ihre Augen sichtbar sind. Dann hebt sie die Schaufel und schlägt damit gegen das Fenster.

Nach dem ersten Hieb, der klingt wie ein Donnerschlag, breitet sich spinnennetzartig ein Riss im Glas aus. Sie duckt sich, versucht, ihren rumorenden Magen zu beruhigen. Versucht, die Hitzewallungen zu kontrollieren, die sie überkommen. Sie nutzt ihre Wut, auf ihn und auf die ganze Welt, die Menschen wie ihn *sein* lässt. Und dann denkt sie an die einsamen Mädchen, die so dringend Hilfe brauchten, die Rat oder Unterstützung oder Freiraum von ihren Altersgenossen oder Eltern brauchten. Und die dann an ihn gerieten.

Die Welt überlässt sich der Stille des Schneefalls. Die Kinder sind nach drinnen gegangen, wo heißer Kakao und warme Decken und noch ein paar Jahre der Unschuld auf sie warten. Claude richtet sich wieder auf.

Der zweite Hieb zerschmettert die Scheibe.

Sie pickt Splitter aus dem Fensterrahmen und lässt sie auf die Veranda fallen. Das Fliegengitter ist bei dem Schlag gerissen und sie zerrt daran, bis ein Loch entstanden ist, das groß genug für sie ist. Dann zieht sie sich ächzend hoch und schlängelt sich hindurch.

Sie rutscht von der Linoleumfensterbank hinunter auf den gefliesten Boden. Alles ist dunkel. Während sie sich aufrichtet, wischt sie ein paar Steinbrösel von ihrem Mantel, dann tätschelt sie ihre Tasche. Die Pistole gibt ihr Sicherheit.

Neben der Spüle stapeln sich die Teller. Die Küche riecht nach altem Essen und abgestandenem Wasser. Im Kühlschrank liegen eine halbe Pizza, drei Bierdosen und eine keimende Kartoffel im Gemüsefach. Claude greift nach einer Bierdose, einfach um etwas von ihm mitgehen zu lassen – dann überlegt sie es sich anders und stellt die Dose zurück. Sie knallt die Kühlschranktür zu und wendet sich ab. Ihre Stiefel hinterlassen eine Spur von Schnee und Matsch auf dem Boden.

Im Wohnzimmer bleibt sie stehen und blickt wachsam zu den Vorderfenstern, durch die man ihre Silhouette sehen könnte. Aber das Haus ist unbeleuchtet und die Jalousien sind heruntergezogen. Gegenüber dem Fernseher steht ein Ledersofa. Auf dem gläsernen Couchtisch liegen ein paar Zeitschriften: *GQ*, *Runner's World*, *The Atlantic*. Die Regale sind voll von alten Magazinen und Pokalen von Cheerleading- und Lacrosse-Wettkämpfen. Glorreiche Jahre. In seiner Zeit als Kapitän hat er die Lacrosse-Mannschaft bis zu den nationalen Meisterschaften geführt. Zwischen den Trophäen hängen gerahmte Urkunden. *Jefferson Lorne Lehrer des Jahres 2016*. Dieses Schriftstück sieht offiziell aus.

Aber die Urkunde mit der Aufschrift *Bester Cheerleading-Chaperon aller Zeiten* haben die Schüler eindeutig selbst gemacht. Bittere Galle steigt in Claudes Kehle auf. Sie fragt sich, ob auch eines dieser Mädchen geduldet hat, dass seine Hand ihren Oberschenkel hochwandert. Ob sie dachte, sie sollte das vielleicht sogar wollen. Ob sie dachte, sie müsste es nur über sich ergehen lassen und dann würde alles besser werden. Ein paar Konsolenspiele nehmen den restlichen Platz auf dem Regal ein.

Es ist alles so … normal. Der Müll in seinem Papierkorb. Der Flanellbezug seiner Bettdecke. Der James-Patterson-Roman auf seinem Nachttisch. Die Zahnbürste und der Rasierer und das Head-&-Shoulders-Shampoo in seinem Badezimmer. »Reingehen, ablegen, rausgehen«, murmelt Claude, aber sie kann es nicht lassen, unter das Waschbecken zu lugen und im Schlafzimmer die Schubladen seiner Kommode aufzuziehen. Es muss doch etwas zu finden sein, das ihn entlarvt. Wie kann er der ganzen Welt vormachen, dass er *normal* ist?

Oder vielleicht *ist* er ja auch normal, und das wäre eigentlich die schlimmste aller Möglichkeiten. Schließlich wurde auch Lily Fransen von einem ganz normalen, durchschnittlichen Mann belästigt, und jetzt interessiert sich niemand mehr für ihren Fall. Das ist Claudes Realität. Die Schulkatastrophe kann nicht dem beliebtesten Mitglied des Lehrerkollegiums angelastet werden. Nicht, solange die Beweise nicht unwiderlegbar sind. Claude ist wie elektrisiert vor Wut. Am liebsten würde sie die Schaufel nehmen und alles in diesem gottverdammten Haus zertrümmern. Und mehr als alles andere möchte sie *ihn* zertrümmern, bis sein Gesicht ein blutiger Klumpen ist. Bis sein Äußeres so aussieht, wie sie sich im Inneren fühlt.

Sie zieht den Atem ein. *Reingehen, ablegen, rausgehen.* Ihre Hände schwitzen in den Handschuhen. Sie ballt eine Faust und geht aus dem Schlafzimmer.

Das Arbeitszimmer scheint ein geeigneter Platz. In einer Ecke befindet sich ein kleiner Schreibtisch mit einem schiefen Bürostuhl. In den Regalen hier stehen Ordner, beschriftet mit *Steuern* und *Belege*. In einem Ordner sind *Briefe von Mom*. Bei dem Gedanken, dass es eine Frau gibt, die ihn tatsächlich liebt, dreht sich Claude der Magen um.

Sie zieht die Pistole aus der Tasche und legt sie auf den Schreibtisch. *Raus hier*. Aber ihre Zähne beginnen wieder, auf ihrer Unterlippe zu kauen. Der Computermonitor blinkt.

Von dem Handy konnten sie nicht bekommen, was sie brauchten. Vielleicht können sie es hier finden. Sie beugt sich vor und drückt auf den Anschaltknopf. *Raus hier, raus hier* hallt es durch ihren Kopf, aber sie kann sich nicht losreißen. Sie brauchen jedes Puzzleteil.

Jetzt muss sie nur noch sein Passwort herausfinden.

Der Bildschirmschoner geht an. Claude probiert ein paar Kombinationen, die ihr in den Sinn kommen, und ist nicht überrascht, als es nicht funktioniert.

Sie beginnt die Schubladen seines Schreibtisches zu öffnen. Vielleicht bewahrt er dort eine Liste mit Passwörtern auf. Ihre behandschuhten Finger blättern durch Papiere und Quittungen. Sie greift nach einem Notizbuch und schlägt es auf, zerreißt in ihrer Hektik das Papier.

Da. Eine Auflistung von wahllosen Buchstaben. Es steht keine Erläuterung dabei und vielleicht haben sie auch überhaupt nichts mit Passwörtern zu tun, aber einen Versuch ist es wert. Sie legt das Notizbuch ab, neben die Pistole.

Die Haustür wird aufgerissen.

Schritte wie Donnerschalle. Lautes Geschrei. Claudes Herz galoppiert in ihrer Brust und das Blut tost durch ihre Adern wie ein Fluss. Sie hat nicht einmal mehr Zeit, sich aufzurichten. »Hab ihn!«, ruft eine Stimme unmittelbar hinter ihr. Einen Moment später trifft ihr Kinn auf die Tastatur, als ein Polizist ihren Kopf herunterdrückt. Er zieht ihre Arme nach hinten und legt ihr mit schnellen, brutalen Bewegungen Handschellen an.

Er dreht sie um und zerrt den Schal von ihrem Gesicht. Seine Augen weiten sich. »Es ist eine *sie*«, brüllt er.

Weitere Polizisten stürmen ins Zimmer. Sie haben ihre kugelsicheren Westen an und ihre Dienstwaffen gezückt. Vize-Polizeichef Bryson stößt ein verächtliches Schnauben aus, als er sie sieht. »Kleinkriminelle Machenschaften reichen dir wohl nicht mehr?«

»Wer hat mich verpfiffen?«, fragt Claude. *Bitte nicht Jamie. Bitte nicht er.*

»Haussicherheitssystem. Tja, die Wunder der Technik.« Bryson beugt sich zu ihr; er weiß, dass sie zurückweichen will, es aber nicht kann. Seine Größe, sein Geruch und ihre Angst lassen sie zittern. »Was meinst du, ob deine Mutter dir diesmal auch aus der Patsche helfen kann?« Er grinst, eine schattenhafte Gestalt mit im Halbdunkeln leuchtenden Zähnen.

Sein Blick fällt auf den Tisch vor ihr und als er die Pistole entdeckt, wird sein Grinsen noch breiter.

Absender: Will Tabor
Empfänger: Detective Diego Loya
Datum: 8. Dezember 2018, 7:12 Uhr
Betreff: Spurensicherung und Voruntersuchung – Handwaffe – Fall Nr. 27-95-1682

Wir schicken Ihnen eine Smith & Wesson M & P Shield 9 mm, Seriennummer SKU207248, die vermutlich Randy Silverman gehörte und im Besitz einer anderen Verdächtigen gefunden wurde. Wir bitten um unverzügliche Bestimmung von Fingerabdrücken und Ballistik; dieser Fall hat oberste Priorität.

Vielen Dank.

Kapitel 27

Die Läuferin

Das Kabel unter Gwens T-Shirt kitzelt. Sie hat es so vorsichtig befestigt, dass Mum nicht einmal seinen Schatten sehen konnte, als sie sich zum Frühstück gesetzt haben. Heute ist sie durch und durch das brave Mädchen gewesen. Das verdammte Mikrofon genügte, um sie daran zu erinnern, was auf dem Spiel stand. Aber dann begann sie, sich zu fragen, wie groß die Reichweite des Abhörgeräts sein mochte, und dann kam die SMS von Avery aus dem Bus: Er ist hier. Sie weiß selbst nicht mehr, wie genau sie so weit gekommen ist, dass sie Dads Truck aus der Garage holte, aber jetzt ist sie schon fast in Greeley. Jedes Mal, wenn sie durch einen W-LAN-Bereich kommt, pingt ihr Handy, und seit vierzig Meilen schickt sie pausenlos Stoßgebete zum Himmel: *Bitte, Maria, lass mich jetzt nicht sterben. Dann hast du auch was gut bei mir. Auch wenn ich dir zuliebe nicht hetero werden kann oder zur Kirche gehen werde.*

Sie tritt auf die Bremse und der Truck schlittert an

einem Stoppschild vorbei. Auf der anderen Seite der leeren Kreuzung finden die Reifen wieder Halt und Gwen atmet erleichtert aus.

Ihr Handy klingelt schon wieder und sie riskiert einen Blick. Mum. Wie die letzten sechzehn Male. Sie muss gar nicht erst rangehen; sie weiß, dass sie für den Rest ihres Lebens Hausarrest hat – vorausgesetzt, sie kommt heil wieder zurück. Sie hat ihnen einen Zettel hingelegt und sie hat auch überlegt, ob sie schreiben sollte, warum. Ob sie schreiben sollte: *Ich mache es für Lizzy und für uns.* Zum Schluss schrieb sie lediglich: *Macht euch keine Sorgen, ich passe auf mich auf. Bitte seid mir nicht böse. Ich liebe euch.*

Natürlich sind sie wütend. Genau, wie sie über Lizzys Nachricht wütend waren. Aber im Gegensatz zu Lizzy wird sie alles erklären können, wenn sie nach Hause kommt. Falls sie wieder nach Hause kommt.

Aber es geht alles zu schnell. Sie sieht noch einmal Averys Gesicht vor sich, das gestern Abend wie ein blasser Mond vor ihrem Fenster auftauchte, die Augen vor Angst weit aufgerissen. Avery, die keuchte: »Sie haben ihn gefunden.«

Niemand von ihnen hatte einen Notfallplan parat, sollte Randy Silverman in einer Flussbiegung an Land gespült werden. Es war jetzt wohl dumm, zu hoffen, sein Tod könnte einfach als zufälliger Unfall gedeutet werden, das wusste Gwen. Also ließ sie Avery herein und sie schmiedeten einen Plan, und sie küsste Aves und sagte ihr, dass alles gut werden würde. Schon in dem Moment hatte sie das Gefühl, sie würde lügen.

Seit drei Tagen versucht sie, nicht an ihn zu denken. Daran, wie er zusammengesackt ist, wie es sich angehört hat, als sein Körper wie ein schlaffer Sack Zement zu Boden gefallen ist.

Sie fährt auf den Parkplatz des Greeley Stadions und lässt den Truck bis an einen Kantstein rollen. Dann greift sie nach ihrem Handy.

Wo bist du? Ihr Finger verharrt über dem Anruf-Button, aber wenn sie telefoniert, hört die Polizei vielleicht mit. Sie würden sich fragen, was sie in Greeley zu suchen hat, wenn sie doch Lorne nicht verlassen sollte. In Averys letzter Nachricht war von Glenmere Park die Rede. Warum sollte sie sich in Glenmere Park treffen wollen?

Das Display leuchtet auf, lässt sie zusammenzucken. Aber es ist nur Mum. Schon wieder. »Soll schnell lässt du nicht locker, hm?«, murmelt Gwen im Tonfall ihrer Mutter. Das ist leichter, als den Stich in ihrem Herzen wahrzunehmen. Mum wird denken, dass sie genauso ist wie Lizzy. Sie begreift nicht, dass Gwen versucht, Lizzy zu retten, auf die einzige Weise, die jetzt noch möglich ist.

Ich bin hier textet sie ein paar Minuten später und steigt aus dem Auto.

Der Parkplatz des Stadions ist verwaist – bis auf den Bus, der das Cheer-Team hergefahren hat. Als Gwen ins Foyer kommt, entdeckt sie Natalie an der Rezeption. Sie geht hinter einer Säule in Deckung. Die Wärme eines ordentlich geheizten Gebäudes lässt ihre Wangen glühen. Sie sieht sich nach irgendeiner Spur von ihm um, aber der Rest des Foyers ist menschenleer. Natalie wartet eine Weile am Empfang, wippt mit einem Fuß und ruft dem Rezeptionisten ein fröhliches »Danke schön« zu, bevor sie beschwingt zurück in den Speisesaal geht. Gwen folgt Natalie mit ihrem Blick. Durch die Milchglas-Türen kann Gwen Formen und Farben sehen, die sich hin und her bewegen. Ist Avery auch unter ihnen?

Nein. Wenn sie Angst hat, ist sie bestimmt auf ihrem Zimmer geblieben und gibt vor, Kopfschmerzen zu haben. Mit einem letzten Blick in Richtung Speisesaal wagt Gwen sich aus ihrer Deckung und geht auf die Rezeption zu.

Sie hat das Gefühl, im Visier eines Scharfschützen zu sein. Wenn er sie erwischt – wenn irgendjemand sie entdeckt und ihm erzählt, dass sie hier ist –, dann geht es nicht nur ihr selbst an den Kragen. Sie hätte Avery einschärfen sollen, sich einfach unauffällig zu verhalten. Um ihm keinen Anlass zu geben, sie zu verdächtigen. Was könnte er schon auf einem Schulausflug machen? Sie selbst hätte in Lorne bleiben und sich um die Pistole kümmern sollen. Damit Avery in Sicherheit ist, wenn sie zurückkommt.

Jetzt steht Gwen vor dem Empfangstresen. Der Rezeptionist mustert sie mit gespitzten Lippen. »Ja?«

»Ich suche meine Schwester«, sagt sie. »Sie hat etwas für den Wettkampf vergessen.«

»Du kannst in den Speisesaal gehen, aber wenn du mitessen willst, musst du bezahlen«, antwortet der Rezeptionist.

»Ich dachte mir, ich könnte es vielleicht einfach in ihrem Zimmer hinterlegen? Avery Cross.« Sie stellt sich auf die Zehenspitzen, als würde praktischerweise direkt hinter dem Empfangstresen eine Liste mit den Namen der Cheerleaderinnen und ihren Zimmernummern liegen.

Er seufzt. Sie unterdrückt den Drang, noch einmal zur Tür des Esszimmers hinüberzuschauen, während er etwas in den Computer eingibt. »Sicher. Zimmer 202.«

Sie dreht sich um und versucht, nicht zu rennen, als sie auf die Treppe zugeht. »Nichts zu danken«, ruft er ihr hinterher. Sie nimmt immer zwei Stufen auf einmal, bis sie im zweiten Stock angekommen ist. Ihr Klopfen an der Tür von Zimmer 202 ist zu zaghaft, aber sie kann nicht riskieren, laut zu rufen. Sie horcht auf eine Bewegung auf der anderen Seite der Tür und ihr Herz macht einen Sprung, als sie leise Schritte hört.

Die Tür öffnet sich. Es ist nicht Avery.

Lyla starrt sie mit offenem Mund an. Gwen fällt der Unterkiefer runter.

Lyla fängt sich als Erstes. »Was machst *du* denn hier?«, fragt sie so laut, dass man es auf dem ganzen Flur hört.

Gwens Herz holpert. »Kann ich reinkommen?«

»Äh, nein …«, sagt Lyla, aber Gwen drängt sich an ihr vorbei ins Zimmer.

Averys offene Sporttasche liegt auf ihrem ordentlich gemachten Bett. »Wo ist Avery?«

»Sie geht mir aus dem Weg. Sie will nicht … warte …« Lylas Augen weiten sich. Sie schlägt sich die Hände vor den Mund.

Gwen ignoriert Lyla und geht auf die Sporttasche zu. Vielleicht ist Avery gerade erst aus dem Zimmer gegangen. Vielleicht hat sie ihr Telefon dagelassen. Gwens Hände haben zu zittern begonnen. Sie kramt winzige Fläschchen mit Shampoo, Rasierschaum, Duschgel hervor.

»Oh mein Gott«, bringt Lyla zwischen ihren Fingern hervor. »*Ohmeingott.* Avery hat Michael mit *dir* betrogen?«

»Lyla.« Gwen presst die Zähne zusammen. »Bitte. Wo ist Avery?« Sie wendet sich wieder der Sporttasche zu. Wenn das Handy hier irgendwo ist …

Ihre Finger schließen sich um ein Stück Papier.

»Oh mein Gott, kein Wunder, dass sie mir nichts gesagt hat. Ist dir nicht klar, dass Aves etwas viel Besseres verdient hat als dich?«

Gwen wirbelt zu ihr herum und zerknüllt den Zettel in ihrer Faust. Lyla weicht einen Schritt zurück. »Wo. Ist. Avery. Jetzt. Sofort.« Sie ist ganz außer Atem. Sie kann ihre Wut nicht abschütteln. Sie will auf etwas einschlagen. Nicht Lyla. *Nicht Lyla.*

»Wie ich schon sagte, sie ist mir aus dem Weg gegangen. Zum Abendessen ist sie nicht aufgetaucht.«

Gwen bekommt keine Luft mehr. Der Schmerz in ihrer Brust ist so heftig und stechend, dass sie fast zusammenbricht. Sie schafft das nicht mehr. Sie stürzt zur Tür.

»Wir müssen noch ein Wörtchen reden, du und ich. Wenn ich sie nicht gleich davon überzeuge, mit dir Schluss zu machen«, ruft Lyla ihr nach, als die Tür ins Schloss fällt. Gwen ist das egal. Sie hofft nur, dass Avery noch am Leben ist, um sich mit solchen Zickendramen rumzuschlagen. Fester und fester umklammern ihre Finger den Zettel, auf dem in zackigen Großbuchstaben steht:

GUTE MÄDCHEN VERDIENEN
GEFÄLLIGKEITEN. BÖSE MÄDCHEN
VERDIENEN DAS WASSER.

Glenmere Park ist ganz Schwarz auf Weiß, Bäume auf Schnee. Die Welt endet im dichten Treiben der Flocken, aber als Gwen an Spielplätzen vorbei über den Asphaltweg rennt, führt dieser zu einem See. Spinnenwebenartig laufen Risse über das dünne Eis. Die Welt ist lautlos bis auf das Knirschen ihrer Stiefel im Schnee und ihren Atem, der stoßweise die Nacht bewölkt. Der See schimmert. Sie sucht nach einem dunklen Loch in seiner Oberfläche, sucht nach verräterischen Fußspuren auf dem Eis, aber sie findet nichts.

Hier ist niemand.

Gwen mustert die Bäume, als sie weitergeht, rutscht in ihren abgetretenen Stiefeln hin und her. Sie öffnet den Mund, um zu rufen, aber sie traut sich nicht. Wenn Avery tatsächlich noch hier ist – wenn Avery noch am Leben ist –, dann ist er vielleicht auch noch hier. Und wartet darauf, dass sie sich beide zu erkennen geben.

Ihre Lungen brennen, aber sie rennt weiter. Sie stolpert über eine Wurzel, sie rutscht auf dem Weg aus und muss sich mit einer Hand abfangen. Sie rennt weiter. Sie umrundet den Park zwei Mal. Niemand. Jetzt kann sie nicht aufhören. Aufgeben bedeutet scheitern und sie hat sich geschworen, dass sie das nicht tun würde.

Sie hat Lizzy versprochen, dass sie das nicht tun würde. Zu Lizzys Lebzeiten ist sie zu spät gewesen; sie hat sich geschworen, nach ihrem Tod nicht denselben Fehler zu machen.

Sie rutscht aus und stürzt mit einem dumpfen Aufprall zu Boden.

Sie kann nicht aufstehen. Es gibt niemanden, für den sie aufstehen kann.

Sie hat alle Menschen in ihrem Leben enttäuscht. Ihre Eltern, die eine gute Tochter verdient hätten, die macht, was man ihr sagt. Avery, die ihren vollkommen respektablen Freund für das hier hat sitzen lassen. Lizzy, die Hilfe brauchte und nicht Verurteilung. Die jemanden brauchte, der ihr glaubte und der an sie glaubte. Die voller Wut und Angst in eine Schlucht stürzte und einsam starb. Die um Hilfe rief, aber nie eine Antwort erhielt.

Gwen zieht die Knie zu ihrem Kinn hoch. Schnee brennt auf einem Gesicht, das heiß vor Tränen und Verzweiflung ist. Gwens Lebensgeschichte: immer ein Stück zu spät. Wenn sie doch nur schneller gefahren wäre, um hierherzukommen. Wenn sie nur angerufen hätte. Wenn sie nur ans Telefon gegangen wäre.

Wenn sie doch nur eine bessere Schwester gewesen wäre.

Gwen schlingt die Arme um ihre Knie. Dann tastet ihre Hand nach ihrer Hosentasche, nach Lizzys zusammengefaltetem Zettel, den sie wie einen Talisman bei sich trägt. *Ich hab dich lieb, Pilipala. Bitte sei nicht böse.*

»Ich hab dich auch lieb«, flüstert sie.

Und das Schluchzen steigt in ihr auf, erstickt, wütend und verzweifelt, verschluckt vom Schneesturm um sie herum. Gwen kneift ihre Augen zu, als könnte sie damit alles ausblenden, was wehtut.

Sie bemerkt nicht die Gestalt am Rande der Bäume. Sie hört ihn nicht aus den Schatten treten.

Kapitel 28

Das lebende Mädchen

Die Welt brennt.

Schon vor endlosen Minuten hat Avery den *Ich-muss-mich-gleich-übergeben*-Punkt überwunden. Alles um sie herum dreht sich. Ihr Hals brennt, ihre Haut schmilzt. Sie würde ihre Augen schließen, aber selbst das Blinzeln tut weh. Sie sackt gegen die Tür und versucht ein letztes Mal, das Glas zu zerschlagen, aber sie weiß, dass es zwecklos ist. Selbst die dumme Avery versteht, wann es Zeit ist, aufzugeben. Ihr Herz scheint langsamer zu werden, jeder Schlag ein Stich in ihrer Brust. Alles wird an den Rändern unscharf – die Eichenholzbänke, die Wölbung ihrer Hand. Das Knacken des Saunaofens klingt weit weg.

Es gibt schlimmere Arten zu sterben. Über den Rand eines Abgrunds stürzen, oder von eiskaltem Wasser mitgerissen werden, einer grausamen Strömung ausgeliefert.

Sie hört ein Klicken. Und dann weiß Avery, dass sie ein Problem hat. Sie spürt, wie sie fällt und die Luft um sie herum kalt wird, und ist das nicht genau das, was passiert, wenn man einen Hitzschlag bekommt?

»Was zum Teufel?« Zwei Arme greifen unter ihren Körper und ziehen. *Nein, nein, nein*, denkt sie. Er ist zurück. Und anstatt sie hier sterben zu lassen, wird er etwas noch Schlimmeres machen.

»Was zum Teufel machst du hier drinnen, Aves?« Jemand versucht, ihr etwas in die Hand zu drücken. Eine Wasserflasche. Sie fummelt an der Kappe herum und geschicktere Finger kommen ihr zu Hilfe. Sie blinzelt, versucht, ihren Blick zu fokussieren. Dann wagt sie es, aufzusehen.

Michael hält ihr die Flasche an den Mund. Avery umklammert sie und hebt sie an. Eine Gänsehaut läuft ihr über die Arme, als sie trinkt, und Wasser läuft ihr Kinn hinunter. Ein Zittern geht durch ihren Körper. Wie kann Wasser so kalt sein? Es tut weh, zu trinken.

»Avery, was ist denn los. Bist du …?« Michael beugt sich hinunter, bis sie nicht mehr anders kann, als ihm in die Augen zu sehen. »Hast du versucht …?«

Er denkt, sie hat versucht, sich umzubringen. Avery stößt ein kratziges Lachen aus. »Die Tür war von außen verriegelt«, betont sie. Entschlossen versucht sie aufzustehen, aber der Schwindel zwingt sie wieder zu Boden.

»Nicht.« Michael legt eine Hand auf ihre Schulter. »Was brauchst du?«

Sie muss hier weg. »Mehr Wasser.«

Er geht zum Wasserhahn. »Ich hab dich im Speisesaal nicht gesehen. Ich dachte, vielleicht hast du wieder aufgehört, zu essen. Ich dachte, vielleicht ist es, weil ich hier bin. Dann hat Lyla gesagt, du wolltest schwimmen gehen und ... wer hat dich hier eingesperrt?«

Würde er ihr glauben, wenn sie es ihm sagte?

»War es eines von den Mädchen?« Ein Schatten huscht über sein Gesicht.

Sie nimmt die Flasche und trinkt noch einmal. Dann nimmt sie ihr Handtuch und ihre Uniform aus dem Kleidungsfach neben der Sauna. Sie lehnt sich gegen die Wand, während sie die Shorts über ihren noch nassen Badeanzug zieht. »Ich muss kurz weg.« Gwen ist in Gefahr. »Kann ich dein Handy ausleihen?«

»Moment mal. Du kannst jetzt nirgendwo hingehen. Du musst dich hinsetzen. Du musst noch mehr Wasser trinken.« Michael schwenkt die leere Flasche. »Und wir müssen die Polizei anrufen.«

In Averys Leben hat es schon immer lauter Männer gegeben, die ihr sagen, was sie zu tun hat. Davon hat sie jetzt genug. Sie richtet sich auf. »Ich *brauche* dein Handy«, sagt sie. Sie schreit nicht und sie weint nicht. Ihre Stimme zittert nicht einmal.

Michael starrt sie für einen Moment an. Dann kramt er in seiner Tasche.

»Danke.«

Sie beugt sich vor und schlingt ihre Arme um ihn.

Seine Arme werden ganz steif und selbst als er die Umarmung erwidert, entspannt er nicht vollkommen. Armer, verwirrter Michael. »Es tut mir alles so leid«, sagt sie. Jetzt beginnt ihre Stimme doch zu zittern, aber sie wird vielleicht nicht noch eine Chance bekommen, das zu sagen. »Du hast Besseres verdient.«

Es ist Zeit zu gehen.

Schnell zieht sie ihre Schuhe an und hastet die Hintertreppe hoch. Ein uniformierter Polizist lehnt am Empfangstresen und der Rezeptionist macht ein ernstes Gesicht.

Er sucht bestimmt nach ihr. Sie hat nicht viel Zeit.

Geduckt läuft sie durch das Restaurant und schlüpft durch die Seitentür auf die Veranda. Sie schlängelt sich an Schirmständern und übereinandergestapelten Plastikstühlen vorbei, springt über den halbhohen Zaun und eilt auf den Parkplatz. Die frische Luft ist eine Wohltat.

Glenmere Park. Sie überprüft die Karte auf Michaels Smartphone und läuft los. Die Welt hier draußen ist so still, dass sie ihren eigenen Herzschlag hören kann, der immer schneller wird.

Sie schreibt an Gwen. Hier ist Aves. RUF NICHT AN. Er hat mein Handy. Ich weiß nicht wo er ist. Schreib mir wo du bist.

Der Schneefall hat nachgelassen, seit sie angekommen sind, und jetzt rieseln winzige Flocken vom Himmel und landen auf den Härchen ihrer Arme. Sie versucht, nicht zu zittern, während sie die Straße überquert und auf den Laufpfad biegt, der Glenmere Park umrundet.

Sie wirft einen Blick auf Michaels Handy. Nichts. Vielleicht hat Gwen gerade kein WLAN. Vielleicht kann sie ihre SMS nicht abrufen. Vielleicht überlegt sie gerade, was sie schreiben soll, oder vielleicht ist sie auch gar nicht auf seinen Trick hereingefallen. Vielleicht ist sie überhaupt nicht in Greeley.

Wenn Avery anriefe, könnte sie Gwens Stimme hören und sich vergewissern, dass es ihr gut geht.

Sie begreift jetzt erst, wie sehr sie diese Gewissheit braucht.

Die Nacht ist so still. Ihr krächzender Atem klingt wie ein wildes Tier. Die Nässe und die beißende Kälte lassen sie vergessen, dass sie nicht mehr in Lorne ist. Es ist wieder diese Nacht. Sie rennt um ihr Leben. Hört, wie eine Pistole entsichert wird. Das Tosen des Flusses. Schreie.

Etwas bricht durch ihre Angst. Ein raschelndes, gebrochenes Geräusch. Es dringt in ihr Herz und schnürt ihr auf neue, schmerzhafte Weise die Brust zu. Ihre Füße bewegen sich darauf zu und im Rennen sieht sie einen dunklen Fleck auf dem Boden. Er nimmt Gestalt an und schließlich erkennt sie Gwens Haare, das verblichene Schwarz ihres abgetragenen Mantels.

Sie liegt auf dem Boden. *Warum liegt sie auf dem Boden?*

Avery rennt. Sie rennt schneller, als sie es je für möglich gehalten hätte. Die Gestalt, die zwischen den Bäumen aufgetaucht ist und jetzt hastig zurückweicht, bemerkt sie nicht.

»Gwen«, japst sie, rutscht auf dem nassen Boden und fällt neben Gwens Körper auf die Knie.

Gwen öffnet ihre geröteten Augen. Ihr Gesicht glänzt im Dämmerlicht. »Du bist hier?«, flüstert sie.

Avery richtet sie vorsichtig auf. »Ich bin hier.« Sie zieht Gwen zu sich, bis sie sich berühren, Kopf an Schulter, Arme zaghaft umeinandergeschlungen wie beim ersten Mal. »Hat er … hat er dir etwas getan …?«

Gwen schüttelt den Kopf. »Was ist mit dir?«

»Er hat es versucht«, sagt Avery so erbittert, dass Gwen ein hysterisches Lachen ausstößt, schrill und begleitet von einer frischen Welle von Tränen.

Sie weicht zurück. »Tut mir leid«, sagt sie mit erstickter Stimme.

Avery nimmt das Ende von Gwens Schal und beginnt mit sanftem Druck ihre Wangen abzutupfen. »Schon okay«, flüstert sie. »Du musst dich nicht entschuldigen. Es ist alles okay.« Auch wenn absolut überhaupt nichts okay ist.

»Aber ich war nicht da, als du mich gebraucht hast.« Tränen tropfen auf Averys Hand.

Sie dreht ihre Hand, um sie an Gwens Wange zu legen. Diese braunen Augen, die immer so gefasst blicken, wirken jetzt verletzlich, und der Schmerz in ihnen lässt sie fast zusammenbrechen. Aber mehr als das weckt er in Avery den Wunsch, stark zu sein. Es mit allem aufzunehmen, das Gwen etwas anhaben könnte, und es aus dem Weg zu räumen. Sie presst ihre Stirn an Gwens, dann ihre Nase, dann ihren Mund. Gwen drängt sich zitternd an sie. Ihre Lippen schmecken nach Salz und Verlangen. Ihre Finger klammern sich um Averys Arme und sie beugt sich vor, öffnet Averys Mund mit ihrer Zunge, küsst sie, als wäre es ihre letzte Chance.

Aber als sie sich schließlich voneinander lösen, ist ihr Blick immer noch voller Verzweiflung.

»Es ist nicht deine Schuld«, sagt Avery. »Es ist nie deine Schuld.« So wie es auch nicht ihre Schuld war, oder Claudes oder Lizzys oder Emmas Schuld.

»Sag mir, dass alles wieder gut wird«, murmelt Gwen, und Avery weiß, dass sie ihr nicht glaubt.

»Es wird alles gut. Es wird alles gut.« Sie beugt sich noch einmal vor und küsst Gwen. »Es wird alles gut.« Ein Kuss für jedes Mal, dass sie diesen Satz sagt.

Sie hören es beide – Schritte im Schnee. Gwen erstarrt. »Er ist hier«, flüstert sie.

Avery will auch in Schockstarre verfallen. Aber das kann sie nicht. Sie hat jemanden, den sie beschützen muss. Während sie noch überlegt, was sie als Waffe benutzen könnte, weil ihre Fäuste nicht ausreichen werden, dreht sie sich um.

»*Hände hoch! Sofort!*«

Es ist die Polizei.

»*Hoch. HOCH!*«

Avery und Gwen reißen die Hände hoch. Avery blinzelt in dem blendenden Licht von einem halben Dutzend Taschenlampen, die plötzlich auf sie gerichtet sind.

Zwei Hände ziehen sie weg von Gwen. »Avery Cross?«, fragt eine barsche Stimme, die sie nicht kennt.

»Ja«, antwortet sie. *Es wird alles gut.*

»Sie sind festgenommen, wegen Mordverdachts.« Der Polizist zerrt sie hoch. »Wir haben die Pistole gefunden.« Pflichtgemäß rattert er ihre Rechte als jugendliche Verdächtige herunter. »Wenn Sie jetzt ohne Protest mitkommen, können Sie vielleicht eine Strafminderung erreichen.«

Es wird alles gut. Es wird alles gut. Sie sind jetzt sicher, vor dem schlimmsten aller Monster. Vor dem Monster, das zwischen den Bäumen von Glenmere Park lauert und die Parade von Polizisten und Teenagern beobachtet, die zum Parkplatz des Stadion-Hotels marschiert, wo rote und blaue Lichter blinken. Das Monster, dessen Gesicht sich vor Wut verzerrt, als seine Beute ihm erneut entwischt. Das Monster, das ins Foyer des Hotels verschwindet, während der Rest des Cheer-Teams die Szene entgeistert beobachtet.

LORNE EXAMINER ONLINE

8. Dezember 2018, 19:45 Uhr

Drei junge Frauen wegen Mordes an einer vierten verhaftet

Am 5. Dezember verschwand Emma Baines. Heute Abend hat die Polizei von Jefferson-Lorne drei Verdächtige festgenommen.

Die Mädchen waren alle schon zuvor verhört worden. Eine von ihnen ist bereits mehrfach knapp einer Jugendstrafe entgangen. Eine andere stand was Schulnoten anbelangt in erbitterter Konkurrenz zu Emma und kommt aus schwierigen Familienverhältnissen. Eine weitere hat verschreibungspflichtige Medikamente genommen und Emma möglicherweise in eine homosexuelle Beziehung hineingezogen.

»Die Aussagen aller Mädchen wiesen Lücken auf, aber es gab zu viele Variablen, zu viele Alibis, um einen eindeutigen Beweis für die Schuld des einen oder anderen Mädchens zu liefern«, sagt Vize-Polizeidirektor Bryson, der zuständige Sprecher in diesem Fall. »Doch sobald wir begannen, das Ganze als eine mögliche Kooperation zu betrachten, ließen sich einige Puzzleteile zusammensetzen.«

Emma war sehr beliebt an ihrer Schule, der Jefferson-Lorne High School, auch wenn ihr voller Stundenplan sie davon abhielt, viele engere Freundschaften zu schließen. Sie war als Empfängerin des renommierten Devino-Stipendiums vorgesehen. Nach ihrem Verschwinden wurde das Stipendium einer der jungen Frauen zugesprochen, die

jetzt in Untersuchungshaft sind. Emma war ein stilles und fleißiges Mädchen und hatte bereits eine vorzeitige Zulassung für die University of Colorado in Boulder erhalten.
Gegenwärtig ist noch unklar, ob ein Video aus der Nacht von Emmas Verschwinden, das augenscheinlich ihren Tod zeigt, von den Schuldigen als Teil eines Erpressungsversuchs oder in noch böserer Absicht aufgenommen wurde.
»Wir gehen da alle Optionen durch«, sagte Bryson. Das Video zeigt eine große Gestalt, vermutlich der später tot aufgefundene Auftragsmörder Randy Silverman, die Emma bei Anna's Run über die Brücke stößt. Silvermans Leiche wurde zwei Tage nach Emmas Verschwinden im Fluss aufgefunden und seine Pistole wurde am Samstagabend sichergestellt. Die Fingerabdrücke auf der Waffe sind den drei Verdächtigen zuzuordnen – und Emma Baines selbst.
Am Dienstag ist an der Jefferson-Lorne High School eine Kerzenmahnwache für Emma geplant.

Kapitel 29

Die Opfer

BRYSON: Wir haben Samstag, den 8. Dezember 2018. Es ist dreiundzwanzig Uhr dreiundvierzig. Vize-Polizeidirektor Bryson und Polizeidirektor Baines verhören Miss Gwendolyn Sayer.

GWEN: Kann ich Sie etwas fragen? Wissen meine Eltern, dass ich hier bin? Könnten Sie sie benachrichtigen?

CLINE: Wir haben Samstag, den 8. Dezember 2018. Es ist dreiundzwanzig Uhr dreiundvierzig. Kommissar Cline verhört Miss Claude Vanderly. Miss Vanderly, was hatten Sie mit dieser Pistole vor?

CLAUDE: Ich wollte sie bei ihm deponieren.

Was? Dachten Sie, ich würde jetzt mit irgendeiner Ausrede kommen?

MUÑEZ: Wir haben Samstag, den 8. Dezember 2018. Es ist dreiundzwanzig Uhr dreiundvierzig. Kommissarin Muñez verhört Miss Avery Cross. Miss Cross, ich gratuliere Ihnen.

AVERY: Ich … wie bitte?

MUÑEZ: Der Cheerleading-Wettbewerb. Ich habe gehört, Sie haben den zweiten Platz gemacht. Herzlichen Glückwunsch.

AVERY: Äh, danke.

BRYSON: Gwen, können Sie uns sagen, warum Sie heute Abend in Greeley waren?

GWEN: Ich war wegen ihm in Greeley. Wegen Lizzy.

BAINES: Das ist doch Bullshit …

BRYSON: Sie waren wegen Ihrer verstorbenen Schwester in Greeley? Nicht wegen Avery Cross?

GWEN: Doch, ich war wegen Aves da. Aber es ist komplizierter als das.

BAINES: Für mich ist es ganz simpel. Du hast meine Tochter umgebracht. Du hast alles versucht, um es zu vertuschen. Wenn Bryson nicht hier wäre, würde ich jetzt die Überwachungskamera ausschalten und dieses Verhör würde eine andere Richtung nehmen.

BRYSON: Chef, ich mach das schon.

GWEN, fahren Sie fort. Erzählen Sie uns, warum Sie in Greeley waren.

GWEN: Okay.

Ich bin bereit.

Es fing vor längerer Zeit an. Als Lizzy noch am Leben war.

Claude: Ich bin immer ein leichtes Mädchen gewesen, richtig? Ich meine, so würden Sie das ausdrücken. Ich bevorzuge die Bezeichnung *frei von sexuellen Hemmungen durch beschissene Geschlechternormen*, aber die Welt, in der wir leben, übt viel Druck darauf aus, wie *andere* Leute mich sehen. Zum Beispiel wollte ich mir einen Job suchen, sobald ich meinen Führerschein hatte. Aber niemand in Lorne wollte mich mit den männlichen Angestellten alleine lassen. Als würde ich mich sofort in eine aufreizende Barbie verwandeln, die bei allen sexuelle Fantasien weckt, sobald der Chef aus dem Zimmer ist. Und weil mir niemand einen Job geben wollte, fing ich an, mit Tabletten zu dealen.

Cline: Hat Emma auch Tabletten von Ihnen gekauft?

Claude: Darauf können Sie wetten. Adderall.

Cline: Was wir in ihrem Schließfach gefunden haben, war Valium.

Claude: Dann waren diese Pillen vielleicht nicht von mir. Oder für sie.

Cline: Hat sie Ihnen zu irgendeinem Zeitpunkt Geld geschuldet?

Claude: Nee, sie war eine gute Kundin. Aber darum geht es ja gar nicht. Sie war nicht meine einzige Kundin. Ich hatte viele davon. Und Lizzy Sayer war eine der ersten.

Gwen: Als ich auf die Highschool kam, wollte ich ganz genauso sein wie Lizzy. Klassenbeste, Finalistin für das Devino-Stipendium, bei allen beliebt. Sie hatte ein perfektes Leben, so perfekt es eben sein kann, wenn deine Familie auf Essensspenden des Staates angewiesen ist. Lizzy sollte in allen Dingen meine Mentorin sein.

Aber als wir an dem offiziellen Schülermentoren-Programm der JLH teilnahmen, wurde ich Brittany Landry zugeteilt und Lizzy bekam Emma Baines. Geschwister können nicht Mentoren füreinander sein, aber es wurmte mich, dass Lizzys Aufmerksamkeit nun geteilt war. Emma war hilfsbedürftig. Emma war ehrgeizig. Emma wollte mein Stipendium. Und Emma und Lizzy redeten über Dinge, über die Lizzy mit mir nicht sprach.

Es kam mir vor, als sähe sie in Emma die bessere kleine Schwester.

Es war Emma, die mir erzählte, dass Lizzy einen Freund hatte. »Hast du eine Ahnung, wer es sein könnte?«, fragte sie betont beiläufig. Sie war immer so eine Heuchlerin.

»Das geht dich gar nichts an«, antwortete ich, denn das stimmte ja auch. Warum wusste Emma, dass Lizzy einen Freund hatte, wenn ich es nicht wusste? Ich dachte, es hatte etwas damit zu tun, dass … Sie wissen schon.

Bryson: Dass Sie lesbisch sind?

Gwen: Ja. Es kam mir vor, als ob sie glaubte, dass ich ihre Gefühle für Jungen nicht verstehen könnte. Das tat weh. Sie hat gesagt, dass sie immer für mich da sein würde, aber sie hat mich nicht für sie da sein lassen.

Ich hab sie danach gefragt. Sie hat mich ignoriert. Dann hat sie angefangen, nach dem Unterricht länger zu bleiben und erst kurz vor dem Zubettgehen nach Hause zu kommen. Zuerst haben sich Mum und Dad nicht weiter daran gestört. Sie war immer so ein gutes Mädchen gewesen; sie vertrauten ihr. Und sie vertrauten darauf, dass die Erwachsenen an der JLH, auf sie achtgeben würden.

Cline: In Lizzy Sayers Auto wurden Tabletten und Kokain gefunden. Waren Sie das?

Claude: Die Tabletten, ja. Das Koks, nein. Kyle Landry ist hier der Dealer für die harten Sachen.

Ups. Das hätte ich wohl besser für mich behalten sollen.

Lizzy kam zum ersten Mal zu mir, um Adderall zu kaufen. Alle Preppys putschen sich mit Amphetaminen auf. Ich hab Lizzy immer häufiger auf Partys gesehen und mir gedacht, dass sie beides wollte: Spaß und gute Noten. Und im Gegensatz zu *manchen Leuten* urteile ich nicht über andere. Viele Jugendliche brauchen tatsächlich etwas, gegen Stress oder

Depression oder um mehr Energie zu haben, aber ihre Eltern gehen nicht mit ihnen zum Arzt, um sich Hilfe zu holen.

Die Sache war die: Lizzy verschwand aus der Partyszene, aber sie tauchte trotzdem weiterhin vor der ersten Stunde bei meinem Auto auf. Sie sah dann immer aus, als hätte sie auf dem Parkplatz geschlafen und Whisky zum Frühstück getrunken. Und dann wollte sie kein Amphetamin mehr. Sie wollte Tafil. Sie wollte Codein. Ich hab Nein gesagt. Sie wollte irgendwas, was man mit einem zerknitterten Zwanziger kaufen konnte. Und ja, ich hab ihr was verkauft. Ich hab gedacht, solange sie zu mir käme, könnte ich wenigstens kontrollieren, was sie nahm. Ich *wollte* nicht, dass sie kokst.

CLINE: Und es hat Sie nicht gekratzt, als Lizzy an einer Überdosis starb?

CLAUDE: Was reden Sie für einen Scheiß. Natürlich hat mich das gekratzt. Nach ihrem Tod hab ich erst mal ewig nicht gedealt. Zumal ich nicht wusste, dass sie Kokain in ihrem Blut nachgewiesen hatten.

Aber dann fand ich heraus, dass es nicht wirklich der Alkohol und die Tabletten waren, die sie umgebracht hatten. Es war etwas anderes gewesen, *jemand* anderes.

CLINE: War es Randy Silverman? Haben Sie ihn deshalb erschossen?

CLAUDE: Ich hab ihn nicht erschossen.

CLINE: Ihre Fingerabdrücke waren auf der Pistole.

CLAUDE: Wir haben um die Pistole gerungen. Er hat versucht, meine Freundin umzubringen. Aber ich war weit weg, als sich der Schuss löste.

AVERY: Ich ... hab mich in seiner Gegenwart immer unwohl gefühlt.

MUŃEZ: In wessen Gegenwart?

AVERY: Mr G. Mr Garson.

Ich bin ihm zum ersten Mal begegnet, als ich mich für die Cheerleading-Auswahl beworben hab, im ersten Jahr. Er und Mrs Anderson haben die Auswahl getroffen.

Er wirkte eigentlich ganz nett. Streng, aber fair. Er sagte, ich hätte Talent, könnte vielleicht sogar ein Cheer-Stipendium für die Uni bekommen.

Das erste Mal, als ich in meiner Cheerleading-Uniform in die Halle kam, *wusste* ich, dass sein Blick auf meinen Rocksaum fiel. Ich wollte mich nicht bücken, in die Knie gehen oder hochspringen.

MUŃEZ: Was ... Sie glauben, dass Mr Garson sexuelles Interesse an Ihnen hatte?

AVERY: Sehen Sie? Nicht einmal Sie glauben mir. Die dumme kleine Cheerleaderin denkt, dass alle auf sie abfahren. Der ist wohl nicht klar, welche Rolle Vertrauenslehrer und Trainer einnehmen.

Aber es ist mir durchaus klar. Ich weiß, dass die Grenze überschritten war. Nur hat mir die ganze Schule weismachen wollen, dass ich mich irre.

GWEN: Lizzy hat mir nie erzählt, wer ihr Freund war. Sie glühte und kicherte, wie es für frisch Verliebte typisch ist. Ihr Lächeln war strahlender, ihr Lachen lauter. Und sie begann, sich anders anzuziehen. Sie trug T-Shirts mit V-Ausschnitt und Push-up-BHs. Sie wollte jemanden auf sich aufmerksam machen. Sie sagte nur nicht, wen.

Ich hab Mum und Dad nichts gesagt. Ich dachte, ich wäre eine gute Schwester. Und als ich hörte, wie andere Mitschüler darüber rätselten, wer es war, sagte ich ihnen, sie sollten sich verpissen.

Aber in der Mitte des Halbjahres begann alles, aus dem Ruder zu laufen. Ich hörte Lizzy in ihrem Zimmer weinen. Sie brachte Stunden damit zu, die dunklen Ringe unter ihren Augen zu überschminken. Sie ließ ihre AGs nach der Schule sausen. Immer häufiger klingelte Mums Handy um Mitternacht, um ein oder zwei Uhr morgens. Lizzys Stimme klang undeutlich und lallend. Die Gerüchte, die in der Schule umgingen, wurden boshaft. *Lizzy betrinkt sich jeden Abend. Lizzy nimmt alles von Hasch bis Kokain. Lizzy steigt mit einem Lehrer ins Bett, einem Vater, der gesamten Lacrosse-Mannschaft.*

Ich weiß auch nicht. Würden Sie jedes Gerücht glauben, das Sie hören?

Und dann.

Dann kam der Anruf.

Die Fahrt.

Das leere Auto. Die leeren Flaschen.

Der fast-leere, nichtssagende Polizeibericht.

Nichts davon machte einen Unterschied für mich. Lizzy war einfach … weg. Ein leerer Tod, dachte ich. Aber das stimmte nicht.

Muñez: Wissen Sie, was ich glaube? Ich glaube, Sie versuchen mich von dem eigentlichen Problem abzulenken. Dem Emma-Problem. Einige Ihrer Mitschüler haben die Vermutung geäußert, dass Sie und Emma ein Paar waren.

Avery: Ja. Ich meine, ja, solche Gerüchte gab es. Ich glaube, ich verstehe auch, warum. Jungs … ähm … malen sich gerne so was aus. Versautes Zeug eben. Und Emma war so hoffnungslos schlecht als Cheerleaderin, dass ich ihr einfach helfen wollte. Ich weiß, die Leute denken alles Mögliche über Bi-Mädchen, aber nur weil ich bi bin und wir Freunde sind, heißt das nicht, dass ich auf Emma stehe.

Muñez: Haben Sie einen Beweis dafür, dass Sie und Emma nicht liiert waren? Dass Sie kein Interesse an ihr hatten?

AVERY: Äh, nein. Wir haben einfach zusammen abgehangen.

MUÑEZ: Und was haben Sie gemacht, wenn Sie zusammen »abhingen«?

AVERY: Wir sind unser Cheer-Programm durchgegangen. *Ich* bin das Cheer-Programm durchgegangen. Sie hat versucht, mir zu folgen. Aber eigentlich war es ihr egal, und nach Lizzys Tod kümmerte es sie noch weniger. Sie war die Erste, die bemerkte, dass Garson … an mir interessiert war. Sie fragte mich, ob ich es nicht unheimlich fände – die Art, wie er sich immer erkundigte, wie es mir ging, mir die Hand auf die Schulter legte, solche Sachen. Und dann fing sie an herumzuschnüffeln. Emma sagte, sie mache sich Sorgen um Lizzy, aber erst nach Lizzys Tod zählte ich eins und eins zusammen. Lange danach.

Eigentlich spüren Mädchen so was. *Weg hier, weg hier* sagt dann eine kleine Stimme in unserem Kopf, aber Männer arbeiten jahrelang daran, uns davon zu überzeugen, diese Stimme zu ignorieren. Uns einzureden, dass wir uns irren. Frauen auch – zum Beispiel die Lehrerinnen an der JLH.

Als ich zum ersten Mal in Garsons Büro gerufen wurde, war die Stimme gellend laut.

Garson bestellte mich zu einem Gesundheitscheck. Das hatte er beim Cheer-Training verkündet und ich war als Erstes dran. Statt wieder in meine Jeans zu schlüpfen, ging ich deshalb in meiner Cheer-Uniform in sein Büro, setzte mich auf seine Kunstledercouch und versuchte, meinen Rock so weit über meine Oberschenkel zu ziehen wie möglich. Während er durch meine Akte blätterte, heftete ich meinen Blick auf die Büroeinrichtung – hohe Spanholzregale, vollgestopft mit Büchern über Medizin und Physiotherapie, dazwischen Gewichte und Gymnastikbänder. Fotos der Lacrosse-Mannschaft. Zeitungsausschnitte über die Bäume, die er gepflanzt hatte, die Schüler, die er betreut hatte, die vielen Verdienste, mit denen er sich in Lorne beliebt gemacht hatte.

Ich konnte spüren, wie meine Ferse auf und ab wippen wollte. Ich strich meinen Rock glatt, presste meine Hände auf die Beine und atmete tief ein. Garsons Blick schnellte zu meiner Brust. »Avery Cross.« Er lehnte sich in seinem Stuhl zurück. Er verschränkte die Arme und ließ seinen Bizeps anschwellen. Ich hatte das Gefühl, dass er das absichtlich machte. »Wie geht es uns denn heute?«

»Gut«, antwortete ich, denn das sage ich immer. Auch wenn ich am liebsten weggerannt wäre.

»Du bist in guter Form. Ich hab deine High Kicks gesehen. Du hättest das Zeug zur Kapitänin, wenn du richtig trainierst.«

Ich spürte die Hoffnung in mir aufflackern. Ich hatte

schon damit geliebäugelt, Kapitänin zu werden, aber diese Rolle hat mehr mit sozialer Stellung als mit Können zu tun, und deshalb zuckte ich nur die Achseln und starrte auf meine Knie.

»Deine Mom hat gesagt, du nimmst ein paar Medikamente. Hast du was dagegen, mir zu erzählen, welche das sind?«

Mein Unterkiefer klappte runter. *Weg hier.*

Garson schien meine Gedanken lesen zu können. »Wenn es während des Trainings zu einem Unfall kommt und wir einen Notarzt rufen müssen, dann muss ich deine Krankengeschichte kennen.«

»Hm.« Ich machte meinen Mund wieder zu. »Ketamin, Vitamin C, Vitamin B.«

»Empfängnisverhütung?«

Er fragte das ganz beiläufig, aber an der Art, wie er den Kopf schief legte, konnte ich sehen, dass er gespannt auf die Antwort wartete. *Lüge*, sagte die kleine Stimme in mir.

Aber Mom hat immer gesagt, ich soll ehrlich mit meinen Lehrern sein. Sie würde schließlich nicht wollen, dass ich bei einer Lüge erwischt werde und mich selbst oder die Familie blamiere. Also antwortete ich: »Hm. Ja. Wegen … äh … Regelschmerzen.«

»Noch irgendetwas?«

»Xenadrine«, flüsterte ich.

Garson warf mir einen strengen Blick zu, dann

guckte er wieder in seine Unterlagen und tippte mit dem Stift auf das Papier. »Das ist ein Diät-Präparat«, sagte er, als wüsste ich das nicht.

Er legte die Akte zur Seite. Sein Blick wanderte zu mir – glitt über meinen Körper wie eine Liebkosung. Meine Knie rückten zusammen und klebten aneinander. »Die Pubertät ist nicht einfach. Dein Körper ändert sich und nicht immer gefällt dir, was du siehst. Vielleicht denkst du auch, *anderen* gefällt dein Äußeres nicht. Das Image der Cheerleaderin setzt dich unter Druck. Aber eine Diätpille ist keine Lösung, Avery. Du musst dich annehmen, wie du bist. Du musst dich selbst lieben.« Seine Stimme wurde ganz sanft.

Für einen langen Moment saßen wir so da. Ich hätte wohl etwas sagen sollen, aber was? Und Garson glotzte mich einfach nur an. Glotzte auf den Ausschnitt meines T-Shirts und die Wölbung meiner Brüste, auf meine wippenden Knie und meine dünnen Schenkel. Ich starrte auch auf meine Knie und hoffte, er würde mir einfach nur sagen, dass ich auf mich aufpassen solle, und mich gehen lassen.

Stattdessen hörte ich das Schrammen seines Stuhls auf dem Linoleumboden. »Komm her«, sagte er.

Galle stieg in meiner Kehle auf. Mein Herz war ein Kolibri, der verzweifelt zu fliehen versuchte. Aber die brave Avery weiß, dass ihre Lehrer nur das Beste für sie wollen. Die brave Avery tut, was man ihr sagt. Ich stand auf, ließ meine Arme sinken und meine Finger den Saum meines Rocks umklammern, zog den Stoff so weit runter, wie ich konnte. Meine Schritte klangen wie Hufschläge auf dem Boden.

Garson zog eine Waage unter seinem Schreibtisch hervor. »Ich weiß, wie viel ich wiege«, murmelte ich. Zu verängstigt, um es laut zu sagen, damit er nicht dachte, ich wollte ihm widersprechen.

»Ist schon gut. Komm her.« Garson legte eine Hand auf meine Schulter und führte mich auf die Waage. Die Zahlen auf der Anzeige leuchteten auf, kletterten in die Höhe. Das ist Avery Cross. Ich bin eine Zahl. Und wenn meine Zahl nicht mehr stimmt, kann ich beim Cheerleading nicht mehr die Hebefiguren mitmachen. Ich kann keine perfekte Freundin sein. Ich kann kein Frühstück essen. Ich kann überhaupt nichts mehr sein.

»Avery, du bist im unteren Normalbereich für deinen BMI«, sagte Garson. Sein Arm rutschte von einer Schulter zur anderen. Er zog mich in Richtung seines Brustkorbs. Ich konnte mich nicht rühren. »Du bist aktiv. Du hast perfekte Arme, perfekte Schenkel, einen perfekten Bauch …« Seine Hand glitt meinen Rücken hinunter, strich kreisend über meine Rippen und pausierte an meiner Taille, als wollte er sie vermessen. Mein Atem stockte und ich konnte ihn nicht

mehr in Gang setzen. Meine Lippen, meine Oberschenkel, meine Finger, alles zog sich zusammen, so fest es nur ging. Wenn ich mich nicht zusammenriss, würde ich mich übergeben oder schreien oder vollkommen zusammenbrechen.
»Du bist perfekt«, raunte Garson. Seine Hände wanderten hinunter zu meinen Hüftknochen.
Da stieß ich explosionsartig den Atem aus und sprang von der Waage. Mein Gesicht brannte. Aus der Hitze wurden Tränen in meinen Augen, als ich versuchte, meinen Rucksack aufzuheben, ohne mich hinunterzubeugen und ihm einen Blick auf meinen Hintern zu ermöglichen.
Als ich mich wieder umdrehte, saß Garson schon wieder auf seinem Stuhl. Er hatte meine Akte in der Hand. Seine Stimme klang ungezwungen. Der normale Mr G, der uns immer nur Unterstützung und Ermunterung entgegenbrachte, der ein guter und verantwortungsvoller Trainer war. »Du musst mit jemandem darüber sprechen. Ich werde dir ein paar Therapiestunden geben. Mädchen wie du sollten sich keine Gedanken um Diät-Präparate machen. Du solltest dich auf die positive Kraft deines Körpers besinnen.« An dieser Stelle sah er zu mir auf. »O-okay«, stammelte ich mit einem Kloß im Hals.
Und als ich aus dem Büro flüchtete, konnte ich nichts anderes denken als: *Das kann nicht sein. Das ist nicht*

möglich. Mr G konnte so was nicht getan haben. Er wollte mir nur helfen. Mir Mut machen. Ich hab das falsch interpretiert. Ich hab das ausgelöst.

MUŃEZ: Sie behaupten also, dass … Mr Garson sie unsittlich berührt hat. Und dass Emma davon gewusst hat.

AVERY: Sie glauben mir nicht. Das sollte mich nicht wundern. Mrs Willingham hat mir nicht geglaubt. Mr Mendoza hat mir nicht geglaubt. Meinen Eltern hab ich es nicht einmal *erzählt.* Gute Mädchen verbreiten nicht solche Gerüchte. Und überhaupt – Avery ist zu dumm, um den Unterschied zwischen wohlmeinend und lüstern zu erkennen.

MUŃEZ: Das hab ich nie gesagt.

AVERY: Das müssen Sie auch nicht. Es ist auch so klar, was Sie denken.

MUŃEZ: Ich denke, Sie sind eine Lügnerin. Ich denke, Sie spinnen da eine Geschichte zusammen, um die Wahrheit zu verschleiern: dass Sie an einem Komplott beteiligt waren, um Emma Baines umzubringen, und dass Sie auch Randy Silverman umgebracht haben. Verbitterung gegenüber einer Ex kann eine Menge Herzschmerz auslösen. Gwen hätte alles getan, um Ihnen zu helfen, sie loszuwerden.

AVERY: Das ist nicht das, was passiert ist.

MUŃEZ: Und warum sind Ihre Fingerabdrücke dann auf Randys Pistole?

Avery: *Er* hat versucht, Emma umzubringen. Wir haben mit ihm gerungen. Jemand hat der Pistole einen Tritt versetzt und sie ist gegen einen Felsen geprallt. Dann ist sie losgegangen.
Muñez: Also hatten Sie nicht vor, ihn umzubringen?
Avery: Ich hab ihn überhaupt nicht umgebracht.

Claude: Lizzy ist dann etwas … schwierig geworden. Sie ist mir durch die Schule gefolgt, bis ich ihr das gegeben habe, was sie wollte. Allmählich fiel es den Lehrern auf. Es war nicht einfach.
Eines Tages flüchtete ich in ein leeres Klassenzimmer und schloss die Tür hinter uns.
»Was zum Teufel, Liz?«, fuhr ich sie an. »Willst du unbedingt erwischt werden?«
Vielleicht wollte sie das wirklich. Vielleicht war es das, was mir entging.
»Ich weiß, dass du welche hast«, sagte sie. »Welche«, das waren immer noch die Adderall-Tabletten. Es war das Einzige, was ich zugestimmt hatte, ihr weiterhin zu besorgen. Es klingt seltsam, aber ich *wollte*, dass sie in den Prüfungen glänzte, sich das Stipendium unter den Nagel riss und uns alle im Staub zurückließ. Ich wollte, dass sie aus Lorne rauskäme, weg von dem, was auch immer sie quälte, um an der Uni ein neues Leben anzufangen.
Ja, ja, eine armselige Entschuldigung fürs Dealen.

Ich holte die Ware aus meiner Tasche. »Nächstes Mal treffen wir uns am Fluss …« begann ich.
Plötzlich ging die Tür hinter Lizzy auf. Garson stand da. Sein Blick blieb an der durchsichtigen Plastiktüte hängen.
Scheiße, dachte ich. *Scheißescheißescheiße* …
Als er seine Arme verschränkte und fragte: »Was geht denn hier ab, Mädels?«, fiel mir absolut überhaupt nichts ein.
Lizzy hob das Kinn. »Nichts. Es geht Sie überhaupt nichts an, was wir hier machen.«
Seine Augen funkelten wütend. »Das ist keine Art, mit einem Lehrer zu sprechen, Miss Sayer. Bitte warten Sie draußen auf mich.«
Sie straffte die Schultern. »Und was, wenn ich nicht will?«, sagte sie trotzig.
Garsons Stimme war kälter als die Berggipfel. »Raus hier, hab ich gesagt. Wir treffen uns auf dem Parkplatz.«
Parkplatz, dachte ich. *Seltsamer Ort für eine Therapiesitzung.*
Lizzy stürmte aus dem Zimmer. Garson sah ihr nach, dann zog er vorsichtig die Tür wieder zu und wir waren allein. »Sie sind eine interessante junge Frau, Claude«, sagte er.
»Mag sein.« Ich zuckte die Achseln. Normalerweise hab ich kein Problem damit, auf Konfrontation zu

gehen, aber ich steckte schon tief in der Scheiße. Und irgendetwas beunruhigte mich. Ich wollte ihm nicht in die Augen sehen.

»Sie sind eine jugendliche Straftäterin mit einer heiklen Vorgeschichte. Sie haben die Schule geschwänzt, bei Anna's Run vandalisiert … Sie haben schon so viel Zeit auf dem Polizeirevier verbracht, dass man sich wundern muss, dass Sie in der Schule überhaupt noch mitgekommen sind …« Er machte einen Schritt auf mich zu. »Ich wollte Sie schon lange in die Finger bekommen.«

Bah. Total eklig.

»Die Juristen-Mama beschützt ihr toughes Mädchen, nicht wahr?«

Weg hier. Bei dem sanften Tonfall in seiner Stimme drehte sich mir der Magen um.

»Sie wissen bestimmt, was passieren wird, wenn ich mit dieser kleinen Tüte zu Direktor Mendoza gehe.« Garson zog die Tüte aus meinen wehrlosen Fingern. »Schulverweis. Kein Highschool-Abschluss. Keine Zukunft.« Er legte eine Hand auf meinen Arm. Ich schob sie weg, aber sie hinterließ ein Gefühl, als würde ein Ölfilm auf meiner Haut zurückbleiben. »Dabei sind Sie so eine tolle junge Frau. Es wäre doch ein Jammer, diese Zukunft zu zerstören.« Die Hand kam zurück, ließ sich Fingerspitze für Fingerspitze auf meiner Haut nieder.

Ich versuchte zurückzuspringen, aber meine Oberschenkel stießen gegen einen Tisch. Ich saß in der Falle. »Was wollen Sie?«

Falsche Frage. Garsons Augen blitzten. »Sie brauchen keinen Schulverweis, Claude. Sie brauchen Therapie. Ihre sexuellen Aktivitäten sind berüchtigt.« Die Hand wanderte von meiner Schulter zu meinem Schlüsselbein, wo der Riemen meiner Tasche in meinen Oberkörper schnitt. Garsons Augen fixierten diese Stelle. Dann steckte er die Hand in seine Tasche. »Was Sie brauchen, ist kein Schulverweis. Sie brauchen eine ... ausgewogenere Perspektive.« Sein Atem strich über meinen Hals und meinen Brustkorb und ich zuckte zurück. *Weg hier.*

»Und wenn Sie nicht kommen«, raunte er, »müssen wir vielleicht doch noch mal über den Verweis reden, hm?«

BRYSON: Sie unterhalten also eine sexuelle Beziehung zu Avery Cross.

GWEN: Ich würde es als romantische Beziehung bezeichnen.

BRYSON: Wusste Ihre Schwester davon?

GWEN: Avery hat mich erst angesprochen, nachdem Lizzy gestorben war. Also, nein. Nachdem Avery mit einem Blumenstrauß vorbeigekommen war, fingen wir an, uns SMS zu schreiben, und dann haben wir uns häufiger getroffen und dann … ist es passiert.

Bryson: Hat Emma davon gewusst?

Gwen: Nein. Avery hat unser Geheimnis für sich behalten. Aber Emma war eigentlich mehr wie eine Freundin für sie als ich. Emma war diejenige, die ständig mit Aves abhing. Sie bekam viel mehr von Aves' Alltag mit. Sie war wirklich Teil ihres Alltags.

Bryson: Sie waren eifersüchtig auf Emma.

Gwen: Zuerst hat Emma mir meine Schwester weggenommen und dann meine Freundin. Sie hatte es darauf abgesehen, mir alles wegzunehmen. Ja, ich war eifersüchtig. Und dann war sie von einem Tag auf den anderen vollkommen … weggetreten. Sie hörte auf, im Unterricht Fragen zu beantworten, selbst wenn Mrs Willingham sie aufrief. Sie sagte einfach, sie wüsste es nicht.

Sie wusste es immer.

Emma war eigentlich ganz nett zu den meisten Leuten, den meisten Leuten außer mir. Ich wusste, dass etwas nicht in Ordnung war, als sie Jamie Schill anschrie. Dabei wollte der ihr nur ein High Five geben. Und selbst da dachte ich noch, dass Emma wahrscheinlich nur gestresst ist. Ich hab es nicht kapiert.

Bryson: Sie haben was nicht kapiert?

Gwen: Und dann stand sie bei der Versammlung einfach auf und sagte: »Elizabeth Sayer hat sich nicht das Leben genommen.« Ab da interessierte es mich nicht mehr, was sie dazu brachte, Jamie anzuschreien oder wie ein verschrecktes Häschen vor der Schlange auszusehen. Das Einzige, was mich interessierte, war, dass sie wild entschlossen war, mein Leben zu ruinieren. Und Avery hing *immer noch* mit ihr ab, versuchte immer noch, ihr zu helfen, verbrachte immer noch mehr Zeit mit ihr, als sie mit mir verbrachte. Und Aves … na ja, sie hatte ja schon Michael betrogen, nicht wahr? Warum sollte es ihr was ausmachen, noch einmal fremdzugehen?

Ich beschloss, die Sache zu beenden. Ich ging von der Jahrbuch-AG zum Morning House, denn ich wusste, dass Aves und ihr Team dort bei Pommes und Cola zusammensitzen würden. Ich schickte ihr eine SMS und lungerte hinter den Mülltonnen herum, bis die anderen zu ihren Autos geschlendert waren, dann schlüpfte ich durch die Tür, setzte mich zu Avery in die mollige Nische des Restaurants und nahm mir ein paar kalte Pommes. »Du kannst es mir ruhig sagen«, brachte ich zwischen zwei Bissen hervor.

»Was denn sagen?«

Avery hat manchmal diese Art, so zu tun, als wäre sie dumm. Ihre Augen werden dann ganz rund und ihr Mund ganz weich. Ihre Mitschüler verdrehen die Augen und die Lehrer bekommen Mitleid. Dieses Mal jedoch sah sie ehrlich verwirrt aus. Das machte mich nur noch wütender. »Wenn du nicht mehr *Study Buddys* sein willst, musst du es nur sagen.« Avery wurde rot und zog ihr Kinn ein. Sie nahm sich eine Fritte und tippte damit gegen die Tischkante. Etwas in mir versteinerte. »Ich verstehe«, sagte ich, auch wenn meine Stimme nicht danach klang. Krampfhaft versuchte ich, meinen steinernen Worten einen freundlicheren Ton zu geben. Aber es war schwer, irgendetwas anderes als Wut zu empfinden – auf meine Situation; auf Avery; auf die Tatsache, dass ich mein Coming-out noch nicht hinter mich gebracht hatte, dass meine erste Freundin mich vielleicht betrog und meine Schwester sich umgebracht hatte. »Ich bin langweilig. Alles, was ich mache, ist lernen. Ich will mich nicht … du weißt schon.« Outen. Ich konnte nicht anders, als mich umzusehen, wer vielleicht in der Nähe war und uns hören könnte. »Ich bin ja ohnehin schon zweite Wahl, und das will ich nicht sein. Ich werde nicht noch den dritten Platz einnehmen.«

»Wovon redest du …« Averys Augen weiteten sich vor Schreck, als ein Schatten auf unseren Tisch fiel. Die Kellnerin sammelte halb geleerte Körbe und Becher mit Eiswürfeln und Getränkeresten ein. »Braucht ihr noch etwas?«, fragte sie spitz.

»Lass mich dich nach Hause fahren«, sagte Avery. Eigentlich wollte ich das nicht, aber ich sagte Ja. Es ist bescheuert, aber bei Avery Cross werde ich immer zu einem willenlosen Trottel.

Ich fühle mich nie ganz wohl in Averys Auto. Die Sitze sind aus echtem Leder und das Auto hat immer noch diesen »neuen« Geruch, den Geruch von noblen Autos, die man nicht zum Familienpreis kauft. Der Truck meines Dads ist älter als ich. Ich versuchte, meine Oberschenkel etwas anzuheben und meine Schultern nach vorn zu ziehen, damit ich das Polster möglichst wenig berührte.

Avery sah auf die Uhr am Armaturenbrett. »Mist.« Dann fuhr sie vom Parkplatz und bog in die falsche Richtung ab, weg von meinem Stadtviertel. »Ich muss erst noch bei der Schule vorbeifahren.«

»Warum?«

Averys Bein begann auf und ab zu wippen. »Ich muss nur schnell was erledigen.«

»Mit Emma?«, fragte ich, ohne zu überlegen.

»Gwen, nein.« Und sie klang so aufrichtig – so gequält. Ich wollte ihr einfach glauben. »Redest du deshalb davon ... Schluss zu machen?«

»Um Schluss zu machen, muss man erst mal zusammen sein«, murmelte ich.

»Wie auch immer. Beenden, was immer da zwischen uns läuft.«

»Tja, warum nicht? Wir hängen ja ohnehin nie zusammen ab.« *Weil du immer mit ihr abhängst.*

»Gwen, die Leute verbreiten schon seit Ewigkeiten Gerüchte über mich.«

»Na ja, das mit ihr scheint mir aber doch was anderes zu sein«, blaffte ich. »Als wäre da was zwischen euch beiden, was ich nicht weiß.«

Für einen langen Moment schwieg sie. Dann sagte sie so leise, dass ich es fast nicht hören konnte: »Es gibt Vieles, was du nicht weißt.«

»*Dann erzähl es mir*«, sagte ich.

Das Schweigen verdichtete sich immer mehr, während wir fuhren, wuchs wie ein anschwellender Fluss. Und dieses Schweigen war schlimmer als alles, was sie hätte sagen können. Der Flusspegel stieg und ich war am Ertrinken. Immer wieder versuchte ich, etwas zu sagen, aber die Worte blieben mir im Hals stecken.

Wir fuhren auf den leeren Parkplatz der JLH und Avery schaltete den Motor aus. Sie starrte auf das Lenkrad. Ihre Hände zitterten.

Ich musste etwas sagen. »Echt jetzt, Avery. Wenn du das schon tun musstest, wäre jede andere Person an der JLH besser gewesen. Weißt du, was sie mir angetan hat? Mir und meiner Familie?« Meine Stimme wurde immer schriller, aber das war mir egal. Aus dem Gefühl des Ertrinkens war eine Flut geworden. »Warum sie? Wie kannst du diese Verrückte mir vorziehen?«

Averys Stimme bebte. »Ich ziehe sie nicht vor …«

»Du verbringst all deine freie Zeit mit Emma. Du machst mit ihr Hausaufgaben statt mit mir. Beim Cheer-Training, in Mathe, in Geschichte – immer ist sie an deiner Seite.« Alles Dinge, die sie mit mir machen könnte.

»Sie macht gerade was durch«, sagte Avery.

In meiner Kehle stieg ein Schluchzen auf. Ich versuchte, es als sarkastisches Lachen zu kaschieren. Ich hätte meine Wut mit Händen greifen können. Ich hätte sie in Krallen verwandeln und das Autodach herunterreißen können.

Ich brauchte zwei Versuche, mit zitternden Fingern meinen Gurt zu lösen. »Danke fürs Mitnehmen, aber ich laufe von hier.« Ich riss die Autotür auf und stolperte auf den Asphalt. Ich wischte mir mit den Handflächen die Tränen aus den Augen, nahm meinen Rucksack und lief in Richtung Straße.

Ich hörte, wie Avery hastig aus dem Auto kletterte. »Gwen, warte! Hör zu – hör doch einfach mal zu …«

Das war es, was mich am meisten traf. *Hör einfach zu.* Die uneinsichtige Gwen muss nur mal einen Moment zuhören, dann wird sie es verstehen. Gwen ist so stark, dass sie nicht verletzt werden kann. Gwen zeigt keinen Schmerz, also empfindet sie ihn offensichtlich auch nicht. Gwen hat sich immer unter Kontrolle, also kannst du sagen und tun, was du willst. Ich wirbelte herum und ließ zu, dass mich der

Zorn mitriss wie die Flut. »*Sie macht etwas durch*? Ich mache auch was durch. Meine Schwester ist gestorben und niemand schert sich einen Scheißdreck darum! Meine Freundin macht mit zwei anderen Leuten rum? Was kann *sie* da wohl durchmachen, das so schlimm sein soll?«

Und dann erzählte Avery es mir.

Und es war wirklich so schlimm.

CLINE: Sie haben also eine Mordwaffe in Ken Garsons Haus deponiert? Weil Sie ihm die Sache in die Schuhe schieben wollten? Weil Sie *behaupten*, dass er ein sexuelles Interesse an Ihnen hatte?

CLAUDE: Das ist unsere Jefferson-Lorne Polizei, meine Damen und Herren. Wer sonst bringt es zustande, gleichzeitig so richtig und *so falsch* zu liegen.

Es überrascht mich nicht, dass Sie das nicht als sexuelles Interesse deuten. Schließlich passiert Mädchen so was am laufenden Band, nicht wahr? Wir sollten daran gewöhnt sein. Wir sollten es als Kompliment auffassen. Wir sollten etwas anderes anziehen oder etwas anderes sein. Genau das hab ich auch gedacht, als alles anfing.

Ich hatte vorgehabt, mit dem Dealen aufzuhören. Wirklich, das wollte ich. Doch dann hat Mom wegen irgend so einem Idioten auf der Arbeit keine Beförderung bekommen und Janines Keilriemen ging kaputt. Das war zu viel des Guten. Solange ich meine Geschäfte außerhalb des Schulgeländes abwickelte, schien es kein großes Problem zu sein. Was machte es schon, wenn ich es über mich ergehen lassen musste, dass sich irgendein alter Knacker an mich ranmachte? So ist das Leben eines Mädchens. Wir beantworten detaillierte Fragen über unser Liebesleben und unsere bevorzugten Sexstellungen mit einem Schulterzucken. Wenn sie uns einen gepolsterten BH empfehlen, sagen wir nicht, sie sollen sich doch ins Knie ficken. Wenn sie uns durch unsere Kleidung berühren, nun, dann ist es immerhin nur durch die Kleidung.

Wir sind Frauen. Wir dulden das. Und ich dachte: *Noch zwei Jahre*. Noch zwei Jahre und ich bin raus aus diesem Scheiß.

Die Pflicht-Therapiestunden involvierten Massagen. Er versuchte, meine Jeans aufzuknöpfen und meine Oberschenkel abzusuchen, um zu überprüfen, ob ich mich auch nicht ritze. Er warf mir vor, etwas aus seinem Büro gestohlen zu haben, und fragte mich, was ich für sein Schweigen tun würde. Ich drohte ihm, ich würde Direktor Mendoza erzählen, was für ein Perverser er ist, aber da lachte er nur. »Direktor Mendoza weiß, dass man mir vertrauen kann«, sagte er. »Er hat seit Jahren beobachtet, was für eine Schlampe du bist. Und Schlampen bekommen, worum sie betteln.«

Ich bettele nicht, wollte ich ihn anschnauzen. Aber er hatte recht, oder? Niemand würde mir glauben, wenn ich sagte, dass ich vergewaltigt worden war. Wenn ich mich jetzt beschwerte, würden sie sagen: *Warum hast du dich nicht früher beschwert*? Wenn es so traumatisch und schrecklich war, warum war ich nicht sofort an die Öffentlichkeit gegangen, sobald er mich zum ersten Mal angerührt hatte?

CLINE: Tja, warum nicht?

CLAUDE: Ohne Beweise wäre es mir gegangen wie dem Hirtenjungen, der »Wolf!« schrie, und dem am Ende keiner glaubte. »*Heutzutage sind Männern ja nicht einmal mehr Umarmungen erlaubt.*« »*Er wurde einfach ganz falsch verstanden.*«

Glauben Sie mir, ich erlebe das nicht zum ersten Mal.

CLINE: Aber wenn es Ihr einziges Ziel war, Ken Garson aus dem Weg zu schaffen, warum haben Sie dann bis jetzt gewartet? Warum sind zwei andere Menschen tot, während Mr Garson mit dem Cheer-Team unterwegs ist?

CLAUDE: Weil ich dachte, ich wäre wieder frei. Garson hat im letzten Jahr aufgehört, mich zu seinen Therapiesitzungen zu bestellen. Er ließ mich in Ruhe. Warum, wusste ich nicht und es war mir auch egal. Ich nahm an, er hätte einfach genug von mir.

Was ich nicht kapierte, war, dass er ein anderes Opfer gefunden hatte.

MUÑEZ: Die Bilder der Überwachungskamera zeigen Sie am 8. September mit Emma hinter der Schule. Emma weint, Sie sind wütend. Schließlich umarmen Sie sich und verlassen das Schulgelände zusammen. Das haben Sie in keinem Gespräch mit uns erwähnt.

AVERY: Es war ein paar Wochen nach der Schulversammlung. Gwen schickte mir ständig Textnachrichten, so Sachen wie Was soll der Scheiß und Bist du immer noch mit ihr befreundet? Gwen wollte, dass ich mich entschied: Emma oder sie. Und ich war bereit, mich für sie zu entscheiden.

Ich traf mich mit Emma hinter der Schule, um ihr zu verklickern, dass sie aus dem Cheer-Team fliegen würde. Das wollte ich nicht vor den anderen Mädchen machen, verstehen Sie?

Ihr Gesicht war ganz gefleckt, ihre Wimperntusche verschmiert. Ihr eisblondes Haar sah so strubbelig aus, als hätte sie es zwei Tage nicht gekämmt. Sie erwiderte meinen Blick, nur eine Sekunde lang, und in ihren Augen sah ich … Leere. Nicht Langeweile wie manchmal beim Training. Nicht Ablenkung wie in der Schule, wenn sie in ihrem Kopf einen Essay zu Ende schrieb. Sie wirkte, als wäre alles in ihr gelöscht worden. Als wäre ihr alles egal.

Ich holte tief Luft. »Emma, du weißt, das Cheer-Team hat einen Verhaltenskodex, der von allen eingehalten werden muss.«

Emma sagte nichts.
»Und, na ja … du hast ihn gebrochen.« Ich verhaspelte mich. Wie sollte ich eloquent und clever klingen, wenn ich mit der schlausten Schülerin unserer Highschool sprach? »Du hättest das nicht tun sollen.«
»Was nicht tun sollen?« Ihre Stimme klang tonlos, als wäre sie nicht ganz da.
»Du hättest nicht von Lizzy anfangen sollen«, sagte ich. »Wir versuchen alle, nach vorne zu gucken.«
»Ich kann das nicht«, flüsterte sie und brach zusammen.
Ihr Oberkörper klappte nach vorne, als hätte ich ihr einen Schlag versetzt. Die Luft um uns herum schien stillzustehen. Ohne nachzudenken, beugte ich mich vor und packte sie an den Schultern, während ihre Tränen in dicken Tropfen auf den Boden fielen. Emmas Gesicht verzog sich zu einem undefinierbaren Ausdruck des Grauens. Es war ein Grauen, so tief, dass ich es nicht begreifen konnte. Aber der Selbsthass, der damit einherging, war etwas, das ich sehr gut verstand.
Wir hatten schon früher mal über Lizzy gesprochen. Doch hier ging es um mehr als Lizzy. Hier ging es um etwas Neues.
Emma versuchte, etwas zu sagen. Ich beugte mich näher zu ihr. Ihr Atem kam in großen Stößen, ein

Kreislauf aus Japsen und Schluchzen und wieder Japsen.

»Er…«, keuchte sie. Mehr brachte sie nicht heraus.

»Wer – er?« In Gedanken ging ich rasend schnell die Möglichkeiten durch. Er, Michael. Er, ihr Vater.

Er, Garson, der Mädchen am Büstenhalter berührte und seine Hände über unsere Rücken entlangwandern ließ. Er hatte Emma zu obligatorischen Therapiesitzungen verpflichtet. Was hatte er getan?

Ich legte meine Arme um sie und ich log sie an. Ich sagte, es würde alles gut werden und ich würde sie nach Hause fahren. An jenem Tag hat sie es mir noch nicht erzählt, aber ich hab es bald herausgefunden. Ich hab mit ihr geredet und mich zu ihr gesetzt und ihr bei unserem Cheer-Programm geholfen, und ich hab mir Gwen vom Leib gehalten, bis sie endlich bereit war, mir alles zu erzählen.

Mr Garson hat Emma Baines vergewaltigt.

Das kotzt mich wirklich an: Ich muss Sie nur ansehen, um zu wissen, dass Sie mir nicht glauben.

Baines: Das ist doch eine beschissene Lüge.

Gwen: Nein, das ist es nicht.

Baines: Du willst dich doch nur hinter dieser Sache verstecken. Du hast *meine Tochter umgebracht*, weil du auf sie und deine Freundin eifersüchtig warst.

Bryson: Chef, ich mach das schon…

Baines: Nein, machen Sie nicht. Denkst du wirklich, ich würde nicht wissen, wenn meine eigene Tochter vergewaltigt worden ist?

Gwen: Sie wusste nicht, wie Sie es Ihnen sagen sollte.

Baines: Halt den Mund …

Gwen: Sie hatte all diese Beweise zusammengetragen …

Baines: Ich hab gesagt, halt den Mund.

Bryson: Chef, kann ich Sie mal kurz sprechen?

Bryson: Wir haben Sonntag, den 9. Dezember. Es ist 12:14 Uhr. Fortführung der Befragung von Miss Gwendolyn Sayer in Anwesenheit von Kommissar Bryson. Gwen, würden Sie bitte fortfahren?

Gwen: In dem Moment brach alles heraus. Alles, was sich angestaut hatte, die Wut. Mein Herz brach. Ich wollte mich übergeben. Averys Gesicht war tränenüberströmt. Ihre Schultern bebten. Ich ging langsam auf sie zu, als wäre die Luft zwischen uns Wasser, und schlang die Arme um sie. Sie lehnte sich an mich.

Ich weiß, wie roher Schmerz aussieht. Ich habe das ein Jahr lang jeden Tag im Gesicht meiner Mutter gesehen. Wenn einem Menschen, den du liebst, etwas zustößt und du nicht verstehst, warum, ist der Schmerz wie ein tiefer, heftiger Schnitt, der dich immer wieder und wieder durchfährt. Als Avery an meiner Schulter schluchzte, war mein erster Gedanke: *Sie muss Emma wirklich lieben.*

Mein zweiter Gedanke war: *Jemand hat Emma vergewaltigt, und das ist nicht okay.*

»Was ist passiert?«, fragte ich. »Wer war es?« Ich war bereit, ihn Direktor Mendoza zu melden. Damit er zumindest von der Schule verwiesen und aus Lorne verbannt werden würde.

»Es war ein Lehrer«, flüsterte Avery an meiner Schulter. Mein Blut gefror wie das eisige Wasser von Anna's Run.

Man kann sich nicht an die Lehrerschaft wenden, wenn der Täter zur Lehrerschaft gehört.

»Es ist nicht nur Emma«, erzählte Aves, und das Beben ihrer Schultern war zu einem unkontrollierten Zittern geworden. Einem Zittern vor Angst. Ich schlang meine Arme um sie und hielt sie ganz fest. »Er … fasst auch mich an.« Ihr ganzer Körper versteifte sich. »Er hat versucht, mich zu küssen.« Ihre Schultern zuckten, als eine neue Welle des Schauderns durch ihren Körper ging. »Gwen, bitte sei nicht böse.«

»Ich bin nicht böse«, sagte ich. Dabei hätte ich an meiner flammenden Wut ein Streichholz entzünden können. »Wer war es?«

»Warte, Gwen.« Averys Stimme war so leise, dass ich sie fast nicht hören konnte. Sie holte einmal tief Luft, dann noch einmal. »Emma hat gesagt …« Sie schluckte.

Ich nahm ihr Gesicht in meine Hände. Ihre Haut war weich, ihre Wangen rot gefleckt von der beißenden Kälte und ihren Tränen. »Du kannst es mir ruhig sagen.« Ich musste sie dazu bringen, es mir zu erzählen. Mir zu vertrauen, wie Freundinnen einander vertrauen.

»Emma hat gesagt, mit Lizzy hat er es auch gemacht.«

Und meine Welt brach noch einmal zusammen.

Claude: Es war letztes Jahr, dass ich angefangen hab, Avery Tabletten zu verkaufen. Valium, eine einfache Wahl. Sie war immer ganz hibbelig, die Pillen zu bekommen, also trafen wir uns nach dem Unterricht auf dem Parkplatz der JLH, nachdem alle anderen nach Hause gegangen waren.

An dem Tag, als ich es herausfand, hatte ich schon länger auf sie gewartet. Ich saß im Auto und las den Text, den wir für Englisch aufhatten, als ich eine unerwartete Stimme hörte: Gwen Sayer, die total *angepisst* klang. »Was kann *sie* da wohl durchmachen, das so schlimm sein soll?«

»*Sie ist vergewaltigt worden*«, schrie Avery zurück.

Ich kümmere mich nie um die Gerüchte, die an der JLH verbreitet werden. Ich weiß besser als jede andere, wie Gerüchte zustandekommen. Aber das traf mich wie ein Schlag. Ich wusste sofort, das war kein Gerücht.

Vorsichtig öffnete ich Janines Tür einen Spalt weit. Gwen und Avery bemerkten es nicht. Sie waren ganz in einer Umarmung versunken, die ein bisschen intim wirkte.

»Wer war es?«, fragte Gwen.

Ich konnte nicht die ganze Antwort verstehen. Aber ich verstand das Wort *Lehrer*, und da wusste ich es. Ich wusste, warum Garson aufgehört hatte, mich zu belästigen.

Ich stieg aus dem Auto und stand unbeholfen da. Ich wartete darauf, dass sie mich bemerkten, doch das taten sie nicht. Also räusperte ich mich und sagte: »Störe ich?«

Sie sprangen auseinander. Avery machte sich aus dem Staub, ohne mich noch eines Blickes zu würdigen. Gwen warf mir einen finsteren *Ich bring dich um*-Blick zu und folgte ihr. Und ich stand allein auf einem leeren Parkplatz, kam mir vor wie ein Arschloch und fragte mich, was ich jetzt tun sollte. Ich wartete noch eine halbe Stunde, aber Avery kam nicht zurück, um sich ihre Pillen zu holen.

Später an diesem Abend fuhr ich mit Janine zu ihrem Haus. Ich parkte ein Stück die Straße runter und ging zwischen fake-griechischen Säulen über die geleckte weiß betonierte Einfahrt, um an ihre Haustür aus Gold und Ahornholz anzuklopfen. Die Klingel mit Big-Ben-Melodie schallte durchs Haus. Einen Moment später hörte ich das leise Trippeln von Averys Schritten. »Ich geh schon!«, rief sie, während sie die Tür öffnete.

Ihr Blick begegnete meinem. Sie wurde blass. »Geh weg«, flüsterte sie und versuchte, die Tür zuzuschlagen.

Schnell schob ich die Spitze meines Doc Martens dazwischen. »Warte.«

»Wer ist es?«, rief eine Frauenstimme von drinnen. Averys Augen weiteten sich. Ihr Mund verzog sich in Panik. »Ähm.«

»Die Heilsarmee«, murmelte ich.

»Die Heilsarmee«, rief sie zurück.

»Wir haben kein Bargeld im Haus. Wie bringen am Sonntag ein paar Sachen vorbei.«

»Ich kann jetzt nicht«, sagte Avery und stieß die Tür gegen meinen Fuß.

»Ich muss dich was fragen.« Ich beugte mich vor und legte meine Hand auf den Türrahmen. Avery starrte sie an, als wäre sie eine Handgranate, die jeden Moment explodieren könnte. Aber ich konnte nicht zulassen, dass ihr Ich-bin-besser-als-du-Gehabe uns jetzt in die Quere kam. Dazu war diese Sache zu wichtig. Ich holte tief Luft und stieß gleichzeitig die Worte aus. »Hat Mr Garson dich auch angefasst?«

Schweigen. Aber ihre weit aufgerissenen Augen schienen plötzlich feucht zu sein und ihr Atem zitterte wie ein rasselnder Herbstwind. Ihr Kehlkopf hüpfte auf und ab. »Ich kann nicht …«

»Avery.« Das war wahrscheinlich ihre Mutter. Polternde Schritte kamen den Flur entlang. Avery stieß die Tür zu und dieses Mal war ich schlau genug, meinen Fuß wegzuziehen.

Ich hatte die Antwort, die ich gesucht hatte. Aber ich hatte noch nicht die Lösung, die ich brauchte.

Ironischerweise war es Gwen, die mich auf diese Lösung brachte. Es war schwierig, in dieser Sache jemandem zu vertrauen, sogar einem anderen Mädchen. Aber ich fing an zu reden und dann redete sie auch. Und ich erfuhr sehr viel mehr, als ich hätte erfahren wollen. Wir waren uns einig: Garson war gefährlich. Und er war die beliebteste Person an der JLH. Und wenn er wusste, dass Emma vorhatte, ihn bloßzustellen …

Emma war tot.

Und so kam es, dass wir in einem leeren Klassenzimmer saßen, als der Unterricht längst zu Ende war und ich eigentlich bei Jamie Schill sein sollte.

Emma platzte fünf Minuten nach drei ins Zimmer. Sie sah total chaotisch aus – das tat sie in letzter Zeit immer, und zwar nicht auf eine lässige Art, wie ich sie anstrebte – und sagte: »Sorry, dass ich so spät bin, ich musste noch …« Dann bemerkte sie mich. »Was machst du denn hier?«

Avery saß im Schneidersitz neben mir auf dem Boden und starrte auf ihre Knie, die auf und ab wippten. Gwen zog die Tür zu. Emma wirbelte gerade noch rechtzeitig herum, um zu sehen, wie sie das Schloss umdrehte.

»Wir haben alle ein Problem«, sagte ich. »Und wir werden dieses Arschloch fertigmachen.«

Ein bisschen fühlte ich mich schuldig, dass ich es nicht früher kapiert hatte. Dass ich erleichtert gewesen war, als Garson aufhörte, mich zu belästigen, statt Verdacht zu schöpfen. Dass ich gedacht hatte, ich wäre die Einzige. Dabei war ich für ihn niemand Besonderes. Ich war nicht einmal jemand besonders Wehrloses. Ich war einfach ein Glied in der Kette. Der langen Reihe von Eroberungen, von Opfern.

Aber verdammt, wenn wir schon Opfer sein sollten, dann würden wir wenigstens seine letzten sein.

Kapitel 30

Die Wahrheit

Der Fluss rauscht durch Lorne und nimmt die Wahrheit mit sich. Und in den Trümmern, die er zurücklässt, wird planlos herumgepickt.

Es ist der Abend des 5. Dezember. Mit der Dämmerung ist eine Stille hereingebrochen, die der Stadt ein Gefühl der Leblosigkeit, der Erstarrung verleiht. Alle, die heute noch auf ein Nachtleben aus sind, sind auf der Diamondback Ridge unterwegs. Die Tannen und die kahlen Zweige der Espen biegen sich im Wind. Morgen wird es Schnee geben, aber jetzt ist der Himmel klar.

Ein dunkelgrauer Honda entfernt sich von der Tankstelle und fährt die kurvige Straße entlang, die dem Lauf des Flusses ins Gebirge folgt. Im Innenraum des Autos sind überall Bücher verstreut, auf dem Rücksitz liegt eine Kopfstütze und unter dem Beifahrersitz gammeln ein paar Pommes vor sich hin. Aus dem Handschuhfach ist das Klingeln eines Telefons zu hören. Finger mit abgeknabberten Nägeln, von denen mehrfarbiger Nagellack abblättert, fummeln an der Klappe herum.

Endlich angelt Claude das Telefon aus dem Handschuhfach. »Was ist?«

»Du musst jetzt kommen. Der Plan. Wir müssen es heute Abend machen.«

»*Was?*«

»Jemand folgt mir. Er. Komm schnell zu Anna's Run.«

Claude trommelt mit den Fingern auf dem Lenkrad. »Scheiße«, murmelt sie. »Scheiße, Scheiße, *Scheiße.*« Dann tritt sie auf die Bremse, wendet das Auto und rast zurück in Richtung Lorne.

Der tosende Fluss ist voller Schneeschmelze, tritt fast über die Ufer. Auf der Anhöhe dahinter, sicher vor der Flut in den Berghang gebaut, stehen im Halbkreis ein paar Villen. Aus einem Haus in der dunklen Straße dringt Licht und Lachen. Der Geruch von teurem Whiskey und Craft Beer hängt in der Luft.

Zwei Häuser weiter schlüpft eine dunkle Gestalt aus der Haustür und stopft Strähnen einer eisblonden Perücke unter ihre Wollmütze. Sie öffnet den Kofferraum ihres Autos und wirft ein Paar Pine-Nation-Stiefel und eine große schwarze Jacke hinein. Sie knallt den Kofferraum zu und geht herum zur Fahrerseite, während sie ihr Handy hervorholt. »Lyla, kannst du mir einen Riesengefallen tun?« Ihr Lachen klingt hell und gekünstelt. Sie dreht den Zündschlüssel um und redet weiter: »Ich weiß, es ist super spät, aber Michael hat *ge-*

rade erst angerufen und wenn sie mitkriegen, dass ich mich jetzt mit ihm treffe, bekomme ich für die nächsten *hundert Jahre* Hausarrest.« Sie senkt die Stimme. »Er will mich unbedingt sehen, weißt du? Du bist ein Schatz. Wir reden morgen.«

Das Lächeln rutscht von ihrem Gesicht wie abperlender Regen, als sie den Anruf beendet. Sie wirft noch einen prüfenden Blick zurück auf das Haus hinter ihr, dann fährt sie aus der Einfahrt und den Hang hinunter.

Sie fährt durch das ausgestorbene Zentrum von Lorne, vorbei an der aufgehübschten Innenstadt mit ihren Durchschnittscafés und Süßigkeitenläden; vorbei am Breakfast Club und dem ganzjährig geöffneten Weihnachtsgeschäft, wo Santa Claus aus dem Fenster winkt; vorbei an den flackernden Lichtern des Motels. Die Berge umgeben die Stadt wie hohe Gefängnismauern.

Sie parkt vor einer heruntergekommenen Einfahrt, ein Stück entfernt von dem Haus mit den schmutzigen Fenstern und den wuchernden Dornensträuchern im Vorgarten. Mit dem Geräusch einer Guillotine wird ein Fenster hochgeschoben und eine schattenhafte Gestalt klettert aus dem Wohnhaus der Familie Sayer. Lautlos kommt Gwen auf das Auto zugelaufen.

»Danke, dass du mich abholst«, murmelt sie, als sie die Tür öffnet und einen kalten Windstoß mitbringt. Avery schaltet den Automatikhebel auf Drive und fährt los. Sie legt ihre Hand auf Gwens Bein.

»Danke, dass du so schnell fertig warst«, antwortet sie.

Gwen umklammert ihre Hand mit eisernem Griff. »Ich hasse es, wenn Pläne schiefgehen«, sagt sie. Avery erwidert Gwens Händedruck, so fest sie kann.

Lorne ist vollkommen still. Es ist die Stille eines Ortes, der seine Geheimnisse nicht preisgeben will. Es ist die Stille eines Ortes, in dem Schweigen Mitschuld ist, und wenn man hier entlangfährt, hat man das Gefühl, sich durch eine kunstvolle Grabanlage zu bewegen. Die Bäume bewegen sich im Wind vor und zurück, aber nicht einmal ein Rascheln ist zu hören. Das einzige Geräusch kommt nicht aus der Stadt, sondern von dort, wo der Fluss tief und heimtückisch durch den Wald rauscht. Unter dem tosenden Wasser ist das Geräusch von zerbrechenden Zweigen zu hören und der keuchende Atem von jemandem, der Todesängste aussteht.

Das Telefon klingelt nicht noch einmal. Emma Baines rennt mit offenem Mund, lässt die kalte Luft der Rockies in ihre Kehle strömen. Sie rennt in dem Wissen, dass jemand hinter ihr ist. Sie rennt, als wäre es die letzte Nacht ihres Lebens.

Der Boden ist hart und frostglatt. Ihre Stiefel rutschen ab und stoßen gegen Wurzeln. Bloße Hände schrammen an rauer Rinde entlang und bluten. Sie läuft querfeldein, in Richtung Straße, aber er folgt ihr, treibt sie tiefer in den Wald. In Richtung Anna.

Noch ein Geräusch dringt durch den Wald. »*Emma!*« Die Schritte hinter ihr werden schneller.

Emma rennt auf die Brücke über Anna's Run, rutscht auf den vereisten grauen Planken aus und stürzt mit einem lauten *Knacks* in das verwitterte Geländer. Eine Hand greift nach der Kapuze ihres Parkas und zieht. Ihr Schrei wird erstickt, als er seine Hand auf ihren Mund presst. Emma rudert mit den Armen; die Beine rutschen unter ihr weg. Zwei Körper schlagen hart auf der Brücke auf. Sie tritt um sich, erwischt das Geländer. *Knacks*. Die Hand wandert von ihrem Mund zu ihrem Hals. Sie zerrt an seinem Arm, greift nach seinem Gesicht. Ihre Nägel kratzen über seine Wangen und er stöhnt auf. Seine Hand schließt sich um ihren Hals. Sie tritt noch einmal um sich. *Knacks*.

Die Rufe kommen näher. Undeutlich nimmt Emma die Geräusche von Menschen wahr, die durchs Unterholz rennen. Sie schlägt noch heftiger um sich. Ein Ellbogenstoß in seinen Magen und sein Griff lockert sich eine Spur. Sie kann ihren Kopf befreien und rollt an den Rand der Brücke. Ihre Lungen fühlen sich wund und kalt an. In ihrem Blickfeld explodieren schwarze Punkte. Emma rappelt sich auf, aber sie kann nicht mehr laufen.

Sie dreht sich um. Er ist jetzt nicht mehr als ein verschwommener Schatten am anderen Ende der Brücke. Er streckt die Arme nach vorn; seine Finger schließen sich um den Griff einer Pistole.

»Die anderen wissen, dass ich hier bin«, platzt sie heraus. »Sie sind auf dem Weg hierher.«

»Es tut mir leid«, sagt er, und als sie seine Stimme hört, geht ein verwirrter Ausdruck über ihr Gesicht. Er holt Luft, hält die Pistole ganz ruhig.

Da trifft ihn etwas Schweres von der Seite. Aus der Pistole löst sich ein Schuss. Emma hört einen Schrei, der nicht der ihre ist. Sie kann sich nicht bewegen. Sie kann nicht einmal mehr atmen. Der Schatten auf dem Boden ist ein Knäuel von Armen und Beinen. Zwei weitere Gestalten tauchen auf. Die Pistole schlittert über den Boden und der Mann wirft sich ihr hinterher. »Lauf!«, brüllt Gwen und endlich bewegt sich Emma. Ihr Körper ist noch nicht ganz davon überzeugt, dass sie nicht tot ist. Zitternd klammert sie sich an das Geländer, hangelt sich daran entlang bis auf die andere Seite der knarrenden Brücke.

Der Mann greift zur selben Zeit nach der Pistole wie Gwen. Sie bekommt den Lauf zu fassen und dreht ihn Richtung Himmel. Ihr Mund verzerrt sich zu einem wild entschlossenen Ausdruck. Dann boxt er ihr mit Wucht in den Bauch und sie krümmt sich zusammen. Avery brüllt noch einmal und stürzt sich auf ihn. Claude packt seine Beine. Er tritt nach ihr, aber sie hält ihn fest. Ihre Körper verhaken sich ineinander, bis niemand mehr weiß, wer die Pistole hat.

Ein zweiter Schuss löst sich.

Claude robbt zur Seite. Zwei Gestalten liegen bäuchlings auf dem Boden. Dann steht Avery auf, die Beine und der ganze Oberkörper schlammverschmiert, die blauen Augen weit aufgerissen. Tränenspuren laufen über ihr dreckiges Gesicht.

»Avery!« Gwen rennt zu ihr. »Alles in Ordnung? Bist du verletzt?« Sie nimmt Averys Gesicht in ihre Hände.

»Mir geht es gut, danke«, murmelt Emma.

»Ich … ich glaube …« stammelt Avery. Sie zittert. »Ich glaube, er ist tot.«

Die Gestalt auf dem Boden zieht röchelnd den Atem ein. Noch ist er nicht tot, aber bald.

»Es ist okay«, flüstert Gwen. Sie versucht, Avery an sich zu ziehen.

»Ich sagte, *er ist tot*!« Avery befreit sich aus der Umarmung. Ihre Stimme wird lauter. »Wisst ihr, was das bedeutet? Was mit mir passieren wird?« Sie stolpert und Gwen packt sie an den Schultern, damit sie nicht hinfällt. Averys Atem geht jetzt stoßweise.

»Tief durchatmen. Niemand wird irgendjemandem von uns etwas beweisen können.« Claude steht auf, klopft sich den Dreck von der Jeans und kommt mit großen Schritten herüber. Sie hat ihr cooles *Ihr-könnt-mich-alle-mal*-Gesicht aufgesetzt, auch wenn sie kreidebleich ist und die Hände zu Fäusten ballen muss, damit sie nicht zittern. »Also, passiert ist Folgendes: Er hat sich selbst erschossen. *Nachdem* er Emma ins Wasser gestoßen hat.« Sie presst die Zähne aufeinander und sieht von einem Gesicht zum anderen. Gwen nickt sofort. Emma nach nur kurzem Zögern. Und Avery starrt sie der Reihe nach mit offenem Mund an.

Claude geht in die Hocke, legt ihre behandschuhte Hand auf die Schulter des Toten und zerrt ihn zur Seite. »Wir ziehen immer noch unseren Plan durch. Vielleicht wird es sogar einfacher, jetzt wo er tot ist. Wir sind immer noch … Scheiße, wer zum Teufel ist das?«

Die Lampe ihres Handys leuchtet auf. Emma stolpert vorwärts, zieht scharf die Luft ein, als sie einen Schritt auf die knarrende Brücke macht. Gwen beugt sich vor, aber Avery wendet sich ab.

Drei Mädchen starren in die leblosen Augen eines Mannes, den sie noch nie gesehen haben. Statt schicker Winterklamotten trägt er einen abgewetzten Mantel und alte Schuhe von der Heilsarmee. Statt eines grau melierten Ziegenbarts hat er einen Dreitagebart, unterbrochen von einer Narbe, die von seiner Nase zu seiner Lippe verläuft. Sie tauschen verdutzte Blicke aus. »Ich dachte, es wäre …«, beginnt Gwen.

»Garson.« Claude lässt den Schein der Lampe seinen Körper hinunterwandern, über seine zerrissenen Jeans und die löchrigen Schuhe. »Kennst du den?«, fragt sie Emma. Emma schüttelt den Kopf. »Glaubst du, er wollte dich ausrauben oder …?«

»Er hat gesagt, es täte ihm leid. Sonst nichts. Ich glaube … er hat versucht, mich umzubringen.«

»Vielleicht hat Garson ihn geschickt«, sagt Gwen. Avery dreht sich endlich wieder um und starrt den Mann auf dem Boden durch nasse Wimpern an.

»Das ist auch egal. Unser Plan ist immer noch unser Plan.« Claude beugt sich hinunter und zupft an den Handschuhen des Mannes.

»Du ziehst einem Toten die Kleidung aus«, wispert Avery.

Claude verdreht die Augen. »Großartig beobachtet, Einstein.«

»Du gehörst ja auch nicht gerade zu den Jahrgangsbesten«, blafft Gwen zurück. Dann holt sie tief Luft und wendet sich an Emma. Ihr Blick ist weicher als noch vor ein paar Wochen, aber nicht ganz ohne Kälte. »Claude hat recht. Wir müssen den Plan durchziehen. Das hier ändert daran nichts.«

»Sie soll im Video aber doch Garson sein«, bemerkt Emma.

»Dann ist sie jetzt eben dieser Typ.« Gwen verzieht angeekelt das Gesicht. »Wir hätten wissen sollen, dass er die schmutzige Arbeit nicht selbst erledigen würde. Wenn Garson ihn wirklich geschickt hat, wird die Wahrheit so oder so herauskommen. Wir müssen nur unseren Teil erledigen. Ich schnappe mir das Handy und hacke mich rein.« Sie sieht Avery noch einmal an. Ihre Hände umfassen die Schultern ihrer Freundin noch ein wenig fester. Avery holt tief Luft, dann nickt sie. Ihre Münder berühren sich flüchtig.

»Konzentration, Leute«, befiehlt Claude.

»Ich bin konzentriert«, sagt Avery, auch wenn sie zittert und die Leiche nicht ansieht. Während Gwen ein Stück entfernt das Stativ aufstellt, reicht Avery Claude die Wanderstiefel ihres Vaters, die sie während des Handgemenges fallen gelassen hat und die jetzt genauso schlammig sind wie ihre eigene Kleidung. Sie nimmt ihre Mütze ab und reicht sie Emma. Die eisblonde Perücke sitzt schief auf ihrem Kopf. Sie zerrt daran herum.

»Du bist nie … hier.« Emma setzt Averys Mütze auf und kommt zu ihr, um die Perücke zurechtzurücken. Ihre Blicke begegnen sich und um Averys Mundwinkel zuckt ein wehmütiges Lächeln, das Emma erwidert. »Kannst du nicht schnell noch ein paar Zentimeter schrumpfen?«

Gwen räuspert sich demonstrativ. Emma verdreht ein wenig die Augen. Claude zieht den Mantel des Toten über. »Wollen wir ihn jetzt mal aus dem Bild schaffen, oder was?«

Avery zittert und in ihren Augen schwimmen Tränen. Sie schluckt schwer.

»Ich stelle jetzt die Kamera ein. Er ist nicht mehr im Bild, und auch nicht irgendwelche Füße«, ruft Gwen. »Emma, hast du das Seil geholt?«

Emma nimmt das Seil, das sie um einen niedrigen Ast von Annas Baum geschlungen hat. Claude tauscht ihre Schuhe gegen die Pine Nations aus. Dann hebt sie die Pistole auf und fängt an, sie mit einem Zipfel des Mantels zu polieren, den sie dem Toten abgenommen hat. »Der hätte mal hin und wieder in einem Waschsalon vorbeischauen sollen«, murmelt sie. Und dann lauter: »Und was machen wir jetzt hiermit?«

»Frag das Polizisten-Töchterchen«, antwortet Gwen.

»Gwen«, mahnt Avery sanft.

»Was?« Gwens Ton ist bissig, aber ihr Gesichtsausdruck wird weicher, als sie herüberkommt. »Die Kamera ist bereit.«

Ein paar Augenblicke später kommt Emma wieder. Das Seil treibt im Wasser, befestigt an einer kräftigen Kiefer. Avery wird danach greifen, wenn sie über das Brückengeländer gestoßen wird, und sich später daran zurück an Land ziehen. In der Theorie zumindest. Wenn Anna heute Abend großzügig ist. »Und die Pistole?«, fragt Gwen.

»Vergrabt sie«, entscheidet Emma.

»Was, wenn wir sie ihm unterschieben?«, schlägt Claude vor. »Garson.«

»Nein.« Emma stößt eine Atemwolke aus. »Wir bleiben bei unserem Plan. Die Pistole wird vergraben. Solange er weit genug flussabwärts treibt, wird niemand vermuten, dass er etwas mit mir zu tun hatte.«

Avery zieht ihren Mantel glatt und geht hinüber an die Seite der Brücke, wo sie auf ihr Stichwort wartet. Claude streift die Handschuhe des Toten über.

»Wir sind so weit«, wiederholt Gwen. Sie wirft einen Blick zu Avery. »Bist du sicher …«

Avery nickt.

Claude zieht ihren schwarzen Schal über Mund und Nase, ihre schwarze Mütze nach unten. Sie lockert ihre Schultern. Gwen hebt die Hand. Als die Hand durch die Luft saust, stolpert Avery auf die Brücke. Sie dreht sich um; ihre hellen Haare peitschen ihr ins Gesicht. Ihr Mund öffnet sich, schnappt erschrocken nach Luft. Ihr Körper erstarrt, setzt zur Flucht an. Doch dafür ist es jetzt zu spät.

Der Fluss unter ihnen verlangt brüllend nach seinem Opfer. Claude macht einen Satz nach vorn, die Augen panisch aufgerissen, und schlittert über die Brücke, die knackt und knarzt. Dann presst Claude ihre Hand auf Averys Brustbein, stößt, so fest sie kann.

Knacks. Das Geländer splittert ein letztes Mal und bricht weg. Avery stolpert schreiend nach hinten, dann verschlingt sie der Fluss.

Claude bleibt am Geländer stehen. »Hast du es?«, schreit sie über den Fluss.

Emma wirft einen Blick zur Kamera auf dem Stativ. Aber Gwen ist nicht mehr da. Sie hastet das Flussufer entlang, rennt mit dem Wasser um die Wette. Sie sucht nach einer dunklen Gestalt und ruft Averys Namen. Emma tritt zu Claude auf die Brücke und starrt mit ihr in die Tiefe. »Sie hätte das nicht tun sollen.«

»Sie ist die Stärkste von uns allen«, sagt Claude und in ihrer Stimme klingt so etwas wie Bewunderung mit. »Wenn jemand es mit Anna aufnehmen kann, dann sie.«

Wenn jemand das kann. Und plötzlich scheint der Lärm in den Wald zurückzukehren, bis Emma nichts mehr hört als das Rauschen der Bäume und das Brausen des Wassers, das Kreischen der Nachttiere im Unterholz. Sie warten eine Ewigkeit – und noch eine.

»Komm«, sagt Claude schließlich und geht hinüber zu der Leiche. Sie beginnt, den Mantel und die Handschuhe des Toten auszuziehen.

»Und was ist mit Aves?«, fragt Emma.

Claude zieht den Schal herunter. Ihr Blick ist starr, ihre Mundwinkel zeigen nach unten. »Inzwischen ist sie entweder raus aus dem Wasser oder wir haben ein Riesenproblem. Lass uns erst mal ihn hier beiseiteschaffen, bevor wir anfangen, Panik zu schieben.«

»Zu spät«, murmelt Emma, aber sie hilft Claude, die leblose Gestalt wieder anzuziehen und zum kaputten Brückengeländer zu rollen.

»Bist du sicher, dass wir ihm die Pistole nicht unterjubeln könnten?«, fragt Claude keuchend.

»Ja«, antwortet Emma knapp.

Als sie den Toten aus dem Weg geschafft haben, graben sie am Fuße von Annas Baum ein Loch in den Boden, bis sie zwischen Wurzeln ein flaches Grab für die Pistole geschaffen haben. Claude wischt die Waffe noch einmal ab und legt sie hinein. Sie sind gerade dabei, die Erde wieder festzuklopfen, als sie endlich die strauchelnden Schritte von Gwen und Avery hören.

Averys Perücke ist weg. Ihr Haar hängt in nassen Strähnen um ihr Gesicht und alles an ihr ist schlammverschmiert – von ihrer Stirn bis zu ihren Stiefeln. Sie zittert in ihrer durchnässten Kleidung und zieht jedes Mal scharf die Luft ein, wenn der Wind raschelnd durch das Unterholz streicht. Sie ist vielleicht der einzige Mensch, der durch Anna's Run geschwommen ist und überlebt hat.

Gwen umarmt sie fest, ignoriert das Wasser, das durch ihren Mantel sickert. »Wir müssen sie hier wegbringen. Schnell.«

Emma nickt. Claude mustert sie von der Seite. »Das heißt, jetzt ist es so weit«, sagt sie und schüttelt eine dunkle Locke aus ihrem Gesicht. »Bist du bereit?«

Emmas Blick bleibt zuerst an Gwen hängen, deren wütende Entschlossenheit sich durch Averys Berührungen mit einer Sanftheit mischt. Das Mädchen, das alle an der JLH eine gefühlskalte Bitch nennen. Dann geht ihr Blick zu Avery, der einfältigen, schwächlichen Cheerleaderin. Schließlich zu Claude, der selbstsüchtigen Rebellin. Drei Mädchen, von denen sie nie gedacht hätte, dass sie ihr helfen würden.

»Ich bin bereit.«

Sie machen sich auf den Rückweg zur Straße. Claude geht mit resoluten Schritten voraus, Avery und Gwen stolpern hinterher und Emma bildet das Schlusslicht. Am Rand des Waldes bleibt Emma stehen, verschwindet zwischen den Baumstämmen. Sie kann nicht mehr nach Lorne zurück.

Claude blickt prüfend die dunkle Straße entlang, dann holt sie zwei Taschen aus Janines Kofferraum. Sie geht zurück zu den Bäumen und überreicht sie eine nach der anderen. »Zelt und Schlafsack, Feueranzünder. Wir sind schon mindestens fünf Jahre nicht mehr campen gegangen, also sind da wahrscheinlich tausend tote Spinnen zwischen.«

»Danke«, sagt Emma.

Claude reicht ihr die andere Tasche. »Laptop und Notfallakku. Keine Ahnung, wie die Internetverbindung hier draußen ist, aber wenn ich mit Essen vorbeikomme, kann ich dir vielleicht einen Hotspot einrichten und wir können zusammen an den Posts herumfeilen.«

Emma nickt. Sie ist bereit für ihr Debüt als Bloggerin. Sie hat sich sogar schon für einen Decknamen entschieden. Adams West klingt gut, denkt sie. »Ihr kennt eure Aufgaben?«

»Lizzys Handy holen«, sagt Claude.

»E-es entsperren«, stammelt Avery.

»Ihren geheimen Account finden«, schließt Gwen.

Emma nickt. »Ich mache den Rest. Lasst euch nicht von ihm in die Enge treiben. Er darf nichts mitbekommen.«

Sie verstummen. Sie wissen nicht, wie sie sich verhalten sollen. Sie sind keine Freundinnen, nicht direkt. Sie sind weniger und mehr als das. Sie müssen diese Sache zusammen durchstehen. Drei von ihnen riskieren alles, und eine von ihnen ist tot.

Emma winkt nicht. Sie schultert ihre Taschen und macht einen Schritt zurück in den Wald, dann noch einen. Und noch einen. Dann dreht sie sich um. Das Mondlicht wirft helle Sprenkel auf ihren Mantel und sie wird zu einer nicht mehr erkennbaren Schattengestalt, die sich zwischen den Baumstämmen bewegt, bis die Mädchen sie überhaupt nicht mehr sehen können.

Kapitel 31

Die kleine Schwester

BAINES: Dann war das also Emma im Wald? Meine eigene Tochter hat sich vor mir versteckt und konnte nicht von meinem Suchtrupp aufgespürt werden?

GWEN: Vielleicht hatte sie Insider-Informationen, wie man sich am besten tarnt.

BRYSON: Chef – Miss Sayer, ich fahre jetzt mit meinem ursprünglichen Verhör fort, okay?

Wer hat Randy Silverman erschossen?

GWEN: Er hat sich selbst erschossen. Wir haben ihm erzählt, was er gleich tun würde, und dann hat er es nicht über sich gebracht.

BRYSON: Es wäre aber ziemlich schwierig für ihn, sich selbst in den Hinterkopf zu schießen. Ihre Fingerabdrücke hingegen sind auf der Pistole.

GWEN: Ich hab versucht, ihm die Pistole abzunehmen. Er wollte jemanden umbringen.

BRYSON: Warum haben Sie ihn umgebracht?

GWEN: Das habe ich nicht.

BRYSON: Miss Vanderly und Miss Cross haben das gesagt.

Gwen: Nein, das haben sie nicht.

Bryson: Sie haben gesagt, Sie dachten, es wäre Mr Garson. Sie dachten, er wäre zurückgekommen, um Emma zu erledigen, genau wie er damals Lizzy erledigt hat. Eine durchaus nachvollziehbare Sichtweise. Sie haben aus Notwehr gehandelt. Sie wollten Ihre Schwester zurück. Er hat versucht, jemanden umzubringen. Da reichte ein erhitzter Moment.

Gwen: Interessant. Vor ein paar Minuten noch habe ich ihn erschossen und Emma umgebracht, weil ich eifersüchtig war. Und jetzt verstehen Sie auf einmal meine wahren Motive? Ich glaube kaum. Sie interessieren sich doch gar nicht für die Wahrheit, für die Übereinstimmungen zwischen Emma und Lizzy. Es ist Ihnen egal, was Lizzy mit all dem zu tun hat. Und das sollte mich auch nicht überraschen. Sie haben ja von Anfang an nicht viel Zeit und Mühe in ihren Fall gesteckt. Selbst als wir ihnen das Telefon auf dem Silbertablett serviert haben, haben Sie es nicht für nötig gehalten, es zu untersuchen …

Oh mein Gott. Scheiße. Mir fällt gerade ein – wo ist das Handy?

Bryson: Sie können Ihr Telefon im Moment nicht bekommen.

Gwen: Doch nicht *mein* Telefon, ihr Telefon! Lizzys Handy, das Sie von Claude konfisziert haben! Geben Sie es mir. Ich kenne das Passwort.

BRYSON: Wie wäre es, wenn Sie uns das Passwort nennen und wir das Telefon für Sie entsperren?

GWEN: Also gut. 74547252. Mein Spitzname. Pilipala. Schmetterling.

BRYSON: Miss Sayer, wenn Sie uns die Unwahrheit sagen …

GWEN: Schauen Sie in ihre Notizen. Werfen Sie einen Blick in ihre Tagebuch-App.

BRYSON: Äh, warum … Oh.
Chef?

BAINES: Das … ist nicht möglich. Das ist alles ein abgekartetes Spiel. Das ist eine Lüge.

GWEN: Würden Sie dafür ihr Leben aufs Spiel setzen? Noch einmal?

BAINES: Wenn Sie lügen, werde ich Sie wegen Mordes verklagen, und zwar nach dem Erwachsenenstrafrecht.

3.9.2015
Mendoza hat mich heute in Gs Büro gehen sehen. Scheiße Scheiße Scheiße. Er weiß bestimmt Bescheid. Ich hab G davon erzählt und er hat gesagt, ich mache mich nur verrückt, wie immer, und ich sollte mich beruhigen. Er sagte, in seinem Büro gingen ständig Leute ein und aus, ich sollte mir keinen Kopf darüber machen. Ich schlug vor, wir sollten uns außerhalb der Schule treffen, und er sagte, wenn ich glaubte, er würde mich mit einem Strauß Blumen bei Mama und Papa abholen, hätte ich mich geschnitten. Da bin ich auf die Toilette und hab geheult. G kann es nicht ausstehen, wenn ich heule.

27.9.2015
Hab heute zum ersten Mal Whisky probiert. Whisky ist gut. Küsse mit Whiskygeschmack sind noch besser. Mhmmm.

15.10.2015
Ich hab den Mathe-Test vergeigt. Ich weiß, dass ich nicht genug gelernt habe, aber G hat mich diese Woche jeden Tag nach dem Unterricht zu sich geholt. Er sagt, es macht nichts, wenn ich mal einen Test nicht bestehe. Er kapiert das nicht. Wenn ich das

Stipendium nicht kriege, komme ich hier nicht raus.

6.11.2015
G will mit mir Schluss machen. Ich bin hässlich und fett und meine Brüste sind zu groß und ich bin nicht schlau genug und … scheiße noch mal … ich will sterben und dabei hat er gesagt wir würden für immer zusammen sein und jetzt bin ich plötzlich zu fucking fett und sogar zu blöd um das Stipendium zu bekommen und ich kapier nicht einmal warum ich überhaupt noch lebe.

12.12.2015
Heilige Scheiße wie viel habe ich gestern Abend getrunken. Ich war bei G zu Hause und hatte einen Blackout und ich hab keine Ahnung, was passiert ist aber ich konnte meine Unterwäsche nicht finden und G hat gesagt, ich sollte mir die »Pille danach« besorgen. Also schätze ich mal wir hatten Sex??? Ich dachte damit wollten wir warten bis ich 18 wäre? G sagt beim ersten Mal tut es immer weh also ist es vielleicht gut, dass ich mich an nichts erinnern kann. Vielleicht wird das nächste Mal ja besser? Mir ist schlecht.

<u>5.2.2016</u>

Scheiße noch mal, was zur Hölle macht denn die beschissene <u>Claude Vanderly in seinem Büro</u>? G sagt das ist normal aber wenn er auf die Idee kommt Claude zu ficken bin ich durch mit ihm. Dann mach ich Schluss und gehe zu Mendoza und packe alles aus. Ich hab meine ganze Zukunft dafür aufs Spiel gesetzt, mein Stipendium ist futsch und meine Eltern hassen mich und nach der Hälfte der ersten Stunde brauch ich unbedingt was zu trinken. Ich werde NICHT als irgendeine Nebendarstellerin in der Mr-G-Show enden. Er muss so viel investieren wie ich.

<u>7.2.2016</u>

Scheiße ich fühle mich furchtbar. G hat so viel für mich getan. Er riskiert jeden Tag total viel für uns. Er könnte ins Gefängnis wandern, wenn die falschen Leute von uns erfahren … ich will Gwen davon erzählen, aber ich kann es nicht. Ich will Mum und Dad sagen, dass es mir gut geht, aber ich kann es nicht. Ich kann mich nicht gegen ihn auflehnen. Das Leben ist schwer, aber wir können stark sein. Wenn ich mit der Schule fertig bin, können wir nach Utah oder Wyoming oder wo auch immer hingehen, G kann an einer neuen Schule unterrichten und ich werde arbeiten, bis ich mir ein Studium leisten kann. Es wird alles gut. Ich muss ihm nur vertrauen.

20.3.2016

Scheiße noch mal wer bin ich überhaupt noch

25.3.2016

G will heute Abend mit mir irgendwo hinfahren Scheiße Scheiße er will mit mir Schluss machen das weiß ich was zur Hölle soll ich bloß machen

Kapitel 32

Das Gespenst

Emma Baines löst die Zeltstangen von der Plane, klappt sie ordentlich zusammen und verstaut sie in ihrer Hülle, bevor sie das Zelt aufrollt. Miss Vanderlys altes MacBook liegt auf einem Baumstumpf. Sie überprüft die Zeit darauf, bevor sie den Laptop zuklappt und ihn in die zweite Tasche steckt. Ihr Atem formt kleine Wolken in der Nachtluft. Es gibt jetzt kein Leben mehr für sie in Lorne. Das Beste, was sie tun kann, ist, wegzugehen, weiterzuziehen, zu vergessen, was passiert ist, was sie zurückgelassen und was sie aufgegeben hat.

Hinter ihr knackt etwas. Ihre Hände umklammern die Tasche. Ihr Kopf hofft, dass es Claude ist oder Gwen oder Avery, um ihr zu sagen, dass alles in Ordnung ist.

Ihr Körper weiß, dass es eine Lüge ist.

Langsam dreht sie sich um, bereit zu fliehen. Sie heftet ihren Blick auf den Boden, bis sie die Pine-Nation-Stiefel sieht. Dann kann sie es nicht mehr leugnen.

Garson sieht nicht aus, als wäre er außer sich vor Wut. Er sieht nicht einmal aus, als hätte er wenig geschlafen.

Das Licht ihrer Taschenlampe wird vom Schnee reflektiert und erhellt die scharfen Umrisse seiner Nase und seiner Wangen. Es vertieft die Schatten unter seinen Augen und verwandelt sie in dunkle Höhlen.

»Ich hab wirklich gedacht, du würdest einfach sterben«, sagt er. Seine Stimme zittert nicht. »Ich hätte dich nicht für den Typ Mensch gehalten, der um jeden Preis überleben will. Und bestimmt nicht für den Typ Mensch, der jemanden umbringt.« Er hebt die Hand. Seine Finger umschließen den Griff einer Pistole. »Den Teil hat Claude Vanderly übernommen, nicht wahr?«

Sie sagt kein Wort. Setzt einen Fuß zurück.

»Stopp«, fährt er sie an, und Emma erstarrt. »Keine scheiß Bewegung jetzt. Du glaubst wohl, du bist schlauer als ich? Alle vier von euch zusammen wart nicht schlauer als ich.«

Emma ringt nach Luft. Die Welt gerät in Schieflage. »Sie werden nicht damit davonkommen«, sagt sie. »Egal, was Sie jetzt tun. Die Polizei weiß, was Sie Lizzy angetan haben. Und mir. Und allen anderen.«

Garson stößt ein raues Lachen aus, ein tierischer, bellender Laut. »Und mit welchen Beweisen? Ich habe deine Notizen verschwinden lassen, ich habe deine Dateien gelöscht. Es gibt nichts, was eine Verbindung zwischen Lizzy und mir beweisen würde.« Sein Gesichtsausdruck ändert sich kaum wahrnehmbar in der Dunkelheit.

»Sie war Ihnen vollkommen egal.«

»So ein Blödsinn«, sagt Garson leise. »Ich habe Lizzy geliebt. Sie war diejenige, die mich nicht geliebt hat. Sie wollte mich in Lorne zurücklassen und die Professoren in Harvard ficken. Sie war es, die mich verpfeifen wollte. Sie war es, die alles kaputt gemacht hat.«

Er spricht mit echtem Schmerz in der Stimme. Er spricht mit Ernsthaftigkeit. Er glaubt wirklich, was er da sagt. »Ich verbringe mein Leben damit, jungen Leuten zu helfen, das Beste aus sich herauszuholen. Ich gebe ihnen gute Ratschläge, verschaffe ihnen gute Bildung, gute Stipendien … Diese Stadt braucht mich.« Seine Stimme ist jetzt voller Selbstgerechtigkeit. »Ich konnte Lizzy das nicht alles zunichtemachen lassen, nicht, wenn sie sowieso gehen würde. Und ich werde auch nicht zulassen, dass ihr es zunichtemacht.« Er hebt die Pistole.

Laufen. Verstecken. Kämpfen. Emma springt zur Seite. Ein Schuss löst sich und sie schreit. Sie stößt sich mit den Stiefeln vom Boden ab und rennt los, betet, dass ihr Cheerleader-Training ihr die Schnelligkeit und die Kraft geben wird, die sie jetzt braucht. Aber selbst wenn … Kann sie ihm wirklich davonlaufen?, fragt sie sich. Sie weiß ja gar nicht, wo sie *hin*laufen soll. Sie ist nur ein totes Mädchen, das sich den Wald als Grab ausgesucht hat.

Ihr Stiefel bleibt an einer versteckten Wurzel hängen

und sie fällt, sinkt durch die Decke von Schnee. Blitze zucken durch ihren Kopf, als ihre Schläfe auf etwas Hartes trifft und ihre Zähne zusammenschlagen. Etwas Heißes rinnt über ihre Wange.

Sie hört ein Rufen. Es klingt nicht nach ihm, aber er kommt immer näher. Die Gummisohlen seiner Stiefel donnern auf dem Waldboden. Sie hat nichts, sie greift nach dem nächstbesten Ding, das sie finden kann, und ihre Hand schließt sich um einen Stein …

Ein Stiefel tritt gegen ihre Schulter und dreht sie herum. Ihr Rücken schlägt gegen die Baumwurzel. Mr Garson fixiert ihren Arm mit seinem Fuß, drückt sie auf den Boden. Sie schreit noch einmal. Aus der Nähe kann sie sehen, wie seine Hand zittert.

Doch das macht kaum etwas aus, wenn er aus dieser Entfernung zielt.

»Du hast dir das selbst zuzuschreiben«, keucht er. »Du Schlampe.«

Und dann ist der Schuss zu hören.

LORNE EXAMINER ONLINE

9. Dezember 2018, 3:29 Uhr

Aktuelle Entwicklungen

Gemäß Zeugenaussagen und neuer Beweislage gilt Emma Baines seit gestern Nacht, Samstag, den 8. Dezember, nicht länger als tot, sondern als vermisste Person.

Nach der Sicherstellung neuer Beweise wurde ein Durchsuchungsbefehl für das Haus von Kenneth Garson erteilt. Mr Garson, Lacrosse-Trainer und Vertrauenslehrer an der Jefferson-Lorne High School, war nicht zu Hause, doch sein Auto wurde am Rand der Landstraße 43, in der Nähe des als Anna's Run bekannten Flussabschnitts geortet. Die Polizei nimmt an, dass Garson dort nach Emma Baines gesucht hat, vermutlich in der Absicht, sie umzubringen. Er hat im Wald das Feuer auf die Polizisten eröffnet und ist in dem darauf folgenden Schusswechsel selbst erschossen worden. In der Nähe von Garson wurden eine Laptoptasche und eine Feuerstelle gefunden und in einem Mülleimer nicht weit von der Szene befanden sich Essensreste. Eine DNA-Analyse wird zeigen, ob sie Emma zuzuordnen sind.

»Dies ist ein schwieriger Tag«, sagte Polizeichef Baines, der den tödlichen Schuss abgefeuert hat. »Die Polizei hat ihre Ermittlungen noch nicht abgeschlossen, aber meiner Ansicht nach gibt es keinen Zweifel, dass Ken Garson in der Absicht in diesen Wald gegangen ist, Emma umzubringen. Und möglicherweise hat er schon einmal einen Mord begangen. Wir wollen betonen, dass wir den Fall weiterverfolgen, dass die Gefahr gebannt ist und dass es gegen-

wärtig keine weiteren Verdächtigen in irgendeinem Fall gibt, in den Schüler der Jefferson-Lorne High School verwickelt wären. Emma, wenn du das hörst, wenn du das hier liest: Bitte komm nach Hause. Es besteht keine Gefahr mehr. Du musst dich nicht im Wald verstecken oder hinter Adams West im Internet. Komm einfach nach Hause.«
Die drei früheren Verdächtigen, Freundinnen von Emma aus der Highschool, waren für einen Kommentar nicht zu erreichen.

Kapitel 33

Die gefühlskalte Bitch

Kommissarin Muñez fährt Gwen im Streifenwagen nach Hause, aber sie lässt sie vorne sitzen. Es ist nach zwei Uhr morgens.

»Morgen früh bringen wir den Truck zurück. Tut uns leid, dass es nicht früher geht.« Muñez klingt wirklich, als ob es ihr leidtut. Aber Gwen interessiert das eigentlich nicht besonders.

Der Streifenwagen fährt knirschend durch den Schnee und hält vor ihrem Haus. Die Lampe in der Küche brennt noch. Sie flackert, hat seit Jahren einen Wackelkontakt.

Muñez führt Gwen zur Haustür, klopft entschlossen an. Gwen hört Mums Schritte im Haus, langsam, als hätte sie sich in eine Marionette verwandelt, die sich ohne Fäden bewegt. Ein paar Augenblicke später öffnet sich ruckelnd die aufgequollene Holztür und Mums Gesicht lugt heraus. Ihr Blick geht zwischen Muñez und Gwen hin und her.

»Kann ich Ihnen eine Tasse Tee anbieten, Frau Kommissarin?«, fragt sie mit der kältesten Stimme, die Gwen je gehört hat.

Muñez lehnt klugerweise ab. Sie murmelt etwas davon, dass Gwen noch etwas schlafen sollte, und geht zurück zum Auto. Gwen schlüpft ins Haus und zieht ihre Stiefel aus. Die Luft hier drinnen fühlt sich kälter an als draußen. Fast wundert sie sich, dass sie keine Atemwolken ausstößt.

Der Plastik-Weihnachtsbaum ist schwer behängt mit Anhängern aus Pappe und Papier, Rentieren aus Zuckerstangen und gebastelten Truthähnen aus Handschablonen. Das Haus riecht muffig. Heute Abend hat niemand etwas gegessen. Mum und Dad starren sie an, während Gwen ihren Mantel abstreift, ihre Schuhe aufschnürt, alles tut, um sie nicht ansehen zu müssen.

Doch dann steht sie in Sweatshirt und Socken da und kann es nicht mehr aufschieben. »Tja. Also.« Was jetzt? *Also, ich hab mir absichtlich selbst etwas angehängt, um Aufmerksamkeit zu bekommen. Also, Lizzy ist von einem Lehrer sexuell missbraucht worden und ich weiß das schon seit Monaten. Also, ich hab nichts zu Abend gegessen – ist noch was im Kühlschrank?*

»Ich bin lesbisch«, platzt sie heraus.

Mum und Dad starren sie unverwandt an. Jetzt ist es raus. Mum wird gleich fragen: *Bist du sicher?* Dad wird sagen: *Jetzt sei nicht albern, Gwen*. Vielleicht wird einer von den beiden das Thema wechseln, ohne überhaupt darauf einzugehen.

»Haben sie dich deshalb festgenommen?«, fragt Mum.

»Was? Nein.« Gwen versucht, diesen neuen Faden aufzunehmen. »Sie dachten, ich hätte was mit Emma zu tun – sie dachten so einiges. Aber, äh, ich bin unschuldig und das wissen sie jetzt auch. Und außerdem bin ich lesbisch.« Und *das* weiß die Polizei jetzt auch, was auch immer ihnen das bringen wird.

Mum und Dad wechseln einen Blick. »Okay«, sagt Dad unsicher.

»Das ist nicht das, worüber wir jetzt sprechen müssen …«, beginnt Mum.

»Ich wollte nur …«, fängt Gwen zur selben Zeit an. Sie brechen beide ab. Mum nickt Gwen mit Tränen in den Augen zu, damit sie weiterspricht.

Sie wollte nur, dass sie es wussten. Sie wollte es aus dem Weg schaffen und ihnen sagen, was sie ihnen schon vor Jahren hätte sagen sollen, wenn Lizzy ihre Hand gehalten hätte. Sie wollte sich vor ihnen outen, bevor die Zeitung sie vor aller Welt outet. Sie will die Kontrolle über ihre Geschichte behalten.

Sie will Lizzy hier haben.

Sie bemerkt gar nicht, dass sie weint, bis die erste Träne auf ihre Hand tropft. Sie starrt mit leerem Blick auf ihre Finger. Die Träne schimmert im weißen Licht des Weihnachtsbaums. Einen Augenblick später spürt sie Mums Arme um ihren Körper.

»Es ist okay«, flüstert sie. »Sei nicht traurig.«

»Deshalb bin ich nicht traurig.« Sie ist ganz überwältigt, wie einfach es gewesen ist. Dass sie damit Jahre gewartet hat. Dass sie laute Argumentationen und Proteste befürchtet hat, Zweifel ihrer Mutter, ob sie wirklich aus ihrer Sekte hätte austreten sollen. Dass sie wegen einem »Okay« solche Angst gehabt hat.

Das Sofa knarzt, als Dad aufsteht. Er kommt zu ihnen und legt behutsam die Arme um seine Frau und seine Tochter. Gwen spürt seinen kratzigen Schnurrbart auf ihrem Kopf. »Wir haben dich lieb, Pilipala«, sagt er. »Wir sind stolz auf dich. Nichts wird daran etwas ändern.«

»Aber wir müssen die Wahrheit wissen«, sagt Mum.

Die Wahrheit. »Es geht um Lizzy«, sagt Gwen. Mums Griff um ihre Hand wird fester. Dad nickt. Sie müssen es wissen.

Es ihnen zu erzählen, ist schwerer, als es der Polizei zu erzählen. Sie will Dinge weglassen, von denen sie weiß, dass sie ihren Eltern wehtun werden. Doch das ist gerade die Geschichte, die sie unbedingt hören müssen. Auch wenn sie dann zugeben muss, dass sie sich zweimal aus dem Haus geschlichen hat – und einmal, um eine dumme Perücke loszuwerden.

***

Das Wasser toste. Hinter ihr knackte ein nasser Zweig. Und auch wenn Gwen sich immer für das Mädchen gehalten hatte, das alles unter Kontrolle hat – den Schrei, der ihr jetzt herausrutschte, konnte sie nicht kontrollieren.

»Jetzt chill mal! Beruhige dich!« Emma klang, als wüsste sie nicht, ob sie lachen oder wütend werden sollte. Gwen wirbelte herum.

»Chill selber erst mal!«, blaffte sie. »Ich dachte …«

»Es gibt keinen Grund für ihn, hierherzukommen«, sagte Emma.

Gwen verschränkte die Arme und schlang sie um ihren Körper. »Vielleicht wollte er sehen, ob sein Auftragskiller seinen Job auch erledigt hat.«

Emma legte den Kopf schief. »Die Polizei würde schon wissen, wenn er das nicht getan hätte. Und da sie hinter *dir* herschnüffeln …« Sie zuckte die Achseln. »Hast du mir was mitgebracht? Für einen Burrito würde ich morden.«

Gwen wurde rot. Die Freundschaftssache war mit Emma schwieriger als mit anderen Leuten. Erinnerungen nagten an ihr. Die Liebe, das Stipendium, Lizzys Hilfe – so vieles hatte Emma mehr verdient als sie selbst.

Doch sie verdrängte die Erinnerungen. Sie war nicht hier, um Emma anzuschnauzen. »Ich bin gekommen, um die Perücke zu suchen«, erklärte sie.

»Was …?« Emmas krause Stirn glättet sich. »Aves sollte die Perücke doch verschwinden lassen.«

»Ja, aber mir ist plötzlich eingefallen …« Gwen sah hinunter auf das Wasser. Annas Gier schien im Moment gestillt, aber das war nichts als eine List. Unter der Oberfläche lauerte die Strömung, zog alles von abgetriebenen Zweigen bis zu abgetriebenen Menschen in die Tiefe. »Sie ist ohne die Perücke aus dem Fluss gekommen.«

Emma starrte sie an. »Wenn sie die Perücke flussabwärts finden, wissen sie Bescheid.« In ihrer Stimme schwang Panik mit.

»Genau deshalb werden wir sie ja jetzt suchen«, blaffte Gwen zurück. »Ich hab eine Idee.«

Sie benutzten Gwens Telefon als Taschenlampe und gingen schweigend den Fluss entlang. Nach einer Weile sagte Emma zögerlich: »Ich bin hetero, weißt du.«

»Und?«, fragte Gwen bissig.

»Und … ich weiß, Aves und ich sind eng befreundet. Und vielleicht war das komisch für dich. Aber sie ist eine wirklich gute Freundin, und …« Emma holte tief Luft. »Sie mag dich sehr. Sie bewundert dich.«

»Hm, okay. Wenn ich nächstes Mal irgendwelche Beziehungsratschläge brauche, wende ich mich an dich«, antwortete Gwen schnippisch, aber ihre Haut wurde wärmer und ihr Mund verzog sich zu einem Lächeln.

Sie kamen zu dem Baum, an dem noch immer das

durchnässte Seil hing. »Habt ihr das nicht mitgenommen?«, fragte Emma ein wenig ungläubig.

»Sie war total unterkühlt«, verteidigte sich Gwen.

»Ich kann nicht glauben, dass du das Stipendium bekommen wirst«, murrte Emma und zog an dem Seil.

Zweige und anderes Treibgut hatten sich darin verheddert und das grobe Gewebe schürfte ihre Hände auf. Gwen kam es vor, als würde sie im Sportunterricht an einem Seil hochklettern, ziehen und ziehen und doch nicht oben ankommen. Sie ignorierte die schmerzenden Muskeln in ihren Armen und zerrte, bis das Seil endlich frei war und sie das andere Ende ans Ufer ziehen konnten.

Sie klaubten Zweige, fauliges Ufergras und Wurzeln aus dem Tau, bis Emma ein schlammiges Etwas in den Lichtschein der Taschenlampe hielt. »Ist sie das?« Sie versuchte, einen Teil der Perücke sauber zu wischen, verteilte aber dabei nur Schlamm auf ihren Handschuhen.

Gwen prustete erleichtert. »Danke. Dafür schulde ich dir eine heiße Schokolade.«

»Gut. Lass uns das Ding zu meinem Platz mitnehmen. Da können wir es verbrennen – und das Seil auch.«

Sie marschierten zurück, blieben auf der hinteren Seite der Brücke und schlüpften durch die Polizeiabsperrung. Emma führte Gwen noch eine halbe Meile in den Wald hinein. »Willst du, dass ich mich verlaufe?«, frotzelte Gwen.

Emma schnaubte. »Du warst doch im Lorner Outdoor-Verein.« Sie waren beide Mitglieder gewesen, denn dafür vergab die JLH Extrapunkte. »Ist ja nicht meine Schuld, wenn du vergessen hast, wie man einen Kompass benutzt.«

Endlich fanden sie das dunkle Gebilde, das Emmas Zelt war. Gwen wartete draußen, während Emma das Zelt durchwühlte und schließlich mit einem Müsliriegel und einem Feueranzünder herauskam. Ein paar Minuten später prasselte das Feuer und übertönte ihr Schweigen mit einem etwas freundlicheren Geräusch. Emma rollte das Seil um das Feuer und warf die Perücke darauf.

»Ich schätze, das meint die Polizei damit, wenn sie von Landstreichern im Wald spricht«, sagte Gwen und streckte ihre Stiefel in Richtung Feuer.

»Ich muss ständig den Ort wechseln. Da bleibt mir nicht viel Zeit, um die West-Posts zu schreiben und eure glorreichen Aktionen zu verfolgen«, antwortete Emma. »Aber wenigstens habe ich Empfang. Meistens.«

Sie schwiegen wieder. Das Feuer knackte und rauchte. Schließlich sagte Emma: »Du weißt, dass mir die Sache mit Lizzy leidtut, oder?«

Gwen zog die Schultern hoch. »Woher sollte ich das wissen? Du hast es mir noch nie gesagt.«

»Ich wusste nicht, wie«, sagte Emma leise.

Gwen schnaubte verächtlich. In ihren dunklen Augen spiegelte sich das Rotorange des Feuers. »Das ist doch nicht schwer. ›He Gwen, tut mir leid, dass deine Schwester gestorben ist.‹ Siehst du?«

»Ich … konnte einfach nicht glauben, dass sie nicht mehr da war. Einfach so.«

Gwen öffnete den Mund, als wollte sie widersprechen, doch dann machte sie ihn wieder zu. Schließlich sagte sie: »Das ging mir genauso.« Sie nahm einen Stock und stupste das durchnässte Seil an. »Bist du sicher, das hier ist es wert, deine Chance auf das Stipendium sausen zu lassen?«

»Du riskierst das ja auch. Das Devino-Stipendium kann dir wieder abgesprochen werden, wenn du vorbestraft bist«, sagte Emma.

Gwen beugte sich vor, um ihre Hände zu wärmen, zog die Handschuhe aus und streckte ihre Finger über das Feuer. »Lizzy ist es mir wert.«

»Mir auch«, sagte Emma. Als Gwen sie von der Seite musterte, wurde sie rot. »Sie ist es wert. Alle Mädchen, die er … zerstört hat. Sie verdienen Gerechtigkeit. Und wer weiß, wenn ich schlau genug bin, das hier abzuziehen, bin ich vielleicht auch schlau genug, irgendwie anders an einen Studienplatz zu kommen. Oder vielleicht brauche ich auch gar keinen Collegeabschluss.« Ihre weißen Zähne blitzten auf, als sie sich ein Lächeln abrang. »Wenn du dann Chefin deiner eigenen Firma bist, erinnerst du dich vielleicht daran, wer dir auf dem Weg dahin geholfen hat, und ich kann deine Sekretärin werden. Dann hätte ich einen guten Job und du könntest mich den ganzen Tag herumkommandieren. Eine echte Win-win-Situation.«

Gwen verdrehte die Augen. »Du wärest eine furchtbare Sekretärin.«

»Was denkst du denn, warum ich es dir angeboten habe?«, gab Emma zurück.

Sie grinsten einander an und das Eis zwischen ihnen bekam ein paar Risse.

Gwens Smartphone pingte, als es sich in Emmas Hotspot einwählte. Sie holte das Handy hervor und starrte angestrengt auf den Bildschirm. Dann drückte sie den Anruf-Button und hob das Telefon langsam an ihr Ohr. »Ich dachte, wir hatten ausgemacht: kein Kontakt.«

»Es geht um Lizzys Handy.« Claudes Stimme am anderen Ende klang blechern, war aber klar zu verstehen. »Ich hab die ganze Zeit versucht, dich anzurufen. Was machst du?«

»Ich bin im Wald, hab noch ein paar Spuren verwischt«, antwortete Gwen. »Was ist mit dem Handy? Hast du es verloren?«

»Nein.« Claudes frostiger Tonfall klang fast wie der ihrer Mutter. »Die Polizei hat es. Es ist noch in Verwahrung. Aber sie können es nicht entsperren. Und wenn wir das Passwort nicht haben, kommen *wir* auch nicht rein.«

Und alle Beweise auf dem Handy waren nutzlos.

»Keine Sorge. Emma und ich werden das besprechen. Ich sage dir morgen, wie der neue Plan aussieht«, sagte sie.

»Ach, ihr werdet das schon regeln, du und Emma als alte Busenfreundinnen?« Claude klang nicht besonders überzeugt.

»Die hellsten Köpfe in Lorne«, antwortete Gwen und legte auf.

Der Holzrauch färbte sich schwarz und ein stechender Geruch stieg vom Feuer auf. Emma rümpfte die Nase und wandte sich ab und Gwen hustete, als sie den beißenden Rauch einatmete.

»Das ist die Perücke«, röchelte Emma und tastete nach einem Stock, um die Polyester-Perücke aus dem Feuer zu fischen. Die hellsten Köpfe von Lorne hatten anscheinend vergessen, dass Polyester nicht brennt.

Gwen redet, bis sie heiser ist. Sie registriert kaum noch, wie sich die Sprungfedern des Sofas in ihre Oberschenkel bohren, wie das Klebeband jedes Mal quietscht, wenn sie ein Stück umherrutscht. Ihre Eltern werden blass und still, und sie bemühen sich gar nicht erst, ihre Tränen zu unterdrücken.

Das Reden ist wie das Aussaugen eines Gifts. Als Gwen endlich fertig ist, fühlt sie sich, als hätte sie jemand angezapft und alle Wut herausgesogen, alle Trauer und Enttäuschung und Bitterkeit. Sie fühlt sich ganz leer, aber bereit, mit etwas Besserem gefüllt zu werden.

»Du wirst wahrscheinlich vor Gericht müssen«, sagt Dad. »Selbst wenn es nur ist, um als Zeugin auszusagen.«

Gwen nickt. Das hat sie von Anfang an gewusst. Sie hat gewusst, dass ihr das Stipendium aberkannt werden könnte, weil sie festgenommen wird, weil sie geschummelt hat oder weil sie lesbisch ist oder einfach nur, weil sie in dieser verkorksten Welt zu viel Aufmerksamkeit auf sich gezogen hat. Aber sie hat auch bewiesen, dass sie die Welt *verändern* kann und dafür braucht sie kein Stipendium.

Mum zieht Gwen zu sich, bis ihr Kopf auf ihrer Schulter liegt. »Diese Stadt … hängt den Dingen gerne lange nach. Dein Vater und ich denken, dass es Zeit ist, sie hinter uns zu lassen.« Sie drückt Gwen an sich. »Wenn du aufs College gehst, ziehen wir auch weg.«

Gwens Atem stockt. Wenn sie umziehen, wird sie Lorne nie wiedersehen müssen. Auch Avery wird sie wahrscheinlich nie wiedersehen, aber das ist nur ein flüchtiger Gedanke, in den Hintergrund gedrängt von einem seltsamen Gefühl der Entwurzelung. Sie hat nie hier leben wollen, aber sie hat auch noch nie woanders gelebt.

»Ein Umzug ist teuer.« Vor allem im heutigen Colorado. »Und dann müsst ihr noch mal ganz neu anfangen …«

Dad schluckt hart. »Im Baugewerbe werden immer Leute gebraucht. Deshalb habe ich in letzter Zeit auch so oft Überstunden gemacht – um im Büro zu lernen. Ich mache eine Weiterbildung in Buchhaltung und im Bedienen von Schwermaschinen. Mr Mecklin sagt, das wird mir Chancen auf eine leitende Position verschaffen.« Er streckt den Arm nach ihr aus und drückt ihre Hand.

Vielleicht, erlaubt Gwen sich zu denken, *vielleicht wird ja doch noch alles gut*.

Kapitel 34

Die selbstsüchtige Rebellin

Claudes Mom holt sie auf der Polizeistation ab. Sie wird mit kalter Höflichkeit entlassen. Es scheint, als wären die braven Polizeibeamten von Lorne nicht gerade erfreut, dass sie nicht über Nacht bleiben wird. Schließlich ist das sexuell aktive Mädchen am Ende der Geschichte normalerweise tot oder ruiniert.

Mom legt einen Arm um ihre Schultern und lässt sie nicht los, bis sie die tückisch glatten Eingangstreppen hinunter und zum Auto gegangen sind. Claude kann spüren, wie sie vor Anspannung zittert, um vor den Polizisten keine Schwäche zu zeigen. Die Vanderly-Frauen haben in der Öffentlichkeit immer ihr Image bewahrt.

Sie steigen ins Auto. Moms Finger trommeln auf dem Lenkrad. Sie starrt geradeaus. »Claude, ich muss es jetzt wissen. Der Mann, der erschossen wurde – Silverman.«

Claude weiß, was jetzt kommt. »Was ist mit ihm?«

»Hast du das getan?« Mom atmet tief durch. »Ich versuche nicht, dich zu verurteilen oder dich hereinzulegen oder dich anzuschwärzen. Aber ich muss es wissen. Wenn du ihn in Notwehr erschossen hast, nehmen wir uns einen guten Anwalt …«

»Mom, ich war es nicht«, sagt Claude.

Sie rechnet halb damit, dass Mom ihr das nicht abnimmt. Niemand sonst wird glauben, dass sie es nicht getan hat. Aber Mom sagt einfach überhaupt nichts mehr.

Claude heftet ihren Blick auf das Polster des Autositzes, den kalten Take-away-Kaffee im Becherhalter zwischen ihnen, die schmutzigen Schneehaufen am Rand des Parkplatzes. In ihren Augenwinkeln brennt es. Sie fühlt sich klein, schutzlos. Im Beisein der Polizisten hat sie ihre Maske aufbehalten, aber jetzt kann sie das nicht mehr.

Anfangs atmet Mom nicht einmal. Dann nimmt sie einen verzweifelten und schaudernden Atemzug und stützt ihre Ellenbogen auf das Lenkrad. Ihre Schultern zucken. So sitzt sie eine ganze Weile da und Claude weiß nicht, was sie tun soll, außer ihren Kopf auf Moms Schulter zu legen.

»Scheiße«, sagt Mom leise. Sie nimmt sich eine Papierserviette und putzt sich geräuschvoll die Nase. »Claude, warum hast du es mir nicht erzählt?«

»Ich konnte es nicht.« Claudes Stimme bricht. Sie kann nicht mehr stark sein. Sie spürt immer noch die erdrückende, brennende Scham darüber, wider besseres

Wissen mit Tabletten gedealt zu haben, darüber, unter den aufdringlichen Fingern eines anderen vollkommen hilflos gewesen zu sein. Sie wollte all die Stellen, die er berührt hatte, herausschneiden, aber das Beste, was sie tun konnte, war, sie mit billigem Alkohol zu betäuben. Sie hatte gedacht, dass sie ihr eigenes Sexualleben definieren könnte, aber sie hatte keine Kontrolle darüber, wie andere es definierten. Und mit der Zeit ließ sie es zu, dass die anderen es für sie definierten.

»Ich hab dich im Stich gelassen«, sagt Mom.

»Nein«, beginnt Claude, aber Mom winkt ab.

»Doch.« Mom wischt sich die Augen und schnieft. »Wenn ich eine bessere Mom gewesen wäre, hätten wir darüber geredet. Ich war so sehr damit beschäftigt, dir zu beweisen, wie weit es alleinerziehende Mütter bringen können, dass ich nicht mitbekommen habe, was vor meiner eigenen Nase passiert ist.« Eine weitere Träne löst sich aus ihrem Augenwinkel. Sie tupft sie mit dem Finger ab.

»Mom, hör auf.« Jetzt weint sie. »Du bist die stärkste Person, die ich kenne und ich … war es nicht. Du hättest ihm einen Tritt in die Eier versetzt oder so.« Und sie war so geschockt, so eingeschüchtert gewesen, dass sie es einfach geschehen ließ. »Wer hätte mir schon geglaubt?«, fragt sie niedergeschlagen. Die Jungs baggern sie doch ständig an und es macht ihr Spaß. Sie hat das auch schon oft herausgefordert. Vielleicht ist sie schon so daran gewöhnt, dass sie nicht mehr weiß, wenn sie es *nicht* herausgefordert hat. Vielleicht hat sie es darauf angelegt, wie alle sagen. Sie hat schließlich noch nie Nein gesagt, tuscheln die anderen. Sie bereut es jetzt nur.

Mom dreht sich zu ihr, um ihr die Hand auf die Schulter zu legen. Claude kann sehen, wie sie die Kraft mobilisiert, die ihr hilft, den Rücken zu straffen und einen Ausdruck feuriger Entschlossenheit aufzusetzen. »Claude, du *bist* stark. Stärke, das bedeutet nicht nur, einem Kerl in die Eier zu treten. Manchmal geht es einfach darum, eine Hölle durchzustehen. Manchmal bedeutet es, dein Selbstwertgefühl aufrechtzuerhalten. Und *nichts*, was du tust, bedeutet je, dass du es verdienst, missbraucht zu werden.« Sie drückt Claudes Schulter.

Claude zieht ihre Knie ans Kinn. »Ich weiß«, flüstert sie. Es ist nur, es gibt nur eine Mom, die ihr sagt, dass sie ein Recht auf ihren Körper hat. Und es gibt Millionen von Jungs, die bereit sind, ihr zu sagen, dass ihre eigene Sexualität allein Claudes Schuld ist.

»Sex an sich ist nicht falsch. Das hab ich dir schon immer gesagt, und davon bin ich auch immer noch überzeugt.« Mom hebt die Hand, um Claudes Haar glatt zu streichen. »Aber sexuelle Übergriffe sind ein Unrecht. Ken Garson ist im Unrecht. Und dein Handel mit Tabletten war falsch, aber das ist keine Rechtfertigung für das, was er getan hat. Du musst nie jemandem als Vorwand für sein eigenes Verhalten dienen.«

Du musst nie jemandem als Vorwand für sein eigenes Verhalten dienen. Claude fragt sich, wie die Welt aussähe, wenn alle so denken würden.

Sie fahren im Schnee nach Hause, langsam und schweigend. Zum Reden wird noch genug Zeit sein und im Moment hat Claude das Gefühl, ihre Augenlider würden sich bei jedem Blinzeln nach außen stülpen. Immer wieder sieht sie alles doppelt, verschleierte Bilder in Weiß und Neon. Sie will schlafen und dann mit dem Auto herumfahren. In den letzten drei Tagen ist sie nicht aus Lorne rausgekommen und die einzige Pause, die sie hatte, war das Burrito-Frühstück im Wald.

»Gott sei Dank – du bist es.« Sie reichte ihr den Burrito. »Hunger?«

»Ja.« Emma griff nach dem Burrito und riss mit ihren Handschuhen die Alufolie auf. »Noch warm«, seufzte sie.

Sie setzten sich ans Feuer. Emma verschlang den ganzen Burrito in weniger als einer Minute, also gab Claude ihr noch die Hälfte von ihrem. »Vermisst du richtiges Essen?«

»Du machst dir keine Vorstellungen.« Emma sah versonnen auf die Burrito-Hälfte in ihrer Hand. An einer Seite quoll ein Stück Avocado heraus.

»Leute, sucht euch einen Liebsten, der euch so anhimmelt, wie Emma Baines ihren Burrito anhimmelt«, witzelte Claude.

Emma verdrehte die Augen und nahm noch einen Bissen.

»Für morgen ist Schnee angekündigt«, erzählte Claude. »Und Mom sagt, die Polizei hat eine Suchmannschaft mit Hunden angefordert.«

Emma aß ihren zweiten Burrito zu Ende und rieb sich seufzend den Bauch. »Bring mir morgen noch einen«, bat sie.

»Morgen solltest du schon auf der anderen Seite des Berges sein«, entgegnete Claude. »Wenn die Polizei hier mit Hunden aufkreuzt, kommst du nicht mehr weg.«

Emma schüttelte den Kopf. »Ich muss den Blog zu Ende schreiben. Und es ist ja schon einiges schiefgegangen. Wenn ihr mich braucht …«

»Hast du keine Angst, entdeckt zu werden?« Der Blog war reine Provokation und nicht wert, Emmas Tarnung auffliegen zu lassen.

»Natürlich habe ich Angst. Am meisten habe ich Angst, dass *er* es herausfindet.« *Er*, das war nicht ihr Vater. »Also lenkt ihn für mich ab. Und die Polizei auch, wenn ihr könnt.«

»Es ist trotzdem eine schlechte Idee, dass du in Lorne bleibst«, sagte Claude.

»Ich bin jetzt sieben Jahre ohne eine Mom ausgekommen. Da musst du jetzt nicht diese Rolle übernehmen«, blaffte Emma sie an.

Für einen Moment schwiegen sie. Dann lachte Claude. »Meinst du wirklich, deine Mom würde dir helfen, deinen Mord vorzutäuschen und ihn einem Pädophilen anzuhängen? Ich bin viel schlimmer als eine Mom. Wenn also sogar ich sage, du musst dich aus dem Staub machen ...«

»Ich weiß, was ich zu tun habe.« Emma knüllte die Alufolie zu einem Ball. »Glaub mir, aus Lorne rauszukommen, stand immer ganz oben auf meiner Wunschliste. Und ich will es auch bald machen. Es ist einfach ... schwer. Ich hab immer gewusst, dass ich irgendwann weggehen würde, aber irgendwie hatte ich gedacht, ich würde es unter anderen Umständen tun.« Als Jahrgangsbeste mit einem vollen Stipendium.

Claude sah zu ihr herüber, wie sie da auf ihrem umgefallenen Baumstamm saß und auf die kalte Feuerstelle starrte. Selbst im Dunkeln leuchtete in ihren Augen ein Verlangen – ein Verlangen, Erfolg zu haben; ein Verlangen, alles zu zerstören, was sie je verletzt hatte. Ein Verlangen nach Anerkennung. Ein leichtes Unbehagen kroch Claudes Rücken hoch wie ein kalter Schauder. »Sei einfach vorsichtig, okay?«

»Ich bin immer vorsichtig«, sagte Emma. »Mach dir keine Sorgen um mich.«

»Mein Gott«, murmelt Mom, als sie in die Hauseinfahrt biegen, und holt Claude damit zurück ins Hier und Jetzt. »Wie lange ist *der* wohl schon hier?«

Vor dem Haus steht Mrs Schills Van. Als sie die Einfahrt hochfahren, geht die Autotür auf und Jamie springt heraus.

»Ich sage ihm, dass er gehen soll«, verspricht Claude. »Gib uns nur eine Minute, okay?«

Mom seufzt. »Also gut. Eine Minute. Aber ich will nicht, dass er heute Abend mit reinkommt, nicht einmal für eine Tasse Kaffee.«

»Schon kapiert.« Claude beugt sich über die Gangschaltung und schlingt die Arme um Mom. Mom erwidert die Umarmung, drückt sie fest an sich, als wäre sie nicht sicher gewesen, ob sie Claude je wieder in den Arm nehmen könnte.

Jamie mustert verlegen den Boden, als Claude aus dem Auto steigt. »Ähm«, sagt er.

»Ich gehe schon mal rein«, sagt Mom spitz. *Eine Minute* formt sie lautlos mit den Lippen, dann stampft sie die Stufen zur Haustür hinauf.

»Hi«, sagt Claude. Sie lehnt sich an Moms Auto. Eine kleine braune Locke guckt unter Jamies Mütze hervor und sie möchte sie am liebsten zurückstreichen. Also tut sie es. Er atmet scharf ein, als ihre Finger seine Stirn streifen.

»Ich bin wirklich froh, dass du es nicht getan hast«,

platzt er heraus. Röte breitet sich über seine Wangen und seinen Hals aus.

»Danke.« Claude wartet einen Moment, aber er scheint nicht noch mehr sagen zu wollen. »Ich auch.«

Vielleicht ist es eine schlechte Idee. Sie wollte nie eine Beziehung, und zwar genau aus diesem Grund – dieses ständige Herumdrucksen und Stammeln; das Zweifeln, ob alles, was sie gesagt hat, das Falsche ist. Wenn sie weiß, wo sie steht, so oder so, ist sie sich ihrer selbst sicher. Im Moment aber ist alles einfach nur … seltsam. Sie hatte noch nie Probleme, mit Jamie zu reden.

Aber ihre Hand berührt immer noch seine Stirn und anstatt die Hand wegzuziehen, streicht sie ihm damit über die Wange. Und sie denkt an das, was sie normalerweise sagen würde und was sie stattdessen sagen könnte … »Du kannst nicht reinkommen.« Auf seinem Gesicht spiegelt sich eine Spur von Enttäuschung. »Heute zumindest. Aber ich werd meine Mom fragen, ob du morgen vorbeikommen kannst.«

»Oder … du könntest zu mir kommen«, schlägt er vor. »Am Tag. Ich bring dir bei, wie man *Gotham City* spielt, auch bekannt als das beste Batman-Spiel aller Zeiten. Oder ich zeig dir meine Tabelle, in der ich die Lehrer von Jefferson Lorne mit Primzahlen vergleiche.« Claude zieht eine Augenbraue hoch und Jamie wird noch röter, aber er scheint jetzt fest entschlossen, weiterzureden. »Du hast gesagt, wenn das alles vorbei ist, wärest du vielleicht … ähm.«

»Interessiert?«, wirft Claude ein.

»Ja. Warte. Moment mal.« Er nestelt an der Tür seines Autos herum. Vorsichtig öffnet er die Tür einen Spalt weit und dreht sich um. Claude hört ein leises Rascheln.

Als er sich wieder umdreht, bricht sie in Gelächter aus. Jamie hält einen Pseudo-Blumenstrauß aus gestreiften Lollis, Jolly-Rancher-Bonbons, Snickers-Riegeln und einer Packung M&Ms in der Hand. Eingewickelt hat er den Strauß in einer sorgfältig aufgeschnittenen und geklebten Chips-Tüte.

»Ich hab gedacht, du würdest ausflippen, wenn ich dir richtige Blumen schenken würde«, sagt er und sie lacht noch einmal.

Ihr Lachen scheint ihm Mut zu machen. »Claude Vanderly«, beginnt er förmlich und räuspert sich, »willst du meine Freundin sein? Willst du in der Mittagspause neben mir sitzen und mir meine Pommes klauen? Willst du mich dazu bringen, all die schlechten Filme mit dir zu gucken, die du magst?«

»Sie sind nicht schlecht«, murmelt sie.

Das ignoriert er. »Willst du durch die Vordertür in mein Haus spazieren? Willst du versuchen, mit mir zusammen zu sein?«

Es bedeutet nicht, dass sie ihre Unabhängigkeit aufgibt. Es bedeutet nicht, dass sie sich an das Patriarchat kettet. Es ist nur eine kleine Veränderung. Verflucht, die Veränderung wird wahrscheinlich nicht mal bis zum Abschlussball Bestand haben. Wer weiß? Sie schließt die Hände um den Süßigkeitenstrauß und beugt sich vor. »Okay«, sagt sie.

»Du bist wunderschön«, flüstert er und küsst sie.

Es ist ein sanfter Kuss – vielleicht ist es gut, die Dinge einmal ruhig angehen zu lassen. Sie hat Mom ja ohnehin versprochen, ihn nicht mit reinzunehmen. Sie spürt mit ihren Lippen, wie sich auf seinem Mund ein Lächeln ausbreitet, und dann lächelt sie auch.

Kapitel 35

Die einfältige Cheerleaderin

Auf dem Weihnachtsmarkt herrscht dichtes Gedränge, auch wenn es Sonntag Abend ist und Lorne in den letzten Tagen nicht gerade in Weihnachtsstimmung war. Averys Familie geht jedes Jahr hin, und in diesem Jahr machen sie da keine Ausnahme. Es bräuchte schon schwerwiegendere Vorkommnisse als einen Mord- und Missbrauchsfall, um Familie Cross davon abzubringen, bei einer Lokalveranstaltung nicht in Erscheinung zu treten.

Avery hat nichts dagegen. Sie braucht unbedingt frische Luft. Kaum war sie letzte Nacht nach Hause gekommen, wurde ihr Handy konfisziert und sie wurde mit einem heißen Kakao und der Ankündigung lebenslangen Hausarrests auf dem Sofa platziert. Sie ist sich nicht sicher, ob ihre Eltern stolz auf sie sind. Es ist, als wollten sie so tun, als ob nichts passiert wäre.

Heute Morgen war die Presse da. Averys Eltern erklärten, ihre Tochter müsste sich erst mal ausruhen. Sie sei ein kleiner Engel und sie hätten immer an sie geglaubt. Sie saßen im Wohnzimmer und sorgten dafür, dass das Licht durch die Erkerfenster fiel, damit die Fotografen Fotos von der Familie machen konnten. Wiedervereint. Versöhnt.

Als sie wieder allein waren, starrte Averys Vater auf seinen Schoß und presste die Zähne aufeinander. Ihre Mom beschrieb kleine Kreise auf dem Bezug ihres Sessels und brach schließlich das Schweigen: »Aves … warum hast du uns das nicht erzählt?«

Weil sie verlangt hätten, dass sie das tun sollte, was sie in einem guten Licht erscheinen ließe und nicht das, was ihr geholfen hätte. Sie dachte daran, wie abfällig ihr Vater über Lily Fransen gesprochen hatte, und sagte: »Es war schwierig.«

Mrs Cross legte eine Hand auf ihr Bein. »Ich weiß, du bist in einem Alter, in dem du glaubst, eine Lösung für jedes Problem zu haben.«

Avery starrte in ihren Kakao. *Niemand anderes hatte eine.*

»Aber manchmal muss man sich Hilfe holen, okay?« Mr und Mrs Cross wechselten einen Blick. »Wir werden dich aus der Schule nehmen.«

Avery blinzelte. »Okay.« Sie war sich nicht sicher, wie sie sich dabei fühlte – vielleicht gar nicht mal so schlecht. Dann würde sie das Getuschel auf den Gängen nicht ertragen müssen. Sie würde sich nicht anhören müssen, wie andere laut spekulierten, ob sie vergewaltigt wurde, ob es in einem Klassenzimmer passiert war, ob sie vielleicht gar nicht so unwillig gewesen war, wie sie behauptete … Sie würde nicht so tun müssen, als ob ihr das alles nichts ausmachte.

»Und wir finden, du solltest dich eine Weile zurückziehen – keine Dates in der nächsten Zeit.«

Das versetzte ihr einen Stich. Ruckartig hob sie den Kopf. »Warum?«

»Du musst das erst mal alles verdauen.«

»Das würdet ihr nicht sagen, wenn ich noch mit Michael zusammen wäre.«

»Das ist nicht wahr«, begann Mrs Cross.

»Ich werde nicht aufhören, bi zu sein, nur weil ihr es mir sagt.« Avery starrte wütend auf ihren Becher. Sie nahm einen Schluck Kakao, der sich auf ihrer Zunge verdickte, und ihr Magen krampfte sich zusammen wie eine Faust.

Mrs Cross seufzte. »Wir versuchen doch nur, zu tun, was am besten für dich ist. Okay?« Und sie wollten nicht mit einer Tochter gesehen werden, die Dates mit Mädchen hat. »Dein Vater wird mit ein paar Schulen sprechen und sehen, ob sich jemand überzeugen lässt, dich als Cheerleaderin in eine College-Auswahl aufzunehmen.« Oder vielmehr, ob Mr Cross größere Spenden lockermachen sollte, damit sie aufgenommen wird.

Mrs Cross holte tief Luft und setzte ein Lächeln auf. Damit war das Gespräch offensichtlich beendet. »Nun, willst du mit zum Weihnachtsmarkt kommen? Dein Vater bleibt mit dir zu Hause, wenn du nicht möchtest.«

Avery war es eigentlich leid, es immer allen recht zu machen, aber der Weihnachtsmarkt war ihre einzige Chance auf etwas Freiheit. »Natürlich komme ich mit«, sagte sie daher mit ihrer artigsten Kleinmädchen-Stimme und schlüpfte in ihren Mantel.

Auf dem Weihnachtsmarkt hilft Avery ihrer Mom, vorsichtig den Teller mit ihren Lebkuchen auf dem Tisch der Preisrichter zu platzieren. Mrs Cross legt einen Arm um Avery, hält sie umschlungen und küsst sie auf den Kopf, um den Richtern zu gefallen und Avery wirkungsvoll davon abzuhalten, sich davonzustehlen.

»Kann ich zur Eislaufbahn gehen?«, fragt Avery.

Mrs Cross schürzt die Lippen. »Ich denke, das ist im Moment zu gefährlich.«

»Warum sollte es gefährlich sein?«, fragt Avery.

»Sie wissen immer noch nicht, wer den Irren erschossen hat«, sagt Mrs Cross. »Da draußen treibt sich ein Mörder rum, und da wirst du vorsichtig sein. Das meine ich damit, wenn ich sage, du weißt nicht alles, was du zu wissen glaubst, Aves. Claude Vanderly hätte die Pistole auch auf *dich* richten können.«

»Claude hat es nicht getan, Mom«, murmelt Avery.

Doch Mrs Cross hört gar nicht zu. Sie kramt in ihrer Tasche. »Aber du kannst das haben. Für eine *Stunde*.

Länger nicht.« Sie reicht Avery ihr Telefon. Avery kann kaum ein freudiges Quieken unterdrücken.

Der Himmel ist klar, die glanzvollen Lichter des Weihnachtsmarkts überstrahlen die Sterne, die weit oben über der Stadt funkeln. Auf dem Weihnachtsmarkt wimmelt es von Kindern, die sich überhaupt nicht dafür interessieren, wer Avery Cross ist. Sie spielen Fangen zwischen den Buden, werden ausgeschimpft, weil sie mit Schneebällen werfen, tauschen Bonbons und stellen sich an, um Schlittschuhe auszuleihen. Avery kann sich auf die kleineren Kinder konzentrieren und das Getuschel unter den älteren ignorieren. Hin und wieder entdeckt sie ein Gesicht aus der JLH, aber niemand kommt auf sie zu, um Hi zu sagen. So wandelt sie zwischen den bauklotzartigen Buden umher, die Kerzen und kleine Keramikengel verkaufen und lauter andere Dinge, die jeder glaubt, haben zu wollen, aber niemand wirklich braucht. Sie denkt daran, dass sie jetzt frei ist. Nie wieder wird sie ihn zufällig im Supermarkt treffen. Nie wieder wird sie bei der Schuldisco seine Blicke auf sich ziehen. Nie wieder wird sie nach dem halben Schultag ihren Rock gegen eine Jeans austauschen, weil er ihr nach dem Mittagessen häufiger über den Weg läuft. Sie muss sich keine Sorgen mehr machen, dass er auf dem Weihnachtsmarkt oder irgendwo anders in der Stadt hinter der nächsten Ecke lauern könnte. Sie kann hingehen, wo sie will, ohne überlegen zu müssen, wo er nicht ist.

Jemand berührt ihren Arm und sie dreht sich um. Es ist Michael, mit zwei Bechern heißer Schokolade in der Hand. Das Blut weicht aus ihrem Gesicht und schießt dann zurück in ihre Wangen. Ihr wird heiß und kalt zugleich.

»Hi«, sagt Michael.

»Äh.« Avery sieht sich hektisch um. Mrs Cross redet gerade mit einem der Preisrichter, Mr Cross sieht lächelnd zu Heather Halifax. »Hi.« Sie deutet auf die zwei Becher Kakao. »Hast du ein Date?«

Es soll ein Witz sein, aber er kommt nicht an. »Also, eigentlich hab ich den Kakao für dich gekauft.«

Der arme, liebe Michael. Er hat etwas Besseres verdient als sie. Sie nimmt den Kakao und wirft noch einen Blick zurück zu ihrer Mom. Noch beschäftigt. Zusammen gehen Michael und sie zum Rand der Schlittschuhbahn und setzen sich auf eine Bank. Auf dem Eislaufplatz straucheln Cliquen von kreischenden Kindern und Teenagern auf ihren Schlittschuhen herum. Ein Typ versucht, seine Freundin zu beeindrucken, indem er rückwärtsfährt. Avery muss an Gwen denken. Sie stellt sich vor, mit ihr zusammen auf dem Eis herumzutaumeln und über ihre eigene Ungeschicklichkeit zu kichern, bis sie vor Kälte ihre Zehen nicht mehr spüren können. Sie stellt sich vor, Gwen einen heißen Kakao zu kaufen und ihn in ihrem Auto mit ihr zu teilen. Sie fragt sich, wie es wohl sein würde, einfach nur … mit ihr umherzulaufen. Auf dem Weihnachtsmarkt, durch die Korridore in der Schule, auf der menschenleeren kleinen Hauptstraße von Lorne.

»Das war schön, als wir das zusammen gemacht haben«, sagt Michael und Avery schreckt aus ihren Tagträumen.

»Hm?« Er beobachtet die Schlittschuhläufer. »Ach so. Ja.« Sie hatten sich aneinandergeklammert, bis Kyle Landry, der als Einziger in Lorne annehmbar Schlittschuh laufen kann, zwischen ihnen hindurchschoss und rief: »*Könnt ihr nicht woanders rummachen*?«

Selbst jetzt denkt sie an Gwen, wenn sie mit Michael zusammen ist. »Aber noch lustiger war es, als du das Wurfspiel verloren hast.«

»Ich hab das Wurfspiel nicht verloren. Das Wurfspiel war manipuliert.« Michael lacht.

»Wir hatten ein paar schöne Erlebnisse zusammen«, sagt Avery und Michael sieht sie mit ernstem Gesicht an. *Hatten.*

»Findest du? Diese ganze Sache mit Mr G… Ich weiß, vielleicht willst du nicht darüber sprechen, aber das lief doch zur selben Zeit, oder?«

Sie zögert, dann nickt sie. Michaels Hand ballt sich zu einer Faust. »Du kannst jetzt nichts mehr daran ändern«, sagt sie schnell.

»Aber ich kann immer noch sauer sein«, antwortet er patzig.

Das stimmt allerdings.

»Hat er neulich … etwas gemacht? Als ich in die Sporthalle geplatzt bin?«

»Hm.« Das ist schon schwerer zu erklären. »Ja, aber da hab ich es in gewisser Weise drauf angelegt.« Michael runzelt die Stirn. Auf seinem Gesicht spiegelt sich Verwirrung und aufsteigende Wut, also fügt Avery schnell hinzu: »Wir haben nach Beweisen gesucht. Gwen und ich. Sie wollte seinen Computer hacken und ich sollte ihn von seinem Büro fernhalten.«

»Indem du dich von ihm betatschen lässt?«, sagt Michael.

»Ich hab einen verstauchten Knöchel vorgetäuscht, damit er sich das anguckt.« Damit er sie berührt. Für Emma, für Lizzy, für die Mädchen, denen er dann nicht mehr wehtun konnte. Als sie sich das klar macht, fühlt sie sich leichter, auch wenn sie ein Krabbeln auf ihren Beinen spürt, das sie nie mehr loswerden wird, so sehr sie auch kratzt. »Ich bin aber froh, dass du in dem Moment reingekommen bist.«

»Ich wünschte, du hättest es mir erzählt.« Michaels Gesichtsausdruck wirkt hart, aber er ist nicht wütend auf sie. »Ich hätte dem Arschloch den Schwanz abgeschnitten.«

»Ja«, sagt Avery und sie denkt: *Vielleicht.* Vielleicht hätte er das getan. Oder vielleicht hätten sie vorher so viele Leute beschuldigt, zu lügen, dass es ihm schwergefallen wäre, ihr zu glauben. Sie ist sich nicht einmal sicher, ob ihre eigenen Eltern ihr jetzt wirklich glauben. *Eine tragende Säule unserer Gemeinschaft* – oft genug hat sie gehört, dass Garson so bezeichnet wurde.

»Ich meine das ernst, Aves«, beteuert Michael. »Ich hätte dir geglaubt und ich hätte etwas unternommen. Ich werde dir immer glauben.«

»Nicht bloß mir, Michael. Jeder Frau, die dir so was erzählt. Versprochen?«

Michael sieht von seinem Becher auf und lächelt. »Versprochen.«

Sie trinken schweigend ihren Kakao aus und beobachten ein paar Vierjährige, die mehr Zeit auf ihren Hosenböden verbringen als auf ihren Schlittschuhen.

»Seltsam, dass sie niemanden für den Mord an Adams West verhaftet haben«, überlegt Michael.

»Was?«

»Der Penner. Adams West.«

»Er war nicht ...« Avery bricht ab. Sie muss aufpassen, was sie sagt. »Vielleicht hing das gar nicht zusammen.«

Er zuckt die Achseln. »Ich tippe auf Vanderly.« Avery gibt ihm einen Klaps. »Was denn? Sie ist eiskalt. Die wäre abgebrüht genug dafür.«

Stimmt. Claude entspricht dem Bild einer eiskalten Highschool-Mörderin. Auf eine Weise, wie es die zuckersüße Avery nie tun wird. Vielleicht, denkt Avery, bräuchte man für die Planung eines perfekten Mordes eigentlich nichts anderes als ein paar Freunde, die alle bereit sind, einen für dumm zu halten.

Glücklicherweise hat sie nicht vor, so schnell wieder einen Mord zu begehen.

Sie umarmen sich und Michael geht davon. Der Geruch seines Aftershaves erinnert sie an Sicherheit und Geborgenheit und sie spürt einen plötzlichen Schmerz darüber, das verloren zu haben. Sie vermisst es, aber sie *will* es auch nicht mehr.

Sie holt ihr Handy hervor. Ich glaube, wir haben das Schlimmste überstanden, schreibt sie an Claude. Dann löscht sie die Zeile. Sie löscht auch Alle denken du hast ihn umgebracht und Ein Glück, dass du den Kopf hinhältst. Es würde sie nicht überraschen, wenn die Polizei ihre Telefone noch monatelang überwachen würde. Schließlich schreibt sie nur: Alles ok bei dir? Wenn Claude nicht die Pistole geholt hätte, wäre sie gestern Abend vielleicht nicht verhaftet worden. Und wenn Avery sie am Freitag nicht angerufen hätte, wäre sie nicht losgezogen, um die Pistole zu holen.

»Wir haben ein Riesenproblem.« Avery stand vor Gwens Fenster und kam sich etwas albern vor, als würde sie von dort unten gleich ein Liebesständchen bringen wollen.

Sie durfte jetzt nicht an solche Sachen denken. »Sie haben eine Leiche im Fluss gefunden.«

Aus Gwens Gesicht wich das Blut. »Scheiße …«

»Es ist nicht sie«, sagte Avery schnell. Sie zog sich auf die Fensterbank hinauf. »Kann ich reinkommen?«

»Sei leise«, flüsterte Gwen und strich ihre Bettdecke glatt. Avery zog ihre Schuhe aus und landete leichtfüßig auf dem Bett. Sie war noch nie mit Gwen in einem Schlafzimmer gewesen. »Es ist er.«

Er. Der Mann, den sie nicht kannten, der Mann, der sie angegriffen hatte.

»Oh.« Gwen runzelte die Stirn. Dann wurde ihr bewusst, was das bedeutete. »Oh. Oh Scheiße. Dann wird Garson bald wissen, dass sie nicht tot ist, stimmt's?« Für einen Moment hatte ihre Stimme einen walisischen Tonfall angenommen. Sie klang genau wie ihre Mutter, als sie anfing, unruhig auf und ab zu gehen und immer noch wütend vor sich hin murmelte. Avery beobachtete sie und versuchte, sich zu konzentrieren, doch ihr Herz zog sich jedes Mal zusammen, wenn Gwen eine Locke ins Gesicht fiel oder sie tief Luft holte und nachdenklich auf ihrer Unterlippe kaute. Ob Gwen merkte, dass sie den walisischen Akzent ihrer Mutter annahm, wenn sie sich aufregte? »Okay. Okay. Kommt Garson morgen zum Wettkampf?«, riss Gwen Avery aus ihren Gedanken.

»Ich hoffe nicht. Aber ich denke schon«, sagte Avery.

»Dann müssen wir die Beweise suchen, während er weg ist. Aber wir können nicht in sein Büro einbrechen. Scheiße. Vielleicht speichert er sein Zeug ja in der Cloud, dann können wir seinen Computer zu Hause hacken.« Sie schnipste mit den Fingern. »Hat er eigentlich ein Haussicherheitssystem?«

»Ich war noch nie bei ihm zu Hause«, sagte Avery entsetzt.

»Und ich hab kein Auto, also komm ich nicht hin ...« Gwen griff nach ihrem Handy. »Wir werden Claude fragen müssen.« Sie setzte sich neben Avery aufs Bett. Die flüchtige Berührung ihrer Arme ließ Avery auf eine Weise erschauern, die nichts mit der Kälte zu tun hatte.

»Meinst du, sie wird es tun?«, fragte Avery.

»Wird sie sauer sein? Ja. Wird sie es tun? Noch einmal Ja.« Gwen drückte die Ruftaste. Ihre Haare und ihre Atemzüge mischten sich, als sie sich zusammen über das Handy beugten. Warteten.

Ihr Telefon pingt. Avery erwartet eine Antwort von Claude oder vielleicht eine SMS von ihrer Mutter: Komm sofort zurück. Aber unter Absender steht »Study Buddy«: Schau mal hinter dich.

Sie dreht sich um.

Gwen lehnt mit verschränkten Armen an einem Stand, der wiederverwendbare Handwärmer verkauft, und lächelt sie an. Ihr dunkles Haar hat sie unter eine Wintermütze gestopft. Langsam kommt sie näher, und auch wenn Avery denselben beschwerten Ausdruck in ihren Augen erkennt, scheint Gwen auch ein Quäntchen Hoffnung zu haben. »Ist hier noch ein Platz frei?«

»Ich wollte eigentlich gerade einen Spaziergang machen«, sagt Avery fröstelnd. Ihr Po fühlt sich ganz taub an nach dem langen Sitzen auf der kalten Bank.

»Cool.« Gwen streckt eine Hand aus.

Ihre Hand zu halten fühlt sich irgendwie seltsam an. Intimer als das Knutschen auf der Rückbank von Averys Auto. Jeder kann die ineinander verschlungenen Finger sehen, und jeder weiß, was sie bedeuten. Es fühlt sich an, als würde sie wieder schauspielern. Aber diesmal spielt sie immerhin ihre eigene Rolle.

»Deine Mom hat dich heute Abend rausgehen lassen?«, fragt Avery ungläubig.

»Wir haben beschlossen, dass wir uns nicht die ganze Zeit einigeln wollen«, sagt Gwen. »Und ich wusste, dass du hier sein würdest. Du redest ja ständig von diesem Lebkuchen-Backwettbewerb, als würde deine Mom für den Heiland persönlich backen …«

Avery lacht und zieht ein paar Blicke von Budenbesitzern auf sich. Die Blicke, die sie Avery zuwerfen, sind fast missbilligend. Jetzt, da die Leute wissen, was sie durchgemacht hat, erwarten sie anscheinend von ihr, traurig und traumatisiert zu sein. Aber sie muss niemandem mehr etwas vorspielen. Sie ist entschlossen, die Auf-keinen-Fall-bi-sein-Regel ihrer Mutter zu brechen, vor allem, wenn Mrs Cross gerade abgelenkt ist.

»Aves?« Gwen wirkt nervös.

Ihr Magen krampft sich unangenehm zusammen. Sie hat genügend Trennungsgespräche geführt, um sich Sorgen zu machen, wenn sie diesen Tonfall hört. »Ja?«

»Du weißt, dass ich Lorne verlassen werde, wenn ich mit der Schule fertig bin.« Mist. »Und meine Eltern haben auch beschlossen wegzuziehen.« Doppelt Mist.

»Hm, ja.« Sie wünschte, sie hätte ihren Becher Kakao nicht so schnell ausgetrunken. Sie hätte jetzt etwas brauchen können, um sich dahinter zu verstecken.

Gwen bleibt stehen und dreht sich zu ihr. Nimmt Averys andere Hand und sieht ihr in die Augen. »Okay, wir wissen alle, dass Lorne ein Scheißkaff ist. Und wenn du hier rauswillst – selbst wenn es mit uns als *Paar* nicht klappt –, kannst du mit mir in einer WG wohnen. Du kannst arbeiten oder studieren gehen oder so. Aber du wirst auf jeden Fall einen anderen Ort haben als diesen.«

Averys Unterkiefer klappt herunter.

»Was?«, fragt Gwen.

Sie will sich vorbeugen und Gwen küssen, unter den funkelnden Lichtern des Weihnachtsmarkts, während um sie herum kitschige Weihnachtsmusik dudelt. Aber Lorne ist noch nicht bereit für zwei küssende Mädchen in der Öffentlichkeit. Also wägt Avery ihre Antwort sorgfältig ab, bevor sie erwidert: »Ich glaube, das ist das Netteste, was jemals jemand zu mir gesagt hat.« Nicht viele Menschen glauben an die Zukunft von Avery Cross.

»Wir werden alle hier rauskommen. Du, ich, Claude«, sagt Gwen, als sie weitergehen.

»Und Adams West? «, fügt Avery hinzu.

Sie bleiben an einem Stand stehen, der Schneekugeln verkauft. Die Verkäuferin nimmt sich extra viel Zeit, mit einem Hetero-Pärchen am anderen Ende des Stands zu reden, aber das stört Avery nicht. Sie beobachtet, wie die weißen Flocken in einer kleinen Schneekugel umherwirbeln, in der eine Brücke und ein Fluss und ein Troll zu sehen sind.

»Hoffentlich schon weg«, sagt Gwen leise. »Aber das müssen wir wohl erst mal abwarten.«

Das gute Mädchen

Am Abend des 25. März 2016 wurde in einer Schlucht im Jefferson National Forest eine Leiche gefunden. Es handelte sich um Elizabeth Sayer, eine Jugendliche aus dem benachbarten Lorne, die auf die schiefe Bahn geraten war. Ihr Tod erschütterte die Stadt und diente als abschreckendes Beispiel: Gute Mädchen tun nicht, was Elizabeth Sayer getan hat. Sie hat zu viele Partys gefeiert und zu viele Beziehungen gehabt. Sie hat den Unterricht verschlafen und den Rat ihrer Lehrer und Freunde ignoriert. Weniger als ein Jahr zuvor war Elizabeth Sayer noch Jahrgangsbeste, beliebt bei Mitschülern und Lehrern zugleich. Sie war eine aussichtsreiche Bewerberin für das prestigeträchtigste Stipendium in Colorado. Sie war nie mit einem Drink oder einem Jungen erwischt worden. Lizzy Sayer war das Musterbeispiel des guten Mädchens. Was war passiert?

Lizzy Sayer war immer sehr reif gewesen. In allem, was sie versuchte, wollte sie die Beste sein, und das war sie dann auch – ob es nun ein Buchstabierwettbewerb war oder eine Musical-Aufführung oder eine Matheprüfung in der Oberstufe. Trotzdem hatte sie noch Zeit für ihre Freunde, ihre Schwester und die jüngeren Schüler, die zu ihr als Mentorin aufblickten. Und sie hatte große Pläne – ein Vollstipendium für ein College an der Ostküste zu ergattern, Wirtschaft mit Biologie und Physik im Nebenfach zu studieren, eine Firma zu gründen, mit der sie die Welt ändern könnte.

Der abgezehrte Körper, der in der Nähe von Anna's Run gefunden wurde, erzählt eine andere Geschichte: ein Mädchen, von der Sucht beherrscht und tief verzweifelt, ihre Zukunft in Scherben. Als ihre Leiche gefunden wurde, stufte die Polizei den Fall sogleich als Selbstmord ein. Sie entschieden, dass die frischen Stiefelabdrücke am Ort des Geschehens zu einem Wanderer gehört haben mussten und nicht zu einem Begleiter. Der redigierte Polizeibericht kam zu dem Schluss, dass Lizzy, erdrückt von ihrem Stress und der Verzweiflung darüber, ihr eigenes Leben zu ruinieren, die Entscheidung getroffen hatte, dieses zu beenden.

Die Polizei hat getan, was so viele Männer und Frauen ständig tun: Sie haben Lizzy einen Stempel aufgedrückt, der ihnen gelegen kam, der Lizzys Leben so deutete, wie sie es sahen, und nicht, wie es wirklich war. Sie schoben ihr die Schuld zu, damit sie nicht weiter nach möglichen Verantwortlichen suchen mussten.

Lizzy Sayer war eine gründliche junge Frau, die alles

dokumentierte. Als Lacrosse-Trainer und Vertrauenslehrer Kenneth Garson zum ersten Mal nach der Schule auf sie zukam, schrieb sie darüber in ihrem Tagebuch. Demnach fragte er sie, wie es mit der Bewerbung für das Stipendium voranginge. Er bot ihr seine Hilfe an und sie machten ein Treffen in seinem Büro aus. Lizzy fand, Ken Garson sei humorvoll und gut aussehend, zu scharfsinnig und interessant für Lorne. Sie gibt die Geschichten aus seinem abenteuerlichen Leben vor Lorne wieder, die er ihr erzählt hat. Mit viel Mitgefühl erzählt sie von der langen Krankheit seiner Mutter, dem Umzug nach Hause, um sie zu pflegen, dem großen Kummer, als die betagte Mrs Garson schließlich an Lungenkrebs starb.

Behördendaten zeigen, dass Ken Garson 2012 aus Arizona nach Lorne zog. Volkszählungsdaten wiederum offenbaren, dass Mrs Garson als pensionierte Krankenschwester in Phoenix lebt.

Lizzy beschreibt auch den ersten Tag, an dem sie allein und unbeaufsichtigt mit Garson zusammen war: Er hatte sie zu einer Bergwanderung eingeladen. Sie war ganz aufgeregt, zum ersten Mal einen Viertausender zu erklimmen, und rechnete damit, dass sich ihnen weitere Schüler anschließen würden. In ihrem Tagebuch beschreibt sie, wie überrascht sie war, als sie herausfand, dass sie allein waren. Aber sie machte sich keine Sorgen. Sie fühlte sich wohl in Mr Garsons Gegenwart. Er habe sie für die Einzige gehalten, die reif genug für ein solches Unternehmen war, schreibt sie. Sie war die Einzige, die sich nicht scheuen würde, einen Schluck aus seiner Thermoskanne zu trinken, wenn sie schließlich endlich den Gipfel erreichten.

Auf dem Weg nach Hause hielten sie an einem Restaurant, um Abend zu essen. Garson bezahlte. Lizzy, die noch nie mit einem Mann ausgegangen war, fragte sich, ob ein Date so ablaufen würde. Scherzend fragte sie, ob sie nächstes Mal nicht Drachenfliegen gehen könnten.

Mr Garson sagte Ja.

Belege aus dem Schulsekretariat weisen auf Geldmittel hin, die Garson für »Exkursionen« außerhalb Lornes beantragt hat: Wandern, Ziplining, eine Bär-Beobachtungstour im Rocky Mountain National Park. Entgegen den Schulregularien hat Garson nie eine Teilnehmerliste für diese Exkursionen vorgelegt, genauso wenig wie irgendwelche Einverständniserklärungen von Eltern. Ankündigungen dieser Ausflüge fanden sich weder in Papierform noch auf der Website der Schule. Außer Lizzy hat niemand aus der Schülerschaft behauptet, an einem solchen Ausflug teilgenommen zu haben. Doch die Gelder verschwanden trotzdem.

Zur selben Zeit begann Lizzy zu experimentieren. Sie ging spät ins Bett und beklagte sich über Erschöpfung, schrieb schließlich in ihrem Tagebuch, sie habe »das

Problem gelöst«. Außerdem begann sie Anspielungen auf einen neuen Freund fallen zu lassen. Auch wenn sie ihn nie namentlich erwähnte, machten die Bemerkungen zu ihrem Altersunterschied klar: Sie traf sich mit einem Erwachsenen. Er drängte sie dazu, Grenzen zu überschreiten – sie trank ein Bier, auch wenn sie immer gedacht hatte, sie würde ihr erstes Bier mit ihrem Dad trinken. Sie schwänzte den Unterricht, um ihn zu treffen. Als ihre Noten schlechter wurden, war er da, um sie zu trösten. Er animierte sie dazu, ihre AGs und die Kurse sausen zu lassen, die ihr immer so wichtig gewesen waren. Ihr altes Leben begann ihr zu entgleiten, und so klammerte sie sich an die Vorstellung von diesem weisen älteren Mann, der sie betrunken oder high machte, aber nur weil es zu ihrer eigenen spirituellen Erleuchtung oder ihrem eigenen Reifeprozess beitrug. Sie war geradezu besessen davon, ihren Geliebten nicht zu verlieren, und genauso besessen davon, diesen Geliebten geheim zu halten.

Seit Beginn seiner Arbeit für den Jefferson-Lorne Schulbezirk sind gegen Ken Garson siebzehn Beschwerden von Schülerinnen oder deren Eltern eingegangen. Die meisten dieser Beschwerden beziehen sich auf eine unerwünschte Berührung oder Bemerkung. In seiner Lehrerakte werden sie nur am Rande erwähnt; die Beschwerden selbst sind in einem verschlossenen Aktenschrank abgeheftet worden und waren so für niemanden zugänglich. Eine ehemalige Schülerin, Melody Lankhe, warf Garson vor, sie geküsst zu haben, ein Vorfall, der anscheinend in keiner Weise geahndet wurde. Melody wechselte auf die Empire High School.

Aber ist das womöglich alles eine Lüge? Sind die Anschuldigungen das Ergebnis der überaktiven Fantasie von Mädchen, die Dramen und Auseinandersetzungen mögen? Liegt es einfach daran, dass Ken Garson der attraktivste unverheiratete Lehrer an der Schule ist?

Lizzy wurde in den letzten sechs Monaten ihres Lebens oft in der Nähe von Garsons Büro gesehen, in dem sie offensichtlich ein und aus ging. Das verwunderte niemanden – sie war eine junge Frau, die auf die schiefe Bahn geraten war, ein fallender Stern, und Garson war der Vertrauenslehrer. Seine Therapiesitzungen hatten allerdings wenig Wirkung. Lizzy stürzte weiter ab, überwarf sich mit ihren Eltern, ihrer Schwester, allen, mit denen sie vertraut gewesen war. Bis zu der Nacht, in der sie starb.

Am 25. März kam Lizzy um 23 Uhr zur Circle K-Tankstelle am Rand der Stadt. Videoaufzeichnungen ihrer Interaktion an der Kasse zeigen ein nüchternes Mädchen, das einen Liter Milch und eine Packung Doritos kauft. Von dort fuhr sie weiter zum nächsten Geldautomaten – mehreren Geldautomaten, genau genommen. Sie fuhr zu jedem Geldautomaten in der Stadt und hob jedes Mal $200 ab, bis ihr Sparkonto leer war. Jedes Mal wurde ihre Geheimzahl gleich beim ersten Versuch richtig eingegeben. Es ist einfach, zu spekulieren, dass sie Lorne heimlich verlassen wollte; es ist nicht so einfach, zu wissen, ob sie vorhatte, Garson mitzunehmen, oder ob er sie angerufen und überredet hatte, sich noch ein letztes Mal mit ihm zu treffen.

Es gibt keine Hinweise darauf, dass sie in dieser Nacht noch an einer Spirituosenhandlung gehalten hat.

Um Mitternacht rief sie ihre Schwester auf dem Handy an. Gwen Sayer nahm nicht ab. Gegen ein Uhr nachts klingelte Mrs Sayers Telefon. Es war die Polizei.

»Selbstmord«, erklärten sie der Familie Sayer, ohne ihnen Fotos der Leiche und der Stiefelabdrücke zu zeigen. Sie wiesen auf die Flaschen und Tablettenpackungen im Auto hin. Die Fußspuren untersuchten sie nicht. Sie fanden nie heraus, dass die Abdrücke von Stiefeln der Marke Pine Nation Overland, Größe 39, stammten. Sie zogen nie die Lehrerschaft in Betracht, die dank einer Elternspende alle ein Paar Overland Wanderstiefel besaßen. Sie sahen sich nie Garsons Füße an, die oft in Pine Nations stecken und für einen Mann ungewöhnlich klein sind. Vielleicht wäre es nicht genug Beweis gewesen, um ihn anzuklagen. Aber sie versuchten es nicht einmal.

Lizzys Leben entspricht der klassischen Moralgeschichte: Mädchen können nur das eine oder andere sein. Wir sind gut oder wir sind schlecht. Wir sind clever oder wir sind dumm. Wir sind die Madonna oder die Hure.

Ihr habt viele Namen für mich: Schlampe. Streberin. Lügnerin. Ihr habt die Macht, mir all diese Namen anzuhängen oder keinen. Ihr habt der Welt all die Dinge erzählt, die ich falsch gemacht habe, und all die Dinge, die ich nicht richtig genug gemacht habe. Ihr habt meine Geschichte erzählt… aber es war nicht wirklich meine. Es war die Geschichte, die wir alle geteilt haben – die Lügnerinnen, die bösen Mädchen, die guten. Die Streberinnen und die Cheerleaderinnen. Die tragischen, herzerweichenden, praktischerweise toten Mädchen. Die zum Schweigen gebrachten.

Zum Schweigen gebracht. Das sind so viele von uns. Es fällt euch gar nicht auf, denn wir sind nicht stumm, aber wir achten darauf, dass wir nur über die Dinge reden, die euch angenehm sind. Die Dinge, bei denen ihr euch *nicht* unwohl fühlt. Denn das wollen wir natürlich nicht.

Ich allerdings will genau das. Ich will reden, nicht nur für mich, sondern für alle von uns. Für alle von uns, denen man befohlen hat, den Mund zu halten, sonst… Mein Name ist Emma Baines und ich will Lizzys Geschichte erzählen.

Das ist das Ende von Adams West. Ich hoffe, ihr habt euch gut unterhalten gefühlt… Na ja, das stimmt so nicht ganz. Ich hoffe, ihr habt auch etwas gelernt, aber ich glaube es eigentlich nicht. Bitte, Lorne. Beweise mir das Gegenteil. Bitte.

Und Lizzy – ich weiß, dass es für dich zu spät ist. Ich weiß nicht, ob du das sehen kannst, aber wir haben das alles für dich getan. Mehr als für jeden anderen Menschen vielleicht.

Ich hoffe, unsere Wahrheiten bringen dir Gerechtigkeit.

Danksagung

Es ist immer spannend, mit einem Buch in neues Terrain vorzudringen, und mein erster Ausflug in das Thriller-Genre wäre nicht möglich gewesen ohne die Unterstützung und den Rat von vielen wunderbaren Menschen. Als Erstes möchte ich meiner Agentin, Kurestin Armada, danken, die mir hilft, große Träume zu verfolgen und praktische Pläne zu machen und mich in die Richtung neuer Genres und Erfahrungen stupst. Ich freue mich auf viele weitere Reisen ins Unbekannte mit dir.

Das Glasstown-Team war auf jedem Schritt dieses Weges fantastisch. Lexa Hillyer, Alexa Wejko, Deeba Zargarpur und Brandie Coonis: danke für dieses Projekt, für eure Begeisterung, eure unbezahlbare Erfahrung und euer Know-how. Mit euch zusammenzuarbeiten war ein wunderbarer Prozess.

Elizabeth Lynch, meine fabelhafte Lektorin, hat all die Ecken von *Like a Good Girl* geschliffen und vom ersten Telefongespräch an ein großartiges Verständnis für dieses Projekt gehabt. Danke, dass du an uns geglaubt hast.

Vielen Dank auch an Diana Sousa, die das Cover für *Like a Good Girl* entworfen hat, und an Kaethe Butcher für das Umschlagbild. Es ist umwerfend, spannend, gruselig und alles, was das Buch auch sein soll.

Diese Autorin arbeitet am besten, wenn sie sich mit anderen AutorInnen austauschen kann, um über plötzliche Schreibblockaden zu lamentieren, Probleme durchzusprechen und Teil eines schriftstellerischen Cheerleading-Teams zu sein. Alles Liebe an die Armada, die ein wunderbares Homeoffice-Kollegium ist, und an mein Team im Großraum von Kopenhagen: Kitty, Crystal, Helene, Anja, Skjalm und Marie.

Und unverschämterweise das Beste nun als Letztes: meine wunderbare Familie. Danke für buchstäblich lebenslange Unterstützung, Liebe, Begeisterung und Zuversicht für mein Schreiben. An Mum, Dad, Liz, Elias und Baby – ich könnte mir keinen besseren Rückhalt wünschen.

Es ist Zeit, etwas Unerfreuliches zur Sprache zu bringen: Laut der Stiftung RAINN (Rape, Abuse & Incest National Network) ist eine von sechs Frauen in den Vereinigten Staaten Opfer einer Vergewaltigung oder versuchten Vergewaltigung geworden. Alle dreiundsiebzig Sekunden wird eine Person sexuell missbraucht – und alle neun Minuten ist dieses Opfer unter achtzehn. Sowohl viel beachtete Fälle als auch die Statistiken kommen zu demselben Ergebnis: Die große Mehrheit der

Missbrauchstäter wird nicht bestraft. Gerät ein Fall ins Scheinwerferlicht der Öffentlichkeit, werden meist die Opfer einem prüfenden Blick unterzogen. Ihr Leben wird auseinandergepflückt, ihnen wird vorgeworfen, zu betrunken gewesen zu sein, zu freizügig, zu verwirrt oder verwirrend. Es ist einfacher, nichts zu sagen, als fertiggemacht oder in Verruf gebracht zu werden und doch keine Gerechtigkeit zu erfahren. Viele großartige Leute arbeiten daran, das zu ändern, und die Dinge haben sich verbessert, aber wir haben noch einen langen Weg vor uns.

Informationen zu (telefonischen) Beratungsangeboten

Wenn du von den Verbrechen, die in »Like A Good Girl« geschildert werden, betroffen bist – oder jemand in deiner Umgebung –, findest du hier einige Organisationen in Deutschland, Österreich und der Schweiz, die Hilfe, Rat und Unterstützung anbieten.

Deutschland

WEISSER RING – für alle Opfer von Kriminalität und Gewalt

116 006 / https://weisser-ring.de/

Frauenhauskoordinierung e. V. – unterstützt Frauenhäuser und Fachberatungsstellen / Suche nach Frauenhäusern deutschlandweit

https://www.frauenhauskoordinierung.de/

TelefonSeelsorge – für alle Problembereiche und Anliegen

0800/111 0 111 • 0800/111 0 222 • 116 123 /

https://www.telefonseelsorge.de

Hilfetelefon Gewalt gegen Frauen – bei Gewalt in jeglicher Form (physisch, psychisch, digital etc.) gegen Frauen
08000/116 016 / https://www.hilfetelefon.de
Nummer gegen Kummer – Beratungsangebot für Kinder, Jugendliche und Eltern in allen Lagen
116 111 • 0800/111 0 333 (beide für Kinder/Jugendliche) 0800/111 0550 (Eltern) / https://www.nummergegenkummer.de
bff (Bundesverband der Frauenberatungsstellen und Frauennotrufe in Deutschland) – für Opfer psychischer, körperlicher oder sexualisierter Gewalt https://www.frauen-gegen-gewalt.de
Rosa Strippe – Beratungsangebot für lesbische, schwule, bisexuelle, trans* Personen und intersexuelle Menschen
0234/19446 / https://rosastrippe.net/

Österreich

Telefonseelsorge – für alle Problembereiche und Anliegen
142 / https://www.telefonseelsorge.at/
Frauenhelpline gegen Gewalt – bei Gewalt in jeglicher Form (physisch, psychisch, digital etc.) gegen Frauen
0800/222 555 / www.frauenhelpline.at

Männernotruf – für Männer in Krisen- und Gewaltsituationen
0800/246 247 / www.maennernotruf.at

Schweiz

Die Dargebotene Hand – für alle Problembereiche und Anliegen
143 / https://www.143.ch/

Opferhilfe – für alle Problembereiche und Anliegen
https://www.opferhilfe-schweiz.ch/

BIF Beratungsstelle für Frauen – Beratungsstelle für Frauen, die Gewalt in der Partnerschaft oder Ehe erleben
044/278 99 99 / https://www.bif-frauenberatung.ch/

© Rikke Svendsen

Autorin

Claire Eliza Bartlett ist Autorin und Touristenführerin. Obwohl sie in Colorado geboren wurde, hat sie die USA im Alter von 18 Jahren verlassen und ist nie zurückgekehrt. Sie hat Geschichte, Archäologie und Kreatives Schreiben studiert. Derzeit lebt sie mit ihrem Ehemann und für ihren Geschmack zu wenigen Katzen in Kopenhagen, Dänemark.

© privat

Übersetzerin

Mareike Weber studierte Literatur- und Verlagswissenschaften in Bamberg, Edinburgh und Stirling. Für Verlage auf beiden Seiten des Kanals hat sie zahlreiche Bücher begutachtet, vermittelt und übersetzt. Ihre besondere Leidenschaft gehört dabei schon immer der Literatur für junge Leser. Inzwischen lebt Mareike Weber mit ihrer Familie in Schottland, ist aber weiterhin in der deutschen Sprache zu Hause und übersetzt englische Kinder- und Jugendbücher.

Jennifer Lynn Barnes

The Inheritance Games

400 Seiten, ISBN 978-3-570-31432-6

Avery Grambs hat einen Plan: Highschool überleben, Stipendium abgreifen und dann – nichts wie raus hier. Doch all das ist Geschichte, als der Multimilliardär Tobias Hawthorne stirbt und Avery fast sein gesamtes Vermögen hinterlässt. Der Haken daran? Avery hat keine Ahnung, wer der Mann war.
Um ihr Erbe anzutreten, muss Avery in das gigantische Hawthorne House einziehen. Ungünstigerweise beherbergt es aber auch dessen gerade frisch enterbte Familie. Allen voran die vier Hawthorne-Enkelsöhne: faszinierend, attraktiv und gefährlich.
Gefangen in dieser schillernden Welt aus Reichtum und Privilegien, muss Avery sich auf ein Spiel aus Intrige und Kalkül einlassen, wenn sie überleben will.

30436

www.cbj-verlag.de

Natasha Preston

The Twin – Geliebtes Schwesterlein

432 Seiten, ISBN 978-3-570-31403-6

Die 16-jährigen Zwillingsschwestern Ivy und Iris leben seit der Trennung ihrer Eltern vor 6 Jahren getrennt. Doch dann verunglückt ihre Mutter tödlich und Iris zieht wieder bei Ivy und ihrem Dad ein. Die beiden Schwestern gleichen sich äußerlich bis aufs Haar, doch sind so verschieden wie zwei Menschen nur sein können. Die vernunftgesteuerte Ivy versucht der emotionalen Iris zu helfen, ist bereit, mit ihr alles zu teilen, schließlich sind sie Schwestern. Zwillinge. Iris nimmt das Angebot an. Mehr als nur gerne ... Bald sind alle Iris' Charme erlegen. Ivys Freunde, ihre Teamkollegen, ihr Freund, sogar ihr Vater. Und Ivy beginnt sich zu fragen, wie weit Iris gehen würde, um ihren Platz endgültig einzunehmen ...

30432

www.cbj-verlag.de